HISTOIRE

DE

VERSAILLES

LOUIS XIII — LOUIS XIV — LOUIS XV — LOUIS XVI
MARIE LECKZINSKA — MARIE ANTOINETTE

HISTOIRE
DE
VERSAILLES

DE SES

RUES, PLACES ET AVENUES

DEPUIS L'ORIGINE DE CETTE VILLE JUSQU'A NOS JOURS

PAR J.-A. LE ROI

CONSERVATEUR DE LA BIBLIOTHÈQUE DE LA VILLE DE VERSAILLES
CORRESPONDANT
DU MINISTÈRE DE L'INSTRUCTION PUBLIQUE POUR LES TRAVAUX HISTORIQUES

TOME PREMIER

VERSAILLES
PAUL OSWALD, LIBRAIRE DE L'ÉVÈCHÉ
12, RUE SATORY, 12.

PRÉFACE

En faisant paraître ce livre pour la première fois, nous n'avions eu d'autre but que de réunir et de faire connaître à nos concitoyens des faits ignorés de la plupart d'entre eux et que nos recherches sur Versailles nous avaient fait découvrir. Notre but rempli, nous n'avions nulle intention de publier une autre édition et nous n'avons cédé que sur les instances de bienveillants amis.

Aujourd'hui notre position est la même. La

seconde édition épuisée depuis longtemps, on nous engageait de toutes parts à en publier une nouvelle. Nous nous y sommes enfin décidé; mais nous avons voulu qu'elle fût en tout digne de l'extrême bienveillance dont nous n'avons cessé de recevoir les marques. Nous nous sommes remis au travail. Nous avons fouillé de nouveau dans les dépôts publics; beaucoup de propriétaires ont bien voulu mettre à notre disposition leurs papiers de famille; enfin de nombreux renseignements nous ont été donnés sur les hommes et sur les événements, et nous ont permis de corriger les quelques erreurs qui avaient pu se glisser dans nos premières publications.

Cette nouvelle édition forme deux volumes. Outre un grand nombre de notices biographiques sur des personnages nés ou morts à Versailles et qui manquaient dans les premières éditions, nous y avons ajouté des récits détaillés sur le séjour de Bossuet et de Fénelon à Versailles; sur madame de La Motte et le collier de la reine; sur le serrurier Gamain et son soi-disant empoisonnement par Louis XVI; sur Robespierre; sur les terribles journées des 5 et 6 octobre 1789; sur les Richard et l'établissement des jardins du Petit-Trianon, etc., et quantité de faits nouveaux qui font de cette publication un ouvrage presque entièrement neuf.

Mais l'éditeur a voulu lui donner un attrait de plus et le présenter avec un aspect tout nouveau en y ajoutant *fac-simile*, *plans* et *gravures*.

Cet important travail a été confié à deux jeunes artistes de talent (1) qui, au moyen de la photogravure et d'après le procédé H. Garnier, ont reproduit avec le plus grand soin et une fidélité parfaite des *gravures du temps* conservées à la Bibliothèque et représentant les sujets suivants :

> Un frontispice avec portraits de Louis XIII, Louis XIV, Louis XV et Louis XVI;
> Une vue générale de Versailles en 1670;
> Le château de Clagny et ses jardins en 1675;
> Expérience de Montgolfier devant la famille royale en 1783;
> Le palais et le parc du Petit-Trianon en 1787;
> La place d'Armes de Versailles en 1788;
> La salle des États-Généraux en 1789.

Un pareil livre ne peut se faire qu'à l'aide de nombreux renseignements, et nous nous permettrons d'ajouter aux noms des personnes que dans notre seconde édition nous avons cru devoir remercier de leurs intéressantes communica-

---

(1) MM. Dujardin, rue Notre-Dame-des-Champs, n° 56, à Paris.

tions, ceux de MM. Ballieu, Charton, Délerot, Desmousseaux, Despagne, Favier, le prince Galitzin, Hamouy, Lacomme, Lamiot, l'abbé Lemaréchal, Manuel, l'abbé Marchand, Montalant, de Montfleury, Paris, l'abbé Paris, Armánd Petit, Pesty-Rémont, Frère Photius, Poulain, Robin, Soulié.

INTRODUCTION

Autrefois domaine royal, la ville de Versailles n'avait d'autre vie que celle qu'elle recevait des seigneurs. Régie par des gouverneurs auxquels le roi avait délégué son autorité, rien ne s'y faisait par les représentants de la cité ; en un mot, il n'y avait point de *commune*, partant point d'archives, point de lieu où fussent recueillis les faits concernant la ville. Cet état dura pendant les règnes de Louis XIV, de Louis XV, et une grande partie du règne de Louis XVI. En 1787, le roi ayant élevé Versailles au rang de ville communale, une municipalité fut créée, et l'on établit des archives. Quoique d'abord bien incomplet, ce dépôt, par suite des graves événements qui s'accomplissaient, prit bientôt une grande importance. Les faits, même les plus minimes, furent relatés dans ses registres, et aujourd'hui, grâce à l'ordre introduit dans tous les dépôts publics, l'on y trouve facilement les plus amples renseignements sur tout ce qui concerne la ville depuis cette époque.

Ainsi donc, pendant la période la plus importante de son histoire, Versailles reste sans dépôt public, et il n'est tenu aucune note des faits importants et curieux qui ont pu s'y passer, ni des personnages célèbres qui sont venus y faire leur séjour.

Depuis longtemps Versailles est l'objet de nos constantes études. D'intéressants renseignements sur la période révolutionnaire et sur les années suivantes nous ont été fournis par les archives municipales, mais nous ne trouvions rien sur les années antérieures. Nous avons dû rechercher ailleurs ce qui nous manquait. La belle bibliothèque confiée à nos soins nous a fourni de nombreux documents; nous avons eu recours aux richesses contenues dans les grands établissements publics; nous avons fouillé successivement les archives de la préfecture de Seine-et-Oise, celles de l'ancien bailliage au Palais de Justice de Versailles, et surtout les manuscrits de la bibliothèque impériale de Paris, ainsi que les archives générales de l'Empire, et partout nous avons trouvé de précieux renseignements. Enfin nous avons eu encore le bonheur de rencontrer d'anciens habitants de Versailles qui nous ont procuré quelques manuscrits inédits, et dont les souvenirs nous ont fait connaître quelques faits intéressants.

Notre but, en réunissant ces nombreux matériaux, a été de faire une histoire de notre ville. Cette histoire est un travail considérable et nous avons dû le diviser en plusieurs parties. Un de nos concitoyens, M. de Sainte-James-Gaucourt, a publié un ouvrage fait avec beaucoup de soin sur le *Versailles-Village*, depuis les temps les plus anciens jusqu'à Louis XIII. C'est à ce monarque que nous avons fait commencer notre travail.

Ce qui concerne Versailles sous ce prince a déjà paru sous le titre : *Versailles et Louis XIII*.

L'histoire de cette ville sous Louis XIV et ses successeurs est sans contredit la plus importante et la plus difficile : car Versailles, séjour de la royauté pendant plus d'un siècle, a été durant cet espace de temps le lieu d'où sont partis et où sont venus retentir la plupart des événements qui ont remué le monde. L'histoire de Versailles doit donc être divisée.

1° *Histoire de son château*; laquelle se subdivise en partie historique et en partie artistique. C'est à cette dernière partie que se rattachent nos publications sur les *travaux hydrauliques* et sur les *jardins de Versailles*.

2° *Histoire de la ville;* les événements dont la ville *proprement dite* a été le théâtre, n'ont pas eu, en général, une importance historique assez considérable pour en faire un livre à part. Nous avons pensé qu'il valait mieux pour cette partie prendre la forme *d'archives*, indiquer successivement chaque quartier, chaque rue, chaque maison, en faire l'historique, et donner ainsi à chacun des habitants la chronique, non-seulement de son quartier, mais encore de sa rue et de sa propre maison. Cette forme a de plus l'avantage de pouvoir y faire entrer une foule de détails qui seraient forcément élagués d'une histoire générale, et qui font infiniment mieux connaître les différents aspects de la population de la ville royale pendant le séjour de la cour, ainsi que ses mœurs, ses habitudes et ses usages.

C'est ainsi qu'a été conçu cet ouvrage. Deux éditions enlevées avec rapidité nous ont prouvé que nous avions suivi la meilleure marche. Sans doute dans un pareil ouvrage il échappe toujours quelque chose, mais la forme même que nous lui avons donnée permettra d'y faire entrer plus tard les faits que nous aurions pu ignorer.

COUP D'ŒIL SUR VERSAILLES

Lorsque Louis XIII vint, en 1624, fonder un château à Versailles, c'était alors un bien chétif village. Placé sur la *route aux Bœufs*, qui se rendait de Choisy à Ville-d'Avray et à Saint-Cloud, il occupait une partie du terrain de la rue de l'Orangerie et de celle du Vieux-Versailles. On sait combien Louis XIII aimait le séjour de Versailles ; il y faisait de nombreux voyages et y restait souvent plusieurs mois. En 1634, il y établit un marché franc par semaine et trois foires par an ; plus tard, il y créa une infirmerie sous le nom de *Charité*, et laissa des rentes pour la fondation d'une école. Tous ces établissements, son séjour fréquent dans le château, attirèrent à Versailles un assez bon nombre d'habitants, et à sa mort on en comptait déjà plus de sept mille. — Le marché était placé à l'endroit qu'il occupe encore aujourd'hui ; aussi, dès cette époque d'assez nombreuses habitations s'étaient élevées dans ses environs (1).

(1) Voir *Louis XIII et Versailles*, par J.-A. Le Roi.

Pendant toute la minorité de Louis XIV, Versailles resta dans un état stationnaire ; mais lorsque le jeune roi fut enfin maître de ses volontés, il vint souvent dans ce séjour et hérita pour lui de l'affection de son père. Bientôt même il pensa à l'habiter ; il acheta les bois, fiefs, terres et seigneuries des environs, et commença les immenses constructions qui en firent le magnifique Palais que nous voyons aujourd'hui.

De ce moment, il résolut de faire une ville considérable autour de son château. Le plan de la nouvelle ville fut dressé dès l'année 1670, des terrains furent donnés aux seigneurs de la cour pour qu'ils y fissent élever des hôtels. Afin d'y attirer un plus grand nombre d'habitants et de voir s'élever rapidement les constructions, Louis XIV fit paraître une ordonnance par laquelle *il déclare faire don en pleine propriété à tous ceux qui ont bâti et feront bâtir à Versailles, tant du côté de la Pompe et de Clagny que du côté du vieux village, des places où leurs maisons sont ou seront situées, après avoir toutefois obtenu un brevet de permission et le plan de leurs maisons, qui sera signé du Surintendant et ordonnateur-général des bâtiments, arts et manufactures de France, et les exempte de logement par craie, pendant dix années entières, exemption qui se prolongea jusqu'en* 1699.

Outre le don du terrain, cette exemption du logement par craie était une grande faveur. Lorsque le roi allait en voyage, les maréchaux des logis ou les fourriers du roi étaient dans l'usage de marquer à la craie un certain nombre de maisons pour loger toute sa suite, ce qui devait être une charge des plus onéreuses pour les propriétés voisines des habitations royales, lorsque ces voyages se renouvelaient fréquemment.

L'année suivante de nouveaux priviléges furent accordés à

ceux qui voulurent construire sur les terrains de Versailles. Par une déclaration du roi, du 26 septembre 1672, toutes les maisons de Versailles furent affranchies et exemptées de toutes dettes et hypothèques contractées par les propriétaires, même des dots de leurs femmes, excepté cependant envers les fournisseurs de matériaux ; ceux-ci pouvant seuls avoir recours contre eux (1).

Grâce à ces priviléges, les habitants accoururent de tous côtés, et, du temps même de Louis XIV, Versailles devint une ville importante. Elle n'avait pas cependant l'étendue actuelle, et sous le rapport de son accroissement on peut la diviser en trois périodes : la première, de l'année 1670 à la mort de Louis XIV; la deuxième, de cette mort à la fin du règne de Louis XV; et la troisième, de l'avénement de Louis XVI jusqu'à nos jours.

Sous Louis XIV, la ville était composée de deux quartiers d'une étendue médiocre, séparés par la place d'Armes et les trois avenues. Au nord se trouvait le quartier le plus grand, nommé *la Ville-Neuve,* parce que les nouvelles constructions s'étaient surtout élevées de ce côté. Ce quartier se trouvait borné au nord et à l'est par le château et le parc de Clagny et par le vaste étang du même nom. Le domaine de Clagny s'étendait dans tout l'espace compris entre l'avenue de Saint-Cloud et les bois *de la Brèche* d'une part, et de l'autre, entre l'avenue de Picardie et la rue Duplessis. L'étang occupait tout le terrain entre la plaine de Glatigny, la rue Neuve, la rue Duplessis et la rue de Maurepas. L'on voit par conséquent que ce quartier se composait des rues des Réservoirs, de la Pompe, de la Paroisse, de la rue et de

---

(1) Voir *Journal de Narbonne,* publié par J.-A. Le Roi, et *Recueil d'arrêts sous Louis XIV.*

la place Dauphine (Hoche), de la rue Duplessis et du marché. Le second quartier, ou du Vieux-Versailles, s'était aussi agrandi, mais beaucoup moins que la Ville-Neuve. Il se composait des rues de la Surintendance (de la Bibliothèque), de l'Orangerie, du Vieux-Versailles et de Satory. Le sud de ce quartier était borné par le Potager, que venait de créer *La Quintinie*, et à l'est se trouvait un vaste terrain, occupé sous Louis XIII par un parc destiné à élever des cerfs et autres bêtes fauves. Sous la fin du règne de Louis XIV, ce terrain fut destiné à un nouveau quartier sous le nom de *Parc-aux-Cerfs;* les rues furent tracées, mais un très-petit nombre de maisons s'y élevèrent du vivant de ce roi.

La ville se terminait alors du côté de l'est, par une allée d'arbres partant de l'avenue de Saint-Cloud, à l'endroit où se trouve actuellement la rue de Montbauron, et allant finir à l'avenue de Sceaux en traversant celle de Paris. Entre cette allée et les avenues de Paris et de Saint-Cloud, existait un petit quartier appelé du Bel-Air, où se logeaient les plus pauvres habitants de la ville; et du côté opposé, entre les avenues de Paris et de Sceaux, il s'établit une espèce de faubourg composé de magasins, d'écuries et de baraques, dans lesquels logeait une colonie de Limousins attirée à Versailles par les immenses travaux qui s'y exécutaient, d'où lui vint le nom d'*Hôtel de Limoges*.

A la mort de Louis XIV, le duc d'Orléans, régent, fixa son séjour et celui du jeune roi, d'abord à Vincennes, ensuite à Paris. Pendant tout le temps de l'absence du roi, Versailles ne prit aucun accroissement (1). Mais, en 1722,

(1) Pendant le séjour du roi, les loyers de Versailles étaient très-chers, et ceux qui étaient forcés de suivre la Cour dans ses voyages se plaignaient d'être obligés de payer le même prix pendant leur absence. Louis XV rendit

Louis XV étant revenu l'habiter et ne l'ayant plus quitté, le nombre des habitants augmenta considérablement. On fut obligé de construire de nouveau, et ce fut le tour du Parc-aux-Cerfs. Un magnifique quartier s'éleva donc sur cet emplacement, sans compter les maisons construites dans les espaces restés vides sur les avenues et dans les rues des anciens quartiers.

Jusqu'à ce moment, Versailles n'avait eu qu'une paroisse, celle de Notre-Dame ; mais lorsque le quartier du Parc-aux-Cerfs eut pris un plus grand accroissement, il fut réuni à celui du Vieux-Versailles pour former la paroisse de Saint-Louis. Cette réunion eut lieu en 1734.

Malgré toutes ces constructions, Versailles ne pouvait plus contenir le grand nombre d'habitants qu'attiraient sa prospérité toujours croissante et la présence de la cour.

On a vu que sous Louis XIV le quartier Nord, ou de Notre-Dame, était arrêté à l'est et au nord par l'étang et le château de Clagny. En 1735, des maladies épidémiques, paraissant résulter du voisinage malsain de l'étang, nécessitèrent son desséchement ; il fut comblé et transformé en prairies. D'un autre côté, la suppression de cet étang, qui ôtait l'un des plus grands agréments du château de Clagny, et les dépenses considérables qu'aurait entraînées le rétablissement de ce château presque entièrement abandonné par les héritiers du duc du Maine, en firent ordonner la démolition sous Louis XV.

---

alors, en 1725, l'arrêt suivant : — « Le Roi étant en son conseil, a ordonné et ordonne, que pendant ses absences de Versailles, et la durée de son séjour ailleurs qu'à Meudon et Marly, les loyers des maisons de la ville de Versailles seront diminués de la moitié du prix porté par les baux passés devant notaire ou sous seing-privé, par proportion dudit temps. » (Voir à la rue de la Paroisse.)

Rien ne s'opposait donc plus à ce que la ville pût s'agrandir de ce côté. Aussi, dès les premières années du règne de Louis XVI, M. le comte d'Angiviller, directeur des bâtiments du roi, destina cet emplacement à un nouveau quartier. Ce fut donc sur le terrain occupé autrefois par le château de Clagny et par les prés, dont il conserva longtemps le nom, que ce nouveau quartier, composé de dix-huit rues, et traversé par les deux boulevards du Roi et de la Reine, fut construit sur les plans de Lebrun, ingénieur en chef des ponts-et-chaussées.

Pendant que Versailles s'agrandissait ainsi, le Grand et le Petit-Montreuil, ses deux faubourgs, augmentaient aussi d'importance. Bientôt ils ne firent plus qu'un avec la ville; en 1787, ils y furent tout à fait réunis, et formèrent la troisième paroisse de Versailles.

Quoique Versailles soit aujourd'hui moins peuplé qu'avant la Révolution, cependant la ville a toujours continué de s'accroître, et depuis quelques années il s'y est encore formé un nouveau quartier. Clagny, dont ce nouveau quartier porte le nom, était un hameau fort ancien. Il a été possédé par plusieurs seigneurs de la cour des rois Charles VII et Louis XI (1). Le plus célèbre de ces seigneurs est sans contredit Pierre Lescot, abbé de Clermont, architecte du Louvre sous François Ier, auquel on doit la façade intérieure de la cour, appelée *façade de l'Horloge*, admirée par les artistes. Cette terre appartenait à l'hôpital des Incurables de Paris, lorsque, le 30 novembre 1665, Louis XIV l'acheta des administrateurs et en fit don plus tard à madame de Montespan. En 1674, Mansart fut chargé par le roi d'y élever un château. Rien de plus joli que ce

---

(1) Voir *Versailles, seigneurie, château et ville*, in 8°, et *Histoire du diocèse de Paris*, par l'abbé Lebœuf.

château, si l'on s'en rapporte aux descriptions qui nous en restent. Il avait en petit la disposition de celui de Versailles, et comme lui regardait l'est et l'ouest. Placé entre la rue Duplessis actuelle, et la rue du Parc-de-Clagny, le centre se trouvait à peu près sur le boulevard de la Reine, les deux ailes s'étendant, l'une du côté du Lycée, l'autre sur le chemin de fer. Les appartements, la galerie, la chapelle, avaient été décorés par les premiers artistes de cette époque. Ce que l'on admirait surtout, c'était le jardin. La terre de Clagny n'était pas d'une grande étendue. Quand Le Nostre fut chargé de tracer ce jardin, il fit observer à Louis XIV la difficulté de faire quelque chose de bien dans un si petit espace. Le roi fit alors l'acquisition de la propriété de Glatigny, beaucoup plus considérable, la réunit à Clagny, et Le Nostre put alors donner un libre essor à son génie. Madame de Sévigné, allant peu de temps après sa création visiter Clagny, écrivait à sa fille :

« Nous fûmes à Clagny : que vous dirai-je? c'est le palais d'Armide. Le bâtiment s'élève à vue d'œil, les jardins sont faits. Vous connaissez la manière de Le Nostre ; il a laissé un petit bois sombre qui fait fort bien ; il y a un bois entier d'orangers dans de grandes caisses ; on s'y promène, ce sont des allées où l'on est à l'ombre ; et pour cacher les caisses, il y a des deux côtés des palissades à hauteur d'appui, toutes fleuries de tubéreuses, de roses, de jasmins, d'œillets ; c'est assurément la plus belle, la plus surprenante et la plus enchantée nouveauté qui se puisse imaginer ; on aime fort ce bois (1). »

Clagny s'étendait d'un côté de la rue Duplessis, où commençait l'étang du même nom, à l'avenue de Picardie, et de l'autre, des bois de la butte de Picardie à l'avenue de

(1) Lettre 202, 7 août 1675.

Saint-Cloud. Du côté de l'avenue de Saint-Cloud, à la place occupée aujourd'hui par le Lycée et les élégantes maisons du nord de cette avenue, depuis la rue de l'Abbé-de-l'Epée jusqu'au carrefour de Montreuil, se trouvaient des bâtiments occupés par les écuries et par une jolie ménagerie. A l'occasion de cette ménagerie, madame de Sévigné disait plaisamment dans une autre de ses lettres :

« Dangeau a voulu donner des présents aussi bien que Langlée ; il a commencé la ménagerie de Clagny ; il a ramassé pour deux mille écus de toutes les tourterelles les plus passionnées, de toutes les truies les plus grasses, de toutes les vaches les plus pleines, de tous les moutons les plus frisés, de tous les oisons les plus oisons, et fit hier repasser en revue tout cet équipage, comme celui de Jacob, que vous avez dans votre cabinet de Grignan (1). »

En compulsant les registres des dépenses des bâtiments du roi Louis XIV, nous avons trouvé que les terres de Clagny et de Glatigny coûtèrent d'achat 405,502 livres, et les constructions du château et des dépendances, en y comprenant les jardins, 2,456,218 livres, 7 sous, 8 deniers ; ce qui donne un total de 2,861,728 livres, 7 sous, 8 deniers.

Cette charmante habitation construite par Louis XIV pour madame de Montespan, revint après elle à son fils le duc du Maine. Elle passa ensuite au prince de Dombes, puis au comte d'Eu, et en 1766, par échange, à la Dauphine *Marie-Josèphe*. A la mort de cette princesse, arrivée en 1767, elle fut entièrement détruite par ordre de Louis XV.

Outre l'agrandissement fait sous Louis XVI, sur l'emplacement du château et des jardins de Clagny, il restait une portion de ce terrain sur lequel aucune habitation n'avait

---

(1) Lettre 329, 18 novembre 1676.

été élevée : c'est cette partie que l'on vient de transformer en nouveau quartier sous le nom de *Clagny*. Couvert d'habitations pittoresques ce quartier s'est élevé comme par enchantement.

Sa rue principale porte le nom de rue du Parc-de-Clagny et se dirige du sud au nord, du boulevard de la Reine au mur de clôture de la propriété de M. de Pavant, à Glatigny.

A quatre-vingts mètres au delà du pont du chemin de fer, à l'ouest et à l'est, on a tracé une voie qui devra plus tard former le prolongement de la rue Berthier. La partie ouest a été établie par M. Gautier sur un terrain lui appartenant, et la partie est, par M. Rémont, dans le terrain de ses pépinières. Cette nouvelle voie pourrait ainsi s'étendre jusqu'à la rue Solférino et arriver à l'avenue de Picardie.

En suivant la rue du Parc-de-Clagny, on trouve à l'ouest la rue Rémilly, qui s'étend jusqu'à la rue Duplessis.

Plus loin, à l'est, est la rue Saint-Georges, qui va jusqu'à la propriété de M. Lefèvre. Entre ce point et la rue Ville-Neuve-l'Etang, M. Gautier a tracé sur un de ses terrains une nouvelle voie qui doit porter le nom de rue Labruyère.

En face de la rue Saint-Georges, au nord-ouest, est la rue de Solférino, qui va déboucher dans la rue de l'Impératrice et qui doit plus tard s'étendre en ligne droite jusqu'à l'avenue de Picardie.

On rencontre ensuite la rue Ville-Neuve-l'Etang, qui traverse diagonalement la rue du Parc-de-Clagny. Elle commence à la rue de l'Impératrice et finit à la route pavée de Versailles à Vaucresson. A cette extrémité, on a construit un bureau d'octroi et une grille de fermeture. Cette rue, plantée d'arbres, suit une ligne droite depuis sa naissance jusqu'à l'ancienne clôture du parc de Clagny ; au delà elle gravit en serpentant la côte des anciens bois de la liste civile.

En suivant la rue Ville-Neuve-l'Etang, on trouve à droite, à l'endroit de l'ancienne clôture du parc, la rue Bazaine, dont le nom a été donné par l'administration municipale en souvenir du maréchal Bazaine, né à Versailles. Cette rue commence par une partie circulaire et suit bientôt une ligne droite qui aboutit à la rue Ville-Neuve-l'Etang dans le haut de la côte, près la grille de l'octroi.

Les fondateurs de ce quartier ont encore ouvert sur leurs terrains une rue faisant communiquer la rue Rémilly à celle de l'Impératrice. Cette rue porte le nom de Magenta.

Enfin, tout à fait à l'ouest, le quartier de Clagny est en communication avec la rue Duplessis par deux autres voies : la rue de l'Impératrice partant d'un petit square placé près du bureau de l'octroi et se terminant à un carrefour, où s'embranchent les rues de Solférino et de Ville-Neuve-l'Etang et la rue de Montebello, qui finit à la rue Magenta.

Le quartier de Clagny est en partie sur la paroisse de Notre-Dame et en partie sur celle de Saint-Symphorien, mais assez éloigné de toutes deux.

Les habitants, devenus en peu de temps assez nombreux, désirèrent avoir une chapelle. On en fit la demande à Mgr l'évêque de Versailles, qui répondit : « Je loue et bénis le zèle de toutes les personnes qui contribueront à la construction d'une chapelle dans le nouveau quartier de Clagny. » A ces bonnes paroles du vénérable prélat, de nombreux souscripteurs, non-seulement parmi les habitants du quartier, mais encore dans toutes les autres parties de la ville, répondirent par leurs offrandes, et la chapelle fut élevée.

Cette chapelle, placée à l'angle des rues du Parc-de-Clagny et de Ville-Neuve-l'Etang, a été construite dans le genre italien, par M. Salleron, l'un des habiles architectes de la ville de Paris, qui, dans cette occasion, a montré autant de talent que de désintéressement et de générosité. Charmante au dehors, l'intérieur en est simple et de bon goût. Cette chapelle, gracieuse et pittoresque, est déjà trop petite pour les nombreux fidèles qui la fréquentent.

Sous Louis XIV, les constructions de Versailles étaient soumises à un plan uniforme. Les rues marchandes, telles que les rues de la Paroisse, Duplessis, de Satory, du Vieux-Versailles, etc., avaient des maisons contiguës, d'une hauteur égale et d'une décoration semblable (1). La rue Dauphine (Hoche), seule, se distinguait des autres rues marchandes par des frontons accompagnés de deux lucarnes en pierres, rappelant un peu les anciennes *maisons à pignons*.

Les constructions n'étaient plus les mêmes dans les rues destinées particulièrement aux hôtels des grands seigneurs, comme les deux côtés de la place d'Armes, les rues des Réservoirs, de la Surintendance, de l'Orangerie, de la Pompe, les avenues de Sceaux et de Saint-Cloud ; là, les bâtiments consistaient en pavillons isolés formant un petit avant-corps sur les murs des cours, avec porte cochère de chaque côté. Souvent ces pavillons se partageaient en deux propriétés avec une cour pour chaque demi-pavillon.

Mais si les maisons des grands seigneurs se distinguaient

---

(1) La maison dite *du Canon*, qui faisait l'angle de la rue Hoche et de celle de la Paroisse, était presque la seule restée à peu près comme sous Louis XIV. Elle a été abattue et remplacée par une construction d'une grande élégance, et aussi différente de celles qui l'ont précédée, que nos habillements modernes sont différents de ceux du siècle du grand roi.

des maisons des marchands par leur forme, toutes se ressemblaient par les matériaux de leur construction. Du côté de la ville, le château du roi, ainsi que ses accessoires, étant tout en pierre et en brique, toutes les maisons de la ville furent assujetties à ce genre de construction, ou au moins à le simuler par la peinture. Toutes encore se ressemblèrent par leur hauteur. Le roi voulait bien qu'une ville s'élevât autour de son château, mais il ne voulait pas qu'elle pût nuire à sa vue. Aussi toutes les maisons n'eurent qu'un étage et des mansardes. Tous les toits se voyant alors du château, la tuile fut absolument interdite, et l'ardoise exigée comme étant d'un effet plus agréable à l'œil.

Cette régularité, que voulait Louis XIV, disparut sous ses successeurs. Dans les nouvelles constructions du Parc-aux-Cerfs on n'exigea plus de peinture en façon de briques, et les maisons purent être élevées à plusieurs étages. Il en fut de même sous Louis XVI; de ce moment Versailles perdit son caractère uniforme et devint une ville comme une autre, quant à la construction de ses bâtiments.

CHÂTEAU DE CLAGNY A VERSAILLES EN 1676

HISTOIRE
DE VERSAILLES

La ville de Versailles se divise aujourd'hui en trois quartiers : le quartier ou paroisse Notre-Dame, situé au nord; le quartier ou paroisse Saint-Louis, situé au sud, et le quartier de Montreuil ou paroisses Saint-Symphorien et Sainte-Elisabeth, situé à l'est.

Pour établir le numérotage des rues de Versailles, on a pris comme point de départ la cour du château, la place d'Armes et l'avenue de Paris pour toutes les rues s'étendant du nord au sud ou du sud au nord, et le château pour toutes celles marchant de l'ouest à l'est. Dans toutes, les numéros impairs sont à gauche du point de départ, et les numéros pairs à droite.

Dans le coup d'œil que nous venons de jeter sur Versailles, nous avons vu que l'ancien village et son église avaient été entièrement abattus pour faire place aux constructions nouvelles du château et de ses dépendances. Quelques habitations s'élevèrent plus tard autour de ces constructions, et, en souvenir du village détruit, on donna à cette partie de la ville le nom de Vieux-Versailles; mais déjà de nombreuses maisons s'étaient élevées de l'autre côté du château, et avaient fait donner à ce côté le nom de Ville-Neuve.

C'est donc cette partie de Versailles, appelée d'abord Ville-Neuve, et, après la construction de l'église, quartier Notre-Dame, qui fut la première construite sous Louis XIV; c'est aussi par elle que nous commençons nos descriptions, en prenant pour point de départ les numéros impairs.

QUARTIER NOTRE-DAME.

RUES DANS LA DIRECTION DU SUD AU NORD.

RUE DES RÉSERVOIRS.

Elle commence au château et se termine au boulevard du Roi. Sa direction est du sud au nord ; c'est sans contredit la plus large des rues de Versailles, elle a 38 mètres dans sa plus grande largeur, 32 mètres dans sa plus petite, et 481 mètres de longueur.

Pour diminuer un peu cette largeur, l'Administration municipale fit établir, en 1855, des trottoirs, et planter une rangée d'arbres dans l'alignement de celle du boulevard du Roi, le plus près de la chaussée. Cette plantation n'a encore eu lieu que dans l'espace compris entre le boulevard du Roi et la rue de la Pompe.

A l'époque où furent construites les premières maisons de cette rue, l'aile du nord du château et les bâtiments qui y sont adossés n'existaient pas encore. A leur place se trouvaient trois grands réservoirs pour la distribution des eaux des bassins du Parc. De là lui vint le nom de rue des Réservoirs, qu'elle a toujours conservé depuis.

CÔTÉ GAUCHE.

N° 1. Dépendances du château construites pour y placer les loges et les foyers d'acteurs de l'Opéra du Palais, dont le bâtiment est auprès. Le roi Louis-Philippe les a fait réparer et mettre à neuf pour les représentations qui ont eu lieu dans cette salle sous son règne.

Les maisons n°s 3, 5 et 7 ont été abattues, et l'on voit aujourd'hui l'énorme mur de soutènement des réservoirs de l'Opéra contre lequel elles étaient construites.

Il y a quelques années, ce réservoir donna lieu à une inondation d'un genre extraordinaire. Le 30 juin 1836, le propriétaire de l'hôtel dit des *Réservoirs* s'étant aperçu dès le matin d'un suintement considérable aux parois du mur de terrasse qui soutient cet immense réservoir, jaugeant plus de 50,000 pieds cubes, à une hauteur de 40 pieds, en prévint l'architecte des eaux du Palais. On fit jouer aussitôt tous les tuyaux disponibles, afin d'atténuer, autant que possible, une catastrophe que l'on regardait comme inévitable. En effet, vers une heure, une masse énorme se précipita dans la cour de l'hôtel, entraînant pierres, sable, argile, et remplissant les cours à la hauteur d'environ deux mètres. Pendant quelques instants, la vaste rue des Réservoirs présenta l'effet d'une cascade semblable à celle que produit la fonte des glaciers de la Suisse dans cette saison. Heureusement personne ne périt, mais plusieurs habitants de l'hôtel coururent des dangers.

N° 9. — Jusqu'à l'établissement du système des étangs et rigoles qui fournissent encore aujourd'hui les eaux des fontaines jaillissantes du Parc, les eaux venaient de l'étang de Clagny, situé au bas de la rue des Réservoirs. Pour pouvoir les élever dans les réservoirs établis auprès du château, dont nous avons déjà parlé, on avait construit, au lieu occupé actuellement par l'ancienne préfecture, quatre grands puisards communiquant par des aqueducs à l'étang ; ils étaient entourés de hauts murs et recouverts de toits. Dans chacun de ces puisards se trouvait un corps de pompe à l'aide duquel on élevait l'eau dans des conduites qui la déversaient ensuite dans les réservoirs. L'eau y arrivait par les tuyaux des puisards et était ensuite distribuée par d'autres conduites aux différents bassins du jardin. Vers 1662, *Pierre de Francine*, chargé par Louis XIV de la distribution des eaux de Versailles, fit construire la célèbre grotte de Téthys. Cette grotte, bâtie auprès du château, était à la place où se trouve aujourd'hui la Chapelle.

Elle avait à peu près la hauteur du premier étage. Le réservoir qui devait la desservir fut placé au-dessus. Il était donc beaucoup plus élevé que les trois autres, et l'on se crut obligé, pour y faire arriver l'eau de l'étang de Clagny, de construire un instrument hydraulique plus puissant que les autres.

On fit, en effet, au lieu même où se trouve aujourd'hui *l'Hôtel des Réservoirs* une tour de forme octogone, dont le sommet arrivait à la hauteur du réservoir de la grotte, et dont la base, extrêmement large, renfermait deux puisards communiquant avec l'étang, à l'aide d'aqueducs. A l'intérieur de la tour se trouvait une forte pompe mue par un manège élevant l'eau dans des conduites jusqu'à la partie supérieure, et la conduisant ensuite dans le réservoir de la grotte.

Cet instrument hydraulique portait le nom de *la Pompe* ou *Tour d'eau* (1).

En 1686, l'aile du nord ayant été construite, la grotte de Téthys fut abattue ainsi que le réservoir. Le système des étangs venait d'être établi, et fournissait abondamment l'eau des fontaines jaillissantes. La Pompe devint inutile, et elle fut détruite.

Sur cet emplacement, Louis XV fit construire, en 1752, un hôtel destiné à madame de Pompadour. Un corridor élevé contre le mur du réservoir de l'Opéra, du côté du Parc, permettait d'aller, à couvert, du château dans l'hôtel (2).

En 1765, cet hôtel devint celui du gouverneur de Versailles, et porta dès lors le nom de *nouvel hôtel du Gouvernement.*

Depuis la Révolution, ce bâtiment est devenu, sous le nom d'*hôtel des Réservoirs*, l'un des restaurants les plus en renom de notre ville, et a souvent été habité par de grands personnages, parmi lesquels on peut citer, en 1814, les empereurs de Russie et d'Autriche, et le roi de Prusse ; en 1815, le duc de Wellington et le prince Blücher.

N° 11. — ANCIENNE PRÉFECTURE. — Sur ce terrain se

---

(1) Pour tout ce qui a rapport aux eaux de Versailles, voir *Travaux hydrauliques de Versailles sous Louis XIV*, par J.-A. Le Roi.

(2) Brevet de don de terrain et de bâtiments, rue des Réservoirs, à la marquise de Pompadour, avec permission d'adosser son hôtel aux murs du réservoir, et de bâtir sur les murs de clôture du Parc, d'y établir une grande porte de communication, etc. (*Archives générales*, Secrétairerie d'Etat, E. 3437.)

Cet hôtel revint à la somme de 210,844 livres 14 sols 10 deniers. — Voir le *Relevé des dépenses de madame de Pompadour*, publié par J.-A. Le Roi.

trouvaient, sous Louis XIV, les quatre pompes fournissant l'eau aux réservoirs du Parc. Le reste, jusqu'au coin de la rue de la Paroisse, était occupé par quelques bâtiments pour les fontainiers et d'autres employés du château. En 1774, ce terrain appartenait à Monsieur, frère de Louis XVI. Il en fit don à M. Thierry de Ville-d'Avray, alors commissaire-général de la Maison du roi, au département des Meubles de la Couronne.

Le Garde-Meuble, changé plusieurs fois de place, était alors à l'hôtel de Conty, rue des Hôtels, n° 17. Mais cet hôtel étant jugé trop petit pour les besoins du service et d'ailleurs trop éloigné du château, on chercha un autre emplacement. M. Thierry offrit le terrain que lui avait donné Monsieur, et qui avait l'avantage de communiquer avec les intérieurs du palais par le couloir établi dans le temps pour venir à l'hôtel de madame de Pompadour, situé à côté. On accepta cette offre. En 1780, on commença les travaux, et en 1783, on put y installer le Garde-Meuble de la Couronne.

Ce bâtiment, élevé sur les dessins de l'architecte d'Arnaudin, avait un grand avantage sur tous ceux dont on s'était servi jusqu'à ce jour à Versailles, à cause de la grandeur de ses magasins et de la facilité de transporter les meubles à couvert jusque dans les appartements du roi; mais il avait un inconvénient grave, c'est son voisinage de la salle de spectacle, si dangereux pour le feu. On est d'autant plus étonné de ce manque de prévision, que M. Thierry, dans son rapport au roi sur cette construction, fait remarquer que les hangars et les écuries, pour les voitures et les chevaux, ont été placés dans une maison voisine (boulevard de la Reine, n° 27), et *qu'on a mis ainsi les meubles à l'abri de la mauvaise odeur des fumiers, perni-*

cieuse aux dorures, et du danger au feu que les greniers à fourrage n'occasionnent que trop souvent (1).

Voici, d'après le rapport fait au roi, en 1790, par M. Thierry (2), à quelle somme s'éleva l'achat du terrain et la construction de l'hôtel du Garde-Meuble :

Achat du terrain	112,893 l. 17 s.
Bâtisse.	395,497 l. 9 s. 6 d.
Écuries (boul. de la Reine, n° 27).	31,329 l. 6 s. 3 d.
Honoraires de l'architecte d'Arnaudin	13,000 l.
Honoraires du sieur Clausse, chargé du paiement des ouvriers pendant les trois années de la bâtisse . . .	7,200 l.
Total. .	559,920 l. 12 s. 9 d.

Les séances de la première municipalité de Versailles se tinrent dans cet hôtel.

En 1789, le fameux abbé Sieyès, grand-vicaire et chanoine du diocèse de Chartres, député du clergé aux États-Généraux, habita cet hôtel. Le Tribunal civil, ainsi que la Recette-Générale du département, y furent placés en 1793.

A la même époque, les Bureaux du Département (3) occupaient l'hôtel du Grand-Veneur (aujourd'hui le Palais-de-Justice). Ce local s'étant trouvé beaucoup trop resserré

---

(1) A moins que l'on ne veuille attribuer à M. Thierry le désir de trouver un placement avantageux pour des terrains lui appartenant.

(2) Voyez *Rapports sur le Garde-Meuble de la Couronne*, 1788, 1790 et 1791.

(3) On appelait ainsi la Préfecture.

pour y placer les archives et les bureaux tous les jours plus considérables, on transporta, au mois d'octobre 1800, la Préfecture dans l'hôtel du Garde-Meuble, et le Tribunal civil vint remplacer les Bureaux du Département, à l'hôtel du Grand-Veneur. Depuis la fin de 1866, la Préfecture occupe les nouveaux bâtiments construits sur l'emplacement de l'ancienne vénerie du roi.

N° 13. — Le Théatre. — Quoique avant l'année 1776, Versailles fût une ville importante, il n'y existait point de théâtre. En 1775, mademoiselle Montansier avait de puissantes protections auprès de la reine. Elle obtint de Louis XVI le privilége exclusif d'y donner des spectacles et de suivre la cour dans ses voyages, à la condition de construire une salle suivant *les plans, symétries, décorations et alignements approuvés par S. M., et ce, dans l'espace de deux années à compter du 1ᵉʳ janvier 1776, sous peine de nullité dudit privilége.*

Mademoiselle Montansier, ou, comme on disait alors, *la Montansier*, acquit de M. Thierry le terrain qui lui fut indiqué, et le 19 novembre 1777 elle faisait l'ouverture de son Théâtre.

Cette salle, dont le projet est de *Heurtier,* alors inspecteur-général des bâtiments du roi, et depuis membre de l'Institut, fut élevée par *Boullet,* machiniste du roi et de l'Opéra. La façade du côté de la rue des Réservoirs est fort simple. On voit sur l'entablement un groupe représentant *Thalie* et *Melpomène,* sculpté par *Boullet,* le frère du machiniste.

L'intérieur est une rotonde de forme agréable. A son origine elle était peinte en bleu et blanc rehaussé d'or. Le plafond, fait par *Bocquet,* peintre du roi, représentait la

Tragédie et la *Comédie*, et au milieu *Apollon* sur son char éclairait les talents lyriques désignés par leurs attributs distinctifs.

D'après les mémoires présentés par mademoiselle Montansier, ce Théâtre, en y comprenant la dépense de construction, l'achat du terrain et des décorations, les costumes, etc., serait revenu, avant toute représentation, à la somme de 351,264 livres.

Le roi, et surtout la reine, s'intéressaient beaucoup au succès de cette entreprise. Ils assistèrent très-souvent aux représentations, surtout après la construction du Garde-Meuble, lorsque le corridor venant du château à ce bâtiment leur permit de se rendre, à pied et sans être vus, des appartements dans leur loge, occupée aujourd'hui par le préfet.

Depuis quelques années le Théâtre a reçu des améliorations. Une marquise construite du côté de la rue permet au public d'entrer et de sortir, et surtout de prendre ses billets, à l'abri des injures du temps et en 1850 il a subi une restauration intérieure dont il commençait à avoir grand besoin. La salle a été entièrement repeinte. Les dispositions générales de l'ornementation sont rouge, blanc et or. L'orchestre a été divisé en fauteuils, stalles et banquettes. La scène a été avancée de manière à mettre les acteurs en communication plus intime avec les spectateurs. Plusieurs calorifères ont été établis pour chauffer la salle et les couloirs; des ventilateurs disposés sous le plafond des baignoires permettent à l'air des couloirs, renouvelé fréquemment, de pénétrer dans tout le pourtour de la salle et d'entretenir sa pureté, tandis que deux autres ventilateurs parallèles fonctionnent au-dessus du comble et donnent issue aux gaz qui, s'élevant de toutes les parties de la salle, viennent s'échapper par l'ouverture placée au-dessus du lustre ; enfin, le mécanisme du lustre a été modifié de façon à pouvoir l'élever au-dessus des deuxièmes loges, sans nuire cependant aux troisièmes et aux quatrièmes. —Tous ces travaux, entrepris surtout en vue du bien-être et de la santé des spectateurs, ont été exécutés sous la direction de M. Pâris, architecte de la Ville. Quant aux peintures du plafond, du rideau et des balcons des loges, elles ont été faites par MM. Sechan et Dieterlé.

Avant 1789, et sous la direction de mademoiselle Montansier, une troupe d'opéras français et italiens donnait des représentations dans cette salle (1) ; mais le Théâtre suivit l'état d'appauvrissement de Versailles, et pendant tout le cours de la Révolution, il ne fut ouvert qu'à de rares intervalles. Enfin, en 1807, MM. Robillon frères ayant obtenu le privilége de l'exploitation du Théâtre de Versailles, une troupe d'acteurs sédentaires n'a point cessé depuis cette époque d'y donner des représentations.

Le Théâtre de Versailles, placé si près de Paris, a, sous ce rapport, un avantage immense sur tous ceux des départements : c'est qu'aucune œuvre remarquable, aucun talent de premier ordre, soit dans le genre dramatique, soit dans le genre lyrique, ne paraît sur la scène parisienne sans que bientôt le public versaillais ne puisse l'apprécier. C'est ainsi que tout ce que le Théâtre-Français a offert d'acteurs distingués, tout ce qui a paru à l'Opéra de chanteurs ou de

---

(1) La troupe d'opéras italiens était fort bien composée. On voit dans les écrits du temps qu'elle jouait des opéras que l'on ne pouvait pas exécuter à Paris. Voici les noms des opéras joués en 1787 : *Le Marquis de Tulipano*, de Paësiello. — *Les Esclaves par amour*, du même. — *La Frascatane*, du même. — *Jeannette et Bernard*, de Cimarosa. — *L'Italienne à Londres*, du même. — *La Jalousie villageoise*, de Sarti. — Voir sur le théâtre italien de Versailles, les *Mémoires* de Bachaumont.

danseurs sans rivaux, est venu successivement se montrer sur notre Théâtre.

En 1773, on voulut fonder à Versailles une école dramatique. Le roi accorda à cette école 12,000 livres par an à compter du 1ᵉʳ avril de cette année, dont 6,000 livres pour le directeur, le célèbre acteur *Préville*. Neuf des élèves annonçant le plus de talent devaient recevoir 600 livres par année (1).

Cette école ne paraît pas avoir eu un grand succès, car on n'en entend plus parler dans les années suivantes.

Il y a plusieurs années, 1828, un directeur du Théâtre de Versailles eut la même pensée. Il présenta à M. de Martignac, alors ministre de l'Intérieur, le projet d'établissement d'une école dramatique à Versailles. Ce projet reçut l'approbation des hommes les plus compétents dans l'art dramatique, mais ne fut cependant jamais exécuté.

En 1848, le théâtre servit de lieu de réunion pour une section du Comité central républicain.

N° 21. — Maison habitée par M. de Jouvencel lorsqu'il était maire de Versailles.

On ne peut citer le nom de M. de Jouvencel sans rappeler sa belle conduite dans deux circonstances terribles pour notre ville, en 1814 et en 1815, pendant les deux invasions.

Dès les premiers jours de mars 1814, les bruits les plus sinistres se répandaient dans la ville de Versailles. Malgré les efforts inouïs de Napoléon, malgré les combinaisons les plus savantes qui firent de la campagne de France l'une des plus admirables de ce génie de la guerre, l'armée française, obligée de résister à toutes les forces combinées de

---

(1) *Arch. générales*, secrét d'Etat, E. 3605.

l'Europe, s'affaiblissait tous les jours, et les troupes étrangères s'approchaient de plus en plus de Paris.

Il était impossible que dans un pareil moment il n'y eût pas dans les services publics beaucoup de désordre et de confusion. Versailles était alors encombré de malades et de blessés de toutes les nations. Outre l'Hôpital civil, des succursales avaient été établies dans l'aile gauche des Ministres au Château, dans la caserne des Gardes-Françaises, aujourd'hui abattue, dans les Ecuries de la Reine et dans plusieurs autres casernes. Cet encombrement ne tarda pas à faire développer des maladies contagieuses, et bientôt le typhus, ce hideux compagnon des grandes invasions, fit son apparition à Versailles. Pour diminuer les tristes effets de la contagion, on fut obligé de transporter dans les villes voisines une partie des malades et des blessés. Cinquante ou soixante voitures chargées de ces malheureux partaient chaque jour, soit pour Rambouillet, soit pour Saint-Germain, soit pour d'autres lieux, sous la conduite d'un des médecins de la ville, dont toute la distraction, dans ces mois de fatigue et de désolation, ne fut souvent que cette promenade de mourants.

Le 28 mars, de grandes inquiétudes commencèrent à s'emparer des habitants de la ville. On savait depuis quelques jours que les étrangers s'étaient montrés dans les environs de Paris; mais on pensait que c'était un corps peu redoutable, et l'on était dans la persuasion que Napoléon manœuvrant sur les derrières de cette colonne afin de la couper du corps d'armée du prince de Schwartzemberg, elle ne tarderait pas à être anéantie. Aussi la surprise fut grande lorsque l'on vit dès le matin partir des bâtiments des Grandes et des Petites-Écuries les équipages de l'empereur, chevaux et voitures, et que l'on apprit le départ prochain de l'Ecole des pages, de l'Ecole militaire de Saint-Cyr et d'autres établissements. On était d'autant plus surpris de cet abandon de Versailles, que le gouvernement avait accumulé dans cette ville une immense quantité d'effets de remonte pour les dépôts de cavalerie.

Ce fut bien pis le lendemain (29 mars), lorsque l'on vit l'impératrice Marie-Louise et son fils, le roi de Rome, traverser Versailles pour se rendre à Rambouillet. Quoique l'on désespérât alors du succès de notre armée, on croyait cependant que Paris se défendrait assez longtemps pour permettre à Napoléon d'arriver à son secours et d'obtenir une capitulation honorable. Mais on perdit bientôt cette dernière espérance. Le passage des voitures et des personnes de toutes conditions qui fuyaient la capitale fut continuel pendant toute la nuit. Dès le matin du 30 mars, le canon se fit entendre plus fort que jamais du côté de Paris. On vit bientôt passer une grande quantité de chariots chargés et accompagnés par des vétérans de la garde, puis, sur les trois heures de l'après-midi, *Joseph Napoléon* et les Ministres, suivis d'une forte escorte, allant rejoindre l'impératrice Marie-Louise à Rambouillet ; enfin, dans la soirée, le bruit se répandit de la capitulation de Paris.

Dans des conjonctures aussi graves, le Maire et le Préfet, alors M. Delaitre, durent s'entendre sur les moyens les plus propres à préserver la ville des malheurs qui la menaçaient. Le Préfet avait reçu l'ordre du gouvernement de quitter Versailles ; mais il promit de s'en éloigner le moins possible ; quant au Maire, il annonça au Préfet qu'il resterait afin de maintenir autant qu'il le pourrait l'ordre dans la ville, et surtout afin d'alléger la terrible charge qu'allaient avoir à supporter les habitants.

La nuit fut très-agitée. Des chariots, des voitures de

toutes sortes, des troupes en petits détachements ne cessèrent de passer en s'éloignant de Paris. Quatre à cinq mille hommes se trouvaient encore logés à Versailles, tant dans les casernes que chez les habitants. Vers trois heures du matin, le 31, la générale fut battue, et toutes les troupes, même les blessés qui purent marcher, se réunirent pour sortir de la ville.

Dans une si grave position, M. de Jouvencel ne perdit pas un instant. Le conseil municipal fut immédiatement réuni ; il lui fit connaître la lettre qu'il venait de recevoir du Préfet et lui annonça sa ferme résolution de rester à son poste dans ces circonstances difficiles ; mais en même temps il fit un appel au dévouement et au patriotisme des membres du conseil et les pria de se réunir à lui, afin d'augmenter par leur présence la force de l'autorité municipale. Le conseil applaudit unanimement à la résolution du Maire et il se déclara en permanence.

Le soir même de ce jour, les troupes prussiennes, sous le commandement du comte de Briensen, entrèrent dans la ville. Depuis ce moment, ce ne fut plus dans Versailles qu'un passage continuel de troupes étrangères, accompagné de demandes de toute espèce et du pillage des magasins de l'Etat (1).

Dans ces cruels moments, M. de Jouvencel, plus d'une fois menacé, sut opposer à ces menaces un calme et un courage qui ont, sans aucun doute, préservé la ville des plus grands malheurs.

Mais, ce fut surtout dans la journée du 6 avril que Versailles lui dut véritablement son salut.

Dès le 3 avril 1814, le maréchal duc de Raguse, com-

(1) Voir entrée des Prussiens, barrière de l'avenue de Paris.

mandant le sixième corps d'armée, avait fait sa soumission au gouvernement provisoire et reconnu le décret du Sénat qui déliait l'armée et le peuple du serment de fidélité envers l'empereur Napoléon. Par suite de sa soumission, son corps d'armée devait se retirer en Normandie avec armes, bagages et munitions.

En conséquence, les troupes sous ses ordres, au nombre d'environ 12,000 hommes, quittèrent leur cantonnement le 5 avril et furent dirigées sur Versailles, où elles arrivèrent dans la soirée. La cavalerie, peu nombreuse, fut logée dans les casernes, l'artillerie bivouaqua autour de la pièce d'eau des Suisses, et l'infanterie logea chez les habitants.

Presque tous les soldats de ce corps d'armée ignoraient ce qui s'était passé jusqu'alors, les résolutions du Sénat et du gouvernement provisoire, et la soumission de leur général; aussi les mots de trahison et de lâcheté furent-ils prononcés par eux au milieu de la plus vive fermentation lorsqu'ils connurent tous les événements. La nuit cependant fut calme; mais le matin du 6, toutes les troupes s'étant rassemblées sur l'avenue de Paris et sur la place d'Armes, la fermentation recommença. « On veut nous désarmer, disaient les uns; ne souffrons pas cette ignominie, marchons au combat. Des officiers couraient de rangs en rangs, disant : nous sommes trahis, il faut nous venger. Ils lançaient des imprécations contre leur général en chef et excitaient les soldats en brandissant leurs sabres et criant avec force : *Vive l'Empereur! Vive Napoléon* (1) *!* »

Depuis l'arrivée du corps d'armée du duc de Raguse, le

---

(1) *Exposé des événements*, par M. de Jouvencel, manuscrit de la Bibliothèque de Versailles.

général russe de Stal, commandant les cuirassiers du régiment d'Astrakan, depuis la veille à Versailles, avait expédié, pendant la nuit, des avis à Paris et aux différents camps qui se trouvaient à six ou sept lieues aux alentours. Dès le matin du 6, on vit autour de la ville des partis nombreux de leurs troupes, et bientôt une forte batterie de canons soutenue de plus de 6,000 hommes d'infanterie et de cavalerie, vint s'établir sur la hauteur de la butte de Picardie.

On voit de quel immense danger Versailles était menacé. Une lutte pouvait avoir lieu d'un instant à l'autre, lutte inutile dans laquelle devait périr, sans résultat, un grand nombre de braves, et qui aurait amené sans aucun doute la destruction de notre ville.

Ce fut alors que M. de Jouvencel, par une de ces déterminations courageuses puisées dans le profond sentiment du devoir et dans son cœur d'honnête homme, sauva la ville des conséquences terribles qui la menaçaient.

« Dans ce moment pressant, dit-il dans un ouvrage écrit avec une grande simplicité sous le souvenir récent des événements (1), je ne vis d'espoir que dans une démarche ferme et solennelle de ma part. Je me revêtis donc de mon écharpe, et prenant avec moi quelques gardes nationaux qui s'offrirent de m'accompagner, je me portai au milieu de la troupe. Les généraux n'y étant pas, j'interpellai successivement tous les chefs de corps ; je les suppliai au nom de l'humanité de sortir sur-le-champ de la ville, et de ne pas rendre les habitants de Versailles témoins des horreurs qui pourraient être la suite de la détermination qu'ils allaient prendre. Je me jetai au milieu des soldats les plus animés, je démentis le bruit de leur désarmement ; je leur parlai des événements de Paris et cherchai à leur prouver que leur général ne les avait point trahis, mais n'avait fait qu'obéir au gouvernement.

(1) Ouvrage cité.

» Je fus très-mal reçu de ces soldats exaltés ; l'un d'eux même, plus furieux, m'appelant parjure et traître, se jeta sur moi pour m'arracher ma décoration de l'ordre de la Réunion.

» Le sentiment de ma position critique redoubla dans ce moment mon courage et soutint mes forces. J'allais ainsi de bataillons en bataillons ; mais le péril augmentait au lieu de s'apaiser, quand tout à coup je leur suggérai l'idée de se porter du côté de Rambouillet, où, se réunissant à d'autres troupes dévouées à l'Empereur, ils pourraient opérer un mouvement plus utile à leurs vues.

» Cette idée, accueillie avec transport, courut de rang en rang, et quelques officiers supérieurs saisissant avec adresse ce moment favorable, donnèrent l'ordre, ou suivirent l'impulsion qui porta les soldats à sortir de la ville par la grille de l'Orangerie. »

Telle fut la fin de ce drame si menaçant pour la ville de Versailles et qui, grâce au courage et à la présence d'esprit de son maire, se termina sans autre incident fâcheux.

Bientôt le duc de Raguse reprit le commandement de son corps d'armée et le conduisit, suivant les traités, dans les départements de la Normandie.

M. de Jouvencel quitta la mairie de Versailles peu de temps après l'entrée des Bourbons, et se retira à la campagne. Il y était encore lorsque les étrangers envahirent pour la deuxième fois notre patrie. La ville était alors sans maire. Le Conseil municipal, se rappelant la conduite pleine de courage de M. de Jouvencel pendant la première invasion, demanda avec instance qu'on mît à sa tête *celui qui, dans les moments les plus difficiles, avait mérité à juste titre l'estime et la reconnaissance de ses concitoyens* (1).

M. de Jouvencel n'hésita point un instant à reprendre des fonctions si pénibles dans un pareil moment, et il arriva à

---

(1) Paroles de la délibération.

Versailles le 30 juin, la veille du jour de l'entrée des Prussiens.

En 1815, Versailles fut menacé d'une autre manière, mais non moins sérieusement qu'en 1814. Le combat qui eut lieu dans ses murs et dont nous parlerons plus loin, lui fit courir des dangers dans lesquels M. de Jouvencel se montra ce qu'il avait été en 1814 (1). Quoique sa vie ait été plus d'une fois menacée, il sut trouver dans son patriotisme le courage nécessaire pour résister à des demandes pouvant entraîner la ruine de la ville. Et grâce à ses démarches incessantes, à son dévouement et à son activité, il a diminué, pour Versailles, le poids d'une occupation étrangère qui n'a pas duré moins de cinq mois.

Toutes les autres maisons de ce côté de la rue ont été bâties depuis l'année 1775 et n'offrent rien de remarquable quant à leur histoire. Elles sont pour la plupart fort belles, et font de ce quartier l'un des plus recherchés de la ville. Dans cette partie de la rue existait un abreuvoir construit lors du desséchement de l'étang de Clagny en 1736, et supprimé quand on fit le nouveau quartier des Prés, en 1775.

CÔTÉ DROIT.

N° 2. — Sous-Intendance. — Sous Louis XIV, hôtel de Louvois. Sous Louis XV, cet hôtel fut destiné au gouverneur de Versailles. En 1778, l'architecte *Heurtier* construisit les grands bâtiments qui entourent le corps du milieu, pour les bureaux et les logements des divers officiers attachés au gouvernement de la ville. Lorsque l'hôtel de madame de Pompadour eut été donné au gouverneur, il prit

(1) Voir barrière du boulevard du Roi.

le nom de nouveau Gouvernement, et l'hôtel de Louvois celui d'ancien Gouvernement. Sous l'Empire, on y plaça l'état-major de la place de Versailles et l'administration du génie militaire. En 1816, il redevint une dépendance du château; enfin, en 1830, on y mit la sous-intendance et les magasins de l'administration militaire, destination qu'il conserve encore aujourd'hui.

N° 4. — Sous Louis XIV, hôtel de Richelieu; puis, sous Louis XV et Louis XVI, hôtel d'Ecquevilly.

N° 6. — Successivement hôtel du Lude, hôtel de Roquelaure et hôtel de Rohan. En 1787, cet hôtel devint l'habitation de M. de Sérent, gouverneur des enfants du comte d'Artois, les ducs d'Angoulême et de Berry. L'architecte d'Arnaudin le reconstruisit alors entièrement comme nous le voyons aujourd'hui. Les deux jeunes princes devant faire leur éducation dans cet hôtel, M. de Sérent y avait fait réunir une foule d'objets curieux. On y remarquait entre autres un fort beau cabinet de physique et une collection ethnologique de toutes les parties du monde. C'est à l'aide de cette riche collection que l'on forma plus tard le Muséum d'histoire naturelle de l'École Centrale. Lors de la destruction du Muséum une partie en fut portée à Paris, une autre au Lycée de Versailles et une troisième à la Bibliothèque de la Ville. Cette dernière partie, grâce aux soins de l'administration municipale, a été placée dans un local à part et dans d'élégantes armoires, ce qui la sauve d'une ruine devenue, sans cela, inévitable.

N° 8. — Hôtel d'Alluye sous Louis XIV; puis, hôtel de Bourbon.

En 1805, les bâtiments de cet hôtel furent mis par le

gouvernement à la disposition de M. *Pain*, qui y établit une singulière espèce d'école normale primaire. Cette école dura fort peu de temps.

Il paraît, d'après l'annonce faite dans le *Moniteur*, qu'on devait recevoir dans cette école, composée de pensionnaires, aussi bien des filles que des garçons ; car, après avoir dit qu'il serait fourni un lit à ceux qui n'en auraient pas, il ajoute que la pension des filles est de 100 francs de moins que celle des garçons!

Cet hôtel a été entièrement détruit et remplacé par une construction toute moderne.

N° 10. — Hôtel de Bouillon. — Cet hôtel appartenait au cardinal de Bouillon, à l'époque de ses démêlés avec la cour pendant son séjour à Rome. On sait que, par suite de ces démêlés, Louis XIV lui ordonna de donner sa démission de grand-aumônier, et que le cardinal s'y refusa; qu'après sa résistance un arrêt du Conseil, du 12 septembre 1700, ordonna la saisie de tous ses biens. Son hôtel de Versailles fut compris dans cette saisie, et *Narbonne*, le premier commissaire de Versailles, raconte que ce fut lui qui, étant alors huissier, fut chargé d'apposer les scellés sur cet hôtel.

Sous l'Empire on y avait placé la caserne d'une compagnie d'infanterie, que l'on appelait alors *compagnie départementale*. Dans l'une des salles de cet hôtel se trouvait aussi l'école de Dessin de la Ville, placée aujourd'hui dans les bâtiments de la Bibliothèque. Après la dissolution des compagnies départementales on y mit la Manutention des vivres militaires.

En 1855, la Manutention a été transportée rue de Limoges. Le propriétaire de l'hôtel de Bouillon l'a fait abattre, et, à sa place, se sont élevées de nouvelles constructions.

A l'angle de cet hôtel, entre la rue des Réservoirs et la rue de la Pompe, se trouve une fontaine qui conserve le rare avantage, à Versailles, de fournir de l'eau de source. Cette fontaine était originairement placée à l'angle opposé de l'hôtel de la Trémoille.

N° 12. — Hôtel de Créquy, puis de la Trémoille.

N° 14. — Hôtel de Condé. — Dans cet hôtel mourut Jean de La Bruyère, l'auteur des *Caractères*.

Le lieu où est né La Bruyère a été longtemps un sujet de controverse. Les uns l'ont placé à Dourdan, dans le département de Seine-et-Oise, d'autres dans un village des environs, dont on ignorait le nom. Il en a été de même pour la date de sa naissance, qui n'était relatée dans aucun acte positif. Ainsi d'Olivet et Voltaire le font naître en 1644, et Suard en 1639. Ses parents eux-mêmes ne paraissaient pas certains de cette date, puisque l'acte de décès, signé de son frère, le fait âgé de *cinquante ans ou environ*. Grâce aux recherches faites par M. Jal, historiographe de la marine, et consignées dans son ouvrage intitulé : *Dictionnaire critique de Biographie et d'Histoire*, nous savons aujourd'hui que La Bruyère est né à Paris (1).

(1) Grâce à M. Auger, de Versailles, nous pouvons donner ici l'extrait de baptême de La Bruyère, qu'il a recueilli à la préfecture de la Seine, sur le registre des naissances de la paroisse Saint-Christophe-en-Cité, pour l'année 1645 :

Extrait du Registre des Actes de naissance de la paroisse Saint-Christophe-en-Cité, pour l'année 1645.

« Du jeudy dixseptiesme aoust mil six cent quarante cinq a esté baptisé
» Jehan fils de noble homme Loys de Labruiere controlleur des rentes de
» la ville de Paris et de demoiselle Isabele Hamonyn ses pere et mere lequel

Jusqu'à présent on connaît peu de chose de la vie de ce grand écrivain. On sait seulement qu'il habitait fréquemment Versailles, où il avait un logement dans l'hôtel de Condé. Le livre *des Caractères, l'un des meilleurs ouvrages qui existent dans notre langue* (1), fut probablement composé dans cet hôtel. En effet, son appartement de Versailles était son séjour de prédilection, et lorsqu'il voulait être libre et à son aise, c'est là qu'il se retirait, ainsi que le prouve sa mort même.

« Quatre jours avant sa mort, dit l'abbé d'Olivet, dans son *Histoire de l'Académie française*, il était à Paris, dans une compagnie de gens qui me l'ont conté, où tout à coup il s'aperçut qu'il devenait sourd, mais absolument sourd. Il s'en retourna à Versailles, où il avait son logement à l'hôtel de Condé, et une apoplexie d'un quart d'heure l'emporta. »

Dans une lettre adressée à l'abbé Bossuet (2), et publiée par M. de Monmerqué (3), on trouve quelques détails sur la mort de La Bruyère :

« Je viens à regret à la triste nouvelle du pauvre M. de La Bruyère, que nous perdîmes, le jeudi 10 de ce mois, par une apoplexie, en deux ou trois heures, à Versailles. J'avais soupé avec lui le mardi ; il était gai et ne s'était jamais mieux porté. Le mercredi et le jeudi même, jusqu'à neuf heures du soir, se passèrent en visites et promenades, sans aucun pressentiment. Il soupa avec appétit, et tout d'un coup il perdit la parole, sa bouche se tourna. M. Fagon (4), M. Félix (5), et toute la médecine de

» a este tenu sur les fontz baptismaux de St-Christophe par noble Jehan de
« Labruiere parin. La maraine fut dame Geneviefve Duboys espouze de M. Da-
» niel Hamonyn, et ont signé de Labruyere, de Labruyere et G. Dubois. »

(1) Suard, *Notice sur La Bruyère*.
(2) Neveu de l'évêque de Meaux.
(3) *Revue rétrospective*, octobre 1836.
(4) Premier médecin du Roi.
(5) Premier chirurgien du Roi.

la Cour vinrent à son secours. Il montrait sa tête, comme le siége de son mal ; il eut quelque connaissance. Saignée, émétique, lavement de tabac, rien n'y fit. Il fut assisté, jusqu'à la fin, de M. Gaion, que M. Fagon y laissa, et d'un aumônier de M. le Prince. Il m'avait fait boire à votre santé deux jours auparavant. Il m'avait lu des dialogues qu'il avait composés sur le *Quiétisme*, non pas à l'imitation des *Lettres provinciales*, car il était toujours original, mais des dialogues de sa façon. Il disait que vous seriez bien étonné quand vous le verriez à Rome, enfin, il parlait toujours de cœur. C'est une perte pour nous tous. Nous le regrettons sensiblement. »

Ainsi donc, La Bruyère mourut à Versailles, dans l'hôtel du prince de Condé, et c'est dans cette ville qu'il fut inhumé, ainsi que le constate l'acte mortuaire du grand moraliste, relevé par nous-même, à la Mairie de Versailles, sur le registre des décès de la paroisse de Notre-Dame.

Il est ainsi conçu :

« Ce douzième mai, mil six cent quatre-vingt-seize, Jean de La Bruyère, escuyer-*gentilhomme* de monseigneur le duc, âgé de cinquante ans, ou environ, est décédé à l'hostel de Condé, le onzième du mois et an que dessus, et inhumé *le lendemain dans la vieille église de la paroisse* (1), par moi soussigné, prêtre de la Congrégation de la Maison de la Mission, faisant les fonctions curiales, en présence de Robert-Pierre de La Bruyère, son frère, et de messire Charles Laborcys de Bospese, aumônier de Son Altesse la duchesse, qui ont signé, et de M. Huguet, concierge de l'hostel de Condé, qui a signé.

Signé : Laborcy de Bospese; — Huguet, — de La Bruyère, — Ph. Canaple. »

De tout ce qui précède, il résulte que La Bruyère est né à Paris, le 17 août 1645 ; qu'il fit à Versailles un long sé-

---

(1) Nous parlerons de cette église à la rue Sainte-Geneviève, où elle était située. On nhumait dans ses caveaux les personnes de distinction, le Roi ne permettant pas de le faire dans ceux de Notre-Dame.

jour ; que tout porte à croire qu'il y a composé ses principaux ouvrages, et qu'enfin sa mort a eu lieu dans cette ville, où il a été inhumé. Versailles a donc le droit, plus que toute autre ville, de s'honorer du nom de La Bruyère. C'est cette pensée qui inspira l'Administration municipale de Versailles, lorsqu'elle fit appliquer, en 1857, sur la maison où mourut La Bruyère, une table de marbre, avec une inscription rappelant le souvenir de l'illustre écrivain (1).

Dans cet hôtel est né le 14 septembre 1783, le lieutenant-général Gaspard Gourgaud.

Fils d'un musicien de la chapelle du Roi, Gourgaud manifesta, dès son enfance, le goût des mathématiques. Reçu à seize ans à l'école Polytechnique, il fut nommé en 1802 lieutenant d'artillerie. De ce moment, il assista à presque toutes les batailles en Allemagne. Chef d'escadron et officier d'ordonnance de l'Empereur, lors de la campagne de Russie, il entra le premier dans le Kremlin de Moscou ; « il y découvrit quatre cents milliers de poudre que les flammes allaient atteindre, et ce fut à ses dispositions que l'on dut d'échapper à une explosion qui pouvait emporter l'Empereur, son état-major et la garde. Ce service fut reconnu par le titre de Baron (2). »

Il se distingua surtout dans la campagne de France où il sauva encore la vie à l'Empereur. Napoléon venait d'être surpris par un parti de cosaques, lorsqu'il regagnait son quartier-général après la bataille de Brienne. Gourgaud accourt et tue d'un coup de pistolet un de ces cosaques qui avait la lance levée sur la tête de l'Empereur.

(1) Aujourd'hui que l'on connait le lieu de sa naissance, on devra supprimer de cette inscription commémorative de sa mort et de son séjour à Versailles, la phrase : *On ignore le lieu de sa naissance.*

(2) Louvet, *Biographie générale* de Didot.

Nommé général par Napoléon au retour de l'île d'Elbe, Gourgaud ne quitta plus l'Empereur. Il combattit à Fleurus et à Waterloo, et lorsque Napoléon tomba au pouvoir des Anglais, il l'accompagna dans son exil à Sainte-Hélène. Revenu en Angleterre par suite de ses différends avec le comte de Montholon, Gourgaud ne cessa de chercher à intéresser les souverains de l'Europe au sort du prisonnier de Sainte-Hélène et de défendre l'honneur de l'armée française, ce qui lui attira à cette époque de dures persécutions.

Après la révolution de juillet, le général Gourgaud rentra en activité. En 1832, il fut nommé aide-de-camp du roi Louis-Philippe, et promu en 1835 au grade de lieutenant-général. En 1840, il fit partie de la commission chargée d'aller chercher à Sainte-Hélène les restes de Napoléon, et en 1841, il fut nommé pair de France. Rentré dans la vie civile après 1848, le département des Deux-Sèvres l'envoya comme son représentant à l'Assemblée législative en 1849. — Il mourut à Paris le 25 juillet 1852, à la suite d'une longue maladie.

Outre ses talents militaires, le général Gourgaud s'est encore distingué comme écrivain. On a de lui : 1° La campagne de 1815 ; 2° Demande des restes de Napoléon-Bonaparte ; 3° mémoires pour servir à l'histoire de France sous Napoléon ; 4° Napoléon et la grande armée en Russie ; 5° Réfutation de la vie de Napoléon par Sir Walter-Scott ; 6° Lettre de Sir Walter-Scott et réponse du général Gourgaud, avec notes et pièces justificatives ; — et divers ouvrages en collaboration avec les généraux Rampon et Belliard, et avec le comte d'Aure.

N°s 16 et 18. — Les deux maisons portant ces numéros, ainsi que toutes celles en retour sur la rue de la Paroisse jusqu'à la rue des Bons-Enfants, ont été construites sur un terrain occupé sous Louis XIV par l'hôtel de Soissons et d'Antin. Plus tard, cet hôtel devint l'hôtel de Gondrin, puis de Berry, et enfin, en 1774, on y plaça les écuries de Monsieur (1).

N° 28. — Maison bâtie sous Louis XV. — Ce fut dans cette maison que logea, en 1789, l'avocat *Martin d'Auch*, le seul des députés du Tiers qui refusa de prêter le serment du Jeu-de-Paume.

BOULEVARD DU ROI.

Quoique ce boulevard ne soit pas d'une origine bien ancienne, il a cependant changé plusieurs fois de nom depuis cette époque jusqu'à nos jours. Appelé d'abord boulevard du Roi, il a pris pendant la Révolution le nom du boulevard de la Liberté ; sous le premier Empire celui du boulevard de l'Empereur ; sous la Restauration, il a repris le nom du boulevard du Roi ; en 1848, on l'a nommé boulevard de la Paix, et enfin, aujourd'hui il s'appelle, pour la troisième fois, boulevard du Roi.

Il s'étend de la rue des Réservoirs, dont il forme la continuation, jusqu'à la grille d'entrée de la ville, du côté de Saint-Germain. Sa longueur est de 422 mètres et sa largeur de 39 mètres.

Avant la suppression de l'ancien étang de Clagny, la route de Saint-Germain passait par la rue de Maurepas, qui

(1) Par un édit du Roi, de juin 1774, le Roi accorde à son frère *Monsieur*, les écuries de la Dauphine sa mère, rue des Réservoirs, et tout le terrain qui est vis-à-vis, tenant d'un côté au parc, et d'autre à la rue des Réservoirs, jusqu'à la grille du Dragon. Ce dernier terrain est donné la même année par Monsieur, à M. Thierry de Ville d'Avray.

n'était alors qu'une chaussée en terrasse. Malgré le dessèchement de l'étang, la route n'avait pas changé ; en 1773, la formation d'un quartier dans les Prés ayant été décidée, on résolut de tracer un nouveau chemin en face de la rue des Réservoirs, pour aller rejoindre le chemin de Saint-Germain, en tournant à l'ouest.

La décision royale relative à la confection du boulevard du Roi, de ceux de Saint-Antoine et de la Reine, donne des notions assez curieuses sur ce qu'était alors le quartier des Prés, aujourd'hui rempli de charmantes habitations, pour que nous croyions devoir en rapporter les considérants.

EXTRAIT DES REGISTRES DU CONSEIL D'ÉTAT (1)

(22 octobre 1773).

Sur ce qui a été présenté à S. M. qu'il était nécessaire de changer la partie du chemin de Versailles à Marly qui prend depuis la grille des Entrées (rue Maurepas) jusqu'à Saint-Antoine inclusivement, ce chemin étant trop étroit dans toute sa longueur, pour le nombre considérable des voitures qui le fréquentent journellement, S. M. a donné son agrément au projet qui lui a été présenté de faire passer ce chemin dans le pré appelé Clagny, en le traçant en face de la rue des Réservoirs pour de là gagner les Glacières et ensuite la demi-lune de la porte Saint-Antoine ; et S. M. étant informée que ce pré de Clagny, qui était ci-devant un étang et dont elle a ordonné le comblement il y a environ trente-cinq ans, à cause des mauvaises exhalaisons qui en provenaient, commençait à devenir malsain par l'affaissement des terres, qui est tel que, pendant la plus grande partie de l'année, l'eau, en beaucoup d'endroits, reste sur la superficie et y entretient une humidité continuelle qui peut occasionner les mêmes accidents qui ont forcé de le combler ; S. M. a déterminé, pour les prévenir, d'y faire pratiquer un boulevard en chaussée beaucoup plus

(1) Archives de la préfecture de Seine-et-Oise.

élevée que le terrain actuel, à partir du chemin de la chaussée (rue Maurepas) à côté de la grille des Entrées, pour de là, en suivant les murs de la clôture des maisons et jardins de la rue Neuve, traverser une partie du terrain enclavé ci-devant dans le parc de Clagny, et aboutir sur l'avenue de Saint-Cloud (c'est le boulevard de la Reine), et de donner à rente le surplus de ce pré, à la charge par ceux qui en deviendront propriétaires, de l'exhausser et combler suffisamment ; et S. M. aurait en même temps reconnu que pour remplir ces différents objets il était indispensable de prononcer la résiliation, à compter du 1er juillet 1775, temps où s'exécuteront déjà les travaux du nouveau boulevard, du bail dudit pré, passé au profit du nommé *Adam*, le 21 octobre 1766, pour neuf années à commencer de la Saint-Martin d'hiver de l'année 1766, et qui ne doivent expirer qu'à la Saint-Martin 1776, moyennant 2,100 livres pour chacune, et qu'il était nécessaire de l'obliger à laisser libres dès à présent les parties qui en seront prises pour la formation du chemin projeté et auquel on travaille déjà, en liquidant l'indemnité qui lui sera due pour l'un et l'autre objet, etc... »

Ainsi, en créant ce nouveau quartier, on remplissait le double but d'agrandir la ville et en même temps de l'assainir.

Les Prussiens entrèrent à Versailles, en 1815, par la grille et le boulevard du Roi (1).

On savait depuis plusieurs jours que les corps d'armée anglais et prussien, commandés par Wellington et Blücher, s'étaient avancés sur Paris, à la suite du désastre de Waterloo. Le 30 juin on apprit que Blücher, voulant éviter la résistance qui pouvait lui être opposée du côté des buttes Montmartre et de Saint-Chaumont, s'était porté sur Saint-Germain et s'avançait sur Versailles. En effet, le soir même du 30 juin, les Prussiens vinrent établir un poste en dehors de la barrière du boulevard du Roi.

(1) Voir plus haut M. de Joüvencel.

La grille avait été fermée, et un poste de la garde nationale était placé du côté de la ville.

Pendant ce temps le Conseil municipal, réuni autour du maire, M. de Jouvencel, délibérait sur les mesures à prendre dans ces graves circonstances. Tout en reconnaissant la résistance impossible et pouvant attirer sur la ville les plus grands malheurs, il n'oublia pas cependant ce qu'il devait aux lois de l'honneur, et prit immédiatement un arrêté portant que la ville ne se rendrait qu'à un corps d'armée excédant en force la garde nationale, et qu'autant qu'il serait stipulé formellement par une capitulation honorable, que la garde nationale conserverait ses armes et ses postes de police, et que la sûreté des personnes et des propriétés serait conservée et garantie (1).

Le 1er juillet, à six heures du matin, une colonne de l'armée prussienne se présenta devant la grille du boulevard et demanda qu'on la lui ouvrît. Conformément aux ordres reçus, l'officier de la garde nationale invita le commandant de cette colonne d'avant-garde à se rendre avec lui à la Mairie.

La réception de cet officier et la capitulation conclue sont consignées dans le procès-verbal suivant :

« L'an 1815, le samedi 1er juillet, à sept heures du matin, un détachement d'une colonne de l'armée prussienne s'est présenté au poste de la grille du boulevard de Saint-Germain, demandant passage pour une colonne de mille hommes de cavalerie ; le commandant du poste ayant répondu qu'il fallait en référer à M. le maire, et le commandant du détachement ayant été conduit à la Mairie, à titre de parlementaire, il a déclaré se nommer le baron de Mulhein, lieutenant de l'état-major de l'avant-garde du 4e corps de l'armée prussienne, et a demandé le passage par Ver-

(1) Manuscrit de M. de Jouvencel.

sailles, pour une colonne de mille hommes de cavalerie, et de plus qu'il soit fourni mille rations d'avoine et autant de vivres en pain, viande, eau-de-vie et tabac, comme aussi les subsistances pour environ soixante officiers.

» M. le maire, a répondu qu'avant de pouvoir déférer à cette demande, il convenait que M. le général du 4º corps de l'armée prussienne voulût bien se rendre à la Mairie pour y déterminer les conditions de ces diverses demandes. M. le baron de Mulhein s'est retiré en annonçant qu'il allait rendre compte de ces observations à M. le général commandant, et en insistant pour que les fournitures fussent faites.

» M. le baron Desorch, général commandant l'avant-garde de l'armée prussienne, s'est rendu à la Mairie : il a été arrêté entre lui et M. le chevalier de Jouvencel, maire de Versailles, assisté de M. l'adjoint en second, de plusieurs membres du conseil municipal et de M. le commandant de la garde nationale, les conventions suivantes, la ville étant privée de ses chefs militaires et se trouvant sans moyen de défense.

» La colonne prussienne entrera par la grille de Saint-Germain.

» La garde nationale conservera ses postes et ses armes, et continuera ses patrouilles.

» Les militaires malades et blessés ne seront point inquiétés, et après leur guérison il leur sera délivré des sauf-conduits.

» La sûreté des personnes, les monuments publics et les propriétés publiques et particulières seront respectés.

» Les hôpitaux civils et militaires, l'Ecole de Saint-Cyr, les manufactures particulières de Jouy et de Bièvres, auront des sauvegardes.

» Les militaires prussiens n'exigeront que des vivres de marche. »

D'après ces conditions promises et assurées par le général commandant, la grille de Saint-Germain a été ouverte, et l'entrée de la ville de Versailles accordée à la colonne prussienne.

Cette colonne, composée des régiments de cavalerie de

Brandebourg et de Poméranie, vint camper dans la place d'Armes, pendant que l'état-major s'établissait à la Mairie.

Vers les trois heures de l'après-midi, ces régiments quittèrent Versailles et se portèrent par le Pont-Colbert sur la route de Fontainebleau.

Moins de deux heures s'étaient écoulées depuis leur départ, qu'on les vit revenir sur la ville, dans le plus grand désordre, poursuivis et serrés de près par la cavalerie française, sous les ordres des généraux Excelmans et Piré. La rue des Chantiers, l'avenue de Paris, la place d'Armes, la rue des Réservoirs, le boulevard du Roi, furent les témoins de divers combats partiels, et plus d'un Prussien perdit la vie dans les rues de Versailles; enfin cette troupe, si fière et si hautaine le matin en entrant par la grille de Saint-Germain, la repassa le soir dans la déroute la plus complète, pour être enfin entièrement détruite dans les plaines du Chesnay.

Voici comment le *Moniteur* de cette époque raconte ce brillant fait d'armes de notre cavalerie :

« Le général Excelmans rend compte qu'il s'est porté dans l'après-midi, avec une partie de sa cavalerie, à Versailles. L'ennemi avait occupé cette ville avec quinze cents chevaux. Le général Excelmans avait formé le projet de les enlever. Il avait dirigé, en conséquence, le lieutenant-général *Piré*, avec le 1er et le 6e de chasseurs et le 44e régiment d'infanterie de ligne, sur Ville-d'Avray et Rocquencourt, en leur recommandant de s'embusquer pour recevoir l'ennemi quand il repasserait sur ce point. De sa personne, le lieutenant-général Excelmans se porta par le chemin de Montrouge à Velizy, avec l'intention de rentrer à Versailles par trois points. Il rencontra, à la hauteur du bois de Verrières, une forte colonne ennemie. Le 5e et le 15e de dragons, qui étaient en tête, chargèrent l'ennemi avec une rare intrépidité.

Le 6e de hussards et le 20e de dragons le prirent en flanc. Culbuté sur tous les points, l'ennemi laissa jusqu'à Versailles la route couverte de ses morts et de ses blessés.

» Pendant ce temps, le lieutenant-général Piré exécutait son mouvement sur Rocquencourt avec autant de vigueur que d'intelligence. La colonne prussienne, poussée par le général Excelmans, fut reçue par le corps du général Piré, et essuya à bout portant une vive fusillade du 44e régiment, et fut chargée par le 1er et le 6e de chasseurs, tandis que le 6e de hussards et le 5e de dragons, qui la poursuivaient, la poussaient fortement à la sortie de Versailles.

» Le résultat de ces belles affaires a été l'entière destruction des deux régiments de hussards de Brandebourg et de Poméranie, les plus beaux de l'armée prussienne. »

Après ce combat, les troupes françaises se retirèrent de Versailles, emmenant avec elles leurs prisonniers et laissant les blessés dans la ville.

Le lendemain, 2 juillet, et les jours suivants, le corps d'armée prussien faisait son entrée par le boulevard du Roi. On évalue à plus de soixante mille hommes les troupes qui passèrent pendant la journée du 2 et la matinée du 3. La plupart se portèrent du côté de Velizy. Vingt-huit mille hommes environ restèrent dans Versailles, la majeure partie au bivouac sur les avenues, et principalement sur le boulevard de la Reine, du côté de la butte de Picardie et dans Montreuil.

L'artillerie anglaise, réunie à ce corps d'armée, s'établit dans le Parc, auprès de la pièce du Dragon.

Blücher, qui commandait ce corps d'armée, furieux de la destruction de ses deux beaux régiments, voulut faire retomber sa colère sur Versailles, et si la ville fut épargnée, elle le doit aux efforts du général Simon de Lamortière qu'il avait autrefois connu, et aux supplications de Mme

Rimbault, chez laquelle il était logé, qui sut toucher le cœur de ce rude soldat.

Les Prussiens occupèrent Versailles jusqu'au 12 octobre, époque où ils furent remplacés par les Anglais, et la ville ne fut entièrement évacuée par les étrangers que le 28 décembre 1815.

Le 3 août 1830, le boulevard du Roi fut encore témoin de l'entrée d'une armée d'un autre genre.

La Révolution de juillet venait de s'accomplir. Charles X, réfugié d'abord à Trianon, était depuis quelques jours à Rambouillet. Le nouveau Gouvernement venait d'y envoyer des commissaires afin de presser le départ du vieux roi et de sa famille, et avait jugé nécessaire une démonstration populaire pour faire cesser ses hésitations. On dirigea donc avec un grand fracas, sur Rambouillet, ce que l'on nomma alors *l'armée Parisienne*, dont nous aurons l'occasion de parler plus tard. Pendant ce temps, une colonne de la garde nationale de Rouen, augmentée sur sa route d'une foule d'individus de toutes sortes, ouvriers et gens de campagne, se dirigeait sur Paris, quand la nouvelle de la marche de *l'armée Parisienne* sur Rambouillet lui arriva. Elle changea aussitôt sa direction, se porta sur Versailles et y entra le 3 août, vers les trois heures de l'après-midi. Il était à craindre que cette bande, composée en grande partie de gens sans aveu, ne se livrât dans la ville à quelques excès. Fort heureusement l'administration municipale avait été prévenue de son arrivée, et la fit arrêter à la hauteur du boulevard de la Reine, où on lui distribua des vivres. Puis, après une heure de repos, on la dirigea sur la route de Saint-Cyr, en lui faisant suivre les contours du Canal, et évitant ainsi son passage à travers la ville.

En dehors de la barrière, à l'angle du boulevard et de la

rue des Marais, se trouvait la manufacture de cire de M. Deslandes, établie en 1750 par M. Deslandes père, cirier du roi. Cette manufacture a suivi, quant à sa prospérité, toutes les vicissitudes de la monarchie.

En général, toutes les maisons du boulevard du Roi sont modernes et n'offrent rien de remarquable sous le rapport historique. Il n'est cependant par permis de parler de ce boulevard sans citer les noms de deux vieillards qui l'ont habité longtemps, et auxquels Versailles doit un souvenir de reconnaissance : l'abbé Caron et M. Pernot.

L'abbé Caron habitait le n° 1. Quoique l'abbé Caron ne fût pas de Versailles, cette ville était devenue pour lui une véritable patrie. Il y vint à l'âge de vingt-cinq ans, pour y diriger l'éducation d'un jeune homme dont la famille occupait un poste honorable à la cour. Forcé de s'en éloigner pendant le fort de la tourmente révolutionnaire, il y revint aux premiers jours de calme pour ne la plus quitter. Il fut un des premiers professeurs de l'Ecole centrale. Profondément instruit dans presque toutes les branches des connaissances humaines, il professa successivement au Lycée la philosophie, les mathématiques et la physique. Depuis l'époque de sa retraite et malgré son grand âge, il n'a jamais cessé de cultiver ses études chéries, et il était l'un des membres les plus actifs de toutes les sociétés scientifiques de Versailles (1). Possesseur d'une fortune honorablement acquise, l'abbé Caron se plaisait à soulager le malheur partout où il le rencontrait, et son testament prouve que ses dernières pensées étaient encore pour ses amis et les malheureux. Dans ce testament, où le cœur de l'homme de

---

(1) Voir sa Notice nécrologique, par M. Fremy, dans les *Mémoires de la Société d'Agriculture de Seine-et-Oise*, 1849.

bien s'est développé tout à l'aise, où pas un de ses parents, quelque infimes qu'ils soient, où pas un de ses amis n'est oublié, se trouvent les dispositions suivantes, qui concernent spécialement sa ville d'adoption :

« Je lègue, y est-il dit, au Grand-Séminaire de Versailles, une somme de 15,000 fr.

» Je lègue à l'Hospice de Versailles une somme de 15,000 fr., dont le revenu sera employé à l'entretien d'un ou plusieurs vieillards.

» Je lègue à la Maison du Refuge de Versailles, pour l'extinction de la mendicité, établie rue des Chantiers, 5,000 fr.

» Dans le cas où, le jour de mon décès, la Maison du Refuge n'étant pas légalement autorisée, ce legs ne pourrait recevoir son exécution, je lègue ladite somme de 5,000 fr. à la ville de Versailles, sous la condition que cette somme sera employée à l'entretien et à l'amélioration de la maison du Refuge.

» Je lègue à la fabrique de l'église Notre-Dame de Versailles la somme de 6,000 fr.

» Je lègue à M. le Curé de la paroisse Notre-Dame de Versailles 4,000 fr., pour en faire la distribution entre les pauvres de ladite paroisse.

» Je lègue à la Société d'Agriculture et des Arts de Seine-et-Oise la somme de 4,000 fr.; — tous les jetons en argent qui viennent d'elle et qui portent son inscription; — tous les livres de ma bibliothèque qui traitent d'Agriculture.

» Je lègue à la Société des Sciences morales, des Belles-Lettres et Arts, établie à Versailles, la somme de 2,000 fr.; — les œuvres de Châteaubriand ; *le Cours de Littérature* de la Harpe, et *l'Atlas* de Lesage.

» Je lègue à la Société des Sciences naturelles, établie à Versailles, la somme de 2,000 fr., ainsi que tous les ouvrages de physique et de chimie dont la date de l'impression est postérieure à l'année 1800, et aussi les jetons d'argent qui viennent d'elle.

» Je lègue à la Société d'Horticulture de Versailles pareille somme de 2,000 fr.; — mon herbier, ainsi que les fruits, tant indigènes qu'exotiques.; — tous mes livres de botanique dont la date de l'impression est postérieure à l'année 1800 ; — tous les jetons en argent et en cuivre qui portent son inscription. »

L'abbé Caron est mort à quatre-vingt-neuf ans, le 2 janvier 1849.

M. Pernot habitait le n° 9, même boulevard. J.-N. Pernot naquit à Versailles, rue Neuve, le 23 décembre 1760. Il y fit ses études au collége appelé alors *Collége d'Orléans*. Il fut attaché fort jeune au contrôle général, et alla habiter Paris quand les bureaux furent transférés dans la capitale. Lors de la création de la Cour des Comptes, il y fut attaché comme conseiller référendaire, et depuis ce moment jusqu'au jour où il obtint sa retraite, il en fut l'un des membres les plus actifs. La vie de M. Pernot a été entièrement consacrée au travail. Il était d'une rigidité antique dans l'accomplissement de ses fonctions. Pendant les longues années qu'il passa à la Cour des Comptes, il ne manqua jamais un seul jour de s'y rendre, et, pour que les travaux importants dont il était chargé ne souffrissent aucun retard, il s'y faisait apporter son repas du matin. La seule distraction de M. Pernot était l'amour des livres. Aussi s'était-il composé une bibliothèque de choix, qu'il aimait comme sa famille. Cette bibliothèque, qu'il passa plus de quarante ans à former, était son séjour presque perpétuel ; c'est là qu'il se reposait de ses travaux avec ses auteurs de prédilection, et qu'il recevait ses amis. Lorsqu'en 1842, après plus de cinquante années de service, il obtint enfin sa retraite, sa première pensée fut pour sa ville natale. Il revint à Versailles pour y terminer ses jours, et continua, jusqu'à la fin de son existence, cette vie simple et laborieuse. Il partageait son temps entre ses devoirs de chrétien, qu'il remplissait avec une exactitude rigoureuse, le soulagement des malheureux et les soins qu'il donnait à ses livres chéris. M. Pernot n'avait plus d'héritiers directs, et il pensait avec effroi qu'après lui cette bibliothèque, formée avec tant de peine, le rêve et la joie de toute sa vie, allait être détruite. Ce fut alors qu'il se décida à en faire don à sa ville natale, et, par un article de son testament, la légua à la ville de Versailles.

Cette bibliothèque, composée de plus de six mille volumes, renfermant des ouvrages du plus haut prix, a été placée dans un local à part, faisant partie de la Bibliothèque publique de la ville. L'administration municipale, ne voulant pas que le souvenir d'un pareil don fût oublié, a donné le nom du donateur aux salles qui la renferment, et y a fait placer son buste.

J.-N. Pernot est mort le 31 décembre 1850, à l'âge de quatre-vingt-dix ans.

Cette maison du n° 9 appartenait à mademoiselle Mars, la célèbre actrice du Théâtre-Français, et elle se proposait d'y finir ses jours. Elle y avait même fait construire, à cette intention, un charmant pavillon sur le jardin. Des pertes de fortune l'ont empêchée de réaliser ce projet et de jouir de cet asile qu'elle s'était préparé pour sa vieillesse.

Entre les habitations des deux hommes de bien dont nous venons de parler se trouvaient, au n° 7 de ce même boulevard, les ateliers du trop célèbre serrurier Gamain.

Parmi les épisodes plus ou moins véridiques qui remplissent les annales de la Révolution, il en est un qui, accepté avec empressement par ceux qui avaient voté la mort de Louis XVI, puis ensuite traité de fable, a reparu avec de nombreux embellissements et suscité plus d'une controverse ; nous voulons parler du prétendu empoisonnement du serrurier Gamain, le dénonciateur de l'armoire de fer, par le roi Louis XVI.

François Gamain, né à Versailles le 29 août 1751, appartenait à une famille d'entrepreneurs de serrurerie, qui était venue s'établir à Versailles à l'époque des grands travaux faits dans cette ville par Louis XIV. Son père, Nicolas Gamain, serrurier fort habile, était entrepreneur des bâtiments du roi. Il fit de son fils un adroit ouvrier et le chargea de la serrurerie de l'intérieur du château, qui demandait le plus de soin. On sait le goût qu'avait Louis XVI pour les travaux manuels. Rencontrant souvent le jeune serrurier dans les appartements, il se plaisait à causer avec lui de ses travaux et à lui demander des explications sur ses ouvrages. Il s'attacha à François Gamain, et voulut s'essayer, sous sa direction, à fabriquer des serrures et quelques objets d'art à son usage. Il fit construire à cet effet un petit atelier dans les combles du château. Dans cet atelier, qui existe encore aujourd'hui, il s'enfermait fréquemment avec Gamain, et travaillait avec lui pendant des heures entières. Le roi l'avait pris en grande affection ; il l'avait nommé serrurier de ses cabinets, ce qui lui donnait l'entrée de ses appartements, et, lorsque le père de Gamain mourut, il lui continua la charge de serrurier de ses bâtiments.

L'affection de Louis XVI pour Gamain était si grande, qu'elle choquait ceux qui étaient admis dans l'intimité du roi. L'on raconte qu'un jour l'intendant Thierry de Ville-d'Avray, auquel il venait de montrer quelques-uns de ses ouvrages de serrurerie, en lui demandant ce qu'il en pensait, osa lui faire la réponse suivante : « Sire, quand les rois s'occupent des ouvrages du peuple, le peuple s'empare des fonctions des rois (1). »

Lorsqu'arrivèrent les journées des 5 et 6 octobre 1789, et que Louis XVI fut forcé de séjourner à Paris, Gamain, quoique habitant Versailles, resta toujours le serrurier du roi, qui lui continua toute sa confiance. Quand plus tard, entouré d'ennemis, menacé à tout instant de l'envahissement de son palais, Louis XVI sentit la nécessité d'avoir un lieu sûr et caché où il pût déposer ses papiers les plus importants, ce fut encore à Gamain qu'il s'adressa pour exécuter ce travail de confiance, et ce fut lui qui construisit la célèbre armoire de fer.

Gamain, grand et maigre, était d'une constitution assez délicate. Au témoignage d'Eckard, qui le connut en 1786, il avait de plus l'esprit assez faible. Entouré de gens qui avaient adopté avec enthousiasme les principes de la Révolution, il fit comme eux, et le 7 janvier 1792, il fut nommé membre du conseil général de la commune de Versailles. Il assista aux séances, et particulièrement à celles du mois de juin, de juillet et d'août de cette année, ainsi que le constatent les registres de la commune. Après la journée du 10 août, il fut nommé (24 septembre) l'un des commissaires chargés *de faire disparaître de tous les monuments de la commune les peintures, sculptures et inscriptions qui pourraient retracer la royauté et le despotisme* (2). On voit que, pendant cette année 1792, Gamain fit éclater son zèle patriotique, et prit part avec assiduité aux discussions, souvent tumultueuses, de la commune de Versailles.

(1) Eckard, *Biographie universelle*, article THIERRY, et Daniel de Saint-Anthoine, *Biogr. des hommes remarquables de Seine-et-Oise*.
(2) *Registre des délibérations de la commune de Versailles*.

A cette époque, la commune de Versailles entretenait avec la commune de Paris les relations les plus intimes.

Tous les jours deux députés de Versailles assistaient aux séances de la commune de Paris, en rapportaient les procès-verbaux, et à leur tour les membres de la commune de Versailles en discutaient les principaux points et transmettaient leurs conclusions, presque toujours approbatives, à la commune de Paris. C'est dans ce foyer révolutionnaire, au milieu de ces discussions passionnées que Gamain, soit qu'il y fût poussé par ses sentiments révolutionnaires, soit qu'il craignît que quelqu'un venant à découvrir l'armoire de fer l'accusât, lui qui l'avait faite, de n'en avoir pas révélé l'existence, se décida à faire cette révélation.

On venait de commencer le procès du roi ; déjà de nombreux papiers avaient été examinés, lorsque, le 20 novembre, Gamain se présente au ministre Roland, lui dénonce l'armoire qu'il avait fabriquée, le conduit dans l'appartement du roi, et lui ouvre la porte de cette armoire. Le même jour, Roland dépose sur le bureau de la Convention les papiers que l'on vient de découvrir, et déclare, sans nommer Gamain, que ces papiers étaient dans un lieu tellement particulier, tellement secret, que si la seule personne de Paris qui en avait connaissance ne l'eût indiqué, il eût été impossible de les découvrir. Ils étaient, dit-il, derrière un panneau de lambris, dans un trou pratiqué dans le mur, et fermé par une porte de fer. Puis il ajoute : « C'est l'ouvrier qui l'avait faite qui m'en a fait la déclaration (1). »

Le 24 décembre suivant, Gamain est appelé à Paris, par une commission de la Convention, pour vérifier si l'une des clefs remises par Louis XVI à Thierry de Ville-d'Avray et

---

(1) *Moniteur* du 20 novembre 1792.

trouvée dans le secrétaire de ce dernier, s'adapte à la serrure de l'armoire de fer.

Gamain venait de donner un gage à la Révolution : le 13 janvier suivant, il est installé comme officier municipal.

Après l'attentat du 21 janvier, la Convention envoie des députés en mission dans tous les départements, afin *de donner aux autorités l'énergie nécessaire aux circonstances.* Le représentant Crassous est envoyé dans le département de Seine-et-Oise; ne trouvant pas la municipalité de Versailles à *la hauteur des circonstances,* il la destitue par son arrêté du 30 septembre (1).

La loi du 17 du même mois déclarait *suspects* tous les fonctionnaires révoqués, qui pouvaient être pour ce seul fait traduits devant le tribunal révolutionnaire. Gamain n'ayant pas été réintégré dans ses fonctions municipales, resta sous le coup de cette loi. Ainsi, malgré les gages qu'il avait donnés à la Révolution, il pouvait d'un instant à l'autre être traduit devant ce terrible tribunal, d'où l'on ne sortait guère que pour aller à la mort. D'un autre côté, il n'avait plus de travail, et d'une vie active et d'une position presque opulente, il était tombé dans le repos forcé et dans la misère. C'est dans ces circonstances qu'il adressa une pétition à la Convention pour lui demander des secours.

Le 8 floréal, an II (27 avril 1794), le représentant Musset, curé constitutionnel de Falleron (Vendée), chargé de faire le rapport de la pétition de Gamain, monte à la tribune et s'exprime en ces termes :

« C'était peu pour le dernier de nos tyrans, d'avoir fait périr des milliers de citoyens par le fer ennemi ; vous verrez par la pétition que je vais vous lire, qu'il était familiarisé avec la cruauté

(1) Archives de la municipalité de Versailles.

la plus réfléchie, et qu'il a lui-même administré le poison à un père de famille, espérant ensevelir par là une de ses manœuvres perfides ; vous verrez que son âme féroce avait adopté la maxime que tout est permis aux rois de ce qui peut faire réussir leurs criminels projets. »

Après ce préambule il lit la pétition, conçue en ces termes :

« François Gamain, serrurier des cabinets et du laboratoire du ci-devant roi, et depuis trois ans membre du Conseil général de la commune de Versailles, expose que *dans les premiers jours* de mai 1792, il reçut l'ordre de se transporter à Paris. A peine y fut-il arrivé, que Capet lui ordonna de pratiquer une armoire dans l'épaisseur d'un des murs de son appartement, et de la fermer d'une porte de fer, *opération qui ne fut achevée que le 22 du même mois*, et à laquelle il a procédé en sa présence. Aussitôt cet ouvrage fini, Capet apporta *lui-même*, au citoyen Gamain, un grand verre de vin, qu'il l'engagea à boire, parce qu'effectivement il avait très-chaud.

» *Quelques heures* après qu'il eut avalé ce verre de vin, il fut atteint d'une colique violente, qui ne se calma qu'après qu'il eut pris une ou deux cuillerées d'élixir, qui lui firent rendre tout ce qu'il avait *mangé ou bu* dans la journée. Il s'en est suivi une maladie terrible qui a duré quatorze mois, dans lesquels il en a *été neuf perclus de ses membres*, et qui même, dans cet instant, ne lui laisse aucun espoir que sa santé se rétablisse assez pour lui permettre de vaquer à ses affaires d'une manière à subvenir aux besoins de sa famille.

» Telle est, citoyens, la vérité des faits qu'il prend la liberté de vous exposer ; ils sont constatés par le *certificat des officiers de santé* qui ont suivi sa maladie.

» Je vous observe en outre que quoi qu'il ignorât entièrement à quel usage Capet destinait cette armoire, néanmoins il en fit la déclaration, et que c'est lui qui est l'auteur de la découverte des papiers intéressants qu'elle renfermait.

» J'attends de vous, législateurs, que vous voudrez bien prononcer sur la pension qu'il espère, après *vingt-six ans de service* et les sacrifices qu'il a faits ; son espoir est d'autant plus fondé, que le mauvais état de sa santé ne lui laisse aucun moyen de subsistance. »

Après la lecture de cette pétition, Musset ajoute :

« A cette pétition est joint le certificat des médecins, qui constate *le mauvais état de la santé du citoyen réclamant.*

» Citoyens, si la scélératesse est commune aux rois, la générosité est l'apanage constant des représentants d'un peuple libre. Je demande que sa pétition soit renvoyée aux comités des secours publics et de liquidation, pour en faire un prompt rapport. Je demande qu'après le rapport, les pièces soient déposées aux archives nationales, comme un monument de l'atrocité des tyrans, et insérées au bulletin, afin que ceux qui croyaient que Capet ne faisait le mal que parce qu'il était entouré de malveillants, sachent que le crime était dans son cœur. »

Cette proposition est décrétée en ces termes :

« La Convention nationale décrète :

» Art. 1er. Les pièces seront renvoyées aux comités des secours et de liquidation réunis, pour en faire un prompt rapport à la Convention.

» Art. 2. Après le rapport des comités de secours et de liquidation, les pièces seront déposées aux archives de la Convention, comme un monument éternel de la lâcheté et de la perfidie de Capet.

» Art. 3. Les pièces seront insérées en entier au *Bulletin de correspondance*, pour faire connaître à l'univers entier la profonde scélératesse du dernier tyran des Français. »

Le 28 floréal, 17 mai 1794, le représentant Peyssard, ancien garde du corps, et chevalier de Saint-Louis, monte à la tribune, et lit le rapport suivant, au nom des comités des secours publics et de liquidation :

« Citoyens, vous avez chargé vos comités des secours publics et de liquidation de vous faire un rapport sur la pétition du citoyen

Gamain, serrurier de Versailles ; je viens en leur nom remplir l'obligation que vous leur avez imposée.

» C'est à la tribune de la liberté que doivent retentir les crimes des oppresseurs du genre humain. Pour peindre un roi dans toute sa laideur, je n'aurai recours ni à l'histoire ancienne, ni aux longues horreurs dont la monarchie que vous avez brisée offre l'enchaînement désastreux, j'en saisirai seulement le dernier anneau. Je nommerai Louis XVI ; ce mot renferme tous les forfaits ; il rappelle un prodige de scélératesse et de perfidie ; à peine il sortait de l'enfance qu'on vit se développer en lui le germe de cette féroce perversité qui caractérise un despote. Ses premiers jeux furent des jeux de sang, et sa brutalité croissant avec son âge, il se délectait à l'assouvir sur tous les animaux qu'il rencontrait. On sait le parti qu'il a tiré d'un tel apprentissage ; on sait combien les pages de la révolution ont été rougies du sang versé par ses mains homicides, mais on avait ignoré le dernier procédé de sa barbarie. On le connaissait cruel, traître et assassin. L'objet de ce rapport est de le montrer à la France entière, présentant de sang-froid un verre de vin empoisonné à un malheureux artiste qu'il venait d'employer à la construction d'une armoire, destinée à recéler les complots de la tyrannie. Vous penserez peut-être que ce monstre avait jeté les yeux sur une victime inconnue ; c'est au contraire un ouvrier employé par lui depuis vingt-six ans ; c'est un homme de confiance ; c'est un père de famille qu'il assassine, avec un air d'intérêt et de bienveillance (Capet était l'élève de Gamain dans l'art de la serrurerie). Êtres affreux, qui récompensez ainsi ceux qui vous servent, quel cas faites-vous donc du reste des hommes ? Quel sort leur est réservé par vos caprices ? La France le sait, elle a donné l'exemple à la terre, et la terre sera bientôt *déroyalisée*.

» Un vomitif violent conserve Gamain à sa famille ; son premier soin est d'indiquer la fameuse armoire ; il a rempli son devoir. Aujourd'hui perclus de tous ses membres par l'effet du poison royal, il demande aux fondateurs de la République les moyens de soutenir sa douloureuse existence. C'est de la tribune d'où est parti l'arrêt de mort du tyran que doivent partir aussi les remèdes aux maux qu'il a faits, le soulagement des victimes de son atrocité.

» Voici le projet de décret que vos comités m'ont chargé de vous présenter.

» La Convention nationale, après avoir entendu le rapport de ses comités des secours publics et de liquidation, décrète :

» Art. 1er. François Gamain, empoisonné par Louis Capet, le 22 mai 1792 (vieux style), jouira d'une pension annuelle et viagère de la somme de 1,200 livres, à compter du jour de l'empoisonnement.

» Art. 2. Le présent décret sera inséré au *Bulletin de correspondance.* »

Ce décret est adopté.

Gamain, dans son zèle révolutionnaire, s'était, jusqu'à ce jour, contenté de dénoncer l'existence de l'armoire de fer, et de jouer un des premiers rôles dans la municipalité de Versailles. Aujourd'hui que la misère et la loi des suspects pèsent sur sa tête, il ne trouve d'autre moyen de se tirer d'affaire, qu'en faisant valoir auprès de la Convention ses services, et en laissant planer sur son ancien bienfaiteur le soupçon d'un empoisonnement.

Sans nous arrêter aux discours du curé constitutionnel et de l'ancien garde du corps, ni aux décrets de la Convention, nous examinerons la pétition même de Gamain.

Ce qui frappe d'abord dans cette pétition, c'est que les mots de poison et d'empoisonnement n'y sont pas une seule fois prononcés. Il y a plus : Gamain, malgré le récit du verre de vin donné par le roi, et de la maladie qui, d'après lui, s'en est suivie, ne s'appuie, pour réclamer une pension, que sur *ses vingt-six ans de service et sur les sacrifices qu'il a faits*, et nullement sur l'empoisonnement, ce qu'il eût certainement fait s'il y avait réellement cru.

Il est évident que dans ce récit, Gamain a cherché à se rendre intéressant et à se faire pardonner le long délai qu'il avait mis à dénoncer l'existence de l'armoire de fer. On voit qu'il veut faire remonter jusqu'à Louis XVI la cause de sa maladie, mais que sa conscience lui reprocherait de l'attribuer franchement au poison. Il a très-chaud, le roi l'engage à boire un verre de vin. *Quelques heures après*, il est atteint d'une colique violente. Une cuillerée d'élixir le fait vomir. Puis il survient une maladie, et il reste neuf mois perclus de ses membres. Voilà ce qu'il raconte. Ou le verre de vin a troublé la digestion, ce qui a pu être, puisque le vomitif lui a fait rendre *tout ce qu'il avait mangé et bu dans la journée*, ou une substance toxique y a été introduite. Gamain n'ose pas alléguer le fait, mais les comités de la Convention, ravis de pouvoir souiller d'un crime la mémoire du roi, n'hésitèrent pas à l'accuser d'un lâche assassinat.

Il est vrai que, dans sa pétition, Gamain dit « que la vérité des faits est constatée par le certificat des officiers de santé qui ont suivi sa maladie. » Oui, les médecins ont constaté la maladie de Gamain, mais ils n'ont pas parlé de poison. Aussi, Musset, après avoir lu la pétition, ajoute-t-il : « A cette pétition est joint le certificat des médecins qui constatent le mauvais état de la santé du réclamant; » mais il ne dit pas que le certificat parle de poison, ce qu'il n'aurait pas manqué de faire si ce certificat en eût fait mention.

Voici, du reste, ce que nous pouvons attester, puisque le fait s'est passé devant nous. Vers la fin de 1843, nous étions attaché comme élève à l'hôpital de Versailles, dont M. Voisin, l'un des signataires du certificat, était chirurgien en chef. Un jour que nous étions tous réunis, médecins et élèves, dans la pharmacie de l'hôpital, la conversation tomba sur le serrurier Gamain et sur son prétendu

empoisonnement par Louis XVI. « Jamais, dit M. Voisin,
» jamais Gamain n'a été empoisonné. Lameyran et moi
» nous l'avons longtemps soigné pour une maladie chro-
» nique de l'estomac. C'est ce que nous avons relaté dans
» le certificat qu'il nous avait demandé pour réclamer une
» pension. Dans ce certificat, nous avons constaté son état
» de souffrance, mais nous n'avons pas parlé d'un empoi-
» sonnement qui n'existait que dans son esprit. » Voilà ce
que nous avons recueilli de la bouche même de M. Voisin.

La pétition de Gamain, en la séparant des discours qui
l'ont accompagnée à la Convention, ne formule qu'une
bien vague accusation contre Louis XVI, surtout en présence de la certitude acquise que le certificat des médecins,
qui seul aurait pu constater l'empoisonnement, n'en a pas
fait mention. Aussi la Convention, qui d'abord avait décrété
l'insertion des pièces au *Bulletin de correspondance* « pour
faire connaître à l'univers entier la profonde scélératesse
du dernier tyran des Français, » y renonça-t-elle en voyant
leur peu de fondement. Ces pièces n'ont jamais été impri-
mées dans le *Bulletin de correspondance* (1).

Gamain est évidemment l'ouvrier qui fit l'armoire de
fer. Mais à quelle époque la fit-il? La date du mois de
mai 1792 est-elle la date véritable?

Gamain n'était pas seul à travailler à la cachette du roi.
Louis XVI avait une très-grande confiance dans un nommé
Durey, d'abord garçon du château de Versailles, et qui
l'avait suivi aux Tuileries, depuis son séjour à Paris. C'était
Durey qui servait de garçon de forge quand le roi travail-
lait avec Gamain dans son atelier. Lorsque le roi fit venir

(1) *Histoire de la Terreur*, par M. Mortimer-Ternaux. L'habile et savant
historien a consacré, dans son 5ᵉ volume, une dissertation spéciale à la
question qui nous occupe.

Gamain pour établir l'armoire, ce fut lui qui l'aida, et, aussi bien que ce dernier, il était dans le secret de son existence. Durey vivait encore en 1800, et M. Eckard, qui a écrit l'article GAMAIN de la *Biographie universelle*, l'a vu à cette époque. Eh bien ! Durey assurait que l'assertion de Gamain était fausse, que ce n'était pas en 1792, mais bien au mois de mai 1791, que Louis XVI, décidé au voyage de Varennes, ne sachant à qui confier des papiers qu'il ne pouvait pas emporter, fit pratiquer l'armoire de fer (1). Assertion qui ne manque certainement pas de probabilité, car il était plus facile au roi de faire faire cette armoire à cette époque, qu'en 1792, où il était surveillé dans ses moindres mouvements.

Si l'on s'en rapporte à l'assertion de Durey, tout ce qu'a raconté Gamain dans sa pétition ne serait donc qu'une fable inventée pour le besoin de sa cause.

On voit qu'en examinant scrupuleusement cette affaire, il ne reste pour certifier l'empoisonnement que les discours furibonds des deux députés de la Convention.

Personne à Versailles ne croyait à l'empoisonnement de Gamain, et M. Eckard, qui a consulté à ce sujet les divers membres de la famille du serrurier, assure qu'ils attribuaient l'altération de sa santé au chagrin qu'il avait éprouvé de la perte de sa fortune, aux privations sans nombre qu'il avait essuyées, à la chétive nourriture à laquelle il était réduit, et surtout aux frayeurs que les révolutionnaires lui causaient et qui pouvaient très-certainement l'avoir fait tomber dans l'état de langueur où il est mort.

Gamain ne jouit pas longtemps de la pension que lui accorda la Convention; il mourut à Versailles, le 19 floréal

---

(1) Eckard, dans la *Biog. universelle*, art. GAMAIN, t. LXV (*supplément*).

an III (8 mai 1795), à l'âge de quarante-quatre ans, un an après l'adoption du décret qui la lui avait accordée (1).

Depuis longtemps Gamain était mort, sa famille avait disparu; les deux médecins qui avaient signé le certificat accompagnant la pétition adressée à la Convention étaient décédés, M. Lameyran en 1811, M. Voisin en 1823, et les auteurs qui avaient écrit sur la Révolution, M. Thiers, entre autres, avaient si peu cru à la réalité de l'empoisonnement de Gamain, qu'ils n'en avaient même pas parlé, lorsque, au mois de septembre 1836, le journal *le Siècle* donna, dans deux feuilletons, un récit nouveau et tout à fait romanesque de ce fait, qualifié de *ténébreux*. Deux ans après, l'auteur de ce récit, le *bibliophile Jacob*, lui donna une nouvelle publicité en en faisant le sujet d'une de ses *Dissertations sur quelques points curieux de l'histoire de France* (2). Attaquée comme fausse par M. Eckard, qui en a démontré toute l'invraisemblance (3), et dernièrement par M. Mortimer-Ternaux dans son *Histoire de la Terreur* (4), cette nouvelle version de l'empoisonnement de Gamain n'en a pas moins été regardée comme vraie par M. Louis Blanc, qui l'a répétée dans son ouvrage sur la Révolution, et elle a été encore reproduite tout récemment dans l'*Intermédiaire des chercheurs* (5).

---

(1) Registres de la municipalité de Versailles.

(2) *Évocation d'un fait ténébreux de la Révolution française*, par le bibliophile Jacob (M. Paul Lacroix), 1838, broch. in-8°, réimprimée dans les *Curiosités de l'hist. de France* (Paris, Delahays, 1858, gr. in-18).

(3) *Biographie universelle*.

(4) Tome V, p. 531-43.

(5) Par M. Emile Bonnet, n° du 10 septembre 1866 (t. III, col. 532). L'auteur s'est permis une insinuation que nous devons relever : « Toutes les pièces de cette horrible affaire, dit-il, furent déposées aux Archives comme pour servir de monument de cet acte cruel. *Elles n'existent plus aujour-*

Nous croyons avoir démontré, en examinant attentivement la pétition de Gamain, rapprochée de la dénégation du docteur Voisin, et sans avoir égard aux discours prononcés et aux décrets de la Convention, que le prétendu empoisonnement de Gamain par Louis XVI doit être relégué au rang des fables. Mais comme dans le récit de M. Paul Lacroix, ce ne serait plus au roi, mais à la reine que serait attribué le crime, il est nécessaire d'examiner sur quoi repose cette odieuse imputation.

L'auteur, en plaçant ce récit dans la bouche de Gamain, cherche à se dégager de toute responsabilité sur la véracité des faits. Il déclare les tenir de personnes auxquelles le serrurier les aurait plusieurs fois racontés.

« Les vieux habitants de Versailles, dit-il, se rappellent avec pitié cet homme qu'on voyait se promener seul, courbé sur sa canne comme un vieillard, dans les allées désertes du parc, en regardant le château veuf de ses rois héréditaires. Gamain n'avait pas plus de cinquante-huit ans à l'époque de sa mort, et il offrait tous les signes de la décrépitude. »

Nous ferons remarquer ici que, comme nous l'avons déjà dit, Gamain est mort à quarante-quatre ans.

« Ses cheveux étaient tombés, et le peu qui lui en restait blanchissait sur son front sillonné de rides profondes ; ses joues blêmes s'enfonçaient dans le vide que l'absence de ses dents avait fait, et

d'hui. Le carton qui les contenait est toujours là ; mais procès-verbaux de la commune de Versailles, attestations des médecins, rapport du comité des secours publics, tout ce qui concerne la victime de Louis XVI, a été détourné, anéanti sans doute au moment de la Restauration. » Nous serions très-reconnaissant que M. Em. Bonnet voulût bien nous apprendre où il a puisé ses informations. Ce que nous pouvons affirmer, c'est qu'aux archives, il n'y a point, il n'y a jamais eu de carton spécial contenant les pièces de l'affaire Gamain, et que la disparition dont on parle est un fait imaginaire.

ses yeux, au regard terne et morne, ne s'allumaient d'un feu sombre qu'au nom de Louis XVI, qu'il prononçait toujours avec amertume, quelquefois avec des larmes. L'affaissement de sa taille, naguère droite et élevée, la perte totale de ses forces et la langueur qui le consumait sans cesse, accusaient, au dire des gens de l'art, un désordre irrémédiable de l'estomac et des voies intestinales. Gamain vivait fort retiré dans sa famille, en se contentant de la faible pension qu'il toucha jusqu'à sa mort, *malgré les variations successives du Gouvernement.* On ne supprima pas cette pension, sans doute de peur de réveiller le triste prétexte sous lequel on la lui avait accordée. »

On a déjà vu que Gamain n'a joui qu'une année de cette pension, et qu'il est mort sous le même Gouvernement auquel il la devait.

« Gamain n'était pas d'ailleurs en état d'exercer sa profession, qui eût suffi à son existence; une longue maladie avait épuisé ses faibles ressources pécuniaires, car la générosité du roi, son élève en serrurerie, ne s'était jamais signalée en sa faveur, disait-il, soit que Louis XVI, aimant la médiocrité pour lui-même, se fît scrupule d'en priver un serrurier qu'il affectionnait, soit plutôt que Gamain, comptant imprudemment sur une fortune toujours égale, eût dissipé tout ce qu'il tenait de *son compagnon de forge.* Dans tous les cas, Gamain ne reprochait pas au roi de l'avoir mal récompensé en argent, mais il lui gardait un ressentiment implacable d'une trahison *qui ne pouvait être attribuée à l'honneur de Louis XVI.* »

Après cette mise en scène qui dispose le lecteur en faveur de Gamain, l'auteur continue à expliquer par un désir de vengeance le long plaidoyer mis dans la bouche de Gamain.

« Cette trahison, dit-il, était l'idée fixe et unique de Gamain ; il y revenait à tout propos, pour se répandre en récriminations aigres et fougueuses au sujet de l'attentat qu'il imputait implicitement au roi; c'était lui qui avait, par la découverte de l'armoire de fer aux Tuileries et des papiers qu'elle contenait, fait mettre Louis XVI en jugement ; c'était donc lui qui avait, pour ainsi dire, dressé la guillotine où roula cette tête couronnée ; c'était lui enfin qui avait provoqué ce décret de la Convention condamnant la mémoire de Louis XVI, comme coupable d'un homicide vulgaire. Mais ces satisfactions données à la vengeance n'apaisèrent point la haine de Gamain, qui poursuivait encore la mort dans le tombeau, et qui allait partout racontant avec une chaleureuse indignation comment on avait tenté de l'assassiner pour prix de ses services. Quiconque le voyait pour la première fois n'échappait ni à ce récit, ni au plaidoyer dont il le faisait suivre, pour excuser ses dénonciations contre le roi martyr. »

Ici, on le voit, l'auteur se dégage de la responsabilité du récit qui va suivre, il n'est que le narrateur ; les détails minutieux dans lesquels il va entrer, les choses invraisemblables qu'il va raconter, tout cela est dû à Gamain. Mais, comment après un si long temps écoulé depuis la mort du serrurier, a-t-il pu savoir tous ces détails ? Ce ne peut être que par quelques personnes vivant encore à l'époque où il a écrit, et auxquelles Gamain les aurait racontées. C'est ce qu'il va chercher à établir.

« Ce récit, continue l'auteur, diffère pourtant en certains points de celui qu'il adressa, en 1794, sous la forme de pétition à l'Assemblée nationale, pour solliciter un secours. Dans ce dernier récit, il n'accusait que Louis XVI ; dans l'autre, qu'il a répété maintes fois de *son vivant* sans aucune variante, il portait de préférence les soupçons sur la reine, qui, toute légère et inconséquente qu'elle fût, *n'était pas femme à commettre un assassinat.* »

On se demande alors à quoi bon répéter un récit romanesque, qui jette un soupçon si odieux sur ces deux malheureuses victimes, quand on est convaincu que le roi et la reine n'ont pu commettre un pareil assassinat ?

« Gamain passait ordinairement ses soirées dans un café de Versailles, qu'on m'a nommé, *mais que je ne désignerai pas, dans la crainte de commettre une erreur.* Il y était en compagnie de deux anciens notaires qui vivent encore (en 1836), et du médecin Lameyran, qui l'avait soigné lors de son empoisonnement. Ces trois personnes attestaient au besoin toutes les particularités du poison qui avait été constaté par procès-verbaux ; mais Gamain manquait de témoins pour affirmer ce qui était arrivé aux Tuileries dans la journée du 22 mai 1792 ; son air de véracité et de douleur, son accent pénétré, son visage exprimant ses souffrances, ses yeux enflammés, sa pantomime pathétique, c'étaient là les seuls garants de sa bonne foi. »

Il est fâcheux que l'auteur ait oublié le nom du café où Gamain allait passer ses soirées, car, là, on aurait pu avoir quelques renseignements certains sur la scène qu'il rapporte. Quant aux deux notaires qui ne sont pas nommés, c'est l'un d'eux, sans doute, qui aura fait ce récit à M. Paul Lacroix, car, pour M. Lameyran qui, d'après la disposition de la phrase, semble vivre aussi à l'époque où écrit l'auteur, il était mort en 1811, et ne pouvait alors attester toutes les particularités d'un empoisonnement dont son certificat, comme je l'ai déjà dit, ne parlait pas (1).

Après cet exposé, l'auteur donne enfin la parole au serrurier :

« Depuis l'attaque du château de Versailles, racontait-il, comme j'étais installé dans cette ville où se trouvaient mes ateliers, je voyais rarement le roi ; j'attendais qu'il me fît mander pour aller aux Tuileries qu'il habitait. Après sa tentative de fuite en 1791, qui échoua par malheur, je cessai tout à fait de le voir. Quand on l'eut ramené de Varennes à Paris, c'eût été me compromettre que de fréquenter les Tuileries, *où d'ailleurs le roi, j'imagine, n'avait guère le cœur à s'occuper de serrurerie* ; les relations que j'avais eues

---

(1) Un honorable habitant de Versailles nous a assuré avoir entendu un notaire de cette ville, M. D..., raconter le soi-disant empoisonnement de Gamain par la reine ; M. D... prétendait tenir ce récit de la bouche du serrurier.

avec Louis XVI, pour lui apprendre mon métier, ne m'étaient déjà que trop défavorables, et mes envieux m'avaient tendu des piéges auxquels j'eus le bonheur d'échapper. Je ne songeais cependant pas le moins du monde à espionner pour le compte du roi, qui ne me payait plus même de gratification; il n'avait plus d'argent, il est vrai. Quoi qu'il en soit, je me sentais porté pour la constitution, et sans préjudice de la reconnaissance que je devais au roi, *j'étais dévoué à la république.* »

Nous ferons deux observations sur ce que l'on fait dire ici à Gamain. « Le roi, dit-il, après le voyage de Varennes, n'avait guère le cœur à s'occuper de serrurerie. » Nous ajouterons, nous : Non-seulement après le voyage de Varennes, mais depuis qu'il était à Paris. Il y avait bien à Versailles un atelier qui existe encore aujourd'hui, mais il n'en eut point aux Tuileries, et Louis XVI ne s'y occupa jamais de serrurerie. Quant au dévouement de Gamain pour la République, il était bien précoce, puisque la scène qu'il va raconter se passe au commencement de 1792, et que la République ne fut établie qu'à la fin de l'année.

« Le 21 mai 1792, pendant que j'étais dans ma boutique, un homme à cheval s'arrêta devant ma porte et m'appela par mon nom. Le déguisement de cet homme, qui était habillé en roulier, ne m'empêcha pas de reconnaître Durey, que le roi avait pris pour aide de forge. « M. Gamain, me dit-il, Sa Majesté m'envoie » vous ordonner de venir au château; vous entrerez par les cui- » sines, pour ne pas inspirer de soupçons... — J'en suis bien con- » trarié, Durey, repondis-je, mais je n'irai pas. Si je m'absentais » de Versailles, cela me rendrait suspect et m'attirerait malheur. » — Durey eut beau me représenter que je devais obéir au roi, je n'en fis que rire, en disant que Sa Majesté savait assez bien mon état pour n'avoir pas besoin de moi ni d'un autre. Durey me quitta bien désolé, et ne fut que trois heures à revenir pour me presser de nouveau d'obtempérer au désir du roi. Je tins bon et refusai obstinément. Je crus que j'étais délivré des importunités de Durey, et je m'applaudis d'autant mieux d'avoir résisté, que le bruit courut dans Versailles que le peuple attaquait les Tuileries, ce qui n'eut lieu que dans le mois suivant. Le lendemain, je fus étonné et mécontent de voir reparaître Durey, qui me fit lire un billet écrit de la main du roi, dans lequel Louis XVI me priait, presque amicalement, de venir *lui donner un coup de main* pour un ouvrage difficile. Mon amour-propre fut flatté de cette invitation que le roi avait pris la peine de me faire lui-même : je m'habillai à la hâte, j'embrassai ma femme et mes enfants, sans leur dire où j'allais; je leur promis seulement d'être de retour avant la nuit. Ce ne fut pas sans inquiétude qu'ils me virent partir avec un étranger pour Paris, car, à cette époque, il se passait peu de jours sans que les nouvelles les plus lugubres circulassent dans Versailles, où l'on croyait volontiers la capitale à feu et à sang. »

Voilà une mise en scène très-dramatique, mais tout à fait invraisemblable. Gamain est encore à cette époque serrurier des cabinets du roi, et entrepreneur de ses bâtiments. C'est lui qui est chargé de toute la serrurerie de l'intérieur des appartements des Tuileries comme de Versailles, et lorsque Durey, qu'il connaît intimement, avec lequel il a travaillé cent fois, vient lui apporter un ordre du roi pour travailler aux Tuileries, ce qu'il a déjà fait nombre de fois, il s'y refuse, et il faut un billet du roi qui lui demande de lui prêter *un coup de main,* pour qu'il s'y décide : cela est-il croyable ? Puis, comme s'il allait à la mort, il embrasse sa femme et ses enfants, qui ne reconnaissent pas Durey qu'ils ont vu si souvent dans l'atelier de Gamain.

« Durey me conduisit aux Tuileries, *où le roi était gardé comme dans une prison.* Nous entrâmes par les communs, et nous nous rendîmes à *l'atelier du roi,* où Durey me laissa pour annoncer mon arrivée. Pendant que j'étais seul, je remarquai une porte de fer nouvellement forgée, une serrure *bénarde,* exécutée fort habilement en apparence, et une petite cassette toute en fer, avec un ressort caché que je ne pus découvrir au premier coup d'œil. Sur ces entrefaites, Durey revint avec le roi. — « Eh bien ! mon pau-

» vre Gamain, » dit Louis XVI, en me touchant l'épaule et souriant avec bienveillance, « voilà longtemps que nous nous sommes
» vus? — Oui, Sire, repris-je, et j'en suis fâché ; mais j'ai dû, par
» prudence pour vous autant que pour moi, suspendre mes vi-
» sites qui étaient mal interprétées ; nous avons l'un et l'autre
» des ennemis qui ne cherchent qu'à nous nuire : voilà pourquoi,
» Sire, j'ai hésité à me rendre à vos commandements. — Hélas !
» les temps sont bien mauvais, et je ne sais pas comment tout
» cela finira, s'écria le roi, qui ajouta sur-le-champ avec gaieté,
» en me montrant les ouvrages de serrurerie que j'avais exami-
» nés : Que dis-tu de mon talent ? c'est moi seul qui ai terminé
» ces travaux en moins de dix jours ! Je suis ton apprenti, Ga-
» main. »

» Je remerciai le roi des éloges qu'il daignait m'adresser, et je
lui demandai ce que je pouvais faire pour lui être agréable, en
protestant de mon dévouement et de ma fidélité. Alors le roi me
dit qu'il avait toujours eu confiance en moi *et qu'il ne balançait
pas à mettre dans mes mains le sort de sa personne et de sa famille*;
là-dessus il me mena dans sa chambre à coucher, puis dans le
couloir sombre qui communiquait de son alcôve à la chambre du
Dauphin. Durey avait allumé une bougie pour nous éclairer dans
ce couloir où il leva, par ordre du roi, un panneau de la boiserie,
derrière lequel j'aperçus un trou rond pratiqué dans la muraille
et ayant à peine deux pieds de diamètre à son ouverture. Le roi
m'apprit *qu'il avait fait cette cachette pour y serrer de l'argent*, et
que Durey, qui l'avait aidé à percer le mur, en jetait les gravois
dans la rivière, où il fit plusieurs voyages pendant la nuit. Le
roi me dit ensuite qu'il voulait ajuster la porte de fer à l'entrée
de ce trou, et qu'il ne savait pas quels moyens employer pour
achever cette opération : tel était le service qu'il attendait de
moi.

» Je me mis à l'œuvre aussitôt. Je repassai toutes les parties de
la serrure qui n'avaient pas de jeu ; je façonnai la clef à la forge,
de manière à la rendre plus différente des clefs ordinaires ; ensuite j'établis les gonds et la gâche dans la maçonnerie, aussi solidement que le permettaient les précautions qu'il fallait prendre
pour étouffer le bruit du marteau. Le roi me secondait de son
mieux ; à chaque instant, il me suppliait de frapper plus douce-

ment et de me dépêcher. Il avait peur d'être surpris par quelque indiscret dans ce travail, qui dura jusqu'à la fin du jour. La clef fut mise dans la petite cassette de fer, et cette cassette scellée sous une dalle à l'extrémité du corridor. On n'avait pas besoin de clef pour fermer la serrure de l'armoire, parce que les pènes jouaient d'eux-mêmes lorsqu'on poussait la porte de fer sur ses gonds. »

Voilà Gamain introduit aux Tuileries, dans l'atelier du roi. Nous ferons remarquer de nouveau que le roi n'avait pas d'atelier de serrurerie dans ce palais. Mais en supposant qu'il y ait eu une forge, une enclume, des marteaux, tout l'attirail d'un serrurier dans quelque coin de son appartement, comment veut-on que Louis XVI, *gardé aux Tuileries comme dans une prison,* suivant les expressions de Gamain, eût pu forger une porte de fer, faire une serrure et une cassette en fer, sans attirer l'attention des espions qui l'entouraient? et qu'était-ce que la pose de cette porte, pour laquelle *il fallait prendre tant de précautions pour étouffer le bruit du marteau,* en comparaison des coups bien autrement bruyants qu'il avait fallu faire pour la forger? Aussi toute cette scène, l'entrée de Gamain dans l'atelier, son examen de la porte de fer déjà préparée, la conversation si niaise qu'il a avec le roi, tout cela est de pure invention et est démenti par la pétition qu'il adressa à la Convention, seule pièce que l'on puisse regarder comme émanant de lui. « Dans les premiers jours de mai 1792, y dit-il, il reçut l'ordre de se transporter à Paris. A peine y fut-il arrivé que Capet lui ordonna de pratiquer une armoire dans l'épaisseur d'un des murs de son appartement et de la fermer d'une porte de fer, opération qui ne fut achevée que le 22 du même mois. » On le voit, c'est dans les premiers jours de mai qu'il reçoit l'ordre d'aller à Paris. Il s'y rend aussitôt, et le roi lui ordonne de faire l'armoire de fer. Il n'y a plus ici d'homme déguisé qui vient de la part du roi, de refus d'y aller, de porte et de serrure déjà faites : non, tout est à faire, et Gamain met près de trois semaines pour achever son travail. Il est évident que ce n'est pas aux Tuileries qu'il forgea cette armoire, et que c'est à Versailles, dans ses ateliers, qu'elle fut terminée.

« J'avais travaillé sans relâche durant huit heures, continue Gamain, la sueur me coulait du front à larges gouttes ; j'étais impatient de me reposer, et j'éprouvais une défaillance produite par la faim, car je n'avais rien pris absolument depuis mon lever. »

Nous sommes encore obligé d'interrompre la narration pour faire remarquer qu'il avait si bien mangé, que dans sa pétition, il dit que l'élixir qu'il prit, quand il eut ses coliques, lui fit rendre *tout ce qu'il avait mangé et bu dans la journée.*

« Je m'assis une minute dans la chambre du roi, qui me présenta lui-même un siège, en s'excusant de la peine qu'il m'avait donnée ; il me pria de vouloir bien compter *deux millions* en doubles louis, que nous divisâmes en quatre sacs de cuir. Tandis que, par complaisance, je me prêtais à faire ces comptes, je vis Durey transportant des liasses de papier que je jugeai destinées à être mises dans l'armoire secrète ; en effet, l'argent n'était qu'un prétexte pour détourner mon attention. Je suis certain que les papiers seuls furent cachés. »

Voilà encore un tableau qui n'est là que pour l'effet. Ainsi le roi a assez de confiance dans Gamain pour l'associer à un secret qui peut le perdre ; quand il arrive, il lui dit qu'il ne balançait pas à mettre dans ses mains le sort de sa personne et de sa famille, et lorsque le travail est terminé, que l'armoire est posée, il s'amuse à lui faire compter deux millions en pièces d'or pour détourner son attention de papiers que l'on porte dans cette armoire ! Comme si le roi n'avait pas pu renvoyer tout de suite Gamain, et se donner le temps de placer les papiers sans être vu, et comme si Gamain lui-même ne savait pas que ce n'était point de l'argent, mais des papiers secrets *qui pouvaient compromettre la personne du roi et sa famille*, puisqu'il venait de le lui dire. Poursuivons :

« Le roi me proposa de souper au château avant de partir, mais je refusai par un sentiment de fierté qui s'indignait à l'idée de manger peut-être avec les valets ; en outre, j'avais hâte de revoir ma femme et mes enfants. Je n'acceptai pas davantage l'offre qu'on me fit de me reconduire à Versailles ; je craignais la livrée du roi et je me défiais de Durey. Pourquoi m'avait-on dissimulé le véritable usage de l'armoire de fer ? »

Pourquoi donc, dirons-nous, toutes ces craintes ? Pourquoi accuser de dissimulation le roi qui vient de *lui confier le sort de sa personne et de sa famille* ? C'est qu'il faut préparer la scène qui va suivre :

« Lorsque j'allais me retirer, la reine entra tout à coup *par la porte masquée qui se trouvait au pied du lit du roi* ; elle tenait à la main une assiette, chargée d'une brioche et d'un verre de vin : elle s'avança vers moi, qui la saluai avec étonnement, parce que Louis XVI m'avait assuré que la reine ignorait la fabrication de l'armoire. — « Mon cher Gamain, » me dit-elle avec la voix la plus caressante, « vous avez chaud, mon ami ! *buvez ce verre de » vin, et mangez ce gâteau, cela vous soutiendra du moins pour la » route que vous allez faire.*» — Je la remerciai, tout confus de cette prévoyance pour un pauvre ouvrier comme moi, et *je vidai le verre à sa santé* ; elle me laissa remettre ma cravatte et mon habit, que j'avais quittés pour travailler plus commodément. La brioche restait dans l'assiette que la reine avait déposée sur un meuble. Je la glissai dans ma poche au moment où le roi venait prendre congé de moi et m'exprimer encore sa reconnaissance. — Je rapporterai du moins cette brioche à mes enfants, pensai-je en moi-même.

» Je sortis des Tuileries à la nuit close, il était environ huit heures du soir. »

Ainsi, au moment où Gamain semble se méfier de tout ce qui l'entoure, la reine apparaît tout à coup par un coup de théâtre. Séduit par sa voix caressante, il boit le verre de vin empoisonné, et emporte la brioche qu'elle lui présente traîtreusement. Nous ne voulons pas faire remarquer l'invraisemblance d'une pareille scène, nous voulons seulement signaler la différence du récit de la pétition et de celui-ci. Dans la pétition, Gamain est seul avec le roi, qui lui présente un verre de vin ; ici c'est la reine. Comment, sur un fait aussi capital, peut-il y avoir une telle différence ? Comment Gamain peut-il accuser tantôt le roi et tantôt la reine ? Il faut nécessairement que l'un des deux récits soit faux, s'ils ne le sont pas tous les deux. — Nous ferons encore remarquer — car dans un pareil récit il est bon de signaler tout ce qui peut conduire à la vérité, — que le 22 mai on est presque arrivé aux plus longs jours de l'année, et qu'à huit heures du soir la nuit est loin d'être close ; mais il était nécessaire qu'il fît nuit pour la scène mélodramatique qui va se passer.

Gamain, sorti des Tuileries, prend à pied la route de Versailles. Arrivé au milieu des Champs-Élysées, il éprouve de violentes coliques. Bientôt ces coliques augmentent, d'affreuses douleurs déchirent ses entrailles ; il ne peut plus marcher ; il tombe, se roule dans la boue en poussant de grands gémissements. Une heure se passe ainsi sans secours ; il va succomber, lorsque tout à coup une voiture s'arrête devant lui. Un riche Anglais en descend, et vient lui porter secours. Comme il y a des hasards heureux ! Justement cet Anglais connaît Gamain, à qui il a quelques obligations, et qui lui a fait voir l'atelier de Louis XVI. On va chercher un élixir chez un apothicaire de la rue du Bac. Gamain vomit, revient à lui, et l'Anglais, le plaçant dans sa voiture, le ramène à Versailles, où il arrive semblable à un cadavre.

« Le médecin, M. Lameyran, et le chirurgien, M. Voisin, furent appelés, continue Gamain ; ils accoururent presque aussitôt et constatèrent les signes non équivoques du poison. Je fus interrogé à ce sujet et refusai de répondre. L'Anglais ne se sépara de moi qu'après avoir obtenu l'assurance que je ne périrais pas, du moins immédiatement. Cet homme bienfaisant revint souvent me voir durant ma convalescence. MM. Lamayran et Voisin passèrent la nuit auprès de mon lit, et les soins qu'ils me prodiguèrent, en me questionnant sur l'origine probable de mon empoisonnement, eurent un succès plus prompt qu'on ne pouvait l'attendre. Au bout de trois jours de fièvre, de délire et de douleurs inconcevables, je triomphai du poison, mais non pas sans en subir les terribles conséquences ; *une paralysie presque complète*, qui n'a jamais été guérie tout à fait, une névralgie de la tête, et enfin une inflammation générale des organes digestifs, avec laquelle je suis condamné à vivre. Non-seulement j'avais persisté à cacher ma visite aux Tuileries, dans la journée du 22 mai, mais encore je priai l'Anglais de ne pas ébruiter l'aventure de notre rencontre nocturne aux Champs-Elysées, et je sommai le médecin et le chirurgien de s'abstenir de toute parole indiscrète sur la nature de mon mal. Je n'eus aucune nouvelle de Louis XVI, et en dépit du ressentiment qui couvait dans mon âme contre les auteurs présumés de cette odieuse trahison, je n'avouai pas encore à ma femme que j'avais été empoisonné.

» Mais la vérité vit le jour malgré moi, malgré mon silence : quelque temps après cette catastrophe, la servante, nettoyant l'habit que je portais le jour de mon accident, trouva dans la poche un mouchoir sillonné de taches noirâtres et une brioche aplatie et déformée, que plusieurs jours d'oubli avaient rendue aussi dure qu'une pierre ; la servante mordit une bouchée dans ce gâteau, qu'elle jeta ensuite dans la cour. Le chien mangea cette pâtisserie et mourut ; la servante, qui n'avait sucé qu'une petite parcelle de la brioche, tomba dangereusement malade. Le chien ouvert par

M. Voisin, la présence du poison ne fut pas douteuse, et une analyse chimique découvrit encore le poison dans le mouchoir qui avait conservé les traces de mes vomissements. La brioche seule contenait assez de *sublimé corrosif* pour tuer dix personnes. »

Enfin voilà le poison trouvé. La brioche en contenait assez pour tuer dix personnes! La servante qui en a sucé une bouchée tombe dangereusement malade! Le chien qui l'a mangé meurt, et le poison se retrouve encore dans le mouchoir qui a reçu les vomissements! Mais alors, pourquoi, dans la pétition adressée à la Convention, se tenir dans le vague et ne pas indiquer des circonstances qui n'auraient laissé aucun doute dans les esprits? C'est qu'il aurait fallu les faire constater dans le certificat des médecins, et que les médecins avaient bien voulu attester *l'état de mauvaise santé* de Gamain, mais ne se seraient pas prêtés à certifier un empoisonnement auquel ils ne croyaient pas.

Le poison trouvé dans la brioche et dans les restes des vomissements était, dit le récit, du sublimé corrosif (bichlorure de mercure.) Qu'on nous permette ici une observation scientifique. Lorsque l'on met, dans du vin rouge, une dose assez forte de sublimé corrosif pour produire l'empoisonnement, il se forme un précipité de couleur violacée, et le liquide acquiert une saveur âcre, métallique, très-caractéristique, si désagréable qu'elle le fait immédiatement rejeter. Gamain a-t-il éprouvé rien de semblable? On lui présente un verre de vin : il l'avale tout entier, et il ne remarque aucun trouble dans ce vin, il ne se plaint pas de ce goût si caractéristique et si désagréable produit par la présence du poison. L'action du sublimé corrosif est presque instantanée : dans les expériences sur les animaux vivants, c'est quelques minutes après son ingestion que les symptômes se manifestent, et il en est de même chez les hommes qui s'empoisonnent par ce sel. Gamain ne s'aperçoit de rien au premier moment. Après avoir bu le vin, il se rhabille, sort tranquillement du palais, et ce n'est que *quelques heures après*, qu'il commence à ressentir les effets du poison.

« Enfin, j'avais une certitude, continue le récit, enfin je connaissais l'empoisonnement, *sinon les empoisonneurs*; j'étais impatient de me venger, et je craignais de mourir auparavant. *Je demeurai perclus de tous mes membres pendant cinq mois.* Ce ne fut que le 19 novembre que je me trouvai en état de revenir à Paris. Je me transportai chez le ministre Roland, qui me reçut aussitôt, sur l'annonce d'un secret important à lui révéler. Je lui appris l'existence de l'*armoire de fer*, et je n'acceptai pas les récompenses qu'il m'offrit au nom de la Convention; ma vengeance me suffisait. Le lendemain, l'armoire fut découverte; les papiers qu'elle renfermait furent déposés sur le bureau de la Convention. L'année suivante, Louis XVI et Marie-Antoinette montèrent sur l'échafaud. »

Gamain reste perclus de tous ses membres, comme il l'avait déjà dit dans sa pétition; mais, au lieu de neuf mois, il ne l'est plus ici que pendant cinq mois. Pourquoi cette différence? C'est qu'en accusant neuf mois de paralysie dans sa pétition, Gamain avait oublié que c'était au mois de novembre 1792, six mois seulement après son empoisonnement, qu'il avait été dénoncer l'existence de l'armoire de fer; qu'à cette époque il fit plusieurs voyages à Paris, ce qu'il n'aurait pu faire s'il avait encore été perclus de ses membres; tandis que n'étant resté perclus que pendant cinq mois, on concevait bien que, six mois après l'empoisonnement, il ait pu aller trouver à Paris le ministre Roland. Mais Gamain oubliait, en faisant sa pétition et en racontant de nouveau sa fabuleuse histoire, que les registres du Con seil général de la commune de Versailles constatent que le 4 juin 1792, c'est-à-dire quelques jours après l'empoisonnement, ce même Gamain, si violemment malade et resté perclus de tous ses membres, assiste à la séance du Conseil et prend part à ses discussions ; qu'il assiste encore aux séances des 8, 17, 20 juillet et 22 août, et qu'enfin le 24 septembre il est chargé de la mission active de faire disparaître les signes de la royauté de tous les monuments publics de Versailles, mission que l'on n'aurait certes pas confiée à un homme paralysé.

Après toutes ces preuves de l'invraisemblance d'un empoisonnement, on pourrait encore se demander pourquoi Gamain, qui avait un si vif désir de vengeance contre les auteurs de l'attentat commis sur sa personne, n'en a parlé ni pendant le procès du roi, ni pendant celui de la reine, et ne l'a révélé que quand les royales victimes ne pouvaient plus en démontrer la fausseté? Et pourquoi, si Louis XVI voulait faire disparaître tous les dépositaires de son secret, n'avait-il pas empoisonné aussi Durey, ce garçon du château, l'aide de Gamain, qui joua un rôle si actif dans la confection de l'armoire de fer?

Nous avons fait voir que la pétition adressée par Gamain à la Convention n'apportait aucune preuve de son empoisonnement par le roi ; c'est évidemment pour donner plus de probabilité à cette accusation d'empoisonnement qu'a été faite la nouvelle version. Nous croyons avoir démontré, en suivant le récit pas à pas, que cette version, beaucoup plus romanesque, n'a pas plus de fondement que la première. La conclusion à tirer de cette étude, c'est qu'à un acte de lâcheté et d'ingratitude, Gamain a ajouté un crime, et qu'après avoir trahi son roi et son bienfaiteur, il l'a, ainsi que la reine, odieusement calomnié.

Entre les n°s 2 et 4 du boulevard du Roi, se trouve l'Abreuvoir.

Cet abreuvoir, dont une entrée est sur le boulevard et l'autre sur la rue de Mouchy, a été construit en 1780 par De Vienne, inspecteur des bâtiments du roi.

RUE DE MAUREPAS.

La rue de Maurepas n'existe, comme rue de la ville, que depuis l'année 1779. Avant cette époque, c'était une chaussée formant, à l'extrémité de l'étang de Clagny, le chemin de Saint-Germain. Dans cette route, assez étroite, Louis XIV, allant à Marly, fut un jour rencontré par un charretier conduisant une voiture très-chargée ; celui-ci refusa de quitter le pavé, répondant au garde qui lui criait : « Vous ne voyez » pas que c'est le roi ? — Eh ! qu'il s'embourbe s'il veut, » il est mieux attelé que moi. » Le roi, loin de se fâcher, donna ordre de prendre la terre, et y resta. Cette aventure, rapprochée de celle qui lui arriva avec Lully, prouve que si Louis XIV montrait beaucoup de susceptibilité lorsqu'il s'agissait de la grandeur de la France ou de l'honneur de son trône, il savait quelquefois supporter les injures lorsqu'elles n'étaient adressées qu'à sa personne. Le roi devait danser dans le ballet d'*Alcidiane*, dont Lully avait fait la musique. Impatienté de la longueur des préparatifs, il fit dire au musicien qu'il s'ennuyait d'attendre. Lully, souvent fort arrogant, répondit : « Le roi est le maître ; il peut attendre aussi longtemps qu'il lui plaira ! » Louis XIV attendit.

Avant que ce chemin fût converti en rue de la ville, il en était séparé par une grille posée en 1745, ainsi que toutes les autres barrières de Versailles. Son emplacement était à peu près à la hauteur du boulevard de la Reine. La partie actuelle de cette rue comprise entre la rue de la Paroisse et le boulevard portait le nom de rue de Saint-Germain, qu'elle conserva jusqu'à la Révolution. Lorsque l'on fit le nouveau quartier des Prés, on donna à ses rues les noms des personnages les plus importants de l'époque ou qui jouaient un rôle à la cour. C'est ainsi que la nouvelle rue reçut celui de Maurepas, nom du ministre de Louis XV, tombé en disgrâce pour un quatrain contre madame de Pompadour (1), et qui, devenu ministre de Louis XVI, habitait alors l'Ermitage. En 1793, on l'appela *rue Homère*. En 1806, elle reprit le nom de Maurepas, qu'elle n'a plus quitté depuis.

La rue de Maurepas a 446 mètres de longueur sur 11 mètres 70 centimètres de largeur. Sa direction est du sud au nord. Il y a quelques années encore, la grille de l'octroi était placée à son extrémité nord ; depuis l'année 1843, elle a été repoussée au bout de la rue de l'Ermitage.

Les maisons de la rue de Maurepas sont généralement fort belles ; mais leur histoire, ainsi que celle de presque toutes les rues du quartier des Prés, offre peu d'intérêt, leur construction étant trop récente.

CÔTÉ GAUCHE.

On remarque parmi les maisons de cette rue celle du n° 7.

(1) Voici ce quatrain qu'un jour à Marly madame de Pompadour trouva sous sa serviette :

> La marquise a bien des appas ;
> Ses traits sont vifs, ses grâces franches,
> Et les fleurs naissent sous ses pas ;
> Mais, hélas ! ce sont des fleurs bl......

L'épigramme était d'autant plus sanglante qu'elle était vraie.

A la mort de Louis XV, M. de Maurepas devint le ministre favori de Louis XVI.

Ce fut un nommé M. Macips qui la fit construire, et beaucoup de personnes la connaissent encore aujourd'hui sous le nom de *maison Macips*.

N° 21. — Maison construite, en 1778, sur les dessins de *Fouacier*, inspecteur des bâtiments du roi, pour y faire des *Bains publics*. Ce fut la première maison de bains établie à Versailles (1). Aussi regardait-on à cette époque son établissement comme d'un grand avantage pour la ville.

N° 31. — Cette maison n'offre rien de remarquable par elle-même, mais elle a eu une grande renommée à cause de son jardin. Ce jardin avait trois hectares d'étendue. Il avait été planté, en 1754, pour madame de Brancas, par *Demarne*, jardinier fort habile. M. de Cubières l'acheta vers 1800. Grâce à son nouveau propriétaire, il acquit une très-grande réputation. Grand amateur de fleurs et ayant des connaissances étendues en horticulture, M. de Cubières le garnit d'arbres précieux et le distribua avec un goût exquis. On y remarquait surtout un superbe tulipier (*Liriodendrum Tulipifera*) dont l'histoire est assez curieuse pour être rapportée ici (2).

En 1732, pour la première fois, une grande quantité de graines de tulipier furent apportées en France par l'amiral de La Galissonnière. De ces graines, semées à Saint-Germain-en-Laye, trois seulement levèrent, et le botaniste Richard, jardinier de Louis XV, fut chargé d'en prendre soin. Après douze ans de conservation, tant en serre qu'à l'abri, quoiqu'à l'air froid, et après s'être assuré que notre climat pou-

---

(1) Jusque-là on ne pouvait prendre de bains que chez les barbiers-baigneurs-étuvistes.

(2) *Notice historique sur la vie du marquis de Cubières*, par Challan.

vait convenir au tulipier, il osa le mettre en pleine terre.

Un fut planté à Trianon, un autre dans le parc de Choisy, et le troisième, par une faveur spéciale, donné à Lebel, ce valet de chambre de Louis XV, devenu le confident et l'entremetteur de ses honteuses amours. Lebel le fit placer dans un jardin qu'il avait derrière la pièce de Neptune (1).

Celui de Trianon a été frappé par la foudre, celui de Choisy avait été détruit avec le parc, M. de Cubières se rendit propriétaire du dernier. A peine eut-il acheté le terrain sur lequel se trouvait placé cet arbre remarquable, de 11 à 12 mètres de hauteur, qu'il suspendit au milieu du feuillage dont son sommet était chargé une corbeille d'osier capable de contenir trois ou quatre personnes ; autour du tronc circulait un escalier en bois conduisant à la gondole, garnie de siéges, et là on se trouvait entouré et couronné de fleurs.

Ce jardin offrait encore, dans ses bosquets, des fabriques de diverses espèces, décorées avec goût, qui faisaient l'admiration des nombreux visiteurs de ce charmant séjour.

La plus grande partie de cet enclos a été vendue, et a servi à former les jardins de la rue de Maurepas et les maisons du nouveau boulevard de la Reine.

N° 33. — Maison bâtie par le duc d'Orléans, père du roi Louis-Philippe, pour y placer une loge de francs-maçons, dont il était le Président.

---

(1) Aujourd'hui maison boulevard de la Reine, n° 5.

RUE DE L'ERMITAGE.

Cette rue forme la continuation de la rue de Maurepas. Il y a quelques années, elle en était séparée par la grille des octrois et formait le commencement de la rue de la Porcherie, nommée ainsi d'un petit écart de sept ou huit maisons situé à l'extrémité de cette rue et dans lequel on élevait des porcs. La rue de l'Ermitage se dirige du sud-est au nord-ouest ; elle a, de la rue de Maurepas à la nouvelle grille d'entrée, 280 mètres de longueur sur 12 mètres de large.

Tout le côté gauche de cette rue est occupé par la propriété de *l'Ermitage*. Louis XV était encore dans tout le feu de sa passion pour madame de Pompadour lorsque, en 1749, il détacha du Petit-Parc environ six hectares de terrain dont il fit cadeau à sa maîtresse (1). Madame de Pompadour avait un très-grand goût pour la construction ; elle y fit faire une habitation charmante, avec des volières, des bosquets plantés d'arbrisseaux alors fort rares jetés au milieu des grands arbres qui ornaient déjà ce lieu, et l'appela *son Ermitage* (2).

Dans les premiers temps de sa construction, le duc de Luynes vint un jour la visiter avec le roi. Voici ce qu'il en dit :

---

(1) Brevet de don d'un terrain, lieu dit la Porcherie et le Quinconce, à la marquise de Pompadour, pour en jouir sa vie durante. — 1749, 1er février. — Arch. gén., secrét. d'État, E, 3435.

(2) D'après le relevé des dépenses de madame de Pompadour, cette habitation revint à la somme de 285,013 livres 1 sol 5 deniers. — Voir : *Curiosités historiques sur les règnes de Louis XIV, de Louis XV, etc.*, par J.-A. Le Roi.

« Je vis hier une petite maison nouvellement bâtie pour Madame de Pompadour. Ce bâtiment a été commencé les premiers jours d'octobre, et actuellement il est tout meublé. On a fait sécher les plâtres, autant qu'il a été possible, à force de feu. Ce bâtiment est situé fort près de Versailles, à cent pas à gauche du chemin qui passe auprès de l'étang où est le nouvel abreuvoir, et va en dehors du petit parc gagner Saint-Antoine et le chemin de Marly. Il est un peu en deçà du chemin qui mène au puits de l'Angle et à la Celle ; il n'y a que cinq croisées de face et seulement un étage ; il est composé d'un petit vestibule, à droite duquel est une antichambre qui sert de salle à manger, et à gauche une cuisine. Ces trois pièces sont sur la cour. Sur le double, du côté du jardin, est un cabinet d'assemblée, ensuite une chambre à coucher, où est une bibliothèque, une chaise percée et une garde-robe pour une femme de chambre. Le jardin, auquel on travaille actuellement, sera fort grand, d'autant plus que le roi a permis qu'on y enfermât partie d'un quinconce que l'on voit à droite du chemin qui va, traversant le parc, à Marly. Il y avait anciennement, un peu en deçà de la nouvelle petite maison, une pièce d'eau qui était destinée pour recevoir l'égout des eaux de Versailles, sortant de l'étang qu'on appelle l'étang de Clagny.

» Lorsque cet étang fut comblé, il y a environ dix ans, et que l'on fit l'abreuvoir actuel, cette pièce d'eau d'égout devenant inutile, M. Gabriel, aujourd'hui premier architecte, demanda au roi la permission de faire combler l'étang ; il ne garda qu'une petite pièce d'eau, et dans le surplus fit planter un potager ; il y ajouta quelques bosquets, mais sans aucune habitation que la maison du jardinier. C'est ce potager et ces bosquets, avec l'addition du quinconce, qui font le grand jardin de Madame de Pompadour (1). »

Louis XV vint souvent visiter ce séjour avec madame de Pompadour, et l'on dit que, dans les dernières années du règne de la favorite, il servit plus d'une fois de succursale au Parc-aux-Cerfs.

(1) *Mémoires du duc de Luynes*, tome IX, p. 254.

Un jour, à l'Ermitage, Louis XV, en plaisantant, faillit rendre aveugle le duc de Chartres.

« Le roi et quelques courtisans examinaient une voiture que la marquise venait de faire construire, et qui lui servait à aller du palais de Versailles à sa nouvelle maison. Cette voiture était une espèce de vinaigrette. Par manière de divertissement, on s'avisa d'y faire monter le duc de Chartres, et de le promener pendant quelque temps; puis le roi ayant dit qu'il fallait lever les brancards en l'air, et laisser ainsi le duc se tirer d'affaires, on s'empressa d'obéir. Mais le poids du corps du patient fit éclater le derrière de la voiture, dont le châssis de verre se brisa sur son visage. Il aurait eu les yeux crevés si, par instinct, il n'eut baissé la tête. Le duc de Chartres en fut heureusement quitte pour une légère blessure au-dessous de l'œil (1). »

A la mort de la marquise, le roi en accorda la jouissance à la duchesse de Villars, dame d'atours de la reine ; et, sous Louis XVI, il fut habité par M. de Maurepas jusqu'à sa mort, arrivée en 1781. Le roi donna ensuite cette habitation à ses tantes, mesdames Adélaïde et Victoire.

Vers 1797, un limonadier de Versailles, nommé Langlois, eut l'idée de louer le Petit-Trianon pour en faire un jardin public. Il y établit un restaurant, y donna des fêtes avec illuminations, feux d'artifice. Ce fut dans ce jardin que Garnerin fit ses premières ascensions aérostatiques. En 1798, un autre entrepreneur loua aussi le jardin de l'Ermitage et chercha à rivaliser avec celui du Petit-Trianon. La première année, la nouveauté le fit rechercher, et le public, qui n'avait pour ainsi dire que ces seuls plaisirs, s'y porta en foule; mais les charmes du Petit-Trianon ne tardèrent pas à l'emporter, et l'entrepreneur fut obligé de le fermer à la deuxième année.

(1) *Madame de Pompadour et la cour de Louis XV*, par Campardon, et *Mémoires du duc de Luynes*.

Depuis cette époque, plusieurs manufacturiers voulurent y établir quelques fabrications qui n'eurent point de succès. Enfin, cette jolie habitation a repris, sous ses propriétaires actuels, une partie des agréments qu'elle avait autrefois (1).

A la suite de l'Ermitage, et un peu en dehors de la barrière, se trouve une autre propriété, donnée par Louis XVI, en 1781, à Pierre-Étienne-Léon Coquet, secrétaire de madame Victoire de France, tante du roi. Achetée pendant la Révolution par le docteur Wurtz, grand partisan de Mesmer, il y établit le fameux baquet magnétique, autour duquel, pendant plusieurs années, se réunissaient un certain nombre de croyants.

De l'autre côté de la rue, sur le terrain qui était encore une plaine il y a quelques années, on a construit de petites maisons, pour la plupart occupées par des blanchisseurs.

IMPASSE DES GLACIÈRES.

C'était en effet autrefois un simple passage pour aller de la rue de Maurepas aux Glacières placées sur un petit monticule du côté du boulevard du Roi. Les Glacières furent faites sous Louis XIV. Elles servaient à recueillir la glace de l'étang de Clagny, situé auprès. Plus tard, quand l'étang fut desséché, on les emplissait de celle d'un canal que l'on avait fait pour l'écoulement des eaux des prés. Depuis on était obligé de l'aller chercher au Grand-Canal du

(1) Le 27 septembre 1793, cette propriété fut vendue comme bien national 262,000 livres.

parc de Versailles. Ces Glacières viennent d'être détruites.

L'impasse des Glacières, depuis la rue de Maurepas jusqu'à la nouvelle barrière faite du côté du boulevard pour faciliter l'entrée des bestiaux dans l'Abattoir, a 310 mètres de longueur sur 11 mètres 70 centimètres de largeur ; sa direction est du sud-ouest au nord-est.

C'est dans cette impasse que se trouve placé l'Abattoir.

Depuis fort longtemps, les diverses administrations municipales de Versailles désiraient y établir un Abattoir, ainsi que cela avait lieu à Paris et dans diverses autres villes de France, et plusieurs projets leur avaient été présentés sans aucun résultat. En 1832, l'administration à la tête de laquelle se trouvait placé M. Clausse, alors maire, décida la création de cet important établissement. On fit un appel à tous les architectes, un concours fut établi, et le projet qui l'emporta fut celui d'un enfant de Versailles, Pierre-Jean-Baptiste *Douchain*, architecte distingué, que la mort devait enlever encore jeune quelques années plus tard.

Le 29 juillet 1833, M. Aubernon, préfet de Seine-et-Oise, en présence de toutes les autorités de la ville et de la garde nationale, posa la première pierre de ce monument sous le tableau de droite de la grande baie de la cour couverte, côté du couchant. On scella dans cette pierre une boîte de plomb renfermant : 1° une inscription gravée sur cuivre, indiquant l'époque de l'inauguration et les noms de toutes les personnes que leurs fonctions appelaient à la signature du procès-verbal ; — 2° une médaille en bronze de 34 millimètres de diamètre, à l'effigie de Louis-Philippe, portant pour inscription : *Gloire à la valeur et au génie de l'armée française.* — *Reddition de la citadelle d'Anvers en* 1832 ; — 3° une pièce de chacune des monnaies d'or et d'argent en usage en France, ensemble sept pièces, toutes au millésime de 1833.

Ce qui frappe tout d'abord dans l'Abattoir de Versailles, c'est son aspect monumental. Placé sur un monticule dominant cette portion peu habitée de la ville, il est constamment balayé par les vents, et l'aération en est facile et parfaite.

Plusieurs pavillons sont renfermés dans l'enceinte de l'Abattoir. Au centre sont les abattoirs particuliers ou tueries, au nombre de neuf sur chaque rang, séparés par une grande cour couverte, dallée en pierres de taille. Chaque tuerie particulière, ainsi dallée, est munie de deux portes, l'une destinée à l'entrée de l'animal, l'autre à sa sortie. Le milieu en est creusé en rigole, pour donner au sang et aux autres liquides la faculté de s'écouler et de gagner ainsi la pente de la cour centrale, par laquelle ils s'écoulent dans les canaux souterrains qui vont rejoindre les grands aqueducs de décharge de la ville. De chaque côté des Abattoirs sont placés deux bâtiments formant bouveries. Ces deux bâtiments, qui doivent renfermer tous les animaux destinés à la boucherie, bœufs, vaches, veaux, moutons, malgré leur grandeur, sont quelquefois trop exigus pour les contenir tous.

En arrière de ces principaux bâtiments, se trouvent ceux destinés aux porcs ; porcheries, échaudoirs, brûloirs, etc. Puis enfin à l'extrémité, dans un bâtiment dominant tous les autres, sont deux réservoirs, au-dessus desquels se trouve une fonderie de suif, et dans le voisinage, sont placées les industries qui travaillent les résidus des animaux, telles que boyauderie, triperie, etc.

Tous ces bâtiments sont séparés entre eux par des espaces larges, pavés, semblables en tout à des rues, dans lesquels l'air circule avec la plus grande facilité.

De jolis jardins et quelques petites habitations forment le reste de l'impasse des Glacières.

RUE DE SAVOIE.

Cette petite rue communique de la rue d'Angivillers à la rue Berthier. On lui a donné son nom en l'honneur des comtesses de Provence et d'Artois, toutes deux princesses de Savoie. Dans la Révolution, on l'appela rue *des Allobroges*. En 1806, elle a repris son nom *de Savoie*. Sa direction est du sud au nord. Elle a 108 mètres de longueur sur 9 mètres 75 centimètres de largeur.

De jolies constructions se sont élevées dans cette rue depuis quelques années.

N° 2. — Maison habitée fort longtemps par William-Frédéric Edwards, membre de l'Institut. Ce savant distingué, tour à tour naturaliste, physiologiste et anthropologiste, mourut dans cette maison, le 20 juillet 1842.

RUE DES BONS-ENFANTS.

Dès les premiers temps de la construction des hôtels de la Ville-Neuve, ou quartier Notre-Dame, il existait, sur l'emplacement de cette rue, une auberge dans laquelle se réunissaient les ouvriers employés aux constructions nombreuses de ce quartier. Cette auberge portait pour enseigne : *Aux Bons-Enfants*. Ce fut là l'origine de son nom. Malgré l'innocence de cette origine et son peu d'aristocratie, on crut cependant devoir faire disparaître ce nom pendant la Révolution, et on l'appela *rue de Lille*. En 1806, elle reprit celui des Bons-Enfants, qu'elle n'a plus quitté depuis.

La rue des Bons-Enfants s'étend du sud au nord, depuis la rue des Hôtels jusqu'à la rue Neuve. Elle a 468 mètres 78 centimètres de longueur. Sa largeur est de 7 mètres dans toute la partie comprise entre la rue des Hôtels et de la Paroisse, et de 15 mètres dans celle comprise entre la rue de la Paroisse et la rue Neuve.

CÔTÉ GAUCHE.

N^{rs} 1 et 3. — Logement de l'architecte des Eaux et Château-d'Eau.

Avant l'année 1684, le pavillon qui forme aujourd'hui l'habitation de l'architecte des Eaux, était l'hôtel de Turenne. Le roi ayant décidé la construction de l'aile du Nord, et par conséquent la destruction de la Grotte de Téthys et du réservoir placé sur le bâtiment de cette grotte, on résolut de bâtir le Château-d'Eau pour le remplacer. Le cardinal de Bouillon, à qui appartenait cet hôtel, reçut en échange l'hôtel de Roquelaure, dans la rue des Réservoirs, et l'on commença, sur les terrains de l'hôtel de Turenne, l'élévation de cet énorme bâtiment, décoré du nom de *Château-d'Eau*. C'est un grand réservoir posé au haut de l'édifice sur une espèce de plancher en charpente supporté par trente piliers de pierre, et auquel on monte par 92 marches. Une galerie couverte règne tout autour de ce bassin. Il a de profondeur 2 mètres 33 centimètres, et contient 1,188 mètres cubes d'eau. Lorsque les Eaux jouent, il se vide en 41 minutes et se remplit en 39. L'eau y vient de la butte Montbauron par plusieurs conduites de plus de 33 centimètres de diamètre. — Autrefois, il était fait de grandes lames de cuivre rouge étamé; en 1812, M. Famin, architecte des Eaux, fit remplacer le cuivre par une doublure en plomb.

Le premier architecte des Eaux qui logea dans le pavillon d'habitation fut C. Denis, décoré du titre d'ingénieur et de commandant en chef les fontaines du roi à Versailles. Denis, sous la direction de *Francine*, fit les premiers travaux de distribution des bassins du parc. Il est aussi l'auteur d'un poëme descriptif sur Versailles, où, au défaut de génie poétique, on trouve les plus curieux renseignements sur les premiers temps de la ville. Depuis, ce pavillon a toujours été habité par des architectes des Eaux, jusqu'à M. Dufrayer, qui l'occupe encore aujourd'hui.

Avant la construction du Château-d'Eau, la rue des Bons-Enfants se terminait à la hauteur de la rue des Poteaux (Sainte-Anne). Le reste était occupé par le jardin de l'hôtel de Turenne, dont on voit encore la porte enchâssée dans le logement des fontainiers.

Le n° 7 appartenait, en 1710, à l'abbé Dubois, plus tard premier ministre du Régent, et cardinal.

Sur le terrain où se trouvaient les bâtiments de derrière de la Manutention, rue des Réservoirs n° 10, on a élevé, en 1860, une chapelle consacrée aux protestants anglicans de Versailles. Cette chapelle, dont la forme rappelle un peu l'architecture du treizième siècle, a été construite en quelques semaines par un nouveau système de bâtiment employé par les Anglais dans les colonies et partout où, la population s'accroissant rapidement, il est nécessaire d'élever des églises provisoires. Les matériaux qui entrent dans sa construction sont le bois et la fonte, et ses fondations sont en briques. La carcasse, formée de charpentes, est recouverte de plaques de fer battu. Ces plaques de fer, liées ensemble et arrêtées au moyen de boulons, sont galvanisées pour braver la pluie et l'humidité. Elles sont, en outre, ridées, corrusées et plissées, ce qui leur donne plus de force et plus de consistance.

Les avantages offerts par ce nouveau et curieux système de construction, sont surtout la rapidité avec laquelle on l'exécute et son bon marché. Un bâtiment ainsi construit a de plus la facilité de se transporter partout ; chacun de ses morceaux étant numéroté et ayant son emplacement propre indiqué d'avance, peut se démonter et se remonter à volonté.

Cette petite chapelle est sortie des ateliers de la maison Hemming et Ce, de Londres. Son intérieur est simple et gracieux. Elle est décorée de jolis ornements, travail des dames anglaises de la ville, et de vitraux charmants en potiches, imitant à s'y méprendre les verrières du Moyen-Age.

CÔTÉ DROIT.

N° 2. — Logement des fontainiers.

N° 6. — Auberge ou, comme l'on dit aujourd'hui, hôtel-garni de la Ville-de-Lyon. Cette maison a été entièrement démolie.

N° 10. — C'était l'hôtel de Chaulnes, sous Louis XIV ; plus tard il devint hôtel de Bullion.

N° 12. — Sous Louis XIV, hôtel de Charles-Maurice Letellier, archevêque de Reims, et sous Louis XV, hôtel de Souvré. Sous Louis XVI, un bureau de nourrices fut établi dans cet hôtel.

N° 14. — Maison qui appartenait à Lebrun, le premier

peintre de Louis XIV. Plus tard, cette maison devint l'hôtel de la Garde-Robe du Roi.

N° 18. — En 1685, hôtel appartenant à madame de Maintenon ; en 1774, c'était le logement des officiers de madame la comtesse de Provence.

Tout l'emplacement compris dans les n°ˢ 20, 22 et 24, était occupé par l'hôtel de M. le duc et de madame la duchesse du Maine ; plus tard hôtel d'Eu.

Sous Louis XIV, le terrain des n°ˢ 26, 28 de cette rue, et 4 de la rue de la Pompe, appartenait au cardinal de Bouillon.

Toute la partie de ce côté de la rue, depuis le n° 30 jusqu'à la rue de la Paroisse, avait été donnée par Louis XIV à un sieur Louchard, écuyer de madame de Maintenon. A sa mort, le duc de La Feuillade acheta ce terrain à ses héritiers. Aucune construction n'y avait été élevée, lorsqu'en 1725, un officier des chevau-légers y fit construire plusieurs hôtels, tantôt appelés hôtels Fortisson, du nom de leur propriétaire, ou hôtels des Chevau-Légers, du corps auquel il appartenait. Ces hôtels ont été entièrement démolis, et leur emplacement formait les cours de récréation de l'ancienne institution Notre-Dame.

RUE ET PLACE HOCHE.

Appelées rue et place Dauphine dès l'origine de Versailles, cette rue et la place ont été, en 1792, nommées rue et place de la Loi, puis rue et place de la République; rue et place de la Colonne en 1800, quand on y eut placé la première pierre de la colonne départementale ; rue et place

Napoléon sous l'Empire ; de nouveau rue et place Dauphine sous la Restauration ; enfin, rue et place Hoche lors de l'érection de la statue du général Hoche.

La rue Hoche s'étend du sud au nord. Elle a 191 mètres 70 centimètres de la place d'Armes, où elle commence, à la rue de la Paroisse où elle finit, et 19 mètres de largeur.

CÔTÉ GAUCHE.

Les n°ˢ 1, 3 et 5 de cette rue faisaient partie de l'hôtel de Conty, plus tard hôtel des Cent-Suisses de la garde du Roi, dont l'entrée principale est sur la place d'Armes.

N° 5. — Eglise protestante.

Depuis Louis XIV jusqu'à l'époque de la Révolution, le roi et toute la cour étaient dans l'usage de suivre la procession de la Fête-Dieu, depuis l'église Notre-Dame, qui était la paroisse royale, jusqu'au château, où la chapelle servait de reposoir ; un second était toujours placé à l'hôtel de Conty. Au lieu du reposoir mobile que l'on était obligé de construire tous les ans, Louis XV fit élever, en 1769, sur les dessins de de Wailly, contrôleur des bâtiments, une jolie chapelle destinée à recevoir la procession.

Quatre pilastres d'ordre dorique, couronnés d'un fronton, forment le porche auquel on monte par des marches dans l'épaisseur des piédestaux. L'intérieur est une rotonde de 10 à 12 mètres ; autour est une galerie élevée de quatre marches. Douze colonnes d'ordre ionique, d'environ 6 mètres de haut, supportent la coupole. Des demi-colonnes, engagées dans la muraille, formaient, dans le haut, l'accompagnement des tribunes. Toutes ces colonnes présentaient des cannelures feintes bleu et or, ainsi que l'entablement. Au-dessus on voyait les douze apôtres en figures dorées, groupés deux à deux, et dans la coupole des anges jetant des fleurs et faisant des encensements. Toutes ces peintures, exécutées par *Briard*, ont complétement disparu.

Cet édifice servit, en l'an II et en l'an III, de lieu de réunion pour les assemblées populaires qui se tenaient avant dans la maison à côté, n° 7, dans une grande salle au fond de la cour. En 1797 (an V) il fut occupé par les *Théophilanthropes versaillais*.

Pendant la grande tourmente révolutionnaire de 1793, la religion avait été proscrite; tous les temples avaient été fermés au culte et transformés en lieux de réunions pour des fêtes républicaines, lorsque, le 18 floréal an II, sur la motion de Robespierre, la Convention reconnut, par un décret, l'existence de l'Être suprême, et fit une fête en son honneur.

Dès ce moment, l'on put constater un léger retour vers les idées religieuses ou plutôt un peu moins de persécution contre ceux qui voulaient les mettre en pratique. Mais ce fut surtout à la chute de Robespierre et lors de l'établissement du gouvernement directorial que ce mouvement se manifesta.

Peu sympathique au rétablissement du culte catholique, le Directoire tolérait, plutôt qu'il ne permettait, l'ouverture de quelques églises; aussi peu de personnes osaient suivre les cérémonies du culte.

La Réveillère-Lepeaux était un des cinq Directeurs qui gouvernaient alors la France. Il joignait, à une grande variété de connaissances, de la simplicité dans les mœurs et du désintéressement dans ses fonctions.

« La Réveillère, dit M. Thiers, dans son *Histoire de la Révolution*, qui aimait assez le monde, les arts et les sciences, recevait chez lui des savants et des gens de lettres. Il professait en tout point la philosophie du dix-huitième siècle, telle qu'elle était exprimée dans la profession de foi du vicaire savoyard. Il ne voulait pas des pratiques superstitieuses, mais il croyait qu'il fallait aux hommes des réunions pour s'entretenir en commun de la morale et de la grandeur de la création. »

Il avait développé ses pensées dans un écrit et avait dit qu'il espérait voir dans peu s'établir de ces réunions.

Accueilli par quelques amis du Directeur, son désir fut bientôt mis à exécution. Ils se réunirent, adoptèrent un manuel qu'ils publièrent sous le titre de : *Manuel des Théo-Antropophiles,* nom qui, rappelant un peu trop celui d'antropophages, fut changé contre celui de théophilanthropes, et le 16 décembre 1796, ils tinrent leur première réunion rue Saint-Denis, à l'Institution des aveugles, dirigée par Haüy, le frère du célèbre minéralogiste.

Les théophilanthropes annoncèrent l'ouverture de leurs réunions par un écrit affiché dans Paris et qui fut répété par le *Moniteur* du 28 avril 1797. Il était ainsi conçu :

« Depuis peu de temps, il s'est formé dans Paris une société que tous les amis des bonnes mœurs doivent voir avec plaisir, quelles que soient les nuances de leurs opinions : c'est la société des Théophilanthropes, ou Adorateurs de Dieu et amis des hommes. Elle a donné le nom de fêtes religieuses et morales aux assemblées générales qui ont lieu les jours correspondant aux dimanches. Elles consistent en quelques pratiques simples, en lectures et en discours entrecoupés de chants. Ces fêtes sont dirigées dans des principes et avec des formes tels, qu'on ne peut les considérer comme les fêtes d'un culte exclusif, et qu'en rappelant à la religion ceux qui ne sont attachés à aucun culte particulier, elles peuvent en même temps être suivies comme exercices de morale par les disciples de toutes les sectes.

» Cette société ne fait pas une secte; elle n'abjure ni ne contrarie les principes d'aucune; elle n'a point de rites, point de sacerdoce; sa devise est de ne rien avancer qui ne convienne à toutes les opinions, soit politiques, soit religieuses. Il lui est d'autant plus facile de ne pas sortir de ce cercle, que ses dogmes sont ceux sur lesquels toutes les sectes sont d'accord ; que sa morale est celle sur laquelle il ne s'est jamais élevé entre elles le moindre dissentiment, et que le nom même qu'elle a pris exprime le double but de toutes les sectes : celui de porter les hommes à l'adoration de la Divinité et à l'amour de leurs semblables. Les théophilanthropes ne sont point les disciples de tel ou tel homme ; ils font leur profit des principes de la sagesse qui nous ont été transmis par les écrivains de tous les pays et de tous les siècles. »

Telle fut leur profession de foi.

La nouveauté, le besoin qu'éprouvent beaucoup d'âmes tendres qui ont besoin d'épancher en commun leurs sentiments religieux (1), attirèrent la foule à ces réunions. Il s'en forma dans plusieurs quartiers de Paris. Des hommes d'un esprit distingué, Dupont de Nemours, Bernardin de Saint-Pierre, Creuzé-Latouche, etc., furent au nombre des Théophilanthropes.

Bientôt ces réunions se transformèrent en un véritable culte, avec ses prêtres, ses cérémonies et ses costumes.

Le *Moniteur* du 11 août 1797, dans un article de fond, annonce l'existence de ce nouveau culte :

« Deux dogmes universellement adoptés, l'existence de Dieu et l'immortalité de l'âme, sont la base de ce culte, qui par cela même n'est point une innovation. Trois conditions, aussi généralement sanctionnées comme renfermant tous nos devoirs, en sont le principe et le but : adorer Dieu, chérir ses semblables, se rendre utile à sa patrie ; d'ailleurs silence respectueux et profond sur la nature de l'intelligence infinie et sur celle de notre âme ; nulles recherches téméraires, nuls efforts pour les comprendre et les expliquer. »

(1) M. Thiers.

Le culte des théophilanthropes s'établit dans les communes environnant Paris et se répandit dans quelques villes de France. Versailles fut l'une des villes de France où il persista le plus longtemps. Un juge de cette époque, et plusieurs employés du Gouvernement en furent les propagateurs. Après plusieurs réunions préparatoires et après avoir fait choix d'un local pour l'exercice du nouveau culte, ils en annoncèrent l'ouverture à l'administration municipale en ces termes :

« Citoyens,

» Nous vous déclarons que le premier jour complémentaire prochain, à onze heures du matin, dans le local appelé ci-devant le Reposoir, rue de la Loi, des Théophilanthropes, ou les adorateurs de Dieu et amis des hommes, commenceront l'exercice de leur culte. Nous vous adressons le manuel qui contient l'exposition de leurs dogmes, de leur morale et de leurs pratiques religieuses. Vous y verrez que ce culte n'a point de ministres; tous les pères de famille pouvant être alternativement appelés à diriger les cérémonies religieuses.

» Après sept années de tourmente révolutionnaire, tout ce qui est propre à adoucir les mœurs, calmer les passions, diriger les affections, inspirer des sentiments de concorde et de paix, est digne de l'approbation des hommes de bien et de la protection des magistrats ; c'est à ce double titre que nous osons compter sur la vôtre. »

Les théophilanthropes versaillais se réunirent donc, en effet, le 23 fructidor an V (9 septembre 1797), dans l'ancien reposoir, aujourd'hui temple protestant. L'intérieur avait été approprié à cet effet. Un autel placé au fond de la salle était couvert de fleurs et de fruits. En face, une chaire devait recevoir l'orateur du jour. Au-dessus de l'autel, on lisait la déclaration de Robespierre : *Nous croyons à l'existence de Dieu et à l'immortalité de l'âme.*

Les colonnes étaient reliées entre elles par des guirlandes de feuillages et de fleurs. Les deux inscriptions suivantes décoraient chaque côté : *Adorez Dieu, chérissez vos semblables; rendez-vous utiles à la patrie. — Enfants, honorez vos pères et mères, obéissez avec affection, soulagez leur vieillesse.* — Enfin des drapeaux tricolores, sur lesquels on lisait : *Religion; morale; juifs; catholiques; protestants;* qui étaient le signe de la tolérance que les théophilanthropes affichaient pour tous les cultes, étaient appendus au plafond.

Le père de famille chargé de la cérémonie du jour (pour être lecteur ou orateur, il fallait être marié et père de famille), parut revêtu d'une longue robe blanche, sous laquelle était une espèce de soutane bleue, retenue par une ceinture tricolore. Il monta en chaire, et debout, la tête découverte, il récita une invocation à l'Éternel, que les assistants devaient répéter debout et à voix basse ; après quelques instants de recueillement, il fit un petit discours sur la réunion du jour, et la cérémonie se termina par la lecture de quelques morceaux de morale entremêlés de chants, sur la grandeur de Dieu, l'amour des hommes, la piété filiale, dont la plupart des vers étaient tirés de Racine et de J.-B. Rousseau, et dont la musique était presque toute écrite par le compositeur Giroux, le maître de chapelle du roi, à Versailles.

Cette première réunion qui avait attiré un grand nombre de curieux, se renouvela tous les décadis. Bientôt le reposoir ne se trouva plus assez grand, et les théophilanthropes choisirent pour leurs assemblées la chapelle du château. Leurs drapeaux, leurs inscriptions auraient fait une assez triste figure dans cette magnifique chapelle ; aussi se contentèrent-ils d'y placer leur inscription principale, qui était leur profession de foi, et ils ornèrent l'autel de gerbes de blé et de fleurs.

La théophilanthropie s'étant établie à l'état de culte, avait aussi des cérémonies pour les trois grandes époques de la vie : la naissance, le mariage et la mort. Le père de famille de service était chargé de faire ces cérémonies.

A la naissance, on apportait le nouveau-né à la chapelle. Il avait un parrain et une marraine. L'officiant le prenait, et l'élevant vers le ciel, disait au parrain et à la marraine : « Vous promettez devant Dieu et devant les hommes de tenir lieu à cet enfant, autant qu'il sera en vous, de ses père et mère, si ceux-ci étaient dans l'impossibilité de lui donner leurs soins. » Ils répondaient : « Nous le promettons. » Puis, se tournant vers le père, il lui disait : « Vous promettez devant Dieu et devant les hommes d'inspirer à cet enfant, dès l'aurore de sa raison, la croyance de l'existence de Dieu, de l'immortalité de l'âme et de le pénétrer de la nécessité d'adorer Dieu, de chérir ses semblables et de se rendre utile à la patrie. » Le père répondait : « Je le promets. »

Pour le mariage, les deux époux se plaçaient devant l'autel. On les enlaçait de guirlandes de fleurs et de rubans, dont les extrémités étaient tenues par les plus âgés de la famille. Puis, après leur avoir rappelé leurs devoirs réciproques, l'épouse recevait l'anneau et la médaille d'union.

Aux décès, on plaçait sur l'autel une urne funéraire couverte de feuillages. L'orateur, après avoir annoncé la mort du frère en théophilanthropie, ajoutait : « Honorons ses vertus, oublions ses fautes. »

Pendant que les théophilanthropes s'établissaient ainsi à Versailles, l'église de Notre-Dame était rendue au culte catholique ; l'église de Saint-Louis était occupée par des prêtres catholiques assermentés et tous les catholiques de la ville commençaient à se rendre dans ces deux églises.

La foule, que la curiosité avait d'abord attirée au nouveau culte, une fois satisfaite, commença à s'en éloigner. D'ailleurs, ces cérémonies qui semblaient une parodie de celles du catholicisme, ces orateurs ou lecteurs que tout le monde connaissait pour des employés ou des commerçants et que l'on voyait ensuite revêtus de robes et faisant l'office de prêtres, ne tardèrent pas à prêter au ridicule. On commença à se moquer d'eux, et le peuple, toujours cruel dans ses sarcasmes, les surnomma les *filous en troupes*.

Le culte des théophilanthropes se maintint cependant tant qu'il fut soutenu par le Directoire et surtout par l'influence de la Réveillère-Lepaux. Mais lorsque le Gouvernement parut l'abandonner ; quand surtout, par suite de la journée du 30 prairial, la Réveillère-Lepaux eut été forcé de quitter le Directoire, une grêle de pamphlets, de satires, de brocards de tous les genres tomba sur les théophilanthropes et sur celui que l'on regardait comme leur chef.

On répandit surtout dans Paris et dans tout Versailles un pamphlet qui eut alors un grand succès et qui fut le coup de mort pour les théophilanthropes de notre ville. Il était intitulé : *Testament et mort de la Réveillère-Lepaux, chef des filous en troupes* (1).

La Réveillère, que tous les partis considéraient comme un homme honnête et de mœurs pures, avait contre lui son aspect extérieur. Il était petit et avait le dos très-voûté. Aussi, voici comment débutait ce pamphlet :

« Le pontife bossu, chef des *filous en troupes*, est mourant. Depuis qu'il a cessé d'être directeur, il s'est fait sur la poitrine de ce grand homme une congestion d'arrêtés directoriaux, qui, ne

(1) *Erreurs et préjugés*, par Salgues.

pouvant plus circuler, ont occasionné un dépôt, lequel, d'après l'avis de tous les charlatans de l'Institut (classe de médecine), doit lui donner la mort.

» Couché sur sa bosse, dans un lit de parade et environné des premiers *filous en troupes* de son église, le fondateur de la théophilanthropie a dit : « Mes très-chers frères, il n'y a de Dieu que
» Dieu, et la Réveillère est son prophète.

» L'esprit du Très-haut repose dans ma bosse, car aucun autre esprit ne fut jamais dans ma tête. Jésus et Mahomet sont des imposteurs; il n'y a que moi qui connaisse la vérité, et Polichinelle, auquel je ressemble beaucoup. Je suis venu pour détruire tous les roitelets du monde et rétablir le culte des patriarches. J'ai dû commencer mon œuvre par la destruction du pontificat romain. J'y ai réussi.

» Mes très-chers frères, après un si glorieux combat, j'étais resté victorieux; ma religion s'établissait en France, et, moyennant vingt sous par jour, vous vous rendiez exactement au temple, pour y fêter l'Être-Suprême, d'une manière aussi simple que touchante, comme tout le monde sait.

» On vous bafouait quelquefois, mais vous supportiez les injures. On vous appelait *filous en troupes*, mais vous ne répondiez pas, par amour pour la vérité. Les poissardes vous jetaient des pommes à la tête, vous les ramassiez pour les manger.

» Ces temps heureux sont passés. La persécution vous attend, ses premiers coups sont tombés sur moi. Hélas! je ne suis plus que plaie et bosse. Persévérez jusqu'à la fin, ma femme vous soutiendra après ma mort, car elle s'est fait théophilanthropesse.

» Réunissez-vous donc dans les caves, si vous ne pouvez le faire dans les temples; mais ne volez pas le vin et buvez sobrement en l'honneur de l'Être-Suprême. »

Le pamphlet continuait sur ce ton, puis, après les exhortations aux fidèles, venait le testament écrit du même style.

Malgré toutes ces plaisanteries et le ridicule attaché au titre de théophilanthropes, quelques adeptes continuaient à se réunir dans la chapelle du château, lorsqu'un arrêté des consuls du 12 vendémiaire an X (2 octobre 1800), ayant défendu l'exercice de ce prétendu culte, ils se séparèrent, et toute trace de théophilanthropie disparut enfin de notre ville.

Les enseignes des marchands de ce côté de la rue Hoche servaient de désignation aux maisons, comme cela avait lieu du reste dans toute la ville.

Le n° 7 avait pour enseigne : *aux Bains royaux;* le n° 9, *à la Hure;* n° 13, *à l'Hôtel de Bourgogne;* n° 17, *à l'Écu de France;* n° 21, *à la Samaritaine;* n° 23, *au Grand-Monarque;* n° 25, *à l'Image saint André;* n° 27, *au Signe de la Croix.*

CÔTÉ DROIT.

Les n°s 2, 4 et 6 faisaient partie de l'hôtel de Gesvres, dont l'entrée principale était sur l'avenue de Saint-Cloud.

N°s 8 et 10. — Maison connue déjà, dès l'époque de Louis XIV, sous le nom du *Panier-Fleuri.*

N° 16. — Sous Louis XIV, cette maison appartenait à *Francine.*

Qui connaît aujourd'hui le nom de Francine? Et cependant c'est l'un des hommes dont Versailles devrait le plus conserver la mémoire, car c'est à lui que nous devons ces magnifiques effets d'eau qui complètent si admirablement les jardins de Le Nostre et le palais de Mansart.

Pierre de Francine, l'ingénieur hydraulique dont nous parlons, était le petit-fils de Francine, ou plutôt *Francini,* originaire de Florence, très-habile dans les arts mécaniques et hydrauliques. C'était alors la mode chez les princes italiens d'avoir dans leurs jardins des grottes, des rocailles ornées de ce que l'on appelait des surprises hydrauliques.

Marie de Médicis, se rappelant ces effets d'eau des jardins de Florence, voulut en posséder de semblables dans le nouveau château que Henri IV faisait construire à Saint-Germain. Elle fit venir à cet effet Francini. Toutes les pièces mécaniques des grottes de la terrasse de ce château furent exécutées par lui. Les grottes étaient incrustées de coquillages, de pierres de couleur, et ornées de statues de marbre, de lustres et de girandoles. Elles étaient au nombre de trois, celle de Neptune et de la Nymphe, dans laquelle se trouvait un orgue hydraulique ; celle d'Orphée et de Persée ; et celle des Flambeaux, qui ne pouvait être vue qu'aux lumières.

Francini resta jusqu'à sa mort attaché à la cour, avec le titre d'ingénieur hydraulique. Son fils, Jean-Nicolas de Francine (on avait alors francisé son nom), hérita de sa charge. Ce fut un ingénieur fort habile. En 1655, la ville de Paris, désirant beaucoup augmenter le volume des eaux découvertes en 1612 à Rungis, pour lesquelles on construisait l'aqueduc d'Arcueil, fit faire de nouvelles recherches confiées à de Francine. Ces recherches amenèrent les plus heureux résultats et dotèrent l'un des quartiers de la capitale d'abondantes eaux bonnes à boire, dont il manquait jusqu'alors. J.-N. de Francine fut plusieurs fois chargé par le ministre Colbert de travaux hydrauliques importants, et jusqu'à la fin de ses jours il conserva le titre d'*Intendant de la conduite des eaux des fontaines de Rungis, Luxembourg, Croix-du-Tiroir et du Louvre.*

Pierre de Francine était fils de Jean-Nicolas. Il se livra, comme son père et son aïeul, à l'étude de l'hydraulique. Il fut de très-bonne heure associé aux travaux de son père, et spécialement chargé par Louis XIV de construire la fameuse grotte de Téthys. On sait quelle fut la renommée de cette grotte décrite par Félibien et chantée par La Fontaine, dans laquelle les effets d'eau les plus extraordinaires venaient se mêler aux sons harmonieux de l'orgue et aux chefs-d'œuvre de la sculpture. Depuis ce moment, Pierre de Francine ne cessa pas un instant, pendant tout le règne du grand roi, de diriger, sous le titre d'ingénieur pour les mouvements des eaux et ornements des fontaines, les conduites des Eaux de Versailles. C'est à ses ingénieuses combinaisons, que l'on doit les effets d'eau qui font encore aujourd'hui l'admiration aussi bien des hommes de science que de la foule, et sont l'une des merveilles de notre ville (1).

On voit, par le peu que nous venons d'en dire, combien *les Francine* étaient d'habiles ingénieurs hydrauliques ! combien ils ont fait de travaux importants ! Et cependant, malgré ces travaux dont les plus remarquables existent encore sous nos yeux, leur nom est tellement ignoré qu'il est impossible de le rencontrer dans les biographies les plus modernes et les plus en renom, et que, pour trouver quelques détails à leur égard, il faut remonter aux Mémoires et surtout aux pièces manuscrites qui s'occupent spécialement des travaux du règne de Louis XIV.

Le vicomte *de Mirabeau*, député de la noblesse et frère du célèbre Mirabeau, logea dans cette maison en 1789.

N° 18. — Sous Louis XIV, maison de Le Nostre.

La maison de Le Nostre à côté de celle de Francine ! ces deux noms si bien faits pour être réunis dans la mémoire

(1) Pierre de Francine fut créé comte de Villepreux par Louis XIV. Dans un contrat d'échange fait en 1732, par le Roi avec son fils, voici les titres qui lui sont donnés : Messire François-Henri de Francini, chevalier, comte de Villepreux, seigneur de Grand-Maison et autres lieux, intendant-général des fontaines de France, chevalier de l'ordre militaire de Saint-Louis.

des Versaillais ! C'est une bonne fortune dont on serait heureux de voir consacrer le souvenir par quelque signe extérieur (1).

Depuis le règne de Louis XIV jusqu'à nos jours, plusieurs tentatives ont été faites pour établir à Versailles des manufactures d'horlogerie. Si ces tentatives n'ont pas réussi, elles prouvent du moins qu'il y a toujours existé d'habiles ouvriers horlogers. En 1785 habitait, dans cette ancienne maison de Le Nostre, un de ces intelligents ouvriers, nommés *Lamy*. Il exécuta une curieuse pendule représentant une montgolfière. Tous les dimanches, au dernier coup de midi, elle s'élevait au-dessus d'un socle de marbre, et enlevait une galerie dans laquelle étaient placés deux voyageurs aériens. Cette pendule fut présentée au roi Louis XVI, le 15 avril 1785, par le sieur Dorcy de Longrais, et elle amusa quelque temps les curieux qui venaient se promener le dimanche dans les appartements du château de Versailles.

N° 22. — Maison faisant autrefois partie de l'hôtel *Salvatori*, dont nous parlerons plus tard, et dont la principale façade était sur la rue de la Paroisse.

PLACE HOCHE.

La place Hoche offre un octogone dont les quatre principaux côtés sont percés par les rues Hoche et de la Pompe. Sa largeur dans le sens de la rue Hoche est de 94 mètres 55 centimètres, et dans celui de la rue de la Pompe de 96 mètres 60 centimètres.

(1) Ce serait un véritable acte de reconnaissance de placer les noms des grands artistes, créateurs de Versailles, sur les maisons qu'ils ont habitées pendant leur séjour à la cour de Louis XIV.

La place Hoche est sans contredit la plus jolie place de Versailles ; mais elle n'a pas toujours été dans l'état où elle se trouve aujourd'hui. Ainsi, l'on voit dans un Mémoire adressé en 1734 par Narbonne, premier commissaire de police de Versailles, à M. Dubois, directeur-général des ponts-et-chaussées de France, que cette place n'était pas encore pavée à cette époque. Narbonne représente au directeur-général la nécessité, pour l'utilité publique, de paver un grand nombre d'endroits de la ville, et entre autres :

« Les quatre carrés de la place Dauphine (1) ; et en attendant que le tout soit pavé, ajoute-t-il, il est nécessaire, à cause de la procession du très-saint Sacrement, de faire un revers de pavé au pourtour des deux carrés de la place, la procession étant très-resserrée du côté des maisons où il n'y a que le revers du pavé des bourgeois. »

Avant la Révolution, la place Dauphine était l'un des endroits où se trouvaient placées les *chaises-bleues* et les *brouettes*.

Il n'existait point à Versailles de voitures de place avant 1769, et l'on ne se servait alors que de chaises à porteurs ou de brouettes. Toutes les dames de la cour avaient leurs chaises dorées et armoriées dans lesquelles elles se faisaient porter dans la ville ou à la promenade. Ces chaises, dont quelques-unes se voient encore à Versailles, étaient enlevées à l'aide de brancards par deux hommes, dont l'un se plaçait en avant et l'autre en arrière. Une compagnie obtint, en 1667, le privilége d'en établir pour le service public. Mais pour les distinguer de celles des grands seigneurs, elles étaient peintes en bleu : de là le nom de *chaises-bleues*.

Une autre compagnie obtint, en 1751 (2), le privilége

---

(1) Nom que portait alors cette place.
(2) Par une lettre ministérielle du 15 février 1751, le sieur Caperon, den-

d'un autre genre de véhicule qui vint faire concurrence aux chaises à porteur, sous le nom de *brouettes*. Les brouettes n'étaient autre chose que des chaises suspendues sur deux roues et tirées par un seul homme. C'était pour faciliter le passage des brouettes, dans lesquelles les dames de la cour allaient se promener dans les allées du Parc, que l'on établit ces larges dalles percées de trous, interrompant d'une manière assez peu gracieuse quelques-uns des escaliers du jardin de Versailles.

En 1792, la place Dauphine prit le nom de place de la Loi, parce que c'était l'endroit où se faisaient les exécutions capitales. Déjà, en 1788, pendant la réunion des notables, un rassemblement de peuple se forma devant un boulanger de la rue Duplessis, à cause de la cherté du pain. Bientôt tout fut pillé, les farines jetées dans la rue, les meubles brisés, il y eut enfin pour le pauvre boulanger un désastre complet. Trois des perturbateurs arrêtés, furent jugés par le bailli de Versailles, condamnés à mort, et pendus huit jours après dans la place Dauphine.

Ce fut la première exécution capitale qui eut lieu dans cette place.

Un arrêté du gouvernement consulaire, du 29 ventôse an VIII (20 mars 1800), ayant ordonné dans chaque département l'érection d'une colonne départementale sur laquelle devaient être inscrits les noms des citoyens morts pour la défense de la patrie, la place de la Loi fut choisie

---

tiste du Roi, obtint l'autorisation d'établir des brouettes à Versailles. — Ces brouettes ne pouvaient entrer dans les principales cours du château, ce privilége étant réservé à celles de la cour. Le prix ne pouvait excéder 8 sols par voyage, 40 sols pour tout le matin, et 50 sols pour tout l'après-midi. — Arch. gén., secrét. d'Etat, E, 3586.

pour y mettre cette colonne. Le 13 messidor an VIII, le préfet Garnier annonça au maire de Versailles que la première pierre de la colonne départementale serait posée le 25 du même mois. Le maire, M. Deraime, prit immédiatement la délibération suivante :

« Considérant que cette place n'ayant été nommée *place de la Loi* que parce qu'elle servait de lieu d'exécution des jugements criminels, les circonstances commandent de lui donner un autre nom ;
» Les maire et adjoints de la ville de Versailles
» Arrêtent ce qui suit :
» La place dite de la Loi portera, à compter du 25 de ce mois, le nom de *place de la Colonne*. »

Le 25 messidor (14 juillet 1800) eut lieu la pose de la première pierre. Elle se fit avec une grande solennité. Toutes les autorités de la ville y assistèrent. On remarquait dans le cortége quatre drapeaux pris sur l'ennemi, portés par des militaires invalides (1). Une salve d'artillerie annonça la pose de la pierre. Cette pierre renfermait, gravée sur une plaque de cuivre, l'inscription historique enveloppée de plomb, et placée dans une boîte de bois de cèdre creusée dans un seul morceau. Une pierre ronde fut ensuite posée sur cette fondation, pour servir d'indication au monument qui devait y être élevé.

De la place, le cortége se rendit au temple Décadaire (2) où des récompenses d'honneur furent distribuées à diverses personnes.

Enfin, la cérémonie se termina par force chants de toute espèce, et surtout par force discours (3).

(1) Le palais de Versailles était alors une succursale de l'hôtel des Invalides.
(2) L'église de Notre-Dame.
(3) *Journal du département de Seine-et-Oise* (1800).

Malgré toute la solennité donnée à la pose de cette pierre, la colonne départementale n'a jamais été élevée.

Sous l'Empire, malgré la présence de la première pierre de la colonne, cette place reçut le nom de Napoléon, qu'elle quitta sous la Restauration pour reprendre celui de place Dauphine.

Lors de l'établissement du Musée historique de Versailles, le roi Louis-Philipppe fit don à la ville d'une statue en marbre du général *Hoche*, faite sous l'Empire par le sculpteur Milhomme. Il fut décidé que cette statue serait placée dans la place Dauphine, qui dès cet instant prit le nom de place Hoche.

Le dimanche 5 août 1832, eut lieu son inauguration. La garde nationale et la garnison étaient sous les armes. La veuve et les enfants du général assistaient à cette cérémonie. Toutes les autorités civiles et militaires étaient placées au pied de la statue ; puis deux discours rappelant la vie et les hauts faits de Hoche furent prononcés, l'un par M. Haussmann, maire de Versailles, et l'autre par M. Aubernon, préfet de Seine-et-Oise.

Cette statue, nue et assise, était d'un médiocre effet. On résolut alors de la changer.

Le sculpteur Lemaire fut chargé de l'exécution d'une nouvelle statue en bronze. Le général est représenté en uniforme, debout, appuyé sur son sabre, et tenant à la main le traité de pacification de la Vendée.

Celle-ci fut inaugurée le 31 juillet 1836.

Quant à la statue de marbre, elle a été rendue aux Galeries historiques du Palais, où elle est beaucoup mieux que dans une place publique.

Aujourd'hui, un joli jardin occupe le centre de la place autour de la statue de Hoche. Ce jardin, ouvert au public, a été fait en 1853, par les soins de l'administration municipale.

CÔTÉ GAUCHE.

La maison n° 1 portait pour enseigne : *à l'Autruche royale.*
N° 5. — *Aux bâtons royaux.*
N° 9. — *A la Reine de France.*
N° 11. — Maison du Grand-Cerf.

CÔTÉ DROIT.

N°s 2 et 4. — Sous Louis XIV, tout cet emplacement était occupé par un hôtel et ses dépendances, appartenant à *Bossuet*, le grand évêque de Meaux.

Bossuet s'était déjà fait une grande réputation et comme écrivain et comme orateur, lorsqu'en 1669 Louis XIV l'appela à l'évêché de Condom, et, l'année suivante, le nomma précepteur du dauphin. Bossuet, reconnaissant l'impossibilité de se livrer aux soins qu'exigeait son diocèse et de remplir convenablement les importantes fonctions qu'on venait de lui confier, abandonna son évêché pour être tout entier à l'éducation du fils du roi. La cour habitait alors Saint-Germain, mais le roi faisait fréquemment des voyages à Versailles et y séjournait souvent plusieurs mois de suite. Le dauphin suivait alors le roi, et Bossuet habitait avec lui le château. Il consacrait tout son temps à son élève et au travail.

« Estimé et respecté universellement à la cour, dit l'abbé Le Dieu, il y vécut sans intrigue et sans autre liaison particulière que celle qui s'entretient par honnêteté et par politesse. Au milieu d'un travail continuel, on vit bien qu'il avait raison d'éviter le grand commerce du monde, et que ses obligations le dispensaient de certaines assiduités des courtisans, où il y a beaucoup de temps à perdre. »

Mais, si Bossuet évitait ainsi les sociétés où il n'y a que du temps à perdre, il n'en recherchait pas moins les hommes d'esprit et de science au milieu desquels il trouvait délassement et instruction. On voyait ainsi réunis autour de lui l'abbé de La Broue, l'abbé Renaudot, l'abbé Fleury, l'abbé de Saint-Luc, l'abbé de Longuerue, Cordemoy, Pellisson, La Bruyère, Galland, et plus tard, Fénelon.

« Pendant toute sa vie, et encore l'été de 1703, après sa fièvre du mois d'août, il ne parut jamais à la cour, dans les promenades publiques, qu'il ne fût environné de l'élite du clergé; c'était un bel exemple, surtout à Versailles, où cette troupe se faisait remarquer davantage dans le petit parc, dans l'allée qu'ils avaient nommée *des philosophes* (allée du Mail), dans l'île Royale (jardin du Roi) et ailleurs. Ce vieillard, vénérable par ses cheveux blancs, dont le mérite et la dignité, joints à tant de bonté et de douceur lui attiraient les respects des petits et des grands dès qu'il se montrait, marchait à la tête, résolvant les difficultés qui se proposaient sur la sainte Écriture, expliquant un dogme, traitant un point d'histoire, une question de philosophie, avec une politesse charmante; il y avait une entière liberté; on y parlait de tout indifféremment et sans contrainte; les belles-lettres y étaient honorées par le récit des plus beaux endroits des poëtes anciens et modernes; on y lisait aussi des discours académiques et autres ouvrages nouveaux. Lui-même, ce grand homme, toujours naturel, simple et modeste jusqu'à la fin, faisait lire ses propres ouvrages à la compagnie, les soumettait à sa censure, et, profitant des avis les plus simples, il faisait faire à l'heure même les corrections qu'on demandait. Ainsi fut lue et corrigée toute sa *Politique*, dans les promenades de son dernier séjour à Versailles, voulant enfin la donner aux pressantes sollicitations du public. Telle fut, au milieu des palais et des jardins de Louis le Grand, cette académie de sagesse, où présida l'évêque de Meaux, comme fit autrefois l'illustre et saint Alcuin, dans la célèbre école du palais de Charlemagne (1). »

Un homme tel que Bossuet, dont le génie embrassait et savait résoudre les questions les plus ardues de la philosophie et de la religion, avait fréquemment besoin de se recueillir dans le silence et le repos, et le château de Louis XIV, incessamment parcouru par cette foule de courtisans et de valets qui l'encombraient de tous côtés, était pour lui un lieu peu propre à la méditation. Aussi, dès les premiers temps des longs séjours de Louis XIV à Versailles, on voit Bossuet habiter cet hôtel qu'il devait à la munificence du roi.

Outre les réunions et les promenades dans le parc de Versailles, dont je viens de parler, on s'assemblait aussi à jour fixe dans cet hôtel de Bossuet.

« On y agita longtemps toutes les questions de l'ancienne et nouvelle philosophie ; mais enfin, il lui vint cette bonne idée de faire entre eux, en commun, une lecture suivie de la sainte Ecriture...... Chacun avait en main son exemplaire, l'un l'hébreu, l'autre les Septante, et ainsi des autres versions anciennes et nouvelles...... Chacun rapportait les différences des textes et les divers avis des interprètes sur les difficultés. Le prélat concluait. M. l'abbé Fleury, toujours présent à l'assemblée, tenait la plume et rédigeait à l'instant les observations par écrit. Ce travail, devenu considérable par l'assiduité qu'on y avait apportée, excita les ecclésiastiques de la cour les plus habiles à y prendre part. M. Pellisson s'y rendait fort exact, et bien d'autres de même génie et de même goût. La conférence se tint toujours chez M. de Condom ; on en fixa les jours et les heures ; et il y avait aussi à dîner pour ceux à qui leurs emplois permettaient de faire au prélat l'honneur de prendre place à sa table...... Mais ces travaux ne suffisaient pas à son zèle ;

---

(1) Mémoire de l'abbé Le Dieu.

c'est ainsi qu'il eut la plus grande part aux ouvrages de l'abbé Fleury, et particulièrement à ses deux premiers discours sur l'Histoire ecclésiastique. L'abbé Fleury, et lui, avaient leur rendez-vous ordinaire dans le bosquet des Fables d'Esope (bosquet de la Reine), qui était alors le seul des jardins de Versailles qui fût fermé au public, et dont on leur avait donné une clef. L'abbé Fleury apportait toujours une écritoire et du papier, pour prendre note de tout ce que lui disait Bossuet sur le travail qui l'occupait. »

Bossuet resta attaché au dauphin jusqu'à l'époque où celui-ci épousa Anne-Christine de Bavière, en 1680. Nommé aumônier de la dauphine, l'évêque de Condom ne quitta pas la cour, et en particulier Versailles, qu'il habita presque constamment jusqu'à l'époque de son installation à l'évêché de Meaux (8 février 1682). Tout se préparait pour la grande assemblée du clergé de France de 1681 et 1682. Le roi voulut que l'évêque de Condom y assistât, et Bossuet fut chargé du discours d'ouverture de cette assemblée.

Bossuet, nommé évêque de Meaux, n'en faisait pas moins de nombreux et longs séjours à Versailles, où le retenait fréquemment son service d'aumônier de la dauphine. C'est pendant ces séjours à la cour qu'il fit les oraisons funèbres de la reine en 1683, de la princesse Palatine en 1685, de Le Tellier en 1686, et enfin du prince de Condé en 1687.

Bossuet ne quitta pas un seul instant Versailles pendant la longue et douloureuse maladie à laquelle succomba la dauphine, le 20 avril 1690. Cette mort, qui le laissait sans charge à la cour, ne l'empêcha pas cependant de venir fréquemment à Versailles, car le roi aimait à le voir et à le consulter sur une foule de questions.

I. 8

« Il a passé par ses mains mille affaires de la cour, sur lesquelles on le voyait travailler à Versailles avec une grande application et avec un secret impénétrables, dont il ne gardait aucun mémoire. »

Nommé conseiller d'Etat et premier aumônier de la duchesse de Bourgogne, en 1697, on le voit plus souvent encore habiter Versailles, et, dans les affaires du protestantisme et du quiétisme, entretenir une longue correspondance avec Leibnitz d'une part, et Rome de l'autre, dont une grande partie est écrite de Versailles.

En 1700, une nouvelle assemblée du clergé ayant lieu à Saint-Germain, Bossuet vient de nouveau faire son séjour à Versailles. On le voit allant, presque tous les jours, à Saint-Germain pour l'assemblée, revenant à Versailles pour assister au conseil, et, pendant les loisirs que lui laissent ses grandes occupations, se renfermer dans son cabinet, et travailler à son livre de la Politique, qui fut un de ses ouvrages favoris de Versailles. Dans le long séjour qu'il fit dans cette ville, en 1700 et 1701, pendant l'assemblée du clergé, et aussi pendant une maladie dangereuse que fit la duchesse de Bourgogne à Marly, Bossuet recommença ses promenades dans le parc; l'abbé Le Dieu raconte une conversation curieuse qui eut lieu dans l'une d'elles. La duchesse de Bourgogne se trouvant très-mal et craignant de mourir avant l'arrivée de son confesseur jésuite, avait fait appeler le curé de Marly, et l'on venait de rapporter la surprise et le contentement qu'en avait éprouvé la duchesse :

« C'est ainsi, dit-on, que les Jésuites les conduisent, en leur laissant ignorer les premiers éléments de la religion et les laissant dans une routine de petites dévotions. — J'en ai, ajouta M. de Meaux, une belle preuve. Je donnais autrefois au roi une instruction par écrit, où le précepte de l'amour de Dieu était expliqué comme étant le fondement de la vie chrétienne (1). Le roi, l'ayant lu, dit : « Je n'ai jamais ouï parler de cela ; on ne m'en a » rien dit. »

Vers la fin de cette année 1701, Bossuet commença à ressentir les premiers symptômes de la pierre, et bientôt même il éprouva de si vives douleurs, surtout quand il allait en voiture, qu'il fut obligé de se servir de litière. C'est ainsi qu'il faisait ses voyages de Meaux à Paris, et de Paris à Versailles.

Pendant les dernières années de sa vie, Bossuet fut presque constamment dans l'une ou l'autre de ces deux villes, afin d'être à même de recevoir les secours de la médecine dont il avait un si pressant besoin. Duverney, célèbre anatomiste du Jardin du Roi ; Dodart, médecin de la princesse de Conti ; Fagon premier médecin de Louis XIV ; Mareschal, premier chirurgien du roi ; Tournefort, aussi savant médecin qu'excellent botaniste, lui donnaient des soins. Bossuet redoutait beaucoup d'être attaqué de la pierre, et pendant longtemps on lui laissa ignorer la maladie dont il était atteint.

Quoique jusqu'alors les médecins fussent à peu près certains de la présence de la pierre, on ne l'avait cependant pas encore sondé. Mais, les douleurs étant devenues très-vives pendant le mois de mars 1703, on se décida à s'assurer positivement de l'état de la vessie, afin de le préparer à subir une plus grande opération.

« Le 1er avril, M. de Meaux fut sondé par M. Mareschal, en présence de M. Tournefort ; ils ont connu certainement qu'il avait la pierre, sans le lui déclarer à l'heure même, mais lais-

(1) C'est celle qui a rapport aux relations du roi avec madame de Montespan.

sant à la discrétion de l'abbé Bossuet de l'en avertir en temps et lieu ; ce qu'il fit enfin le Jeudi Saint, du matin, 5 avril 1703, d'où il arriva à M. de Meaux cette aliénation avec la fièvre marquée à ce jour. »

En effet, aussitôt que l'abbé Bossuet eut annoncé à son oncle cette terrible nouvelle, Bossuet fut pris d'un violent accès de fièvre, avec délire, qui ne cessa que sous l'influence d'une forte saignée que lui firent faire Dodart et Tournefort.

« C'est cette frayeur, qui a fait prendre la résolution à M. Mareschal et aux médecins, MM. Dodart, Tournefort, et nommément à M. Fagon, premier médecin du roi, de ne plus parler à M. de Meaux de le faire tailler, mais de lui faire espérer sa guérison par les tisanes. »

Du moment que Bossuet eut la certitude de son état, il ne quitta presque plus Versailles. Plusieurs motifs l'y retenaient ; d'abord, le désir d'être plus près de ses médecins, et en particulier de Dodart, qu'il affectionnait beaucoup, et surtout pour user de son influence à la cour en faveur de son neveu, qu'il aurait voulu avoir pour successeur dans l'évêché de Meaux.

Malgré son état d'infirmité et la difficulté qu'il éprouvait à marcher, Bossuet n'en continuait pas moins son service auprès de la duchesse de Bourgogne, disait presque tous les jours sa messe aux Récollets, faisait des visites au roi, aux ministres, et travaillait comme à son ordinaire.

Louis XIV aimait peu l'abbé Bossuet, et l'oncle, qui sentait la difficulté de vaincre les répugnances du roi, redoublait ses visites auprès de Mme de Maintenon, du père La Chaise, des ministres, pour assurer la nomination de son neveu.

« Chacun a remarqué cette suite d'actions de M. de Meaux

pour se montrer et pour faire sa cour; son livre, présenté au roi (c'était l'instruction pastorale contre Richard-Simon (1), et l'audience qu'il en eut le 12 de ce mois (août); sa visite au père La Chaise le même jour au soir ; son assistance à la procession de l'Assomption, où il donna un triste spectacle, qui affligea ses amis, le fit plaindre par les indifférents et moquer par les vieux de la cour. — « Courage, M. de Meaux,
» lui disait Madame le long du chemin, nous en viendrons
» à bout ! » D'autres : « Ah ! le pauvre M. de Meaux ! » D'autres :
« Il s'en est bien tiré. » Le plus grand nombre : « Que ne s'en
» va-t-il mourir chez lui ! mais il veut auparavant placer son ne-
» veu et faire un dernier effort. M. l'évêque d'Amiens, qui est tant
» des amis de M. de Meaux, et arrivé ici seulement depuis trois
» jours, a fait à M. l'abbé Fleury la confidence de ce bruit, qui se
» répand ici sourdement. Quelle misère qu'un homme si sage, si
» admiré actuellement à cause de son livre, si admirable par tous
» les grands talents qu'il a fait briller dans sa vie, devienne l'en-
» tretien du courtisan malin, faute de savoir prendre son parti, et
» d'aller se préparer chez soi à la mort dans la retraite ! Qu'il
» finisse donc son affaire de l'évêché de Meaux, et que Dieu l'ins-
» pire bien sur le parti unique qu'il est obligé de prendre pour
» l'édification publique et sa gloire. »

Tel était le spectacle que Bossuet donnait à Versailles et les propos que ses démarches en ce lieu, dans ce moment, faisaient tenir autour de lui.

Les douleurs de Bossuet continuaient cependant aussi vives qu'à l'ordinaire, et les visites nombreuses qu'il faisait depuis quelques jours l'avaient extrêmement fatigué. Le 23 d'août 1703, il resta couché une partie du jour et ne sortit de sa maison que pour se promener quelques instants dans le parc. Le 24, il voulut aller dire la messe aux Récollets, et fut obligé de venir se recoucher. Le 25, jour

(1) Simon, oratorien, auteur de l'*Histoire critique des principaux commentateurs du Nouveau-Testament*.

de la Saint-Louis, il ne put se lever le matin à cause des douleurs qu'il avait éprouvées pendant la nuit ; cependant il fit un effort et alla entendre la messe de la paroisse ; mais il fut obligé de se coucher en rentrant. Sur les deux heures, la fièvre s'alluma, la tête s'embarrassa, il tomba dans l'assoupissement, et devint étranger à tout ce qui se passait autour de lui. Effrayé de cet état, Dodart, accouru auprès de lui dès les premiers instants, lui fit immédiatement une saignée qui amena un peu de calme. La saignée, renouvelée le lendemain sur l'avis de Dodart et de Fagon, que Mme de Maintenon avait envoyé, apporta une nouvelle amélioration. Mais, dans l'après-midi, la fièvre ayant redoublé avec une force extrême, on n'hésita pas à lui faire prendre le quinquina, qui fit un effet merveilleux et empêcha l'accès de reparaître. Le jour d'après, quand on eut raconté à Bossuet l'état dans lequel il s'était trouvé et *la peine qu'avaient éprouvée ceux qui l'entouraient de le voir sans connaissance, et sans pouvoir penser aux sacrements de l'Église* (1), il fit venir le curé de Versailles, Hébert (2), dans lequel il avait la plus grande confiance, se confessa et ensuite lui dicta son testament, que le curé écrivit près de son lit.

Cette maladie de Bossuet mit en émoi toute la cour. Le roi, Mme de Maintenon, la duchesse de Bourgogne, ne cessèrent d'envoyer à son hôtel s'informer de son état. Tous les grands personnages, les ministres, vinrent lui rendre visite. Le cardinal de Noailles, l'archevêque de Reims firent faire des prières dans leurs diocèses pour le rétablisment de sa santé.

---

(1) L'abbé Le Dieu.
(2) Nommé à l'évêché d'Agen l'année suivante.

Le 8 septembre, jour de la Nativité, Bossuet, quoique bien faible encore, voulut communier à la chapelle du Grand-Commun. Dès six heures du matin, il s'y fit transporter, et communia des mains du curé de Versailles ; mais cet effort pensa renouveler son mal. La cour était alors à Marly. Boudin, médecin du dauphin, Dodart fils et Mareschal, vinrent le voir et furent d'avis d'insister sur le quinquina prescrit par Fagon. Le malaise disparut, et Bossuet se rétablit peu à peu.

Les médecins s'étaient opposés plusieurs fois au départ de Bossuet pour Meaux, et ils voulaient qu'il restât, soit à Paris, soit à Versailles, pour être plus près des secours. On a déjà vu les propos des courtisans sur son séjour à Versailles ; mais sa dernière maladie, et la crainte que l'on avait eue de sa mort, avaient encore bien plus effrayé. Mme de Maintenon, surtout, qui voulait éloigner des yeux de Louis XIV tout ce qui pouvait l'affliger, désirait son départ de Versailles. Elle avait fait venir Dodart, qui le raconta à l'abbé Fleury, et, après lui avoir demandé des nouvelles de Bossuet, elle lui dit qu'elle était étonnée de ce qu'il n'était pas encore parti de Versailles ; s'il voulait mourir à la cour ? On l'engagea donc de tous côtés à retourner à Paris, où on lui dit qu'il serait mieux et plus tranquille.

Les douleurs de Bossuet étaient toujours vives, et de temps à autre il avait quelques ressentiments de fièvre, que l'on calmait par le quinquina. Cependant ses forces reprenaient un peu, et l'on profita de quelques jours de calme pour le transporter à Paris. Le 20 septembre, il monta dans sa litière et il partit de Versailles pour n'y plus revenir.

Bossuet languit encore quelques mois à Paris, et mourut

enfin après beaucoup de souffrances, le 12 avril 1704, à quatre heures un quart du matin.

On voit par ce récit que Bossuet habita fréquemment Versailles et qu'il y fit souvent de très-longs séjours. Jamais ce grand génie ne passait un jour sans travailler, et l'on pourrait dire qu'il n'y a peut-être pas un seul de ses ouvrages dont quelques parties n'aient été écrites dans cette ville. Il nous a cependant paru intéressant de rechercher ceux faits plus particulièrement à Versailles, dont nous avons dressé la liste d'après la collection de ses œuvres, sa Vie par l'abbé de Bausset, et les mémoires de l'abbé Le Dieu :

1681. — Exposition de la doctrine de l'Eglise catholique sur les matières de controverse.
1682. — Traité de la communion sous les deux espèces.
1682. — Défense de la déclaration de l'assemblée du clergé.
1683. — Oraison funèbre de la reine.
1685. — Oraison funèbre de la princesse Palatine.
1686. — Oraison funèbre de Le Tellier.
1687. — Oraison funèbre du prince de Condé.
1688. — La plus grande partie de l'Histoire des variations des églises protestantes.
1692. — Lettre sur l'adoration de la croix.
1699. — Ecrit contre Basnage.
1700. — Défense des Variations contre Basnage.
1700 et 1701. — La plus grande partie du livre de la Politique tirée de l'Ecriture sainte.
1700. — Version des psaumes, en vers.
1701. — Explication de l'Apocalypse.
1702. — Mémoires pour le roi sur les ordonnances de M. de Péréfixe.
1702. — Instruction pastorale contre Richard Simon.
1703. — Seconde instruction pastorale contre Richard Simon.
1703. — Termine son livre de la défense de la tradition et des saints Pères contre Richard Simon.

En plus :

Vingt-neuf lettres dans l'affaire du Quiétisme.

Quatre lettres à Leibnitz sur le projet de réunion entre les catholiques et les protestants d'Allemagne.

Une lettre en réponse à une consultation de Jacques II, roi d'Angleterre.

Une lettre à Brueys.

Cet hôtel devint plus tard l'hôtel de Torcy.

N° 8. — Hôtel garni de la *Belle-Image.*

C'est dans cet hôtel garni, tenu à cette époque par un nommé Gobert, que logea, pendant tout le temps qu'elle resta à Versailles, la fameuse Jeanne de Valois, comtesse de La Motte, cette intrigante qui joua le principal rôle dans l'affaire du collier de la reine.

Dénuée de toute espèce de fortune, Mme de La Motte profita de son nom pour exploiter une foule de personnages et en particulier le cardinal de Rohan. Arrivée à Versailles, elle s'introduisit à la cour et fut présentée à *Madame* qui s'intéressa à elle et la reçut plusieurs fois. Elle se trouva mal dans l'une de ses visites et *Madame* la fit transporter dans cet hôtel garni de la place Dauphine, où elle fit une fausse couche et fut soignée par les médecins de la princesse.

La reine avait une antipathie très-prononcée pour le cardinal de Rohan qui désirait ardemment rentrer en faveur. Mme de La Motte avait semé doucement le mensonge de ses relations avec la reine. Le cardinal y crut. Elle lui fit espérer que bientôt elle obtiendrait pour lui une audience de cette princesse. Enfin, au mois d'août 1784, elle lui annonça qu'elle lui avait ménagé une entrevue nocturne avec la reine.

M. de La Motte, un autre intrigant qui seconda sa femme

dans toutes ses escroqueries, fit la rencontre à Paris d'une fille Leguay, dite d'Oliva, qui ressemblait assez à la reine, surtout par la tournure et la taille. Il l'amena à Versailles, dans l'hôtel garni qu'ils habitaient, et elle coucha dans leur appartement. Le lendemain, Mme de La Motte habilla elle-même la fille d'Oliva. Entre onze heures et minuit, M. de La Motte la conduisit dans le parc et lui fit jouer le rôle de la reine. Elle eut à peine le temps de donner une rose au cardinal et de lui dire, à demi-voix, que le passé était oublié : on entendit du bruit. La prétendue reine s'éloigna et M. de La Motte la ramena à l'hôtel. Mme de La Motte, qui n'avait pas quitté le cardinal, revint quelque temps après ravie du succès de cette comédie, et les trois acteurs soupèrent très-gaiement dans la chambre de la comtesse.

De ce moment, Mme de La Motte ne cessa d'exploiter en grand le malheureux cardinal. Un mois après cette scène, elle se fit donner par lui 120,000 livres, dont la reine, disait-elle, avait besoin pour ses aumônes. Bientôt elle ne s'arrêta plus dans cette voie et elle tenta cette fameuse escroquerie du collier, dans laquelle on ne sait ce qui étonne le plus, ou de l'audace de la femme, ou de la crédulité de sa victime.

Les joailliers de la cour, Bœhmer et Bassange, avaient offert plusieurs fois à la reine un collier de magnifiques diamants, qu'ils voulaient vendre 1,600,000 livres. Mme de La Motte parvint à persuader au cardinal que la reine désirait posséder ce collier, mais que le roi n'en ayant pas voulu à cause de son prix, elle avait résolu de l'acheter sans qu'il le sût, en le payant sur ses économies, et que pour prouver au cardinal combien il était revenu dans ses bonnes grâces, c'était lui qu'elle chargeait de cette négociation. Le cardinal, séduit par les adroits discours de la comtesse et par de fausses lettres qu'elle disait lui avoir été écrites par la reine, se chargea de conclure le marché en son nom. La somme de 1,600,000 livres devait être payée en quatre échéances. Mme de La Motte, pour prouver au cardinal que la reine était satisfaite de cet arrangement, lui rapporta les billets avec la fausse signature de cette princesse et le mot : *approuvé*. Le cardinal fit voir ces approuvés aux joailliers et le 1er février 1785 le collier lui fut remis. Le même jour, le cardinal vient trouver la comtesse dans l'hôtel garni de la Belle-Image et lui donne cette parure pour la remettre à la reine.

A peine vient-il de remettre les diamants à Mme de La Motte qu'on annonce un envoyé de la reine. Le cardinal se cache dans un des cabinets de l'alcôve, et il voit entrer un homme revêtu de la livrée de la reine, qui vient de la part de cette princesse réclamer l'écrin que la comtesse lui remet. Cet homme était un nommé Rateaux de Villette, l'un des associés des de La Motte. Il sort, donne aussitôt les diamants au comte de La Motte, tandis que le cardinal reste convaincu qu'ils sont entre les mains de la reine, et le tour est joué !

Une fois le collier en possession de ces deux intrigants, les diamants furent démontés et le comte partit quelques jours après pour l'Angleterre, où il vendit la plus grande partie. La comtesse, restée auprès du cardinal, l'entretenait dans ses illusions. Cependant le premier terme de paiement approchait. Bœhmer, qui n'avait reçu que de faibles à-comptes, s'inquiéta. Il obtint une audience de la reine où tout fut expliqué. On peut juger de l'indignation de cette princesse. Aussitôt le cardinal, Mme de La Motte et tous les acteurs de cette audacieuse escroquerie sont arrêtés, excepté le comte de La Motte qui, revenu d'Angleterre, s'y sauve de nouveau, après l'arrestation de sa femme.

Traduit devant le Parlement, M. de La Motte, contumace, est condamné au fouet, à la marque et aux galères à perpétuité ; Mme de La Motte est aussi condamnée à être fouettée, marquée sur les épaules, la corde au cou et enfermée à la salpêtrière pour la fin de ses jours. Jugement qui reçut son exécution (1). Les autres accusés sont acquittés.

Ainsi se termina cette affaire qui eut à cette époque un si fâcheux retentissement, et dont les principaux actes se passèrent à Versailles et en particulier dans cet hôtel garni de la Belle-Image (2).

N° 10. — Maison de la Croix-Blanche.

RUE SAINTE-GENEVIÈVE.

La rue de Sainte-Geneviève n'existe que depuis l'année 1742. Avant cette époque elle formait la cour de diverses dépendances de l'église de Notre-Dame, aujourd'hui disparues.

Lorsque Louis XIV eut résolu de venir habiter Versailles, il fut nécessaire d'élever un bâtiment assez considérable pour pouvoir y placer les différents services de la Maison du roi et de la reine. On construisit, à cet effet, en

---

(1) Madame de La Motte parvint à s'échapper de sa prison et alla rejoindre son mari en Angleterre, d'où ils écrivirent d'infâmes libelles contre la reine, sous le titre de *Mémoires justificatifs*.

(2) Voir, pour les détails de cette affaire, le livre de M. Campardon : *Marie-Antoinette et le procès du collier*.

1678, cet énorme édifice, aujourd'hui l'hôpital militaire et que l'on nommait autrefois le Grand-Commun. Pour le construire en cet endroit, on détruisit l'ancienne église et le cimetière occupant cet emplacement, et on les rétablit l'un et l'autre dans la Ville-Neuve, déjà d'une certaine importance. On y transporta les reliques de saint Julien, qui étaient dans l'ancienne église, et la nouvelle fut consacrée sous le nom de ce saint, alors le patron de Versailles.

L'emplacement de cette église était un peu en arrière des bâtiments du n° 3 de cette rue, et dans la direction de l'est à l'ouest. Le cimetière, placé autour, s'étendait dans presque tout le terrain compris entre la rue de la Paroisse, la rue Neuve et le bout de la rue des Bons-Enfants.

La nouvelle église de Saint-Julien était fort petite, d'une construction peu élégante et assez incommode. Son intérieur répondait à sa construction et était d'une grande simplicité.

Le 29 mai 1681, une exécution, reste des temps de barbarie, eut lieu devant cette église. Le nommé François Amiot, convaincu de blasphème, vint y faire amende honorable et eut ensuite la langue percée, en exécution d'un jugement rendu par le lieutenant de robe longue de la prévôté de l'hôtel.

Le lundi 2 août 1683, on fit dans cette église le service funèbre de la reine Marie-Thérèse, femme de Louis XIV. A l'occasion de la mort de Marie-Thérèse, le Père Ménestrier, dans son livre des décorations funèbres, donne la description d'un curieux catafalque.

« On aurait pu faire, dit-il, avec les meubles en argent de Versailles, cuves d'argent, brasiers, bures, vases, torchères, bassins, grands chandeliers à branches, caisses d'orangers, lustres, miroirs, en trois ou quatre jours de travail, un catafalque qui aurait présenté à l'étonnement et à l'admiration des étrangers un mausolée de plus de dix millions. »

Lorsque, en 1686, l'église de Notre-Dame, que le roi venait de faire construire, eut été inaugurée, on cessa de dire la messe dans celle de Saint-Julien ; elle fut alors connue sous le nom de la *vieille église*.

Plusieurs célèbres personnages y ont été enterrés. Parmi eux on peut citer : Paul Pélisson-Fontanier, si connu par son attachement au ministre Fouquet ; Jean de la Quintinie, le créateur du Potager de Versailles ; Jean de La Bruyère, l'auteur des *Caractères;* Nicolas-René Berryer, mort garde-des-sceaux, et qui, lorsqu'il était lieutenant de police, sut si bien remplir la Bastille des nombreux ennemis de madame de Pompadour ; Jacques Hardion, de l'Académie française et de celle des Inscriptions et Belles-Lettres, auteur d'une *Histoire universelle* estimée, terminée à sa mort par Linguet. Hardion donna des leçons d'histoire et de littérature à Mesdames de France. Il consacra ses dernières années, dit M. Tabaraud, à composer des ouvrages pour ses augustes élèves, et ne se délassait de ses travaux que par la culture des fleurs.

« Dès que les approches du printemps offraient quelques jours sereins, il allait considérer les premiers efforts de la nature ; il en rapportait presque toujours quelques belles quenouilles de jacinthe, qu'il présentait à Mesdames, trois ou quatre odes d'Anacréon traduites en vers français et un rhume. »

Le célèbre médecin François Quesnay, chef de la secte des *Économistes*, né dans notre département, près de Montfort-l'Amaury ; Antoine-Paul-Jacques de Quélen, duc de La Vauguyon, gouverneur de Louis XVI, de Louis XVIII et de Charles X ; Charles Graviers, comte de Vergennes ministre des affaires étrangères sous Louis XVI, dont on voit aujourd'hui le mausolée dans une des chapelles de Notre-Dame ; Lieutaud, le médecin du roi Louis XVI.

A l'occasion de la mort de M. de La Vauguyon, Grimm, qui ne l'aimait pas, fait, dans sa *Correspondance*, quelques réflexions assez piquantes sur la formule curieuse du billet d'enterrement de ce duc, qui fit à cette époque une très-grande sensation dans les salons de Versailles.

« M. le duc de La Vauguyon, dit-il, étant allé, ces jours passés, rendre compte au tribunal de la justice éternelle de la manière dont il s'est acquitté du devoir effrayant et terrible d'élever un Dauphin de France, et recevoir le châtiment de la plus criminelle des entreprises, si elle ne s'est pas accomplie au vœu et aux acclamations de toute la nation, on a vu à cette occasion un monument de vanité bien étrange, et qui a occupé la cour et la ville ; c'est le billet d'enterrement qu'on a envoyé à toutes les portes, suivant l'usage. Ce billet est devenu, par sa singularité, un effet de bibliothèque ; chacun a voulu le conserver, et, à force d'être recherché, il est devenu rare malgré la profusion avec laquelle il avait été distribué. Je vais le transcrire ici en son entier, dans l'espérance qu'il pourra entraîner ces feuilles avec lui vers la postérité.

« Vous êtes priés d'assister aux convoi, service et enterrement
» de monseigneur Antoine-Paul-Jacques de Quélen, chef des
» noms et armes des anciens seigneurs de la châtellenie de Qué-
» len, en Haute-Bretagne, juveigneur des comtes de Porhoët,
» substitué aux noms et armes de Stuer de Caussade, duc de La
» Vauguyon, pair de France, prince de Carency, comte de Quélen
» et du Broutay, marquis de Saint-Mégrin, de Collonges et d'Ar-
» chiac, vicomte de Calvignac, baron des anciennes et hautes ba-
» ronies de Tonneins, Gratte-Loup, Villetou, La Gruère et Puicor-
» nel, seigneur de Larganol et Talcoimur, vidame, chevalier et
» avoué de Sarlac, haut-baron de Guyenne, second baron de
» Quercy, lieutenant-général des armées du roi, chevalier de ses
» ordres, menin de feu monseigneur le Dauphin, premier gentil-
» homme de la chambre de monseigneur le Dauphin, grand-

» maître de sa garde-robe, ci-devant gouverneur de sa personne
» et de celle de monseigneur le comte de Provence, gouverneur
» de la personne de monseigneur le comte d'Artois, premier
» gentilhomme de sa chambre, grand-maître de sa garde-robe et
» surintendant de sa maison; qui se feront jeudi 6 février 1772, à
» dix heures du matin, en l'église royale et paroissiale de
» Notre-Dame de Versailles, où son corps sera inhumé. *De pro-*
» *fundis.* »

« On voit, ajoute Grimm, que ce billet est l'ouvrage d'une composition réfléchie, combinée, profonde et laborieuse. Si le fils du défunt, M. le duc de Saint-Mégrin, en est le seul et véritable auteur, et s'il entend son ouvrage, il faut que l'Académie des Inscriptions et Belles-Lettres lui confère par acclamation la première place vacante, et l'enregistre parmi ses membres comme duc, pair, prince, marquis, comte, vicomte, juveigneur, vidame, chevalier, avoué, haut-baron, second baron, troisième baron, car toutes ces qualifications vont lui passer par la mort de son père. Il serait à propos de fonder et d'ériger une chaire dont le professeur ne ferait autre chose toute l'année que d'expliquer à la jeunesse le billet d'enterrement de M. le duc de La Vauguyon, sans quoi il est à craindre que l'érudition nécessaire pour le bien entendre ne se perde insensiblement, et que ce devienne, avec le temps, le désespoir des critiques. Le terme de *juveigneur*, par exemple, est peu connu. On appelle ainsi un cadet apanagé; M. le duc d'Orléans est juveigneur de la maison de France. Ce mot est peut-être une corruption du mot *junior*, dont les césars du Bas-Empire appelaient ceux qu'ils associaient à l'empire. Sans le billet d'enterrement de M. de La Vauguyon, le terme de juveigneur allait se perdre dans l'obscurité des temps. »

Si Grimm avait consulté le registre des décès de la paroisse Notre-Dame, il aurait été rassuré sur la crainte que ce billet ne fût perdu pour la postérité, car il l'y aurait vu transcrit dans tout son contenu, et, de plus, accompagné des titres presque aussi longs des trois témoins qui ont signé l'acte de décès.

En 1791, cette église servit pour les séances de la Société des Amis de la Constitution. Cette Société tenait d'abord ses réunions dans le local du Reposoir ; elle se forma en 1789, pendant le séjour à Versailles de l'Assemblée nationale. Elle fut fondée par plusieurs membres de cette Assemblée, parmi lesquels on remarquait Mirabeau et Robespierre. Lorsqu'après le départ du roi, l'Assemblée eut transporté à Paris le lieu de ses séances, une nouvelle société des Amis de la Constitution s'établit dans la capitale et se réunit dans le couvent des Jacobins, dont elle ne tarda pas à prendre le nom. La société de Versailles, par suite de son origine, conserva des rapports intimes avec celle de la capitale, et ce fut à son influence que Robespierre dut, à la fin de 1790, sa nomination de juge au district de Versailles.

Quelques mois après, Robespierre ayant été appelé par le vote des électeurs de Paris à la place d'accusateur public du tribunal criminel de la Seine, les membres de cette société firent auprès de lui une démarche pour l'engager à conserver les fonctions qui lui avaient d'abord été conférées par les électeurs de Seine-et-Oise.

A la lettre qui lui fut écrite à ce sujet, Robespierre fit une réponse dont toutes les expressions sont calculées. On voit combien il cherche à ménager la société dont il peut avoir besoin, et l'on y reconnaît l'homme dont l'ambition sut toujours si habilement se servir des grands mots de patriotisme et de désintéressement. La voici :

« Paris, le 13 juin 1791.

» Messieurs,
» J'ai reçu hier votre lettre datée du 8 juin. Je ne vous peindrai pas l'impression profonde qu'ont faites sur moi les choses touchantes qu'elle renferme. Si, rentrant au fond de mon cœur, j'y trouvois quelque sentiment dont je pusse rougir; si je n'étois

en même temps convaincu que vos âmes ressemblent à la mienne, je n'aurois jamais entrepris d'y répondre. Ma réponse ne peut être que l'exposé simple et franc de mes sentimens les plus intimes et des motifs de ma conduite. Quand vous les aurez entendus, ou vous me désapprouverez, ou vous me plaindrez, ou vous me louerez. Quoi que vous fassiez, mon cœur vous sera toujours dévoué tout entier; il sera toujours le même et digne de vous.

» J'ai été nommé accusateur public du département de Paris, absolument à mon insçu. Ce choix m'a en même tems surpris et effraié. Il m'imposoit de toutes les charges la plus contraire à mon goût et à mon caractère; il m'engageoit dans un tourbillon d'affaires délicates, épineuses, immenses, au moment où je soupirois après la fin de tant de travaux et d'agitations (1). Je désirois une situation où je pusse quelquefois jouir de moi-même, et me livrer à l'étude et au développement des grandes vérités qui sont la base de la législation et de la politique qui convient à un peuple libre. Si j'avois ambitionné quelque emploi public, c'eût été celui de les défendre et de les faire triompher un jour dans les assemblées législatives. Versailles m'offroit une retraite paisible, où j'aurois trouvé tous les avantages qui pouvoient flatter mon goût et ma sensibilité. Telle étoit ma position, lorsqu'on me représenta les circonstances où les vœux et les allarmes des patriotes m'avoient appelé à la place que je redoutois; dans quelles mains mon refus et la réunion de toutes les cabales pouvoient la faire tomber; l'influence heureuse ou malheureuse qu'elle devoit avoir sur le sort de la liberté et de la constitution, dans un tems où l'une et l'autre sont sans cesse attaquées par un système d'intrigue et de persécution sourde plus redoutable que la violence de ses premiers ennemis, dans des lieux qui étoient comme le centre et le foier de la révolution. On me disoit : c'est vous qui, dans vos discours et dans vos écrits, avez prouvé que la puissance des nouveaux magistrats criminels pouvoit être le plus redoutable instrument de la tirannie, si elle étoit exercée par des hommes foibles ou suspects; la place d'un bon citoien n'est-elle

(1) La session de l'Assemblée nationale constituante dont il était membre venait de finir.

pas où il peut rendre à sa patrie les services les plus importans et les plus étendus ? Appellé ailleurs par le choix du peuple à un emploi public, refuserez-vous de voler à un poste plus périlleux, plus pénible, plus important à la défense de la cause commune, auquel un nouveau choix du peuple vous appelle. Ces observations étoient appuiées par des circonstances et par des faits que je voyois de près, dont j'étois plus instruit et plus frappé que personne ; et une place que j'aurois refusée comme une récompense, que j'aurois rejettée comme un honneur, je l'ai acceptée comme un fardeau redoutable, comme l'occasion d'un pénible sacrifice. J'ai cru acquérir de nouveaux droits à votre estime ; j'ai cru vous servir vous-mêmes en immolant à un devoir austère, au plus grand intérêt général, mon véritable intérêt personnel, ma propre satisfaction et même la vôtre. Cependant, je l'avoue, quand ma conscience approuvoit ce parti, mon cœur me le reprochoit encore, mes amis scavent quels ont été ma perplexité, mes regrets, mes combats. Votre lettre, qui me présentoit des preuves de votre amitié, plus énergiques et plus touchantes que je n'en avois encore reçues de vous, les a renouvelés ; je n'ose dire à quel point elle eût influé sur ma résolution, en dépit de mes principes mêmes, si je l'avois reçue avant l'envoi de mon acceptation ! Mais je puis vous assurer qu'on m'a vu hésiter, quoique je l'eusse envoiée et qu'il m'a fallu de sages conseils pour me raffermir contre la tentation de donner l'exemple d'une inconséquence éclatante. Tel est, Messieurs, l'exposé fidèle de mes sentimens et de ma conduite. Vous pouvez maintenant les juger. Si vous les blâmez, vous aurez rendu ma peine plus amère ; et de toutes les injustices que j'aurai éprouvées, ce sera la seule que je n'aurai point vue d'un œil indifférent. Je n'aurai alors qu'un motif de consolation : ce sera de songer que dans la situation où se trouve la chose publique et où je suis moi-même, il me restera assez d'occasions d'élever mon caractère au-dessus de tout soupçon, par tel sacrifice qui pourra coûter au moins des regrets aux amis de la liberté et de la patrie. Mais ce n'est point assez pour mon cœur ; je veux prouver toute ma vie mon dévouement particulier aux citoiens de Versailles ; je veux toujours me regarder comme leur concitoien, leur frère, leur défenseur. Quand je me croyois sur le point d'aller fixer mon séjour au milieu de vous, je ne me suis pas pressé d'abandonner mes occupations pour aller vous exprimer mes sentimens en personne. Les circonstances actuelles m'en font un besoin impérieux. S'ils vous paroissent encore de quelque prix, si vous approuvez ma conduite, faites-moi scavoir les jours et les heures de vos séances, afin que je puisse m'entretenir avec vous plus en détail de ce qui nous intéresse également. Je me ferai même une loi d'y assister toutes les fois que mes occupations me laisseront quelque loisir ; et la distance même qui nous séparera ne servira qu'à présenter l'exemple de l'union la plus civique et la plus touchante dont je tâcherai chaque jour de resserrer les nœuds. Donnez m'en dès ce moment un nouveau gage. Soyez les interprètes de mes regrets et de ma douleur auprès de vos concitoiens, auprès des habitans de la contrée qui m'avoit honoré de sa confiance. Dites-leur que cette seule qualité sera toujours à mes yeux un titre sacré ; dites-leur que pour aimer ardemment la patrie, je n'en suis pas moins attaché à leur bonheur particulier; et que je leur offre à tous en général, et à chacun en particulier, mon zèle, ma voix, toutes mes ressources et ma vie même.

» Robespierre (1). »

Auprès de la vieille église et du côté de la rue Neuve, Louis XIV fit construire un bâtiment assez considérable pour y loger les missionnaires. Dès l'année 1676, le roi avait fait venir neuf prêtres de la congrégation, pour desservir la paroisse ; puis, en 1682, douze autres pour le service de la chapelle du Château. Ils furent réunis en communauté et y logèrent d'abord jusqu'en 1686, qu'ils allèrent habiter le grand bâtiment de la Mission, dont nous parlerons plus tard.

Aussitôt après la construction de Notre-Dame, en 1686, on ferma l'espace compris entre la vieille et la nouvelle

(1) Cette lettre, écrite de la main de Robespierre, se trouve dans la collection d'autographes de la Bibliothèque de Versailles. Nous l'avons transcrite avec son orthographe.

église par un mur de clôture, avec une grande porte au milieu.

Le roi Louis XIII avait légué, à sa mort, à la paroisse de Versailles, 3,000 livres pour la fondation d'une maison d'école destinée aux enfants pauvres. Cette somme avait été employée en achat de *vignes* au Chesnay, au lieu dit les Glaisières, dont le revenu devait servir aux appointements du maître. Jusqu'alors ce legs n'avait pu recevoir son exécution à cause de l'exiguïté de la somme, qui ne permettait pas de payer le loyer d'un logement. En 1716, le bureau de la paroisse, profitant de celui laissé libre près de la vieille église, par les prêtres de la Mission, y plaça un maître d'école, qui put y recevoir les enfants pauvres.

Quelques années avant cet établissement, Jean-Baptiste de La Salle venait de fonder l'institution des frères des Ecoles-Chrétiennes. M. Huchon, curé de la paroisse, aurait bien désiré mettre à la tête de son école un frère de cet institut, dont la réputation commençait à se répandre dans toute la France; mais M. de La Salle ne laissait jamais marcher un frère seul, et les revenus n'étaient point assez considérables pour en avoir deux. En 1719, le maître d'école étant mort, la fabrique de la paroisse fit un fonds égal à celui provenant du legs de Louis XIII, et le curé put alors faire venir deux frères de la Doctrine-Chrétienne.

On trouve dans la vie de Jean-Baptiste de La Salle, fondateur de cet ordre, une anecdote assez curieuse sur l'un des frères qui furent appelés à cette école de Versailles.

Les curés de Notre-Dame ne se bornèrent pas à l'établissement des frères; ils fondèrent encore un petit collége pour l'instruction secondaire, dans cette même maison de l'ancienne Mission. Mais comme ce collége était sans revenu, il ne pouvait pas avoir une grande importance. En

1740, le fils du régent, Louis, duc d'Orléans, connu par son extrême piété, fit don d'une rente de 3,266 livres sur l'Hôtel-de-Ville de Paris, pour être employée, sous l'autorité du curé de Notre-Dame, à l'entretien de quatre professeurs dont le prince se réserva la nomination. Le duc d'Orléans ajouta à ce don celui de terrains qui lui appartenaient entre l'ancienne et la nouvelle église. On construisit alors de grands bâtiments qui, reliés au vestibule de la vieille église, formèrent le collége connu dès lors sous le nom de *Collége d'Orléans*. Après la mort du prince, arrivée en 1752, la fabrique de la paroisse, secondant les bonnes intentions du curé Jomard, porta successivement à sept le nombre des professeurs, auxquels on joignit quatre maîtres de quartier pour veiller sur les pensionnaires, qui auraient été plus nombreux si les bâtiments eussent été plus considérables. En 1789, on y comptait soixante-dix internes et cent cinquante externes. Le personnel se composait d'un supérieur-administrateur, le curé Jacob, d'un principal, de sept professeurs, de trois maîtres de quartier, et d'un maître de dessin.

Ce collége cessa d'exister en 1793. La plupart des jeunes gens de Versailles, à cette époque, y avaient fait leurs études; et l'on retrouve avec un sentiment de satisfaction, parmi les noms des lauréats conservés dans les archives de ce collége, ceux de deux de nos concitoyens dont les premiers succès ont été comme l'annonce et le prélude d'une longue et honorable carrière, et dont la mort a été une véritable affliction pour toute la ville de Versailles : notre ancien et vénérable maire, M. Vauchelle, et le général Miot.

Depuis plusieurs années le club des jacobins de Versailles avait été dissous, lorsqu'en 1799 plusieurs anciens membres de ce club se réunirent de nouveau, sous le nom de *Cercle constitutionnel*, dans une des salles du collége d'Orléans, la vieille église ayant été abattue en 1797. Cette réunion, dans laquelle se prononçaient des discours passablement violents, ne tarda pas à susciter des troubles dans ce quartier. Enfin, le 22 brumaire an VIII (13 novembre 1799), les ouvriers de la manufacture d'armes, réunis à un grand nombre de jeunes gens et de femmes, ayant envahi les abords de la salle de réunion, et des rixes graves s'étant élevées entre les clubistes et leurs adversaires, le général Macdonald, qui commandait alors à Versailles, y fit marcher la force armée, et la salle fut évacuée et fermée aux cris de : *Vive Bonaparte! A bas les jacobins!*

La rue Neuve avait été construite en 1737, deux ans après le desséchement de l'étang de Clagny. Cette rue n'avait alors de communication avec le reste du quartier que par ses deux extrémités. En 1742, on résolut d'en établir une plus rapprochée du centre, qui permit aux habitants de se rendre facilement aux offices de l'église, et l'on ouvrit la rue Sainte-Geneviève.

Le nom de Sainte-Geneviève lui vient de la chapelle de Sainte-Geneviève, au pied de laquelle se trouve la porte de l'église Notre-Dame donnant dans cette rue. En 1793, on lui donna le nom de *rue des Gracques*, et elle reprit son ancien nom en 1806.

La *rue Sainte-Geneviève* se dirige du sud au nord, de la rue de la Paroisse à la rue Neuve ; elle a 104 mètres de longueur sur 7 mètres 50 centimètres de largeur. Dans les nouveaux alignements arrêtés par la ville, on se propose de l'élargir.

CÔTÉ GAUCHE.

N° 1. — Maison appartenant autrefois à la paroisse.

N° 1 *bis*. — A la place occupée aujourd'hui par un marchand de vin se trouvait l'entrée de l'ancien cimetière. Ce cimetière était devenu beaucoup trop petit pour le nombre des habitants de la paroisse Notre-Dame qui augmentait tous les jours ; il avait de plus l'inconvénient d'être situé au centre du quartier et beaucoup trop près des habitations. Il était impossible qu'un pareil état de choses persistât dans une ville qui, la première, avait donné l'exemple aux autres villes de France, en faisant transporter au dehors, en 1765, le cimetière de Saint-Louis, placé, comme celui de Notre-Dame, au centre du quartier.

L'arrêt du Conseil d'Etat ordonnant sa fermeture et sa translation dans le terrain actuel, est du 2 mars 1777.

N°s 3 et 5 *bis*. — Emplacement de l'ancien collége d'Orléans.

N° 5. — Place où étaient autrefois les missionnaires et ensuite les frères de la Doctrine-Chrétienne. Lorsque, en 1742, on fit la rue Sainte-Geneviève, on transporta l'école derrière l'église, rue Neuve, et la fabrique de la paroisse vendit cette maison à la famille de Potier. Pour faciliter la communication du collége d'Orléans avec l'église de Notre-Dame, on avait établi une passerelle suspendue et couverte, communiquant de cette maison dans une tribune placée dans la chapelle de Sainte-Geneviève. Cette passerelle, conservée lors de l'établissement de la rue, a été détruite il y a une soixantaine d'années. Lorsque Mesdames, tantes du roi Louis XVI, venaient entendre la messe à l'église de

Notre-Dame, elles passaient par cette maison et se plaçaient dans la tribune.

CÔTÉ DROIT.

Presque tout le côté droit de cette rue est occupé par l'église Notre-Dame.

N° 2. — Maison bâtie par la fabrique de la paroisse Notre-Dame, à la même époque que l'école des Frères, qui la touchait par derrière.

Cette maison vient d'être abattue, et laisse ainsi à découvert la nouvelle chapelle bâtie par le curé Pinard.

RUE SAINT-LAZARE.

Cette rue fut percée en 1777, par l'arrêt du Conseil d'Etat, qui créait un nouveau cimetière pour la paroisse Notre-Dame. Une rue, donnant sur le boulevard de la Reine et la rue Neuve, devait être établie pour faciliter la communication de ce cimetière et du nouveau quartier avec la paroisse. Ce fut la rue Saint-Lazare.

Elle va du sud au nord, de la rue Neuve au boulevard de la Reine. Sa longueur est de 54 mètres 90 centimètres. La ville a acheté et fait abattre la maison qui faisait le coin du côté gauche de cette rue, ce qui découvre entièrement la nouvelle chapelle de Notre-Dame, et facilite la circulation des voitures, qui était très-difficile dans cet endroit.

En 1793, elle reçut le nom de rue de La Bruyère, et reprit, en 1806, celui de rue Saint-Lazare. Il semble qu'on aurait pu, sans inconvénient, lui laisser le nom du grand écrivain qui mourut à Versailles, et dont les cendres reposaient à deux pas de cette rue.

PETITE - PLACE.

Lorsqu'en 1670, Louis XIV eut commencé les grands travaux de Versailles, et tracé le plan de la nouvelle ville, il fit venir, pour desservir les différentes chapelles de sa maison, des Récollets auxquels il donna le titre d'aumôniers des camps et armées du roi. L'année suivante, il leur fit construire un couvent et une église.

Ce couvent occupait tout le terrain de la Petite-Place et des rues environnantes. Sa principale entrée était du côté de la rue de la Pompe, dans la direction de la rue de Madame. Il avait une autre issue sur la rue des Bons-Enfants par un couloir dont la rue des Poteaux (Sainte-Anne) indique encore la trace.

La pose de la première pierre de ce couvent fut faite par Louis XIV en personne, et la *Gazette de France* de cette époque rend compte de cette cérémonie en ces termes :

« Le roi voulant signaler sa piété et son affection singulière pour les Récollets de la province de Paris, par la fondation et la construction d'une église et d'un couvent auprès du château, pour la commodité de sa cour, Sa Majesté en posa, le 29 décembre 1671, la première pierre, accompagnée de plusieurs princes et seigneurs, avec une grande foule de peuple, qui ne pouvait assez admirer le zèle de ce grand monarque. L'archevêque de Paris, qui avait eu ordre de Sadite Majesté de s'y trouver pour rendre l'action plus célèbre, s'étant revêtu de ses habits pontificaux, sous une tente qu'on lui avait préparée, en sortit à la tête de son clergé et d'une nombreuse procession de ces religieux, conduits par leur provincial, chacun un cierge à la main, et alla au-devant du roi, qui se rendit aussi à la même heure au lieu que Sa Majesté avait désigné pour la fondation de l'église. Ce prélat y fit la bénédiction de la croix qui devait être plantée, laquelle il adora et baisa ; ce que Sadite Majesté fit pareillement avec une piété si exemplaire, que tous les assistants en furent merveilleusement touchés. Ensuite, on fit la bénédiction de la première pierre, sur laquelle fut mise une lame de cuivre, où étaient gravés les armes et les éloges de Sa Majesté, qui la posa avec tant de grâce, qu'il était aisé de connaître qu'elle n'a pas moins d'affection pour élever des temples à Celui qui le fait régner si glorieusement, que de zèle pour renverser partout ceux que l'impiété et l'hérésie y ont bâtis. Cette auguste cérémonie ayant été achevée, le roi reçut la bénédiction du même prélat, ensuite de quoi Sa Majesté s'en retourna; et lors, le provincial, à la tête des religieux, commença le *Te Deum*, qui fut continué, marchant processionnellement jusqu'au château, où Sadite Majesté reçut très-obligeamment les compliments du provincial, pour toute la province. Ainsi, ce grand roi, en posant ici cette première pierre, leur a fait la même grâce que Henri IV et Louis XIII, de triomphante mémoire, leur ont faite pour leurs couvents de Saint-Germain et de Paris; et cet illustre prélat (1), en bénissant et plantant la croix au même lieu, leur a fait le même honneur que son oncle, archevêque de Rouen, leur avait pareillement fait au couvent de Saint-Germain. »

Les Récollets restèrent dans ce couvent jusqu'en 1684. Le roi leur en fit alors construire un autre, dans le quartier du Vieux-Versailles, dont nous parlerons plus tard.

En 1686, l'emplacement, devenu libre par le départ des Récollets, fut donné à l'intendant de madame la Dauphine, à la charge d'y bâtir une place régulière, conforme aux alignements et plans arrêtés par le surintendant des bâtiments. Elle fut en effet construite avec une grande régularité, et il est fâcheux que de nos jours l'édilité versaillaise ne se soit pas opposée à toutes les réparations maladroites qui lui ont ôté son caractère original.

On donna dès son origine à cette place le nom de Petite-Place-de-Bourgogne. Depuis, on se contenta de l'appeler

---

(1) M. du Harlay.

Petite-Place, et cette dernière dénomination lui est toujours restée.

La Petite-Place est de forme carrée. Sa largeur est de 42 mètres 80 centimètres dans un sens, et de 42 mètres 70 centimètres dans l'autre. Elle communique avec la place d'Armes par la rue de Marly, et avec la rue de la Pompe par la rue Basse et la rue de Madame. Au milieu se trouve une fontaine. Elle est plantée d'arbres. Presque toutes les maisons de la Petite-Place étaient des hôtelleries désignées par divers noms.

CÔTÉ GAUCHE.

N° 1. à la Fontaine-Royale.

Maison louée par Fénelon, en 1693, et dans laquelle il écrivit son *Télémaque*.

Comme Bossuet, Fénelon fut appelé à la cour pour faire l'éducation d'un prince.

Le duc de Bourgogne, né le 6 août 1682, venait d'atteindre sa septième année ; il allait passer aux hommes, et le roi venait de lui donner pour gouverneur le duc de Beauvilliers. Lié d'amitié avec le marquis de Fénelon, oncle de l'abbé, le duc de Beauvilliers avait apprécié depuis longtemps le mérite du neveu, et il était devenu son ami le plus intime. Madame de Beauvilliers, la digne fille de Colbert, partageait les sentiments d'estime et de confiance de son mari pour Fénelon. Mère de huit filles, elle le pria de la diriger dans l'accomplissement de ses devoirs maternels, et c'est pour répondre à ce vœu qu'il composa son traité de *l'Éducation des Filles*.

Gouverneur du duc de Bourgogne, le duc de Beauvilliers n'hésita pas un seul instant sur le choix de celui qui devait le plus l'aider dans ses fonctions. Nommé le 16 août

1689, dès le 17, il faisait agréer au roi l'abbé de Fénelon pour précepteur.

Fénelon entra en fonctions au mois de septembre suivant. Il avait alors trente-huit ans. On sait la liaison qui existait entre les deux filles de Colbert, mesdames de Beauvilliers et de Chevreuse, et madame de Maintenon.

« Elle dînait de règle, dit Saint-Simon, une et quelquefois deux fois la semaine à l'hôtel de Beauvilliers ou de Chevreuse (1), entre les deux sœurs et les deux maris, avec la clochette sur la table, pour n'avoir point de valets autour d'eux et causer sans contrainte. »

Elle savait l'amitié de M. de Beauvilliers pour Fénelon, et elle ne contribua pas peu à disposer le roi en sa faveur. A peine arrivé à Versailles, Louis XIV lui accorda la permission de *manger à la table du duc de Bourgogne et de monter dans son carrosse*, distinction dont n'avait pas joui Bossuet, et que l'on doit attribuer à la haute protection de madame de Maintenon.

Fénelon n'avait point de fortune, et les honneurs dont on l'entourait ne diminuaient en rien ses embarras d'argent. Quelques jours après son arrivée à Versailles, il écrivait à madame de Laval :

« J'attends toujours les comptes qui m'apprendront l'état de mes affaires. De ce côté-ci, elles ne sont pas trop bonnes ; car nous voici en un temps (6 octobre) où l'on ne peut éviter de faire des provisions. J'ai été obligé de donner pour cela près de cinq cents francs ; après quoi il ne me reste plus d'argent, que vingt pistoles pour le courant de ma dépense, et je ne sais si je pourrai avoir de l'argent de la cour, au retour de Fontainebleau. Cependant il a fallu que j'aie encore depuis peu donné dix louis d'or aux valets de pied du roi pour l'entrée du carrosse, etc. »

(1) Rue de la Bibliothèque.

Fénelon n'eut donc pas le moyen d'avoir, comme Bossuet, un hôtel à lui à Versailles, et il dut se contenter de l'appartement qui lui fut donné au château auprès de celui du duc de Bourgogne.

Il consacra presque tous ses instants à l'éducation du prince. Absorbé tout entier dans cette éducation, ses moments de repos se passaient au sein de l'amitié dans les hôtels des ducs de Beauvilliers et de Chevreuse, ou au milieu de cette réunion d'hommes d'esprit qui entouraient Bossuet, et dont il devint bientôt une des lumières.

Saint-Simon nous a laissé un portrait du duc de Bourgogne dans son enfance, et l'on voit d'après ce portrait la peine que dut avoir Fénelon pour faire de cet enfant

« Dur, colère jusqu'aux derniers emportements contre les choses inanimées, impétueux avec fureur, incapable de souffrir la moindre résistance, même des heures et des éléments, sans entrer dans des fougues à faire craindre que tout ne se rompît dans son corps; opiniâtre à l'excès, passionné pour tous les plaisirs... souvent farouche, naturellement porté à la cruauté; barbare en raillerie... »

Pour en faire, dis-je,

« Ce prince affable, doux, humain, modéré, patient, modeste, humble et austère pour soi, tout appliqué à ses obligations, et les comprenant immenses. »

C'est pour réformer ce caractère terrible que Fénelon fit d'abord ses *Fables*, et plus tard, lorsque l'instruction du duc de Bourgogne fut plus avancée, ses *Dialogues*.

« Chacune de ces fables, chacun de ces dialogues fut composé dans le moment même où l'instituteur le jugeait utile ou nécessaire, pour rappeler à l'élève la faute qu'il venait de commettre, et lui inculquer, d'une manière plus sensible et plus précise, la leçon qui devait l'instruire (1). »

C'est donc à Versailles, dans le château, que furent écrits les *Fables* et les *Dialogues des morts.*

Le duc de Bourgogne grandissait, et Fénelon voyait avec plaisir se développer en lui les sentiments généreux et la passion pour le bien. Il avait remarqué combien le charme du style et les ingénieuses fictions mythologiques avaient de puissance sur l'esprit et l'imagination du jeune prince. Il pensa alors à écrire, pour le moment où son éducation serait terminée, un livre où, sous cette forme attrayante, lui seraient présentées *les grandes vérités nécessaires pour le gouvernement,* mais surtout pour combattre et éviter *les défauts qu'entraîne bien souvent la puissance souveraine* (2).

Ce fut *le Télémaque.*

Destiné au duc de Bourgogne, cet ouvrage était resté dans les cartons de Fénelon, alors archevêque de Cambrai, lorsqu'en 1698 un de ses gens, qu'il avait chargé de remettre au net son manuscrit, en fit circuler une copie dans quelques sociétés sans en indiquer l'auteur. Ce manuscrit eut un grand succès, et la veuve de Claude Barbin en commença l'impression. Bientôt connu de la cour, et regardé comme une satire du règne de Louis XIV, *le Télémaque* fut saisi, les imprimeurs maltraités, et les mesures les plus sévères furent prises pour anéantir l'ouvrage. Malgré toutes ces précautions, il en parut presque aussitôt une autre édition en Hollande.

Jusque-là on avait ignoré dans le public quel était l'au-

(1) *Histoire de Fénelon,* par de Bausset.
(2) Paroles de Fénelon.

teur de ce livre ; mais on ne tarda pas à savoir qu'il était de Fénelon, et son succès prodigieux ne contribua pas peu à aigrir Louis XIV contre lui.

L'archevêque de Cambrai était déjà tombé dans la disgrâce du roi à cause de l'affaire du Quiétisme, lorsque parut *le Télémaque*, et l'on ne manqua pas de supposer que Fénelon n'avait écrit ce livre que depuis sa disgrâce, et qu'en peignant les vices et la corruption des cours il avait voulu faire le tableau de celle de Louis XIV.

C'est là une supposition démentie par les faits. Écoutons d'abord Fénelon lui-même se défendre de cette accusation. Voici ce qu'il dit à l'occasion du *Télémaque* dans un mémoire écrit de sa main, et qui se trouve à la Bibliothèque impériale :

« Pour *Télémaque*, c'est une narration fabuleuse en forme de poëme héroïque, comme ceux d'Homère et de Virgile, où j'ai mis les principales actions qui conviennent à un prince que sa naissance destine à régner. *Je l'ai fait dans un temps où j'étais charmé des marques de confiance et de bonté dont le roi me comblait; il aurait fallu que j'eusse été non-seulement l'homme le plus ingrat, mais encore le plus insensé, pour y vouloir faire des portraits satiriques et insolents*; j'ai horreur de la seule pensée d'un tel dessein. Il est vrai que j'ai mis dans ces aventures toutes les vérités nécessaires pour le gouvernement et tous les défauts qu'on peut avoir dans la puissance souveraine ; mais je n'en ai marqué aucun avec une affectation qui tende à aucun portrait, ni caractère..... *Je n'ai jamais songé qu'à amuser M. le duc de Bourgogne, et à l'instruire en l'amusant, sans vouloir jamais donner cet ouvrage au public*. Tout le monde sait qu'il ne m'a échappé que par l'infidélité d'un copiste ; enfin tous les meilleurs serviteurs du roi, qui me connaissent, savent quels sont mes principes d'honneur et de religion sur le roi, sur l'État et sur la patrie ; ils savent quelle est ma reconnaissance vive et tendre pour les bienfaits dont le roi m'a comblé ; d'autres peuvent facilement être plus capables que moi, mais personne n'a plus de zèle sincère. »

A ces paroles si explicites de Fénelon, qui montrent cet ouvrage fait *dans un temps où il était charmé des marques de confiance et de bonté dont le roi le comblait*, c'est-à-dire pendant son séjour à Versailles, ajoutons ce fait positif rapporté par l'abbé Le Dieu dans ses Mémoires, que *Fénelon communiqua à Bossuet la première partie manuscrite du Télémaque!* Or Fénelon fut nommé archevêque de Cambrai en 1695, et, comme c'est de cette année que commença entre eux la lutte qui se termina en 1699 par la défaite de Fénelon, on ne peut admettre qu'il ait pendant ce temps continué à entretenir Bossuet de ses travaux littéraires. Il faut donc reporter cette communication de Fénelon à Bossuet vers les dernières années de son séjour à la cour, c'est-à-dire vers les années 1693 et 1694.

C'est aussi à cette époque que le cardinal de Bausset, dans sa *Vie de Fénelon*, croit qu'a été composé *le Télémaque*.

La connaissance d'un acte notarié passé dans l'année 1693, par Fénelon, que nous devons à l'obligeance de M. Vatel, vient encore confirmer cette opinion.

Jusque-là Fénelon n'avait écrit pour l'éducation du duc de Bourgogne que des morceaux détachés et peu longs, ses *Fables* et ses *Dialogues*. Mais aujourd'hui qu'il voulait composer un ouvrage de longue haleine, l'appartement du château dans lequel il avait pu faire ses premiers écrits était-il bien propre à ce nouveau travail? Ne serait-il pas continuellement distrait par le mouvement perpétuel de l'intérieur du palais et par les visites nombreuses qu'il ne pouvait éviter dans ce lieu? C'est ce que pensa sans doute Fénelon et ce qui lui fit chercher un endroit tranquille, et où il pût tout à son aise se retirer pour travailler.

Le couvent des Récollets de Versailles, situé d'abord

dans le quartier Notre-Dame, venait d'être transféré dans la rue qui porte encore aujourd'hui son nom. A la place de l'ancien couvent, on avait fait une jolie petite place très-régulière, fort calme, et alors fort bien habitée. C'est là que Fénelon choisit une retraite. On voit en effet, dans l'acte dont je viens de parler, qu'au mois d'octobre 1693, *le nommé Pierre Féodon, maître maçon, loua à messire François de Salignac, abbé de Fénelon, précepteur de messeigneurs les Enfants de France,* une petite maison, située *place du Petit-Marché* (Petite-Place, n° 1), *pour trois années, à raison de six cents francs par année.* Petite maison en effet, dont le premier et le second étage étaient composés *de deux chambres et un cabinet,* mais suffisante pour le travail, et, comme le dit le bail, *de la consistance de laquelle ledit sieur preneur se contente, disant l'avoir vue et visitée.* Il me paraît évident qu'en louant une maison, fort bien entourée du reste, puisqu'elle communiquait par les derrières à la maison du peintre Lebrun, à l'hôtel de madame de Maintenon et à celui du duc du Maine, située près du château et dans un lieu calme et retiré, trop petite pour y loger ses gens et en faire une habitation ordinaire, Fénelon n'avait eu d'autre but que de la transformer en une sorte de cabinet, où il pût tout à son aise se livrer au travail sans craindre les visites et les importuns. Et ne doit-on pas conclure aussi des précautions qu'il prenait pour être isolé, et de l'époque où il les prenait, qu'il voulait se livrer à un travail important et long, et que ce travail devait être son *Télémaque?* C'est ce qui me semble résulter clairement des paroles mêmes de Fénelon, du fait rapporté par l'abbé Le Dieu, et de la connaissance de cet acte.

Fénelon habita donc Versailles depuis l'année 1689 jusqu'en 1695, qu'il fut nommé archevêque de Cambrai, et pendant cet espace de temps il y composa ses *Fables*, ses *Dialogues des morts*, et enfin *le Télémaque*.

N° 5. — Au Pavillon-Royal.

N° 7. — C'était le derrière de l'hôtel du duc du Maine, dont la façade se trouvait sur la rue des Bons-Enfants. Aujourd'hui il existe dans cette maison un passage qui fait communiquer la Petite-Place avec la rue des Bons-Enfants.

N° 13. — A l'hôtel de Maine-Villette.

CÔTÉ DROIT.

N° 4. — Au Soleil-d'Or. Le médaillon sculpté et doré qui représentait le *Soleil d'Or*, existe encore entre deux fenêtres.

N° 6. — Aux Trois-Empereurs.

N° 8. — A la Croix-de-Malte.

N° 10. — A l'Épée-Dauphine.

RUE DE MARLY.

La rue de Marly forme l'entrée de la Petite-Place du côté de la place d'Armes. Elle a été faite en même temps que la Petite-Place, sur un terrain appartenant à l'hôtel de Choiseul. Sa direction est du sud au nord. Elle a 85 mètres de long, sur 5 mètres 70 centimètres de large.

CÔTÉ GAUCHE.

N° 1. — Autrefois auberge du Petit-Marly.

N° 5. — Maison appartenant, sous Louis XV, au marquis de La Chesnay.

En 1789, c'était l'entrepôt de l'illumination publique de la ville de Versailles. Aujourd'hui que de nombreux becs de gaz éclairent, la nuit, la plupart des rues de Versailles, et que l'administration municipale s'occupe d'améliorer, tous les jours, ce genre d'éclairage, on ne sera peut-être pas fâché de trouver ici quelques détails sur la manière dont nos rues étaient *illuminées*, comme on disait alors, sous les règnes de Louis XIV et de Louis XV.

Dès que Louis XIV eut fixé son séjour à Versailles, on sentit la nécessité d'éclairer la ville le soir, ainsi que cela avait lieu dans les grandes villes de France. Les moyens étaient alors peu compliqués. On plaçait de distance en distance, devant certaines maisons, des lanternes élevées à une certaine hauteur, et dans lesquelles on mettait des chandelles.

En 1742, il y avait à Versailles 642 lanternes : 107 pour le roi, 27 pour les princes et seigneurs, et 508 pour la ville, dont 289 pour la Ville-Neuve, 213 pour le Vieux-Versailles et le Parc-aux-Cerfs, 4 pour les entrées, et 2, l'une pour le procureur du roi, et l'autre pour le commissaire de police ; les lanternes étaient payées par un impôt spécial réparti sur tous les propriétaires de la ville.

Quant au mode d'allumage, il était fort simple. La ville était divisée en dix quartiers. Dans chaque quartier, un bourgeois, sous le nom de quartinier, était chargé d'inspecter les lanternes afin de voir si elles étaient en bon état, bien entretenues et allumées aux heures indiquées par le bailli. Sous la surveillance du quartinier on nommait un certain nombre de bourgeois tenus d'allumer ou de faire allumer les lanternes de plusieurs rues. La désignation de la charge d'allumeur se faisait par une commission, dont nous avons retrouvé un exemplaire imprimé, pour l'année 1743. On y trouve des détails qui montrent quelle importance on attachait à cette charge d'allumeur, mais qui font voir en même temps à combien de vexations était sujet *le bourgeois* de cette époque, et qui expliquent son enthousiasme à la chute de ce régime.

Commission et avertissement pour allumer les lanternes publiques de la ville de Versailles.

De L'ordonnance de nous, François-Alexandre Fresson, conseiller du roi, bailli, juge civil, et lieutenant-général de police de Versailles ;

Vous, Laurent Lajet, marchand de toile, place du Marché, à *l'Épée-Royale*, êtes commis et établi, et par ces présentes nous vous commettons et établissons pour allumer, les jours et aux heures ci-après marqués, le nombre de 15 lanternes.

OCTOBRE 1743.

Elles seront allumées à six heures et demie, au déclin du jour, le surlendemain de la pleine lune, qui sera du 5 au 8, en petite chandelle, et du 9 au 24 en grande chandelle.

NOVEMBRE 1743.

Elles seront allumées à six heures, au déclin du jour, le surlendemain de la pleine lune, qui sera du 4 au 7, en petite chandelle, et du 8 au 23 en grande chandelle.

DÉCEMBRE 1743.

Elles seront allumées à cinq heures, au déclin du jour, le surlendemain de la pleine lune, qui sera du 3 au 6, en petite chandelle, et du 7 au 24 en grande chandelle, et ledit jour 24 elles seront rallumées à onze heures du soir, à cause de la messe de minuit.

JANVIER 1744.

Elles seront allumées à cinq heures, au déclin du jour, le surlendemain de la pleine lune, qui sera du 2 au 5, en petite chandelle, et du 5 au 21 en grande chandelle.

FÉVRIER 1744.

Elles seront allumées à six heures, au déclin du jour, le surlendemain de la pleine lune, qui sera du 1er au 4, en petite chandelle, et du 5 au 21 en grande chandelle.

MARS 1744.

Elles seront allumées à six heures et demie, au déclin du jour, le surlendemain de la pleine lune, qui sera du 2 au 5, en petite chandelle, et du 5 au 21, qui sera le dernier jour d'allumage, en grande chandelle.

Vous recevrez les chandelles chez votre quartinier, dans un panier, entières et bien conditionnées, et vous aurez soin de les serrer dans un endroit sûr, afin qu'elles soient dans un bon état lorsque vous les allumerez pour les mettre dans les lanternes.

Vous n'allumerez qu'une chandelle à la fois, parce que lorsqu'on en allume plusieurs ensemble, elles se consument en partie avant qu'elles soient posées dans les lanternes.

Si lors des visites qui seront faites par les commissaires de police et les quartiniers, il se trouve quelque chandelle coupée, altérée, piquée, renouée avec cartons, papiers, ficelles, changée, rompue ou affaiblie, ou qu'il s'y commette quelque fraude, vous encourrez les peines portées par les ordonnances et règlements de police.

Vous observerez exactement de ne point ôter, des lanternes que vous allumerez, les bouts des chandelles qui auront été éteintes pendant la nuit, que l'après-midi du jour suivant, afin de donner le temps aux commissaires de police et quartiniers de faire leurs visites pour connaître la cause de l'extinction desdites chandelles.

Vous ne manquerez pas de mettre les grandes chandelles dans les grandes bobèches, et les petites chandelles dans les petites bobèches, bien droites et non penchées; car si l'on trouve quelqu'une des lanternes que vous devez allumer brûlée, les réparations en seront faites à vos frais et dépens; et vous serez aussi condamné en une amende envers le Roi.

Vous élèverez les lanternes que vous allumerez, doucement et d'égale hauteur.

S'il arrivait qu'il y eût quelque lanterne qui ne pût être allumée faute de pouvoir être descendue par le défaut des boîtes ou poulies, vous porterez la chandelle le même soir chez le commissaire de police de votre quartier, afin qu'il donne les ordres nécessaires pour qu'elle soit mise en état d'être allumée le lendemain.

Vous aurez attention de bien fermer les portes desdites lanternes; et si quelqu'une se trouve ouverte, cassée, arrachée et enlevée, on vous en imputera la faute, et le rétablissement de ladite lanterne sera fait à vos frais et dépens; et d'ailleurs vous serez condamné en une amende envers le Roi.

Si vous ne pouvez pas vous-même vaquer à allumer les chandelles desdites lanternes, vous en confierez le soin à des personnes au moins âgées de vingt ans, capables de s'en bien acquitter, et qui n'allumeront que votre département seulement, et vous leur délivrerez la chandelle chaque jour pour allumer à l'heure ci-dessus marquée; comme aussi vous aurez soin de vous faire rapporter la clef des boîtes tous les soirs.

Vous demeurerez garant et responsable en votre nom de toutes les contraventions que ces particuliers pourraient commettre.

Lorsqu'il y aura quelques carreaux cassés aux lanternes, vous en donnerez avis aux commissaire de police et quartiniers de votre quartier aussitôt que vous vous en serez aperçu, afin qu'ils les fassent réparer.

Vous observerez exactement tout ce que dessus pour éviter les peines portées par les règlements de police, sur lesquelles vous êtes averti qu'il n'y aura aucune grâce ni tolérance.

MM. les quartiniers auront attention de veiller sur les allumeurs de leur quartier, de ne leur délivrer que le nombre juste de chandelles, tant grandes que petites, pour chaque allumage.

Ils feront leurs visites les premiers jours de chaque allumage, pour examiner si toutes les lanternes de leur quartier auront été régulièrement allumées; et s'ils en trouvent quelques-unes d'éteintes, ils feront en sorte d'en connaître la cause, dont ils donneront avis au commissaire de police de leur quartier, pour y pourvoir suivant que le cas en requerra, ou en faire son rapport à l'audience de police.

Fait et délivré le 3 septembre 1743.

On voit que ce n'était point alors une charge d'une mince importance que celle d'allumeur de chandelles à Versailles.

Le mode d'éclairage aux chandelles dura pendant tout le règne de Louis XV. Ce fut quelques jours après être monté sur le trône que Louis XVI signa l'arrêt du conseil autorisant à Versailles l'éclairage à l'huile et à becs garnis de réverbères. L'entreprise en fut donnée, le 21 mai 1774, aux sieurs Tourtille-Sangrais, entrepreneur des illuminations de la ville de Paris, et Bonet, entrepreneur des bâtiments du roi ; et l'entrepôt fut établi au domicile de ce dernier, rue de Marly, n° 5.

Les réverbères, après avoir subi de nombreuses améliorations, ont cependant fini par être remplacés, dans presque toutes les rues de Versailles, par un genre d'éclairage qui leur est aussi supérieur qu'eux-mêmes l'étaient aux lanternes à chandelles.

CÔTÉ DROIT.

N° 2. — Sous Louis XIV, hôtel de La Feuillade, habitation du dernier bailli de Versailles, le sieur Froment, seigneur de Champ-la-Garde et des Condamines.

N° 4. — Ancienne hôtellerie : *au roi Charlemagne*.

RUE SAINTE-ANNE.

La rue Sainte-Anne s'étend de la rue des Bons-Enfants à la rue de Madame, dans la direction de l'ouest à l'est. Elle a 172 mètres de longueur sur 6 mètres 70 centimètres de largeur dans sa partie la plus large, et 2 mètres dans sa partie la plus petite. Cette dernière partie forme un passage assez étroit, trace de l'ancien couloir du couvent des Récollets; elle portait, à son origine, le nom de rue du Cormier, puis celui de rue des Deux-Poteaux, qui lui avait été donné des poteaux en bois placés à ses extrémités.

En 1793, la rue Sainte-Anne prit le nom de rue Pensylvanie.

RUE DE MADAME.

La direction de la rue de Madame est du sud au nord. Elle a de longueur, de la rue Sainte-Anne à la rue de la Pompe, 102 mètres 90 centimètres sur 6 mètres 70 centimètres de largeur. Elle portait le nom de rue de Conty, des bâtiments de l'hôtel de Conty dont une grande partie donnait sur cette rue.

En 1793, elle fut nommée rue de Pensylvanie, comme la rue Sainte-Anne.

En 1806, on lui donna celui de rue de Madame.

Plusieurs auberges y étaient établies autrefois.

CÔTÉ GAUCHE.

N° 5. — Ancienne hôtellerie de la Ville-de-Gournay.

N° 7. — Auberge du Cerceau-d'Or.

N° 11. — A la Croix-Rouge.

CÔTÉ DROIT.

Au commencement de cette rue, du côté droit, existent quelques dépendances de l'ancien hôtel de Conty, dans lesquelles logea, en 1789, le fameux Dubois de Crancé, député du Tiers, ancien mousquetaire.

N° 2. — Auberge du Laurier-Couronné.

N° 4. — Au Bien-Conduit.

RUE BASSE.

Petite rue qui va de la Petite-Place à la rue de Madame. Sa direction est du sud-ouest au nord-est. Elle a 37 mètres de long sur 5 mètres 70 centimètres de large.

N° 2. — Hôtellerie de l'Épée-de-Bois.

RUE DUPLESSIS.

La rue Duplessis est dirigée du sud au nord. Elle commence à l'avenue de Saint-Cloud et se termine à la barrière des Octrois, sur le chemin de Glatigny. Elle a 1,026 mètres 15 centimètres de longueur et 19 mètres 50 de largeur.

Autrefois, cette rue en formait trois de noms différents : la rue Duplessis, la rue de l'Étang et la rue Sainte-Elisabeth.

La portion qui portait le nom de rue Duplessis s'étendait de l'avenue de Saint-Cloud au Marché. Cette rue était autrefois, et est encore aujourd'hui, l'une des plus commerçantes de Versailles. Son nom lui vient de l'hôtel Du Plessis, dont une partie s'étendait sur le côté gauche. L'entrée principale de cet hôtel était à l'angle de la rue de la Pompe; il avait été bâti, dès les commencements de Versailles, par Jean-Baptiste-Amador Du Plessis, marquis de Richelieu, capitaine des Châteaux de Saint-Germain-en-Laye et de Versailles.

La rue de l'Étang commençait au marché et finissait à l'étang de Clagny, à peu près à la hauteur de la rue Neuve. En cet endroit se trouvait une porte qui terminait la rue. Cette porte s'appelait porte de Glatigny. Lors des premières constructions de la ville neuve, cette rue était appelée rue du Petit-Marais.

La rue Sainte-Élisabeth commençait au boulevard de la Reine, et se terminait à la grille des Octrois. Elle n'a été construite qu'en 1775, avec le nouveau quartier des Prés.

En 1793, ces trois rues furent réunies sous un même nom, celui de Voltaire.

CÔTÉ GAUCHE.

N° 1. — Faisait partie de l'hôtel Du Plessis.

N° 9. — Avait pour enseigne : à la Ville-d'Alençon.

N° 11. — A la Grâce de Dieu.

N° 13. — A la Providence.

N° 17. — Au Pélican.

N° 19. — A Saint-Pierre.

N° 23. — Au Sabot ; nom que porte encore le restaurant actuel.

N° 27. — A la Petite-Syrène.

N° 31. — Hôtellerie du Renard, dans laquelle logèrent plusieurs membres de la députation de la province d'Artois aux États-Généraux, et le trop célèbre Robespierre, alors avocat.

N° 35. — A Saint-François.

COTÉ DROIT.

N° 6. — Maison du Commissaire de police Narbonne.

Narbonne était huissier au bailliage de Versailles, sous le règne de Louis XIV. M. Régnier, procureur du roi, et depuis bailli, ayant eu l'occasion d'apprécier son intelligence et son activité, le fit nommer, en 1720, commissaire de police. Ce fut le premier commissaire de police de Versailles. Narbonne, en contact par son emploi avec une grande quantité de personnages de la ville et de la cour, se trouvait à même de savoir une foule d'anecdotes intéressantes. C'est ainsi qu'il a recueilli, dans vingt-cinq volumes in-quarto, une quantité considérable de documents, la plupart écrits de sa main, donnant les renseignements les plus curieux sur les premiers temps de Versailles et sur les hommes qui l'habitaient à cette époque. Le manuscrit de Narbonne commence vers 1700 et finit en 1746. Il est déposé à la Bibliothèque publique de Versailles (1).

N° 12. — A l'enseigne de l'Écu.

N° 16. — A la Croix-de-Fer.

N° 24. — Au Phénix.

N° 26. — Au Petit-Marais.

N° 30. — A l'Oiseau-Royal.

Du n° 38 au n° 42. — Embarcadère du chemin de fer de Versailles à Paris (rive droite).

Le chemin de fer de Paris à Saint-Germain existait déjà, et Versailles n'en avait point encore. Les projets se succédaient pour faire jouir de cette nouvelle voie de communication avec la capitale, le chef-lieu du département de Seine-et-Oise. Deux compagnies rivales se présentaint : l'une, à la tête de laquelle se trouvaient les MM. Rothschild, désirait que le chemin fût sur la rive droite de la Seine, et se reliât à celui de Saint-Germain ; l'autre, représentée par MM. Fould, Fould-Oppenheim et Léo, voulait le placer sur la rive gauche. Le Gouvernement était fort embarrassé. Valait-il mieux que le chemin fût à droite ? valait-il mieux

---

(1) Voir *Journal de Narbonne*, 1 vol. in-8°, publié par J.-A. Le Roi.

qu'il fût à gauche ? Enfin la difficulté fut tranchée, ou plutôt éludée par la loi du 9 juillet 1836, qui autorise l'établissement de deux chemins de fer pour Versailles, l'un sur la rive droite, l'autre sur la rive gauche. Les deux chemins furent mis en adjudication, et par une ordonnance du roi, en date du 24 mai 1837, MM. de Rothschild frères, J.-Ch. Davillier et Cie, Thurneyssen et Cie, Louis d'Eichthal et fils, Jacques Lefebvre et Cie, furent déclarés concessionnaires du chemin de fer de la rive droite, MM. B.-S. Fould, Fould et Oppenheim, et A. Léo, concessionnaires de celui de la rive gauche.

Les travaux marchèrent rapidement, et le chemin de la rive droite put être inauguré le 2 août 1839. Cette inauguration fut faite par le duc d'Orléans (1).

Le dimanche suivant, 4 août, le chemin fut entièrement livré au public. On était alors fort avide d'aller sur un chemin de fer. Aussi, quoique la permission de circuler n'eût été donnée que le matin du même jour, et que le public n'en eût été instruit que vers le milieu de la journée, néanmoins la recette s'est élevée à 16,000 fr. De ce même jour, 4 août, au 26 du même mois, ce chemin transporta 116,972 voyageurs.

Sans avoir la magnificence des embarcadères des grandes lignes de chemin de fer, celui de la rive droite ne manque pas d'élégance, et est parfaitement en rapport avec le service qu'il est appelé à remplir. Les bâtiments sont précédés d'une très-grande cour ovale, fermée par une grille du côté de la rue Duplessis. Au fond de cette cour, et faisant face à la rue, se présente le grand vestibule, formé de neuf arcades, dont celle du milieu sert de principale porte

(1) Voir le récit de l'inauguration dans le *Moniteur*.

d'entrée et les autres de croisées. C'est dans ce vestibule que sont les bureaux pour les voyageurs et les bagages. En face de la porte d'entrée se trouve la salle d'attente, à laquelle on arrive par un escalier de dix-huit marches. Cette salle, d'une longueur de plus de 50 mètres, offre de chaque côté vingt colonnes, d'où partent des ornements dans le goût oriental, allant se réunir à la voûte, et entourant les vingt croisées qui éclairent cette vaste salle. Dix portes de chaque côté donnent entrée à deux quais d'embarquement formés de longues galeries ornées de colonnettes de fer supportant le toit.

La salle d'attente de la rive droite, grâce au bon vouloir de son directeur, a plus d'une fois servi à des réunions de bienfaisance. Ce fut aussi dans cette salle que se tinrent, en 1848, les assemblées du Comité central républicain de Versailles, dit de la Rive-Droite.

N° 54. — Maison dans laquelle se trouvait une brasserie fondée, avant 1788, par le sieur Schleiffer, brasseur du roi.

Depuis l'établissement du chemin de fer, la rue Duplessis est l'une des rues de Versailles les plus fréquentées par les étrangers, et c'est aussi l'une de celles qui s'est le plus embellie. De fort jolies maisons se sont élevées sur les terrains, pour la plupart inoccupés, de la partie formant autrefois la rue Sainte-Élisabeth.

IMPASSE DUPLESSIS.

L'impasse Duplessis est dirigée de l'est à l'ouest. Elle a 44 mètres 45 centimètres de long sur 7 mètres 80 centimètres de large.

IMPASSE DE L'HOSPICE.

En face de l'impasse Duplessis s'en trouvait une autre qui a été supprimée lors de l'achèvement de l'hospice et portait le nom de cul-de-sac de la Charité. A l'angle gauche de cette impasse, se trouvait, en 1789, un bâtiment donnant en partie sur l'impasse et en partie sur la rue Duplessis ; c'était le bâtiment de la communauté des maîtres chirurgiens de Versailles.

Avant la Révolution, il y avait complète séparation entre l'exercice de la médecine et celui de la chirurgie. La profession de médecin était exercée par des docteurs en médecine reçus dans les différentes facultés du royaume, et celle de chirurgien par des maîtres dont les examens se passaient dans les villes possédant une compagnie. Sous Louis XIV, les chirurgiens de Versailles se faisaient recevoir à Paris et ne formaient pas de communauté. Mais la ville, prenant déjà une certaine importance, *Maréchal*, premier chirurgien du roi, les réunit en compagnie, en 1719. L'année suivante, cette compagnie reçut des statuts, confirmés par des lettres-patentes du roi, et enregistrés au parlement de Paris le 16 mars 1720. Ces statuts maintenaient le premier chirurgien du roi, comme chef de la chirurgie du royaume, dans le droit de nommer un lieutenant pour présider aux assemblées, et un greffier pour rédiger les actes. On élisait tous les ans des prévôts. Les maîtres jouissaient des priviléges et prérogatives attachés alors aux arts libéraux. Par l'article vingt-cinq de leurs statuts, ils pouvaient faire des cours d'anatomie et de chirurgie dans leur chambre commune, avec le consentement du lieutenant et des prévôts. Louis XV leur accorda le terrain sur lequel ils firent construire, à leurs dépens, la maison dont nous

nous occupons, pour y tenir leurs assemblées et y faire leurs exercices. Ces cours furent toujours parfaitement faits par les chirurgiens de Versailles. On cite particulièrement, dans les annales de cette communauté, les cours de chirurgie et d'accouchements faits en 1772, 1774, 1775, avec un grand talent, par MM. *Marigues*, lieutenant du premier chirurgien du roi et chirurgien-major de l'infirmerie royale, et *Gauchez;* et ceux faits en 1789, par M. Voisin, alors greffier de M. le premier chirurgien.

Les fils des maîtres et ceux qui épousaient les filles des maîtres ne payaient que la moitié des droits; mais ils étaient obligés de subir le même nombre d'actes probatoires que les autres aspirants. Ces actes étaient fort difficiles et fixés à dix.

Les dentistes, les oculistes, les bandagistes et les sages-femmes étaient tenus, avant d'exercer leur état dans Versailles, de subir un acte probatoire, dans lequel ils étaient interrogés par le lieutenant, le prévôt et les maîtres de la compagnie nommés à cet effet. Il en était de même pour les chirurgiens qui voulaient s'établir dans les villages du bailliage de Versailles.

On voit qu'il n'était pas facile de se faire recevoir dans la compagnie des chirurgiens de Versailles. Aussi la plupart de ceux qui en firent partie furent des hommes distingués dans leur art; et la liste des membres de la compagnie, en 1789, que nous allons faire connaître, nous rappellera plusieurs noms dont la génération actuelle a pu apprécier tout le talent.

Lieutenant du premier chirurgien du roi, M. Gauchez. — Premier prévôt, M. Michault. — Second prévôt, M. Turpin. — Maîtres, MM. Gauthier, doyen, Nazareth, Dupont, Pinson, Marigues, Dureige, Nolin, Dupont de Beauregard,

Duclos, Blanquié, Jobard, Courtès, Voisin, Testart, Texier et Lavédan.

IMPASSE DU DÉBARCADÈRE.

Cette impasse n'existe que depuis l'établissement du débarcadère de la rive droite. Elle se termine par un coude qui appartenait autrefois à l'impasse de Clagny, coupée en deux par l'établissement du débarcadère. Sa longueur est de 130 mètres 95 centimètres, et sa largeur de 8 mètres. Elle se dirige de l'ouest à l'est.

IMPASSE DES JARDINS.

L'impasse des Jardins était autrefois fermée par une grande porte sur la rue Duplessis. Aujourd'hui elle est complétement ouverte. Elle a 104 mètres 65 centimètres de long, sur 6 mètres 80 centimètres de large ; sa direction est aussi de l'ouest à l'est.

La proximité du chemin de fer de la rive droite a fait élever de jolies maisons dans ces deux impasses.

RUE SAINT-PIERRE.

En 1684, elle se nommait rue de Vermandois ; ce fut quelques années après qu'elle prit le nom de rue Saint-Pierre.

La rue Saint-Pierre a 152 mètres de longueur et 15 mètres 60 centimètres de largeur ; elle va du sud au nord de la place des Tribunaux à l'avenue de Saint-Cloud.

Anciennement cette rue était complétement séparée de la place des Tribunaux (cour du Chenil), par une grande porte qui fermait la Vénerie ; et pour se rendre sur l'avenue de Paris, il fallait passer par la rue du Chenil (de Jouvencel), et par la rue de l'Aventure (Jean-Houdon).

La fontaine du coin de la rue de Jouvencel formait autrefois saillie sur la rue Saint-Pierre. Au-dessus se trouvait une niche, dans laquelle les pieux habitants de ce quartier avaient placé une sainte Vierge. Cette fontaine fournissait de l'eau de source. Elle était très en renom, et lorsqu'au commencement de 1793 on débaptisa toutes les rues, on donna à la rue Saint-Pierre le nom de rue de la *Fontaine*. Quelques mois après on la nomma rue *Marat*.

Le 13 juillet 1793, le poignard de Charlotte Corday débarrassait la France de la hideuse présence de Marat. Cette mort produisit une rumeur extraordinaire, et les clubs de Versailles et des environs ne furent pas les derniers à manifester leurs regrets. On organisa des fêtes funèbres en son honneur et en celui de Lepelletier de Saint-Fargeau, *ces deux martyrs de la liberté*, comme on les appelait alors. Quelques jours plus tard, on profita de la fête solennelle de l'acceptation de la Constitution républicaine, qui eut lieu le 10 août, pour placer en grande cérémonie le buste de Marat dans la niche occupée précédemment par la Sainte-Vierge, sur la fontaine de la rue Saint-Pierre.

Le procès-verbal de *cette fête* nous semble assez curieux pour être rapporté :

« A huit heures du matin, les citoyens réunis en sections et marchant en deux colonnes sur quatre de front, partent de l'avenue de Paris. Entre les deux colonnes, sont placées en tête deux trompettes à cheval, les tambours et la compagnie des *citoyennes armées*, mais sans armes.

» Un groupe de jeunes citoyens, ayant remporté des prix dans les écoles, portait les Droits de l'Homme ; à leur suite marchaient les jeunes citoyennes, ayant aussi remporté des prix, dont l'une d'elles portait une branche de chêne, ornée de rubans et de cocardes tricolores.

» Puis venaient un groupe de quatorze mères de famille, avec leurs enfants de cinq à huit ans, le buste de Jean-Jacques Rousseau au milieu d'elles, et suivi de la musique militaire ;

» Un groupe des Amis de la Liberté portant Brutus, la Bastille et la pierre de la Bastille ;

» Un autre groupe de quatorze vieillards octogénaires, précédé d'une jeune citoyenne, avec une inscription en l'honneur de la vieillesse.

» Puis venaient : les hommes de loi ; — les tribunaux ; le buste de Lepelletier de Saint-Fargeau au milieu ; — les membres du bureau de conciliation, juges de paix et assesseurs, précédés d'une jeune citoyenne tenant une branche d'olivier ; — les administrateurs de la maison de secours, ayant à leur tête une jeune citoyenne portant une poignée d'épis à la main, et au milieu d'eux le buste de *Marat* ; — un chœur de chanteuses ; enfin, le char avec l'emblème de la Liberté, représenté par un nuage, sur lequel se trouvait le livre de la Constitution surmonté d'un globe bleu d'azur, où étaient inscrits les mots : Liberté, — Egalité.

» En avant de ce char marchaient douze jeunes citoyennes, vêtues de blanc, ornées de ceintures tricolores et coiffées en vestales ; l'une d'elles avait à la main une couronne civique : aux quatre angles étaient quatre jeunes citoyennes vêtues comme les précédentes, et portant des cassolettes remplies de parfums ; et en arrière les notables et les corps administratifs.

» La marche était fermée par vingt-six citoyens sur deux rangs, tenant un ruban tricolore formant barrière et entourant une brouette à immondices, sur laquelle étaient placés des titres de féodalité destinés à être brûlés avec le drapeau fédératif de 1789. »

Le cortége se rendit ainsi à l'autel de la Patrie placé au bout de la pièce d'eau des Suisses, au pied de la statue de *Marcus-Curtius*. Arrivé devant l'autel, le maire mit le feu aux titres et au drapeau fédératif, pendant que des chœurs de musiciens entonnaient des strophes de Félix Nogaret. La musique était de Giroux, l'ancien surintendant de la musique de Louis XVI; ils se terminaient par ce refrain :

> Nous ne reconnaissons, en détestant les rois,
> Que l'amour des vertus et l'empire des lois.

Des oiseaux enfermés dans la Bastille furent délivrés, au chant de deux couplets rappelant les bienfaits de l'union et de la liberté.

Le cortége parcourut ensuite le reste de la ville, et arrivé devant la fontaine de la rue Saint-Pierre, le buste de Marat fut placé dans la niche. *Une jeune citoyenne* prononça un discours qui se terminait par cette apostrophe, singulièrement placée dans la bouche d'une jeune personne !

« O Marat, ami sincère, défenseur intrépide de ce peuple qui, en te rendant les derniers honneurs dus à ton *mâle courage, à ta vertu, à tes talents,* parcourt la carrière que tu as commencée si heureusement et qu'un monstre dénaturé vint suspendre au milieu de sa course, tout retrace *tes exploits,* tout peint *ton désintéressement,* première qualité d'un vrai républicain, tout annonce *tes bienfaits* rendus à la patrie ; enfin, tout nous fait un devoir *de t'imiter,* dussions-nous perdre une vie que nous consacrons tout entière au maintien de notre Constitution, de nos droits et de nos lois. »

Le buste de Marat resta sur la fontaine jusqu'au commencement de 1795. A cette époque, où de toutes parts on s'élevait contre le jacobinisme, les bustes de Marat placés à Paris, dans tous les lieux publics, étaient brisés aux cris de : A bas les terroristes ! à bas Marat ! C'est aux mêmes cris que celui de la rue Saint-Pierre fut traîné dans la boue, brisé, et les morceaux jetés dans l'égout de l'avenue de Saint-Cloud.

De ce moment la rue quitta le nom de Marat, pour reprendre le nom de rue de la Fontaine, jusqu'en 1806, où on l'appela de nouveau rue Saint-Pierre.

CÔTÉ GAUCHE.

N° 5. — Entrée du passage Saint-Pierre.

Tout le terrain compris entre cette entrée et celle qui donne sur l'avenue de Saint-Cloud, appartenait autrefois à un seul propriétaire. Longtemps avant la Révolution, l'on était dans l'habitude de traverser ce terrain qui raccourcit la route du Chenil à la rue Duplessis. Quelques petites habitations s'y étaient élevées à cette époque ; mais ce n'est que depuis la Révolution, et surtout depuis la formation de la place des Tribunaux et de l'avenue de la Mairie, que ce passage a pris une certaine importance.

Le passage Saint-Pierre forme un coude se dirigeant d'abord de l'est à l'ouest, puis du sud au nord. Il a 70 mètres 50 centimètres de long sur 6 mètres 50 centimètres de large. Ce passage, aujourd'hui très-fréquenté, a suivi, quant à son nom, les vicissitudes de la rue Saint-Pierre.

CÔTÉ DROIT.

N° 2. — Sous Louis XIV, hôtel de la Louveterie du roi. Louis XIV aimait beaucoup la chasse au loup ; et ce qui peut nous paraître assez extraordinaire aujourd'hui, c'est qu'elle avait presque toujours lieu dans les bois des environs de Versailles, d'où les loups ont complétement disparu. Il y avait pour cette chasse un équipage particulier placé dans ce lieu. En 1722, l'équipage du roi fut réuni à celui du Dauphin, et l'on mit dans cet hôtel le bureau des aides de Versailles.

Une régie particulière des droits des aides avait été établie, en exécution de la déclaration du roi Louis XV, rendue *comme seigneur de Versailles*, le 6 octobre 1722.

Ces droits ne faisaient point partie de la ferme générale des aides et gabelles. Le produit, joint à celui des domaines et bois, était spécialement affecté aux réparations des fermes du parc et de diverses maisons dépendantes du domaine, ainsi qu'aux dépenses pour les fournitures de bois, charbon, bougies, chandelles, etc., et au paiement des officiers des chasses, gardes, suisses et autres gens et domestiques employés aux châteaux et dépendances de Versailles, Trianon et Marly. Enfin, les restes, versés dans la *cassette du roi*, y étaient destinés aux bienfaits et aumônes qui en sortaient chaque année.

N° 8. — Ancienne auberge : à l'enseigne *Saint-Germain*.

N° 10. — Hôtellerie : *à la Croix-Blanche*.

PLACE DES TRIBUNAUX.

Cette place n'existe que depuis la Révolution ; avant cette époque, elle formait les principales cours du Chenil. Le bâtiment dans lequel logeait le grand-veneur, aujourd'hui le Palais-de-Justice, fut bâti, en 1670, pour le duc de Chaulnes auquel Louis XIV l'acheta en 1682, ainsi que les dépendances, dans lesquelles il plaça sa Vénerie. Cette partie de la ville a subi de telles transformations, et il existe si peu de personnes qui puissent actuellement se figurer ce qu'était alors ce grand établissement de la Vénerie royale, que nous croyons devoir remettre sous les yeux de nos lecteurs la description qu'en fit le *Mercure Ga-*

lant en 1686, à l'occasion de la visite des ambassadeurs de Siam.

» On les mena, dit-il, *au Chenil*, qui sert de logement au grand-veneur. Ce bâtiment est difficile à décrire, parce que tout y est extraordinaire, et qu'au lieu d'avoir sa principale porte en face du bâtiment, on y entre par les côtés. Il est situé devant le manége, derrière la grande écurie. Cependant il n'y a pas d'entrée de ce côté-là ; mais au-devant du principal corps de logis on voit un jardin fermé d'une balustrade et qui, occupant toute la face du bâtiment, retourne des deux côtés sur les ailes, où il s'étend. Ce corps de logis est d'environ 30 toises de longueur sur 8 d'épaisseur. Il est composé d'un étage au rez-de-chaussée et d'un autre au-dessus, en attique, sans comble apparent, mais couronné d'une balustrade avec des vases. Comme cette face de derrière regarde le château de Versailles et que ce bâtiment est situé entre deux allées d'arbres, on n'a qu'à suivre, des deux côtés, le mur du jardin le long de ces arbres, dont chaque rang est dans une avenue différente de Versailles, et l'on trouve deux portes qui donnent dans deux petites cours par lesquelles on entre dans la grande. Elle est octogone et a huit pans, savoir : quatre grands et quatre petits ; des quatre grands, l'un est occupé par le grand corps de logis dont je viens de vous parler, et celui qui lui est opposé par une grille du milieu de laquelle on entre dans une cour dont je parlerai dans la suite. Le long des deux autres grands pans sont deux moyennes cours, dont je vous ai déjà parlé, et par lesquelles on passe pour entrer dans cette cour octogone, dont les quatre petits pans sont percés de quatre portes cintrées en anse de panier, par deux desquelles on entre dans le jardin, et par les deux autres, dans deux autres cours qui se communiquent à deux autres, par dessus deux ailes de bâtiment qui les séparent et qui règnent le long de la cour dans laquelle je vous ai dit qu'on entrait par le pan de la cour octogone qui est vis-à-vis la façade du bâtiment. Cette cour a une sortie pour les chiens, et cette sortie, qui est en face du corps de logis, aurait pu servir de principale entrée, s'il y avait un chemin de ce côté (1). Ces cinq cours, qui sont les dernières, et qui seraient les

(1) La rue Jean-Houdon n'existait point encore à cette époque.

premières si la grande entrée avait été par-là, ont plusieurs de leurs côtés remplis des bâtiments qui renferment les logements des officiers de la Vénerie, les écuries pour les coureurs, et les chenils pour les différentes meutes du roi. Rien n'est plus extraordinaire ni mieux entendu que tout ce qui regarde cet hôtel, dont l'enclos, outre tous les bâtiments, contient huit cours et un jardin ; et ce qu'il y a d'agréable, c'est que tout se voit du milieu de la cour octogone, et qu'étant percée dans ses huit pans, on n'a qu'à choisir l'endroit où l'on veut aller pour s'y trouver bientôt. Le génie d'un architecte (1) paraît beaucoup en ces sortes de choses, et quiconque les peut inventer fait voir qu'il a un grand goût d'architecture. »

Quoique la Vénerie de Louis XIV fût déjà fort considérable, Louis XV en fit encore augmenter les bâtiments lorsqu'il voulut avoir une seconde meute du cerf. Depuis l'établissement de la Vénerie dans ce lieu, l'on était dans l'usage de promener les chiens à la butte de Montbauron ; mais comme, pour y arriver, il fallait traverser plusieurs rues, et que, quelque précaution que l'on prît, l'on ne pouvait les empêcher de ramasser toutes sortes de vilenies, ni les préserver de la morsure de quelque mauvais chien, on résolut, en 1774, de les promener dans une grande cour du Chenil, nommée *la Cour Verte,* dans laquelle, moyennant deux treillages qui la partageaient, chaque partie de meute y faisait son ébat en même temps et y était en sûreté (2).

La porte de la Vénerie sur l'avenue de Paris était gardée par un suisse, et celle de la rue Saint-Pierre l'était par un portier.

Louis XVI, comme ses prédécesseurs, aimait beaucoup la chasse, et sous ce roi, la Vénerie fut tout aussi considé-

---

(1) Mansart.
(2) *Traité de Vénerie*, par d'Yauville.

rable. Après son départ, en 1789, tous les grands dignitaires de sa maison le suivirent à Paris, et le pavillon du Grand-Veneur resta vide.

L'Assemblée constituante, par son décret du 22 décembre 1789, venait de créer dans chaque département une *administration départementale ;* c'est dans l'habitation du Grand-Veneur que, par une autorisation du roi, du 8 février 1791, cette administration put se réunir et établir ses bureaux. Les travaux nécessaires à cette nouvelle destination furent exécutés par l'ingénieur *Le Masson*.

Le 3 octobre 1793, on plaça dans la salle des séances de l'administration départementale, une pierre de la Bastille sur laquelle était gravée la déclaration des droits de l'homme et du citoyen. Le procès-verbal de la pose de cette pierre entre dans tous les détails de cette solennité républicaine.

« La municipalité, le district, les tribunaux civil et criminel, s'étant rendus au lieu des séances de la Société populaire, où le *patriote Palloy* avait déposé cette pierre, le cortège s'est mis en marche à midi, précédé de la musique de la garde nationale, et *accompagné des citoyennes républicaines,* portant des étendards surmontés du bonnet de la liberté avec cette devise : « Vivre libre ou mourir ! » *elles étaient armées de sabres, de piques, et ornées d'habits blancs et d'écharpes tricolores ;* des gardes nationales et des hussards du 11ᵉ régiment escortaient également la pierre de la Bastille. Cette pierre était portée par deux républicains ; le cortège marchait au son d'une musique guerrière, avec l'allégresse et la majesté qui conviennent essentiellement à un peuple libre. »

Le cortége arrivé au département, la pierre fut déposée sur un tapis tricolore, en face du président. Puis il y eut des discours patriotiques, prononcés par Palloy, Germain, président ; Des Closeaux, commissaire-national ; Charbonnier, président de la Société des Amis de la Liberté et de l'Egalité, et par Gravois, maire de Versailles. L'assemblée ayant ensuite décidé à l'unanimité que la pierre serait posée dans la salle des Séances, le représentant du peuple Charles Lacroix, s'écria, enthousiasmé :

« Je demande, par amendement, que la déclaration des droits de l'homme soit placée en face de la statue de Brutus ; car si elle venait à se perdre, c'est avec le poignard de Brutus qu'il faudrait la recouvrer. »

Puis enfin, un citoyen et une citoyenne chantèrent des couplets, et la cérémonie se termina par une accolade universelle (1).

En 1800, l'administration du département, qui avait pris le nom de préfecture, ayant été transférée dans l'hôtel du Garde-Meuble, le tribunal civil et correctionnel la remplaça dans celui du Grand-Veneur.

En 1793, officiers de la Vénerie, piqueurs, valets, chevaux et chiens, tout disparut, et les bâtiments du Chenil restèrent entièrement vides.

On y établit alors divers ateliers de sellerie et de clouterie, afin d'occuper une partie des individus laissés sans travail et sans pain par toutes les suppressions d'emplois que l'on venait de faire.

Depuis, ces bâtiments étaient restés en partie inoccupés, ou avaient servi à quelques établissements particuliers, lorsque Napoléon, devenu Empereur, forma sa Maison. La Vénerie fut rétablie et placée dans les bâtiments occupés par elle avant la Révolution. L'Empereur fit faire les grilles qui donnaient sur la place des Tribunaux. A cette époque disparurent complètement les portes de l'avenue de Paris et de la rue Saint-Pierre. La Restauration augmenta en-

---

(1) Biblioth. de Versailles, *Recueils d'arrêts*, etc., in-4°.

core la Vénerie rétablie par l'Empereur. Sous Louis XVIII, on construisit, pour y placer les chiens, la partie donnant sur la rue Jean-Houdon.

Après la Révolution de Juillet, les bâtiments du Chenil, distraits de la liste civile du nouveau roi, passèrent au département de l'instruction publique. On y établit, en décembre 1831, une École normale primaire, qui devint, en très-peu de temps, l'un des plus beaux établissements de ce genre créés en France.

Une salle d'asile fort bien tenue, dans laquelle étaient reçus un grand nombre d'enfants, fut placée dans ces mêmes bâtiments au commencement de l'année 1834, et l'on y établit, en 1849, le siége de l'Académie de Seine-et-Oise.

En 1854, ces bâtiments ont été cédés au ministère de la guerre, et transformés en casernes, occupées par le Génie de la Garde impériale et par de la cavalerie. Cette caserne pouvait contenir 676 hommes et 194 chevaux.

Depuis longtemps l'hôtel de la Préfecture, rue des Réservoirs, était devenu trop exigu pour les nombreux services que l'on y avait installés, et l'on sentait la nécessité de créer, pour les y placer, un bâtiment spécial.

En 1861, sous l'administration de M. le comte de Saint-Marsault, préfet de Seine-et-Oise, le Conseil général du département décida l'érection d'une nouvelle préfecture. L'ancien Chenil du roi fut le lieu choisi pour l'élever ; on l'acheta du ministère de la guerre, et un concours fut ouvert pour la construction d'un hôtel de préfecture et d'un casernement de gendarmerie sur le même emplacement.

Ce concours eut lieu en 1862 ; trente-neuf architectes y prirent part et le projet, choisi et exécuté depuis, fut celui d'un enfant de Versailles, M. Amédée Manuel, qui en dirigea la construction et la décoration.

Ce monument, totalement isolé par trois rues et une avenue, a sa façade principale sur l'avenue de Paris.

Son plan, complètement régulier, présente trois grandes divisions : au centre, l'hôtel servant à l'habitation du préfet et aux réceptions officielles ; à l'ouest, les bureaux, archives et services divers de la préfecture ; et à l'est, le casernement de la gendarmerie.

L'entrée principale de l'hôtel est sur l'avenue de Paris, celle des bureaux et des archives est sur la place des Tribunaux, et enfin celle de la gendarmerie est sur la rue Jean-Houdon,

Hôtel. — Le rez-de-chaussée, au fond de la cour, comprend : un grand vestibule donnant accès à un salon d'attente et à deux galeries aboutissant, l'une au grand escalier d'honneur, l'autre à l'escalier du préfet ; sur ces galeries ouvrent, d'un côté, le cabinet du préfet et la salle d'attente du public, près duquel se trouve le secrétariat ; de l'autre côté, l'appartement du préfet.

Dans les ailes en retour, se trouvent, d'un côté, un vestibule donnant accès au grand escalier, les dépendances nécessaires aux réceptions et le cabinet du secrétaire-général, précédé d'une antichambre. Dans l'autre, les diverses pièces dépendantes du service particulier du préfet. En retour, sur une cour de dégagement sont les écuries et leurs dépendances.

Le grand appartement de réception est situé au premier étage ; il contient, dans le pavillon central, le grand salon des réceptions officielles, auquel on arrive par deux galeries symétriques, aboutissant aux deux escaliers.

De chaque côté du grand salon, sont placés, d'un côté

la salle du Conseil général, avec antichambre spéciale et salon de conférences, et de l'autre le salon du préfet, la grande salle à manger et l'office.

L'aile de gauche renferme les salles de commission du Conseil général, communiquant par une galerie avec les bureaux; et l'aile de droite l'appartement particulier du préfet faisant retour sur l'avenue de Paris.

Bureaux et services divers. — Les bureaux et les différentes pièces attribuées au Conseil de préfecture et à l'inspection d'Académie sont placés au rez-de-chaussée et au premier étage sur l'avenue de Paris, dans le bâtiment qui s'étend de la cour d'honneur à la place des Tribunaux.

Le grand bâtiment en façade sur la place des Tribunaux contient les archives. Tous les planchers de ce bâtiment sont en fer et en briques, et sont supportés par des colonnes en fonte montant de fond en comble. Il contient environ huit mille mètres de tablettes. Dans la grande pièce du milieu, au premier étage, se trouve la bibliothèque administrative.

Le bâtiment en retour sur la rue de Jouvencel contient la salle du conseil de révision et ses dépendances, le logement du secrétaire particulier et l'appartement du secrétaire général.

Casernement de gendarmerie. — La gendarmerie occupe toute la longueur de la rue Jean-Houdon. Ses bâtiments renferment des écuries pour vingt-quatre chevaux, avec sellerie, cantine, buanderie, etc., et trente-deux logements de gendarmes. Le pavillon en retour sur l'avenue de Paris sert d'habitation aux trois officiers; il a une entrée spéciale par l'avenue.

Pour la décoration extérieure et intérieure, l'architecte s'est inspiré des magnifiques modèles d'architecture des siècles de Louis XIV et de Louis XV, que l'on rencontre à chaque pas à Versailles.

L'ensemble est simple et majestueux tout à la fois par son grand développement.

Le rez-de-chaussée dont toutes les baies sont légèrement cintrées, est décoré dans l'hôtel de clés représentant des têtes d'hommes et de femmes. Les clés au premier étage sont en forme de console et accompagnées de guirlandes et de chutes de feuilles.

Au-dessus de l'entablement, une balustrade en pierre fait le pourtour de l'hôtel et est surmontée de vases ornés, en terre cuite blanche.

Le pavillon central est orné de deux frontons, dont les sculptures ainsi que celles des bustes au-dessous, sont dues à l'habile ciseau de M. Georges Clère. Le fronton de la cour d'honneur représente la Seine et l'Oise réunissant leurs eaux et soutenant l'écusson impérial. Aux extrémités de ce fronton, sont placés deux aigles. Au-dessous sont deux bustes, Mercure et Cérès, ou le Commerce et l'Agriculture. Du côté du jardin, le fronton représente le triomphe de Flore, composé d'un groupe de sept enfants, occupant et traînant un char avec des guirlandes de fleurs. Au-dessous se trouvent les bustes de Vertumne et de Pomone.

Ce pavillon est, en outre, orné dans toute sa largeur sur la cour et sur le jardin, de larges balcons avec balustrade en fer orné. La tablette de chaque balcon est supportée par six magnifiques consoles en pierre sculptée.

Le pavillon central et les pavillons des extrémités des ailes, sont surmontés de combles, genre Mansart, décorés de plombs et zincs ornés. Les autres combles sont plus bas et masqués par la balustrade.

L'architecture des bâtiments latéraux est très-simple et

fait valoir d'autant plus l'ornementation de l'hôtel. Le premier et le second étage sont décorés de panneaux en brique feinte, dans de larges encadrements, moulures en plâtre.

Derrière l'hôtel se trouve un jardin dessiné à l'anglaise, avec rocher, cascade, réservoir et serre, entouré d'un large promenoir ombragé de tilleuls. Presque tous ces arbres, déjà de grande taille, ont été déplantés et replacés par les soins de l'architecte. La superficie du jardin est de 8,600 mètres environ.

La grille fermant la cour d'honneur de l'hôtel sur l'avenue de Paris, est en fer et en fonte ; les pilastres supportant les lanternes sont décorés des lettres initiales du souverain, appliquées sur des couronnes de laurier ; les autres pilastres sont ornés d'abeilles posées sur des branches d'olivier. Le couronnement de la grille est composé de rinceaux enveloppant un écusson sur lequel sont reproduites les initiales enroulées du département.

La décoration intérieure de l'hôtel a été exécutée avec talent, pour les peintures décoratives, par M. Denuelle, architecte peintre, attaché à la commission des monuments historiques, et pour les peintures artistiques par plusieurs peintres, dont quelques-uns de Versailles.

Au rez-de-chaussée, dans le salon d'attente, côté du jardin, deux dessus de portes, l'Amour pêcheur et l'Amour chasseur, sont dus au pinceau de M. Eugène Battaille, de Versailles. Dans le salon à côté, décoré en style Louis XVI, quatre bergeries pour dessus de portes, représentant les saisons. Elles sont de M. Legray. Le plafond et les panneaux sont de M. Guifard et les fleurs de M. Adam Félix.

Dans la salle de billard, deux dessus de portes représentant une vue de Marly et une vue de Saint-Germain, sont de M. Lambinet, de Versailles. Deux autres dessus de portes, donnant la vue de la cascade de Saint-Cloud et de l'aqueduc de Buc, sont de M. Girard.

Dans la salle à manger quatre dessus de portes offrant des armes, des objets d'orfévrerie et des faïences, ont été exécutés par M. Eugène Battaille. Deux autres dessus de portes composés dans le même genre, sont de M. Pallanche. Les feuillages du plafond sont de M. Adam. Dans le cabinet du préfet, quatre dessus de portes de M. Brisset, symbolisent les arts, les sciences, le commerce et l'agriculture. Le grand escalier d'honneur, dont les murs sont recouverts de stucs imitant la pierre et différentes natures de marbre, est décoré de pilastres ioniques surmontés d'une corniche et d'une voussure ornée de peintures et de sculptures. La lumière arrive abondamment dans cet escalier par le centre de la voûte. Une rampe double en fer et fonte, d'un riche travail, avec écusson représentant le chiffre enlacé du département, orne l'escalier dans toute sa hauteur. Deux beaux tableaux, dus aux pinceaux de deux enfants de Versailles; l'un représentant l'île de Capri, est de M. Lanoue, et l'autre montrant une vue de la Seine, prise à Rueil, est de M. Emile Lambinet.

Au premier étage, dans la salle du conseil général, une cheminée monumentale, partie en marbre, partie en stuc, est décorée de bronzes dorés. Dans la niche au-dessus du manteau de cheminée et de la pendule, est un buste en marbre blanc de l'empereur Napoléon Ier par Chaudet. En face de la cheminée, on voit le portrait en pied de l'empereur Napoléon III, d'après Wintherhalter. Les fleurs et les feuillages qui décorent le plafond sont de M. Petit.

Le grand salon de réception officielle, qui tient tout le pavillon central, est éclairé par six fenêtres. On y arrive par six portes. La décoration principale se compose de colonnes et de pilastres cannelés en stuc blanc, avec chapiteaux corinthiens dorés en partie ainsi que la corniche. La voussure est décorée de peintures et de sculptures. Les quatre panneaux principaux personnifiant les saisons, ont été peints par M. Jobbé-Duval. Le grand plafond oval, représentant les heures, est de M. Gendron, et les peintures des panneaux décoratifs sont de M. Guifard.

Dans le salon attenant, appelé salon de l'impératrice, se trouve un portrait en pied de l'impératrice Eugénie, d'après Wintherhalter. Deux dessus de portes, la poésie et la musique, sont de M. Barrias ; le plafond est de M. Guifard, et les fleurs de M. Petit.

Dans la grande salle à manger, les murs sont recouverts de stuc imitant des marbres de différentes couleurs ; la voussure est ornée d'une frise représentant des épisodes de chasse. Le plafond et les groupes en grisaille sont de M. Guifard, et les fleurs de M. Petit.

Dans les appartements particuliers du préfet, un salon, attenant à la chambre à coucher principale, est orné de peintures, d'encadrements et de boiseries sculptées, provenant, en partie, de l'ancien hôtel de gendarmerie, et que l'architecte a eu l'heureuse idée d'employer. Ces peintures qui ont été restaurées, représentent le matin, le soir, le jour et la nuit, et paraissent de l'école de Wanloo.

La construction de tout l'ensemble des bâtiments a duré près de quatre années. Les travaux, adjugés le 11 août 1863, ont commencé le 1ᵉʳ septembre de la même année pour la gendarmerie qui a été occupée en janvier 1865. Ceux de l'hôtel ont commencé en juillet 1864, et l'inauguration des salons a été faite le 19 juin 1867, par M. Boselli, préfet de Seine-et-Oise.

Les bureaux, les archives et l'habitation particulière du préfet étaient déjà occupés depuis la fin de l'année 1866.

Pendant cette longue période de temps, aucun accident grave n'a eu lieu sur les chantiers. Mais si, grâce aux sages précautions et à la surveillance incessante de l'architecte, il n'est rien arrivé aux nombreux ouvriers employés à la construction de cet édifice, il n'en a pas été ainsi de l'architecte lui-même.

Le 13 août 1866, faisant la visite habituelle des travaux, accompagné de tous les entrepreneurs et donnant des explications sur un travail à terminer, il tomba du premier étage de l'hôtel au rez-de-chaussée (cinq mètres de hauteur). Cette chute effraya vivement tous ceux qui l'accompagnaient, et pouvait compromettre l'existence de l'habile architecte ; mais heureusement, cet accident se borna à une simple fracture de jambe.

Depuis le moment où l'on plaça les tribunaux dans l'hôtel du Grand-Veneur, la destination de cet édifice n'a point changé. En 1828, on éleva, à l'endroit où se trouvait autrefois l'habitation du suisse du Chenil, un pavillon pour le tribunal de commerce. Ce tribunal, créé par la loi du 28 juin 1791, avait été placé d'abord dans les bâtiments des Ecuries de la Reine, rue de la Pompe.

En 1838, on bâtit du côté opposé un autre corps de logis touchant au tribunal et destiné à recevoir la cour d'assises. Jusqu'alors, toutes les sessions de la cour d'assises s'étaient tenues dans l'ancienne salle d'audience du bailliage de Versailles, à l'ancienne Geôle, dont nous parlerons plus tard. Mais depuis, désirant réunir dans le même local les différents tribunaux du chef-lieu, on se décida à construire une salle spéciale pour y rendre la justice criminelle. Cette salle, d'une assez grande étendue, mais fort simple dans sa décoration, commencée sur les dessins de M. Gouet, a été achevée par M. Douchain, qui lui succéda comme architecte du département. Tous les tribunaux se trouvant ainsi réunis dans un même lieu, on donna à leur ensemble le nom de Palais-de-Justice.

L'établissement du siége de la cour d'assises, dans la place des Tribunaux, fit sentir la nécessité d'avoir auprès la prison criminelle. La Geôle, dans laquelle se trouvait cette prison, était très-éloignée des tribunaux, et d'ailleurs les bâtiments étaient dans un mauvais état et demandaient de grandes réparations. On se décida à la vendre et à construire près de la cour d'assises une nouvelle maison de justice. Malheureusement, le terrain dont on pouvait disposer était de fort peu d'étendue, et il fallut toute l'habileté de l'architecte pour pouvoir en tirer le parti convenable.

Ce fut en 1844 qu'on éleva la nouvelle prison, sur les dessins de l'architecte Douchain. On a adopté dans sa construction le système cellulaire. Elle est située dans le voisinage immédiat du Palais-de-Justice, avec lequel elle est en communication directe. Sa façade est tournée au sud ; c'est de ce côté qu'ont été percées les fenêtres qui éclairent chaque cellule. Le bâtiment se compose de trois étages au-dessus du rez-de-chaussée ; ce dernier, ainsi que les deux étages qui le surmontent, sont réservés pour les hommes détenus. Le troisième étage seul est consacré aux femmes, et l'on ne peut y parvenir que par un escalier isolé de celui des hommes ; de telle sorte, qu'en aucun cas, il ne peut s'établir la moindre communication entre les détenus de sexe différent. Chacun des étages, y compris le rez-de-chaussée, renferme quatorze cellules ; six autres cellules destinées aux punitions, pouvant recevoir de la lumière, se trouvent au-dessous du sol. Chacune de ces cellules a sa porte d'entrée sur un long corridor, dans lequel se tiennent les surveillants. Le silence le plus absolu règne dans ce lieu; les agents chargés d'y maintenir l'ordre ne parlent entre eux qu'à voix basse. On se croirait dans une solitude, et cependant chacune de ces petites chambres est habitée par un être humain, à qui il est ordonné de rentrer en lui-même.

Chaque cellule est munie d'un plancher et éclairée par une fenêtre large, assez haute, s'ouvrant du dehors par un mécanisme particulier; sa hauteur est de trois mètres, sa largeur de deux mètres, et sa longueur de quatre mètres quatre centimètres à peu près. Le lit du détenu consiste en un hamac, un sac de toile, semblable au sac de campement des militaires, une paillasse en balle d'avoine, une couverture de laine en été, deux couvertures en hiver; une table et un banc, fixés solidement au plancher, permettent au détenu de travailler. Sur une des parois de la cellule est établi un robinet en cuivre, avec un bassin, pour l'eau nécessaire aux besoins de propreté; dans l'angle voisin se trouve une cuvette dite *à l'anglaise*, fermée au moyen d'une couche d'eau amenée par un tuyau en communication avec la conduite de l'eau, de telle sorte qu'aucune odeur ne puisse s'en exhaler. Tous ces lieux d'aisance isolés vont se rendre à un gros tuyau horizontal, ou plutôt incliné légèrement, communiquant d'un côté avec les réservoirs d'eau de la prison, et de l'autre au dehors avec les égouts de la ville. Chaque jour on y fait circuler une grande quantité d'eau qui entraîne toutes les matières. Toute la prison est chauffée par deux calorifères; outre l'aération résultant de l'arrivée continue de l'air chaud, un ventilateur de cinq centimètres carrés est placé à la partie inférieure du mur en face de la fenêtre.

Au lieu d'un simple hamac, le détenu malade ou infirme trouve, dans des cellules spéciales, un lit en fer, avec des draps de lit, matelas et couvertures. Des bains peuvent leur être administrés, deux baignoires existant à l'étage inférieur.

Deux réservoirs, destinés au service et à la boisson de tous, existent au quatrième étage. La plus grande propreté règne à l'intérieur de chaque cellule, ainsi que dans les couloirs.

Les détenus entendent le service divin sans sortir de leurs cellules. La porte, légèrement entr'ouverte et retenue par un boulon, leur permet de voir et d'entendre le prêtre, sans être vus eux-mêmes d'aucun de leurs compagnons d'infortune.

Le système qui sert de règle est la réclusion cellulaire de jour et de nuit, sans autre distraction que le travail, les lectures pieuses et les visites du directeur, des prêtres, du médecin et des gardiens, ainsi que des membres de la commission de surveillance.

Le promenoir est divisé en huit compartiments garnis au centre d'un petit jardin, et séparés les uns des autres par des murs élevés. Un gardien placé dans une rotonde vers laquelle viennent converger tous les promenoirs particuliers, surveille les prisonniers pendant le temps qu'il leur est permis de donner à la promenade.

Ainsi, quoique dans un petit espace, toutes choses ont été combinées avec art, pour obtenir les conditions hygiéniques les plus favorables : l'air, la lumière, le soleil, la chaleur, sont abondamment déversés dans chaque cellule ; aussi l'état sanitaire en est-il toujours des plus satisfaisants.

Ce fut dans la salle de la cour d'assises que se tinrent en

1849, les séances de la haute-cour de justice réunie pour juger les accusés de l'attentat du 13 juin.

La place des Tribunaux a 80 mètres de longueur sur 26 mètres de largeur.

Depuis plusieurs années, des trottoirs y ont été établis, et l'on y a planté des arbres donnant un abri agréable, pendant les ardeurs du soleil, aux nombreux piétons qui la traversent tous les jours.

RUE JEAN-HOUDON.

Cette rue s'étend du sud au nord, de l'avenue de Paris à la rue de Jouvencel. Elle a 128 mètres 20 centimètres de longueur sur 12 mètres 70 centimètres de largeur. Dès son origine, elle porta le nom de rue de l'Aventure, qu'elle conserva pendant la Révolution. On lui a donné celui de rue de Jean-Houdon, en souvenir du célèbre sculpteur né à Versailles en 1741.

RUE MONTBAURON.

Sous Louis XIV, la ville se terminait de ce côté à la rue Montbauron ; ce n'était point alors une rue, mais une avenue à quatre rangées d'arbres, se continuant de l'autre côté de l'avenue de Paris, derrière l'hôtel de Limoges, pour aller gagner l'avenue de Sceaux. Cette avenue existait encore en 1740. Le roi Louis XV fit don de la partie qui longeait la butte Montbauron à Gabriel le fils, contrôleur des bâtiments du roi, et donna celle qui était derrière l'hôtel de Limoges à Mallet, l'un des entrepreneurs de charpente du château de Versailles. Gabriel retira des arbres 6,000 liv., et il vendit le terrain 17,000 liv. à un notaire de Versailles nommé Sillègue. Mallet en fit autant ; mais il paraît qu'il n'en retira pas un prix aussi avantageux. Narbonne, qui nous a conservé tous ces détails, raconte à l'occasion de ce dernier, l'anecdote suivante :

« Le bourreau de Paris prélevait autrefois un droit sur les marchandises et denrées qui se vendaient dans tous les marchés de la capitale. Ce droit que l'on nommait *havage* (1), occasionnait souvent des disputes, suivies de batteries, entre les valets et le marchands.

» M. le duc d'Orléans, régent du royaume, qui était extrêmment jaloux du bon ordre, ordonna qu'à l'avenir, pour éviter toutes ces discussions, les appointements du bourreau seraient de 15,000 livres par an, pour toutes les exécutions à faire dans Paris et payables sur le domaine de la ville.

» L'on tient que l'emploi du bourreau de Paris vaut au moins 25,000 livres par an.

» En 1734, M. Mallet, de l'Académie et chevalier de l'ordre du Mont-Carmel, qui est chargé de la direction du dixième de Paris, voulut obliger le bourreau à payer le dixième.

» Ce M. Mallet est le fils du charpentier du roi pour les bâtiments de Versailles, où il a gagné beaucoup d'argent. A cette occasion, on fit la pièce de vers suivante, que l'on attribue à l'un de ses confrères de l'Académie.

» Requête du bourreau à M. Mallet, sur ce qu'on voulait l'obliger à payer le dixième. »

> Monsieur le chevalier, grand-maître du dixième,
> Bel esprit qu'on admire, et maltôtier qu'on aime,
> De votre part, un exploit m'est venu
> Pour diminuer mon revenu.
> Que voulez-vous rogner sur les fruits d'un office

---

(1) « *Havage*, subst. masc., vieux mot qui signifie un droit qu'on a de prendre sur les grains, dans les marchés, autant qu'on en peut prendre avec la main. Il vient apparemment du mot *havir*, qui n'est plus en usage au sens de *prendre*. Le bourreau de Paris a un droit de *havage* dans les marchés ; et à cause de l'infamie de son métier, on ne lui laisse prendre qu'avec une cuiller de fer-blanc qui sert de mesure. En quelques lieux on a dit *havée*. En latin *havagium*, *havadium*. » — *Dictionnaire universel* de Furetière.

Dont le fatigant exercice
Fait la sûreté de l'Etat?
Mon salaire est d'ailleurs taxé par la justice,
Et jamais je ne fus suspect de péculat;
C'est en quoi mon emploi de vos emplois diffère.
Mais si quelque rapport peut tous deux nous lier,
Mon cher seigneur, pouvez-vous oublier
Que je prenais chez votre père
Tous les outils de mon métier.
S'il arrive qu'on rétablisse
Les recherches qu'on fit en mil sept cent dix-sept,
Quand je piloriai *Gruet*,
Je suis tout à votre service.

La rue Montbauron se dirige du sud au nord, de l'avenue de Paris à l'avenue de Saint-Cloud. Sa longueur est de 400 mètres 90 centimètres, et sa largeur de 9 mètres 65 centimètres. Elle sert de ligne de démarcation entre le quartier Notre-Dame et celui de Montreuil, en sorte que tout le côté gauche appartient à Notre-Dame et le côté droit à Montreuil.

N° 5. — Ancienne hôtellerie, *au Grand-César*.

N° 7. — Sous Louis XIV, auberge de la Licorne. Le séjour de la cour à Versailles avait attiré dans cette ville une foule de vagabonds de toute espèce. En 1704, une bande de Bohémiens et de Bohémiennes s'était logée dans l'auberge de la Licorne. Beaucoup de gens allaient les consulter sur leur destinée, car ils disaient la bonne-aventure; de plus, ils dansaient au son du tambour de basque, et grand nombre de domestiques et de jeunes filles se rendaient dans leur domicile sous le prétexte d'apprendre à danser avec cet instrument. Mais de nombreuses plaintes s'étant élevées sur la conduite de ces Bohémiens et sur les scènes peu morales qui se passaient dans cette auberge, M. Blouin, alors gouverneur de Versailles, fit fermer l'auberge et chassa les Bohémiens de la ville.

RUE DE L'ABBÉ-DE-L'ÉPÉE.

Dans l'origine cette rue était une avenue s'étendant jusqu'au château de Clagny, appartenant à madame de Montespan et ensuite au duc du Maine. Plus tard, un mur ayant été élevé pour séparer de la ville cette partie des Jardins, les arbres furent abattus et la portion de l'avenue du côté de Versailles forma une impasse, qui reçut le nom de cul-de-sac de Clagny. En 1734, ce cul-de-sac n'était point pavé et n'avait point de lanternes. Lorsqu'en 1767 Louis XV eut fait démolir le château de Clagny, les murs du jardin furent détruits et la rue de Clagny ne fit plus qu'un avec la rue de Bourbon (Richaud). Cette rue est du petit nombre de celles dont le nom a été conservé pendant la Révolution. Depuis quelques années seulement, pour honorer la mémoire de l'abbé de l'Epée, né à Versailles, et dont le père possédait une maison dans la rue de Bourbon, on a substitué au nom de Clagny, qu'elle avait toujours porté, celui de l'un des grands bienfaiteurs de l'humanité.

La rue de l'Abbé-de-l'Epée se dirige du sud au nord, de l'avenue de Saint-Cloud à la rue Richaud (de Bourbon). Elle a 125 mètres 70 centimètres de long, sur 7 mètres 75 centimètres de large.

N° 3. — Maison appartenant, avant la Révolution, à la fabrique de la paroisse Notre-Dame.

RUE DE MOUCHY.

La rue de Mouchy se dirige du sud au nord, du boulevard de la Reine à la rue Berthier. Elle a 222 mètres 26 centimètres de long, sur 9 mètres 75 centimètres de large.

Nous avons déjà dit que toutes les rues du quartier des Prés reçurent les noms des princes et princesses, ou des personnages importants de cette époque ; ce fut pour cette raison que l'on nomma cette rue, rue de Mouchy, du maréchal duc de Mouchy, alors adjoint et survivancier du gouverneur de Versailles. En 1793, elle reçut celui de rue Philadelphie, et reprit, en 1806, le nom de rue de Mouchy.

RUE D'ANGOULÊME.

Ce nom lui fut donné en l'honneur du premier enfant du comte d'Artois, le duc d'Angoulême, né à Versailles, le 6 août 1775. Elle fut nommée rue Bayle, en 1793, et reprit le nom d'Angoulême en 1806.

Cette rue va du sud au nord, du boulevard de la Reine à la rue Berthier ; sa longueur est de 217 mètres 50 centimètres, et sa largeur de 9 mètres 75 centimètres.

RUE DE MADEMOISELLE.

Le 23 août 1777, naquit Eugène-Adélaïde-Louise, fille du duc d'Orléans ; cette princesse, sœur du roi Louis-Philippe, et connue de nos jours sous le nom de madame Adélaïde, reçut à sa naissance celui de Mademoiselle ; ce fut à cette occasion que cette rue reçut le nom de Mademoiselle. Dans la Révolution, on la nomma rue *Locke*, et en 1806 *Béthune-Sully;* elle reprit le nom de Mademoiselle en 1814. Sa direction est du sud au nord du boulevard de la Reine à la rue des Missionnaires ; sa longueur est de 385 mètres 65 centimètres et sa largeur de 9 mètres 76 centimètres.

Plusieurs députés aux États-Généraux logèrent, en

1789, dans la grande maison du n° 2 ; parmi eux se trouvait Boissy-d'Anglas, dont la conduite fut si belle dans la séance du 20 mai 1795, où, président de la Convention, il se découvrit devant la tête sanglante du député Féraud, qu'on lui présentait au bout d'une pique, pendant l'envahissement de la salle par la populace en fureur.

RUE SAINTE-ADÉLAIDE.

Les trois rues suivantes reçurent les noms des patronnes des trois tantes du roi Louis XVI qui restèrent à la cour, Sainte-Adélaïde, Sainte-Victoire et Sainte-Sophie. La rue Sainte-Adélaïde est la plus ancienne du quartier des Prés ; elle fut tracée lors de l'établissement du cimetière de Notre-Dame dans la rue des Missionnaires. En 1793, c'était la rue Molière. Elle reprit son nom de Sainte-Adélaïde en 1806.

La rue Sainte-Adélaïde est dans la direction du sud au nord, du boulevard de la Reine à la rue des Missionnaires ; elle a 380 mètres de long, sur 9 mètres 75 centimètres de large.

RUE SAINTE-VICTOIRE.

Dirigée du sud au nord, du boulevard de la Reine à la rue des Missionnaires, la rue Sainte-Victoire a 360 mètres de longueur et 9 mètres 75 centimètres de largeur. Sous la Révolution on la nommait rue d'Alembert ; elle reprit le nom de Sainte-Victoire au moment où les anciens noms furent rendus à toutes les rues de Versailles.

N° 20. — Ancienne maison du colonel Michel, dans laquelle est mort cet homme de bien, placé pendant dix-huit années, par les vœux de ses concitoyens, à la tête de la garde nationale de Versailles (1).

RUE SAINTE-SOPHIE.

En 1793, la rue Sainte-Sophie prit le nom de rue *Platon*, et reprit son ancien nom en 1806 ; sa direction est du sud au nord, du boulevard de la Reine à la rue des Missionnaires. Sa longueur est de 337 mètres 90 centimètres et sa largeur de 9 mètres 75 centimètres. Entre les rues Berthier et de Beauvau, la rue Sainte-Sophie est interrompue par des jardins, et reprend au-delà de la rue de Beauvau à la rue des Missionnaires. Cette interruption doit bientôt disparaître par suite de l'acquisition du terrain qui divise les deux parties de la rue.

N° 2. — Sur la partie de cette maison donnant sur le boulevard de la Reine se trouvait un cadran solaire. Ce cadran solaire qui datait de l'époque où fut créé le boulevard de la Reine, portait pour légende :

> Sicut umbra
> Leges æquent me.

Le cadran et la légende disparurent il y a quelques années. Cette disparition inspira à un jeune poëte Versaillais, M. Louis Demouceaux, les jolis vers suivants :

> *Pertransiit benefaciendo.*
>
> Hélas ! pauvre cadran solaire,
> On n'a point eu pitié de toi !
> Debout pourtant est la paroi

---

(1) Voir, sur M. Michel, un article nécrologique très-intéressant, par M. Montalant-Bougleux, dans le numéro du 4 décembre 1850, du journal *L'Union de Seine-et-Oise*.

Où, depuis un temps séculaire,
Tu remplissais ton sage emploi,
Sans bruit, exact et sans salaire,
Comme ton guide l'astre Roi.
En quoi donc as-tu pu déplaire,
En quoi, pauvre cadran solaire,
Pauvre cadran, cherchons en quoi?

Peut-être un peu trop populaire
Pour un temps où règne le Moi,
Semblais-tu la satire claire
Du principe : Chacun pour soi?

Puis ta légende circulaire,
Dans un âge de peu de foi,
Souhaitait qu'à tous tutélaire,
Juste, immuable, fût la loi...

Or il faut pour qu'on nous tolère,
Bienfaisant en secret, je croi,
Se garder d'inspirer l'effroi
Par un dehors trop exemplaire ;
Et tout sage de pur aloi
Des fous s'attire la colère
Alors même qu'il reste coi. —
Voilà comment, cadran solaire,
Voilà comment, ne sachant plaire,
On s'est débarrassé de toi.

RUES DANS LA DIRECTION DE L'EST A L'OUEST.

RUE DU GOUVERNEMENT.

Sous Louis XIV, cette rue reçut le nom de rue de *Monsieur*, parce qu'elle longeait les derrières de l'hôtel de Monsieur, depuis hôtel d'Orléans. Elle conserva ce nom jusqu'en 1793, qu'elle prit celui de rue du Dix-Août. En 1806, on lui donna le nom de rue du Gouvernement, à cause de l'hôtel de l'ancien gouvernement de Versailles, qui occupe un de ses côtés dans toute son étendue.

La rue du Gouvernement va de la rue des Réservoirs à celle des Bons-Enfants, en se dirigeant de l'ouest à l'est. Elle a 58 mètres 51 centimètres de long, et 7 mètres 80 centimètres de large.

Au coin de cette rue et de celle des Bons-Enfants, du côté gauche, se trouvait, sous Louis XIV, l'hôtel Dufresnoy, que l'on jeta par terre lors de la construction des grands bâtiments de l'hôtel du Gouvernement, en 1778. Avant 1664, l'hôtel de Villeroy occupait le coin opposé. Il fut acheté par le roi Louis XIV, et abattu quand on éleva le Château-d'Eau.

RUE DE LA POMPE.

La rue de la Pompe est l'une des plus anciennes de Versailles. Placée en face de la machine hydraulique appelée *La Pompe* (1), elle en reçut le nom qu'elle conserva toujours depuis, même pendant la Révolution.

(1) Voir le n° 9 de la rue des Réservoirs.

Dirigée de l'ouest à l'est, la rue de la Pompe a 539 mètres 25 centimètres de longueur, sur 19 mètres 50 centimètres de largeur.

CÔTÉ GAUCHE.

N° 1. — Ancien hôtel de Noailles. — Cet hôtel fut construit, dans l'origine, par le maréchal duc de Noailles, et est toujours resté dans sa famille jusqu'à la Révolution. Ce fut dans l'une des chambres du premier étage que, dans la terrible nuit du 5 au 6 octobre 1789, le général Lafayette vint prendre le court instant de repos qui lui a été si amèrement reproché depuis.

Cet hôtel était resté presque entièrement inhabité depuis la Révolution, lorsqu'il fut acheté, dans les premiers mois de la Restauration, par le directeur de la célèbre manufacture d'armes de Versailles, *Boutet*, qui venait de prendre pour son compte personnel la fabrication générale des armes. Il y transporta ses principaux ateliers et magasins, détruits, peu de temps après, pendant l'invasion de 1815. Le lendemain de l'entrée à Versailles du corps d'armée de Blücher, les Prussiens se portèrent à la manufacture d'armes, en enfoncèrent les portes, brisèrent toutes les machines, les fourneaux et cheminées, démolirent tout ce qui pouvait donner à ce bâtiment une apparence de fabrique, et enlevèrent enfin la charge de trente ou quarante voitures de pièces brutes ou à demi travaillées, même les étaux, enclumes et ustensiles de fabrication (1).

En 1818, l'abbé Chauvel fit l'acquisition de l'hôtel de Noailles, pour y fonder un petit séminaire. Cette maison d'éducation prit bientôt un grand développement, grâce à

---

(1) *Exposé de l'invasion de la Ville, en* 1814 *et* 1815. Man. de M. de Jouvencel.

la protection que lui accorda l'infortunée fille de Louis XVI, madame la duchesse d'Angoulême ; mais la Révolution de 1830 vint mettre un terme à ses prospérités, et elle fut transformée en une école préparatoire pour les écoles du Gouvernement.

Plus tard, l'abbé Pinard, curé de Notre-Dame, y fonda une institution qui dura jusqu'en 1866 ; à cette époque, la ville l'acheta pour y placer le Bureau de charité de Notre-Dame, un orphelinat de jeunes filles, les écoles de filles de quartier, et un asile pour les jeunes enfants. Cet établissement sera sans contredit le plus considérable et le plus complet de la ville.

L'abbé Pinard fit réparer cet hôtel avec beaucoup de goût, et en a fait l'un des plus beaux bâtiments de ce quartier.

La chapelle est surtout remarquable. Le corps de bâtiment qui la renferme ne lui est pas entièrement consacré. Le rez-de-chaussée est affecté à une salle pour les grandes réunions, prix, etc. Le premier est la chapelle et ses dépendances (1).

Elevé dans la première cour et dans l'axe de l'entrée principale, le bâtiment s'annonce par une espèce de tour carrée, enclavée, contenant l'horloge et surmontée d'un beffroi. Il se prolonge à travers la seconde cour qu'il subdivise, et se termine par deux petites ailes, aux cours de récréation. Il laisse voir là ses faces latérales, composées d'un haut soubassement percé de baies pour la grande salle basse, et d'un corps élevé avec cinq croisées à pignons de chaque côté pour la chapelle, le tout surmonté d'un comble aigu avec clocheton en aiguille au-dessus de la nef, et un quart de sphère pour le sanctuaire.

(1) L'architecte de cette chapelle est M. Le Poittevin.

Au pied de la tour est le vestibule d'entrée, aboutissant à un escalier à double emmarchement, conduisant à la fois à la grande salle basse et à la chapelle au-dessus. Cet escalier tout en pierre, ainsi que ses rampes à balustres, est renfermé dans une cage large et élevée, éclairée par deux grandes croisées à vitraux de couleur.

Le vaisseau de la chapelle est un parallélogramme oblong, voûté plein-cintre, et terminé par une abside demi-circulaire à cul-de-four, présentant dans son plan une nef, un chœur et le sanctuaire. Au-dessus de l'entrée est une tribune avec balcon.

La partie basse, occupant à peu près la moitié de la hauteur du vaisseau, est décorée de huit colonnes cannelées, engagées dans les trumeaux et surmontées d'autant de statues des pères de l'Église, au-dessus desquelles sont, à la naissance de la voûte, des couvre-chefs à calottes, surmontés chacun d'une croix.

Le jour pénètre abondamment par dix grandes baies cintrées en pénétration dans la voûte, et garnies de meneaux en pierre et de verrières à panneaux de plomb et bordures de couleurs diverses.

Aux deux côtés du chœur, moins large que la nef, sont : à gauche, la porte de la sacristie ; à droite, celle de la chapelle des catéchismes et des confessionnaux.

Le sanctuaire, dont l'entrée est décorée de deux hautes colonnes engagées et cannelées, est enrichi dans sa partie basse d'une légère ceinture à pilastres et colonnettes, et dans sa partie haute d'une série de cinq niches circulaires en plan et en élévation avec colonnes torses et archivoltes garnies de statues peintes. Au centre est un autel en pierre surmonté de son tabernacle.

A l'entrée sont deux bénitiers pédiculés, également en

pierre. Aucune peinture n'est appliquée aux murs; ce sont des enduits colorés qui en forment toute la décoration. Ils consistent dans un simple appareil à la voûte et sur les murs, et en dessins divers incrustés sur les parties qui exigeaient une plus riche ornementation.

Les matériaux employés pour sa construction proviennent pour la plupart de la démolition de l'ancienne chapelle existant dans une autre partie du même établissement, et de celle de l'ancien hôtel de Rambouillet, à Paris, si célèbre dans l'histoire de la littérature et de la société polie du dix-septième siècle.

Plusieurs années ont été consacrées à l'édification de ce monument. Quelques difficultés de détails s'étaient rencontrées. Mais, grâce à la persévérance de M. l'abbé Pinard, elles ont été levées, et cette jolie chapelle a été achevée et consacrée en 1859.

Le plan de l'édifice a été motivé par les bâtiments contigus, et par l'exigence des divers services auxquels il a fallu donner satisfaction. Son caractère architectonique, tant à l'intérieur qu'à l'extérieur, n'est pas franchement déterminé. On pourrait dire que c'est de l'architecture éclectique. Ainsi, dans la chapelle proprement dite, l'architecte paraît s'être inspiré d'une manière générale du style roman-byzantin du douzième siècle, tandis que la petite chapelle, à droite du sanctuaire, la sacristie à gauche, l'escalier et le vestibule se rapprochent de l'architecture de la Renaissance, au dix-septième siècle. Cependant, ce mélange, habilement exécuté, donne à cette chapelle un aspect original et gracieux.

N° 7. — Caserne des Écuries de la Reine.

Le terrain sur lequel sont bâties ces Écuries appartenait

à madame de La Vallière, et elle avait déjà fait construire le pavillon donnant sur la rue de la Pompe, et qui a eu depuis de si singulières destinations, lorsqu'en 1672 Louis XIV le lui acheta pour y faire construire ses Ecuries. Ce fut là que logèrent les équipages du roi jusqu'en 1683, année où ils furent transférés dans les Grandes et les Petites-Ecuries, élevées par Mansart. Les bâtiments de la rue de la Pompe devinrent alors les Ecuries de la Dauphine, puis de la duchesse de Bourgogne, et enfin, sous Louis XV et Louis XVI, les Ecuries de la Reine.

En 1789, lors des premières inquiétudes qui suivirent l'ouverture des États-Généraux, on plaça, dans les Ecuries de la Reine, le dépôt des trains d'artillerie que l'on avait fait venir à Versailles. En 1795, on y établit le dépôt d'artillerie de l'intérieur ; et, depuis cette époque, ces bâtiments sont restés sous la dépendance du ministère de la guerre.

Depuis longtemps les cultivateurs du département de Seine-et-Oise se plaignaient de la détérioration des races de chevaux et de la difficulté de se procurer les chevaux convenables à leurs exploitations. Le préfet d'alors, M. Garnier, afin de propager dans le département les chevaux de bonne race, conçut le projet d'établir à Versailles un dépôt d'étalons. Aidé dans son projet par le Conseil-Général et par le ministre de l'intérieur, ce dépôt fut placé, en 1803, dans le local des Ecuries de la Reine, et confié aux soins de l'administration militaire. Malheureusement, l'établissement de ce dépôt n'eut point les résultats qu'on en attendait, et, deux ans après sa création, il avait cessé d'exister.

Le pavillon construit par madame de La Vallière, servant aujourd'hui de magasin pour les grains de la guerre, fut transformé, en 1792, en prison, et l'on plaça dans une des salles le Tribunal de Commerce.

Le 9 septembre 1792, une horrible populace se porta dans cette prison, comme elle venait de le faire dans celles de Paris, et y accomplit une scène sanguinaire, dont nous reparlerons à l'occasion du massacre des prisonniers d'Orléans.

N° 11. — Pavillon des Sources.

Toutes les fontaines publiques de Versailles, sous Louis XIV, n'étaient alimentées que par des eaux recueillies dans les sources des environs. C'était dans ce pavillon qu'elles se rendaient toutes, afin d'y être distribuées de là dans les fontaines de la ville. On construisit même cette maison avec d'aussi fortes murailles, parce qu'on avait l'intention de placer un réservoir sur le dessus; ce réservoir ayant été jugé inutile, l'on y établit une cuvette d'où se faisait la distribution.

Cette maison a toujours été habitée par l'un des architectes ou des inspecteurs du château.

N° 19. — Maison *aux Armes de France.*

N° 25. — Hôtellerie *à la Côte Rôtie.*

Entre le n° 25 et le n° 27, on voit l'entrée de l'ancien hôtel de Toulouse.

Tout le terrain placé entre les rues de la Pompe, des Deux-Portes et Hoche, qui renferme aujourd'hui un chantier de bois à brûler, des jardins et un passage donnant de la rue de la Pompe dans celles de la Paroisse et des Deux-Portes, était occupé, sous Louis XIV, par les jardins et l'hôtel du duc de Montausier, gouverneur du Dauphin et mari de la célèbre Julie d'Angennes. Plus tard, cet hôtel appartint au comte de Toulouse, fils de Louis XIV et de la marquise de Montespan, et conserva, depuis cette époque, le nom d'hôtel de Toulouse. Il appartint ensuite à son fils, le duc de Penthièvre, père de la duchesse d'Orléans, mère du roi Louis-Philippe. La mort du comte de Toulouse, arrivée en décembre 1737, fit passer sur la tête du duc de Penthièvre le titre de grand-amiral, celui de grand-veneur et le gouvernement de Bretagne. La plupart des papiers concernant ces places importantes étaient placés dans l'hôtel de la rue de la Pompe. Le 31 décembre 1739, presque tous ceux de ces papiers ayant rapport aux États de Bretagne et à la marine faillirent devenir la proie des flammes et entraîner la ruine de l'hôtel. M. Delalot, secrétaire des commandements du duc, avait un singe qu'il était dans l'habitude de laisser libre dans son cabinet ; ce jour-là, pendant que M. Delalot était sorti, le singe, resté seul, et qui toute la matinée avait vu son maître activer le feu à cause de la rigueur de la saison, voulut sans doute en faire autant pendant l'absence de celui-ci. Mais, soit que dans son travail quelques tisons enflammés fussent tombés sur le parquet, soit que lui-même, en voulant toucher au feu, se le fût mis après lui, toujours est-il que l'on ne tarda pas à apercevoir les flammes sortir, et que si de prompts secours ne fussent pas venus à temps, tous les papiers importants se trouvant dans la salle voisine auraient été consumés, ainsi que les bâtiments. Narbonne, qui raconte ce fait, ne dit pas ce qu'est devenu l'auteur de tous ces dégâts.

Quelques jours avant le massacre des prisonniers d'Orléans, septembre 1792, l'administrateur de cet hôtel, Lecourt, craignant le pillage d'un lieu renfermant beaucoup d'objets précieux, et entre autres quarante-deux des chevaux de cérémonie de la reine, imagina de faire peindre sur les piliers de la porte d'entrée de l'hôtel, que l'on savait appartenir au duc de Penthièvre, *Hôtel Toulouse*. Il acheta un grand nombre de vêtements, et quand les pillards se présentèrent, comme il le redoutait, il leur distribua ces vêtements, en les accompagnant de comestibles, de vin et de quelques pièces de monnaie, les éloigna et préserva ainsi l'hôtel des suites de cette invasion.

Vendu, en 1799, comme bien national, l'hôtel de Toulouse fut abattu en 1800.

La maison n° 27 portait pour enseigne, avant la Révolution, à l'*Image de saint François*.

N° 33. — Ancienne auberge du *Cheval blanc*.

Nos 35 et 37. — Maisons formant autrefois l'*hôtel de Mansart*, le célèbre architecte de Louis XIV.

Quand, sur tous ses monuments, Versailles porte écrit en lettres ineffaçables le nom de Mansart, il ne reste plus rien de l'ancienne habitation du grand artiste, pas même une inscription pour l'indiquer !

Entre les nos 43 et 45 se trouve l'entrée de la rue des Deux-Portes.

N° 45. — Hôtel de Livry, sous Louis XIV et sous Louis XV.

N° 47. — Ancien hôtel Du Plessis, puis ensuite de Choiseuil. Sous Louis XV, cet hôtel fut vendu à divers particuliers.

CÔTÉ DROIT.

Le terrain des nos 6 et 8 appartenait, sous Louis XIV, au cardinal de Bouillon. Là se trouvaient les dépendances de l'hôtel de Bouillon situé à l'angle de la rue des Réservoirs.

N° 10. — On construisit ce bâtiment, sous Louis XIV, pour y placer les Écuries de Monsieur, qui continuèrent, sous Louis XV et sous Louis XVI, d'être les Écuries du duc d'Orléans.

En 1800, deux habitants de Versailles, Mariavat et Giraud, fondèrent dans cette maison un établissement de récréation pour les enfants.

N° 12. — Sous Louis XIV, hôtel de Duras, puis, plus tard, hôtel de Luxembourg. En 1774, hôtel des gardes du comte d'Artois. Aujourd'hui, on y a établi une maison de bains.

N° 14. — Ancien hôtel du Grand-Prévôt.

Avant la Révolution, il y avait à Versailles deux juridictions : celle du bailliage, dans les attributions de laquelle se trouvaient tous les crimes et délits de la ville proprement dite, et celle de la prévôté-de-l'hôtel du roi, qui recherchait ceux commis dans le château et toutes ses dépendances. Le chef de cette dernière juridiction portait le nom de Grand-Prévôt de France. Son hôtel, à Versailles, était rue de la Pompe, au n° 14 actuel.

N° 28. — Hôtellerie du petit hôtel de Guise.

N° 30. — Au Grand-Amiral.

N° 34. — Auberge à l'Image de Sainte-Barbe.

N° 38. — A la Croix de Lorraine.

N° 48. — Maison appelée le *Pavillon royal*.

Plusieurs des auteurs qui ont écrit sur Versailles ont paru croire que ce pavillon avait été bâti par Louis XIII, et pouvait bien avoir été le rendez-vous de chasse de ce prince, dont parle Saint-Simon ; nous avons démontré ailleurs (1), que cette maison n'avait point été bâtie par Louis XIII, qu'elle avait été construite en l'année 1676, c'est-à-dire sous le règne de Louis XIV, et que le nom de *Pavillon royal*, cause de cette erreur, lui avait été donné par son premier propriétaire pour la distinguer des hôtels voisins.

Quelques années après la Révolution, il s'établit dans cette maison un café, sous le nom de *Café des Mille Colonnes*. Déjà, en 1740, on avait vu s'y former un établissement de ce genre, tenu par un nommé François de la Mannière

N° 44. — Dans l'origine, la rue de la Pompe se terminait au Pavillon-Royal.

Sous Louis XV, on éleva la maison formant aujourd'hui l'angle de cette rue et de l'avenue de Saint-Cloud, et il s'y établit aussitôt un café tenu par le sieur Amaury. Il resta de père en fils jusqu'à nos jours dans la famille de cet honorable négociant. C'est le plus ancien café de Versailles. A l'époque de la tenue des États-Généraux, c'était le rendez-vous ordinaire des députés du Tiers. Plusieurs vieillards nous ont dit y avoir assisté à de vives discussions, dans lesquelles on entendait souvent la voix puissante de Mirabeau, et plus rarement celle de Robespierre, qui cependant y venait régulièrement. Ce café, toujours très-fréquenté, même dans le cours de la Révolution, fut, en l'an IV (1796), témoin de quelques scènes de violence qui en déterminèrent la fermeture pendant quelques jours.

Il s'était formé à Versailles, comme dans toute la France, des bandes d'agioteurs exploitant sans pitié les malheurs

---

(1) *Louis XIII et Versailles*, par J.-A. Le Roi.

de cette époque. Ils faisaient d'énormes fortunes en achetant les papiers et les biens que la misère leur apportait en échange de quelques écus. Ces agioteurs venaient se réunir dans le café Amaury, au grand déplaisir de son propriétaire. Il avait cherché plusieurs fois à les évincer. Déjà, à diverses reprises, l'attention de la police avait été éveillée par le grand nombre d'individus que cet agiotage attirait dans ce quartier, et le scandale produit par la hardiesse de ceux qui s'y livraient ainsi publiquement. Le 15 germinal (4 avril), le ministre de la police générale écrivit à l'administration municipale :

« On me donne avis, citoyens, que le café connu à Versailles sous le nom de *Café Amaury* regorge d'agioteurs. Cette espèce d'hommes a porté trop d'atteintes au crédit public et à la fortune des particuliers pour qu'on doive les tolérer plus longtemps. Je vous recommande de provoquer sur ce café la surveillance de l'administration et l'attention des commissaires de police, et de faire livrer aux tribunaux tous ceux qui seraient reconnus se livrer au commerce de l'argent et à la dépréciation des mandats nationaux.

» Salut et fraternité.

» MERLIN. »

Armée de cet ordre, l'autorité municipale poursuivit avec activité tous ceux qui se livraient à ce genre de commerce, et en délivra le café Amaury. Mais on ne renonce pas facilement à un trafic si aisé et si lucratif. Exploiteurs et exploités, ayant l'habitude de se rendre dans ce lieu, se rencontrèrent aux environs, et si l'agiotage cessa dans l'intérieur, il recommença de nouveau aux alentours. Enfin, dans les premiers jours de prairial le scandale était devenu si grand, que le ministre de la police crut devoir écrire de nouveau, en ces termes, à la municipalité, le 16 prairial (25 mai) :

» J'avais recommandé, citoyens, par ma lettre datée du 15 germinal dernier, au commissaire du directoire exécutif près votre administration, de provoquer votre surveillance et celle des commissaires de police sur le café Amaury, qu'on m'avait dénoncé comme regorgeant d'agioteurs.

» Cependant on m'adresse encore aujourd'hui des plaintes sur ce que, à la porte de ce même café, l'agiotage le plus infâme s'y fait très-publiquement ; soldats de toutes armes, juifs et vagabonds, y vendent et achètent l'or et l'argent.

» Vous connaissez, citoyens, les lois qui frappent sur ce criminel trafic; pourquoi languissent-elles sans force, sans vigueur et sans exécution ?

» Je vous charge, sous votre responsabilité, d'employer tous les moyens que les lois mettent dans vos mains pour faire cesser un brigandage si pernicieux à la société. Faites livrer aux tribunaux tous les individus qui seront reconnus trafiquer de l'or et de l'argent, avilir et déprécier les mandats territoriaux, et rendez-moi compte du résultat de vos mesures en me transmettant l'état nominatif des prévenus que vous aurez fait arrêter et traduire devant le juge de paix.

» Salut et fraternité.
» Cochon. »

Dès le lendemain, les ordres du ministre furent exécutés. La force armée, commandée par le colonel Dumoulin, arrêta les agioteurs, dispersa les groupes qui se formaient tous les jours sur l'avenue de Saint-Cloud et dans la rue de la Pompe, et par mesure de précaution fit fermer le café Amaury, point de réunion des spéculateurs. Mais, heureusement, tout le monde savait son propriétaire complètement étranger à tout ce qui s'y était passé, et l'honneur de la famille Amaury était si bien établi et sa probité si bien connue, que le café ne tarda pas à se rouvrir, et à rester, comme par le passé, le premier de Versailles.

RUE DE LA PAROISSE.

La rue de la Paroisse est une des plus longues rues de Versailles; elle a 950 mètres 34 centimètres de longueur sur 18 mètres 80 centimètres de largeur. Dans l'origine elle était divisée en trois : une portion s'étendait de l'avenue de Saint-Cloud au Marché et portait le nom de rue de Paris, nom qu'elle conserva jusqu'à la Révolution ; une autre partait du Marché jusqu'à la rue Dauphine (Hoche) et s'appelait rue Saint-Côme, et une troisième allait de la rue Dauphine à la rue des Réservoirs, sous le nom de rue de la Princesse. Ces deux dernières parties prirent le nom de rue de la Paroisse lors de la construction de l'église Notre-Dame, en 1686. En 1793, les rues de la Paroisse et de Paris reçurent le nom commun de rue du Commerce, et en 1806 celui de rue de la Paroisse.

Dans les premiers temps de sa construction, la rue de la Paroisse avait une pente extrêmement rapide de l'avenue de Saint-Cloud à la rue des Réservoirs ; à la même époque la butte de Montbauron était fort élevée, et son sommet cachait une partie de la vue du château, de ce côté. Louis XIV le fit abattre, et l'on ne tarda pas à creuser sur cette plate-forme les réservoirs qui y sont encore aujourd'hui. Une partie des terres provenant de ces travaux furent jetées dans la rue de la Paroisse et servirent à relever le terrain.

En 1857, la porte laide et étroite, connue sous le nom de porte du Dragon, qui donnait sur cette rue, a été remplacée par une grille élégante, élevée sur les dessins de M. Questel, architecte du Palais.

CÔTÉ GAUCHE.

N° 1. — Maison bâtie sous le règne de Louis XVI, ainsi que celle du coin de la rue des Réservoirs, sur l'emplacement de l'abreuvoir construit lors de la suppression de l'étang de Clagny.

N°s 3, 5 et 7. — Terrain resté sans constructions sous Louis XIV, à cause de la proximité de l'étang de Clagny. Les maisons actuelles furent élevées sous Louis XV.

N° 7 bis. — Maison formant le coin de la rue des Bons-Enfants, dont l'entrée principale est sur cette dernière rue. Tout le terrain occupé par cette maison, ainsi que par celle contiguë formant l'angle de la rue Neuve, appartenait à Louchard, écuyer de madame de Maintenon; acheté par le duc de La Feuillade, il y fit construire un hôtel qui devint, sous Louis XV, le petit hôtel de Bourbon, et sous Louis XVI, l'hôtel de La Marche.

N° 17. — Maison qui portait pour enseigne : *à la Truie qui file*.

N° 21. — *Au gros Raisin*.

N° 23. — Hôtellerie : *à la Princesse de Conty*.

N° 29. — *Au grand Soleil*.

N° 35. — Maison appartenant, avant la Révolution, à la fabrique de l'église Notre-Dame.

Église de Notre-Dame. — Nous avons déjà dit qu'à l'époque où Versailles n'était qu'un bourg, l'église se trouvait à la place occupée aujourd'hui par l'Hôpital militaire (*Grand-Commun*), et que, pour la remplacer, Louis XIV fit construire dans la ville neuve une autre église dont nous avons donné la description en parlant de la rue Sainte-Geneviève. Depuis la construction de cette nouvelle église, portant comme l'ancienne le nom de Saint-Julien, la population de Versailles n'avait cessé d'augmenter, et elle se trouva bientôt trop petite pour recevoir le grand nombre de fidèles qui venaient y prier.

Le roi résolut alors de faire bâtir un temple plus en rapport avec la grandeur de la ville qu'il créait, et avec le nombre toujours croissant de ses habitants, et chargea de son élévation l'architecte de son palais, *Jules-Hardouin Mansart.*

Nous avons vu que le premier couvent des Récollets occupait l'emplacement de la Petite-Place. Ces religieux, tous les jours de plus en plus resserrés par les constructions nouvelles, cherchèrent un autre local.

Il existait en face de la rue Dauphine (*Hoche*), et près de la nouvelle église de Saint-Julien, un très-grand terrain, sur lequel ne se trouvait aucune construction ; ce fut ce terrain qu'ils choisirent pour y placer leur couvent (1). Une croix était déjà placée sur le lieu destiné à leur chapelle, lorsque Mansart choisit le même emplacement pour y élever l'église de Notre-Dame et les bâtiments destinés à loger les missionnaires formant le clergé de cette église ainsi que de la chapelle du château.

Le roi donna alors aux Récollets une autre place derrière le Grand-Commun pour y bâtir leur couvent, avec la condition que leur chapelle servirait de paroisse aux habitants de ce vieux Versailles, privés d'église depuis la destruction de celle de Saint-Julien.

---

(1) L'on voit, à la Bibliothèque de la ville, un plan de cette époque, qui indique les bâtiments que se proposaient de faire élever les Récollets.

Ces dispositions arrêtées, le 9 mars 1684, le père *Hyacinthe*, provincial des Récollets, après en avoir reçu l'ordre de l'archevêque de Paris, vint processionnellement à la tête de quarante religieux, chantant les hymnes de la Passion, ôter la croix placée dans le terrain de la rue de la Paroisse, pour la transporter à l'endroit destiné pour leur nouvelle église. Le lendemain 10, eut lieu la pose de la première pierre de l'église de Notre-Dame. L'archevêque de Paris, venu exprès, sortit de Saint-Julien revêtu de ses habits pontificaux, et, entouré de tout le clergé de la paroisse, il se rendit en procession au lieu où devait se faire cette cérémonie. Au même moment Louis XIV partait du château dans ses carrosses, et venait au même lieu, accompagné des principaux seigneurs de la cour et de son architecte Mansart.

Après que l'archevêque eut béni la pierre, le roi la posa avec les cérémonies ordinaires. Voici l'inscription gravée sur la plaque de cuivre placée sous cette pierre :

A la gloire du nom
de Dieu,
Louis-le-Grand,
Roi de France et de Navarre,
Le Belliqueux, le Conquérant,
A fait élever cette église,
Et en a posé solennellement la première pierre
L'an de grâce mil-six-cent-quatre-
Vingt-quatre,
Le dixième jour de mars,
Nulle autre main ne pouvant fonder
Plus solidement
Le temple du vray Dieu,
Que celle qui a renversé les temples
De l'hérésie.

Cette inscription, et celle des Récollets, que nous donnerons plus tard, étaient de *Charpentier*, de l'Académie-Française, chargé aussi de composer celles de la grande galerie du château. Ces dernières parurent ridiculement emphatiques. Le ministre Louvois en avait plusieurs fois manifesté son mécontentement : ayant dit à Louis XIV qu'elles déplaisaient à tout le monde, ce prince chargea *Racine* et *Boileau* de composer celles que nous lisons encore aujourd'hui.

En ordonnant la construction de l'église de Notre-Dame, Louis XIV avait manifesté à Louvois le désir qu'elle fût élevée rapidement. Aussi, dès le mois de mai 1686, elle était presque terminée, et ce même mois on plaçait dans les tours les six cloches qui lui étaient destinées. Bénites le 3 mai, par l'archevêque de Paris, elles reçurent leurs noms du Dauphin, de la Dauphine et des princes du sang.

Ces cloches sortaient des ateliers de Drouart et de Ninville, habiles fondeurs, auteurs du fameux carillon de la Samaritaine. Elles donnaient avec une justesse parfaite les notes *do, ré, mi, fa, sol, la*. Le roi aimait ce genre de musique et prit beaucoup de plaisir à entendre leur carillon.

Le 30 octobre 1686, l'église, entièrement terminée, fut consacrée et livrée au culte. Dès sept heures du matin, l'évêque de Bethléem, le prélat consécrateur, revêtu de ses ornements pontificaux, sortit processionnellement de l'ancienne église. A ses côtés était l'abbé de La Mothe, précédé de plus de quarante prêtres de la Mission ayant à leur tête M. Jolly, leur supérieur-général, et d'un grand nombre de curés des environs. Il se rendit à la porte de la nouvelle église ; puis, après les nombreuses cérémonies de la consécration, on retourna dans le même ordre à l'ancienne pour y prendre les reliques du martyr saint Julien, son patron, et on les porta en procession autour de la nouvelle. L'évêque entra dans l'église, puis, après avoir placé les reliques du saint dans le sépulcre du maître-autel, il scella au-dessus la pierre de consécration.

La dédicace de la nouvelle église fut faite sous l'invocation de la Vierge, en mémoire de sa glorieuse Assomption.

On fit ensuite la procession du Saint-Sacrement. Toutes les rues par où devait passer le cortége étaient tendues de magnifiques tapisseries de la couronne. Les Récollets précédaient le clergé séculier, puis venait le Saint-Sacrement porté sous un dais d'une grande richesse donné par le roi, ainsi que les ornements dont étaient revêtus l'évêque et ceux qui l'assistaient. Derrière le dais, marchait Bontemps, gouverneur de Versailles, un grand nombre de personnes de la cour, et diverses confréries. L'évêque officia ensuite dans la nouvelle église, et la cérémonie se termina à deux heures de l'après-midi.

L'évêque de Bethléem, qui consacra Notre-Dame, était Batailler, abbé de la Bussière. Quelques mots sur l'évêché de Bethléem, dont il était revêtu, ne paraîtront peut-être pas hors de propos.

Guillaume, quatrième du nom, comte de Nevers, étant allé à la conquête de la Terre-Sainte, mourut à Saint-Jean-d'Acre en 1222. Il avait ordonné par son testament, que son corps fût porté à Bethléem pour y être enterré. Guy, son frère, l'avait suivi en Palestine. Il s'empressa de remplir son vœu. Mais, l'année suivante, les Sarrasins s'étant emparés de Bethléem, en chassèrent l'évêque, qui vint retrouver le comte Guy. Celui-ci était alors sur le point de revenir en France pour recueillir l'héritage de son frère. Il emmena avec lui l'évêque, et, arrivé à Nevers, il lui donna en toute propriété et avec toutes ses dépendances le bourg de Pantenor, près Clamecy, devenu plus tard un des faubourgs de cette ville. L'évêque y fit construire un hôpital et une église sous l'invocation de sainte Marie de Bethléem. Ce faubourg prit alors le nom de Bethléem et fut érigé en évêché sous ce nom. En 1442, le roi Charles VI reconnut cette fondation des comtes de Nevers, et, par une ordonnance du mois de février, il voulut que les évêques de Bethléem, après avoir prêté serment, pussent jouir des mêmes priviléges que les autres évêques du royaume.

Le portail de l'église Notre-Dame, en y comprenant les deux campanilles, a 38 mètres de largeur. Il est formé de quatre colonnes doriques, surmontées de quatre autres d'ordre ionique supportant le fronton, au milieu duquel deux génies soutenaient les armes de France. Ce fronton et toutes les autres sculptures du bâtiment furent exécutés par Pierre Mazeline et Noël Jouvenet. Entre les quatre colonnes du bas se trouve la porte principale, au-dessus de laquelle sont deux figures couchées représentant, l'une la Religion, et l'autre la Charité. Cette porte est surmontée d'une croisée sur laquelle on plaça l'énorme cadran de l'horloge faite en 1763. Dans l'entre-deux des colonnes existent deux niches renfermant les statues de la Foi et de l'Espérance. Enfin, tout-à-fait en dehors, sont placées les deux portes latérales surmontées de génies appuyés sur un cadre dans lequel se trouvait le chiffre royal. On monte par six marches au perron en avant du portail. Les deux tours ou campanilles, placées sur l'alignement du portail, sont ornées des mêmes ordres et ont un peu moins d'élévation que lui.

L'aspect général de ce portail est lourd et un peu massif. On a surtout blâmé le peu d'élévation des tours. La raison, d'accord avec le goût, veulent en effet que les tours dominent les édifices dont elles font partie et n'en soient pas dominées. Leur usage dans les églises catholiques est d'y placer les cloches qui doivent appeler les fidèles à la prière ; non-seulement si les tours sont moins élevées que le monument, elles rempliront imparfaitement cet objet, le son ne pouvant aller se faire entendre dans toutes les directions ; mais de plus les ondes sonores, ne pouvant s'échapper dans l'espace, feront vibrer l'intérieur de l'édifice et deviendront une cause de trouble dans le temple. C'est ce que l'on peut remarquer à Notre-Dame, où les chants des offices ne sont plus entendus lorsque les cloches viennent à être ébranlées. Ainsi, lorsqu'on pense que cette singularité du portail de l'église de Notre-Dame de Versailles est du célèbre Mansart, on ne peut que répéter avec Vaysse de Villiers :

« A ce nom la critique expire ; Mansart n'a pu pécher par ignorance ; il a eu sans doute des motifs puissants (1)... Respectons-les sans les connaître ; respectons les grands hommes jusque dans leurs erreurs apparentes ou réelles. »

L'intérieur a de la dignité, on peut seulement lui reprocher le peu d'élévation de ses voûtes. La forme est celle d'une croix latine. Sa longueur hors œuvre est de 80 mètres, et, depuis le maître-autel jusqu'à la porte principale, de 60 mètres. La largeur de la nef est de 10 mètres 64 centimètres ; celle de la croisée, ou transept, de 34 mètres. Le chœur a trois arcades de chaque côté et la nef quatre.

(1) Le désir, toujours manifesté par Louis XIV, qu'aucun bâtiment ne vînt obstruer la vue de son palais, a dû être pour beaucoup dans le peu d'élévation que Mansart a donnée à toutes les parties de cet édifice.

Chaque arcade a 4 mètres 64 centimètres de largeur, excepté celle de l'orgue qui est plus petite. Les piliers, de forme carrée, sont ornés de pilastres cannelés d'ordre dorique. Les bas-côtés, moins élevés que la nef et le chœur, ont 6 mètres de largeur, et chacune des chapelles correspondant aux arcades, 3 mètres de profondeur. A la partie centrale du transept, entre la nef et le chœur, s'élève une coupole de 12 mètres 49 centimètres d'ouverture, surmontée d'une lanterne de 6 mètres 64 centimètres de diamètre, portant en dehors sur un massif carré de 16 mètres de largeur. La hauteur de l'église sous clef, en dedans de la voûte, est de 19 mètres, et, de la lanterne au pavé, de 36 mètres.

Le maître-autel était décoré de quatre colonnes corinthiennes en marbre de Rance, et d'un beau tableau représentant l'Assomption de la Vierge peint par *Michel Corneille*. Quelques personnes ont paru douter que ce maître-autel, un peu lourd, et dont la saillie avait l'inconvénient de rapetisser l'église, fût de l'époque de la fondation. On peut voir dans un plan de 1686, signé de Mansart, aux archives de la préfecture de Seine-et-Oise, que cet autel date de cette époque.

Ce maître-autel a disparu. Le curé Pinard a fait ouvrir l'arcade du fond, de manière qu'on pût voir la nouvelle chapelle, quand elle sera terminée, ce qui donnera à l'église une plus grande profondeur.

Outre le grand autel, il existe au pourtour quinze chapelles. Toutes ces chapelles ayant été détruites à la Révolution et n'ayant pu être rétablies dans leur état primitif, comme l'a été le maître-autel, nous allons rappeler brièvement l'ordre qu'elles occupaient et les saints auxquels elles étaient consacrées.

La première, à droite en entrant par le portail, renfermait, comme aujourd'hui, les fonts baptismaux. Elle était ornée d'un tableau représentant le *Baptême de Jésus-Christ*, par Bedau. La première de gauche était la chapelle des mariages : on y voyait le *Mariage de la Vierge et de saint Joseph*. Les deux suivantes, à droite et à gauche, n'avaient point d'autels, et renfermaient chacune deux confessionnaux. A l'extrémité orientale du transept, où se trouve actuellement l'autel du Christ, était placé un autel consacré à saint Louis ; et en face, où est aujourd'hui la Vierge, un autre consacré à saint Julien. Les tableaux de ces deux autels avaient été peints par Antoine Coypel. Dans l'un il avait représenté saint Louis au lit de mort, et sur le devant d'autel deux batailles où se trouva le saint roi, et dans l'autre le martyre de saint Julien, et devant, deux sujets tirés de sa vie.

La première chapelle, à droite du chœur, était consacrée à saint Nicolas. Jouvenet y avait peint ce saint, auquel on présente des livres, et sur le devant d'autel une tempête qui le surprend en mer, et sa pompe funèbre.

Celle en face, à gauche, était consacrée à saint François.

La seconde, à droite du chœur, était la chapelle de saint Vincent-de-Paul. En 1739, Restout y a peint un tableau que l'on y voit encore, représentant ce saint prêchant devant M. de Gondi et d'autres personnages. En face, à gauche, se trouvait la chapelle de sainte Catherine. Bon Boullogne y avait représenté le mariage de sainte Catherine, et, sur le devant, la Vierge lui apparaissant à son martyre. Cet ouvrage était l'un des plus estimés de ce peintre.

La chapelle qui suivait, du même côté, était, comme aujourd'hui, consacrée à sainte Geneviève. Derrière le chœur et appliqué contre le maître-autel, se trouvait l'autel de la Communion, au-dessus duquel était représentée la *Frac-*

tion du Pain, en émaux. En face, celui du Rosaire, avec une *Cène* peinte par Bon Boullogne.

La chaire et la boiserie de l'orgue étaient peintes en blanc rehaussé d'or. Il est fâcheux que la tribune de l'orgue ait été soutenue par deux maigres colonnes en désaccord avec la belle composition de la boiserie.

L'orgue fut fait, dans le principe, par Tribiaux. Plus tard, Cliquot le fils le répara, y ajouta quelques jeux, et en fit un des bons instruments de cette époque. Tous les jeux de fond, encore jolis aujourd'hui, sont de Tribiaux, et ce qui prouve leur rare bonté, c'est le respect qu'eut pour eux le célèbre facteur. Cliquot refit seulement les jeux d'anches et y ajouta le jeu de hautbois, qu'il venait d'inventer. Cet instrument, dont on ne pourrait apprécier actuellement la richesse que par une complète réparation, est un seize-pieds ; il a quatre claviers aux mains et un de pédales, et a coûté plus de 80,000 francs, avec les augmentations de Cliquot.

Quarante-deux croisées, dont huit à la coupole, éclairent l'intérieur de Notre-Dame. Les verrières à petits carreaux blancs n'avaient pas de décoration.

Toutes les sculptures en bois et en bronze doré décorant l'intérieur de l'église lors de sa fondation, furent exécutées par Caffieri et Briquet, qui firent presque toutes celles des appartements et de la grande galerie du château de Versailles. A cette époque il n'y avait aucune chaise dans l'église. Des bancs fixes remplissaient la nef et les bas-côtés. On voit dans un plan de Mansart, à la Préfecture, que la grille du chœur était placée en-deçà des deux premiers piliers après le transept ; qu'en avant des stalles du clergé se trouvaient les bancs des seigneurs de la cour ; que le siège du roi était adossé au troisième pilier à droite, du côté de l'Épitre, et que celui réservé à madame de Maintenon était placé en dehors de la grille du chœur, contre le premier pilier, du côté de l'Évangile.

L'église de Notre-Dame était desservie par douze missionnaires de l'ordre des Lazaristes (1), réunis à vingt-un autres, chargés du service de la chapelle du château. Le supérieur était en même temps curé de la paroisse. A l'imitation de leur fondateur saint Vincent-de-Paul, les missionnaires portaient un bouquet de barbe au menton. C'est ce qui a fait dire à Saint-Simon, indigné de voir le duc de Gramont, — un duc ! — déroger au point d'épouser sa maîtresse, ancienne femme de chambre :

« Il employa des barbes sales de Saint-Sulpice et des cagots abrutis de *barbichets* des missions qui ont la cure de Versailles, pour faire goûter ce grand acte de religion et le tourner en exemple. »

Le temporel était sous la direction d'une fabrique composée de douze marguilliers, sous la présidence du curé.

A cette époque de l'histoire de notre ville, il n'y avait, à Versailles, que deux sortes de propriétés : les hôtels des princes et des seigneurs, avoisinant pour la plupart le château, et les maisons de petits propriétaires composés en grande partie d'ouvriers attirés de tous les coins de la France par les immenses constructions qu'y faisait exécuter Louis XIV, d'aubergistes et de cabaretiers empressés de bâtir pour profiter des priviléges accordés par le roi à tous ceux qui élevaient des maisons sur les terrains de Versailles ; de même qu'il n'y existait que deux populations tout-à-fait distinctes par leur position, leur éducation et

(1) Le roi Louis XIV accorda un blason aux Pères de la Mission de Notre-Dame. Il était d'azur semé de fleurs de lys d'or, à une étoile rayonnante d'or.

leurs mœurs, d'une part la cour, de l'autre les petits commerçants, les ouvriers et cette masse de laquais, compagne obligée des grands seigneurs. La classe moyenne, si importante dans la plupart des autres villes, et appelée bientôt à jouer un si grand rôle, n'y existait point encore, et ne commença à s'y former que dans les temps voisins de la Révolution. Parmi les propriétaires et les petits commerçants formant le corps des bourgeois, la charge de marguillier de la paroisse, en l'absence de toute institution populaire, était très-recherchée, et ceux qui en étaient revêtus se considéraient, dans toutes les grandes occasions, comme les représentants des bourgeois.

Deux ou trois historiettes, racontées par Narbonne (1), nous feront mieux connaître ce qu'étaient alors ces représentants de la bourgeoisie de Versailles, bonnes gens, mais brillant peu par les convenances et par le don de la parole.

Le roi Louis XIV venait à peine de fixer son séjour à Versailles, en 1682, que la Dauphine accoucha du duc de Bourgogne. Les marguilliers ne voulurent pas laisser passer une occasion si favorable de se distinguer, ce qui amena une scène assez plaisante.

Ils allèrent trouver *Bontemps,* premier valet de chambre du roi et gouverneur de Versailles. Ils lui représentèrent que, dans une circonstance aussi solennelle, ils ne pouvaient se dispenser de porter au roi les félicitations des habitants de Versailles, et le prièrent de les présenter à Louis XIV. Bontemps en parla au roi, qui voulut bien les recevoir, et leur assigna une heure le lendemain.

A l'heure indiquée, Bontemps, comme gouverneur de

---

(1) Ouvrage cité.

Versailles, crut devoir se mettre à la tête de la députation, et les introduire dans le salon où se trouvait le roi.

Mais à peine y furent-ils entrés que, sans laisser Bontemps prononcer la phrase d'usage : « Sire, voici les bourgeois de Versailles que je présente à Votre Majesté, » l'un des marguilliers, nommé Colette, épicier de profession, chargé de faire le compliment, enthousiasmé sans doute par la présence du roi, se mit à chanter à pleine gorge *Domine salvum fac regem*, à quoi les autres marguilliers, électrisés à leur tour par la voix de lutrin de leur orateur, répondirent *et exaudi nos in die qua invocaverimus te*. Louis XIV s'attendait peu à un pareil discours. Il ne put conserver sa gravité et se mit à rire ainsi que tous les seigneurs qui l'entouraient ; mais Bontemps, peu flatté du rôle que venaient de lui faire jouer les marguilliers, leur fit de vifs reproches et les poussa hors du salon, d'où ils se retirèrent un peu confus de leur réception.

A la mort de Louis XIV, arrivée en 1715, le Régent emmena le jeune roi à Vincennes et ensuite à Paris, et Versailles resta pendant plusieurs années triste et désert. Mais en 1722, le roi ayant résolu d'y faire de nouveau son séjour, tout y fut dans la joie, et les marguilliers voulurent en remercier eux-mêmes le souverain. *Blouin*, premier valet de chambre du roi, avait succédé à Bontemps dans la place de gouverneur de Versailles ; ce fut lui qui se chargea de les présenter à Louis XV le jour de son arrivée.

Le 15 juin, peu de moments avant que le roi entrât dans la ville, il les fit placer dans l'antichambre, qu'il leur recommanda surtout de ne pas quitter, afin d'être prêts à faire leur compliment aussitôt que le roi serait entré dans son cabinet. A six heures du soir environ, le roi arriva dans la cour du château, descendit à la chapelle où il fit une prière, et monta le grand escalier, pour se rendre dans son appartement. A peine entré, le gouverneur de Versailles lui fit connaître le désir qu'avaient les bourgeois de la ville de lui être présentés pour le complimenter.

Le duc d'Orléans, prenant alors la parole, répondit que le roi voulait bien recevoir les bourgeois et entendre leur compliment.

Pendant tout ce temps, les marguilliers, fort ennuyés de rester ainsi renfermés, et curieux de voir ce qui se passait, avaient quitté l'antichambre et s'étaient répandus de tous côtés pour regarder par les fenêtres l'entrée du roi ; en sorte que quand *Blouin* vint pour les prendre, il ne trouva personne et fut obligé de s'excuser auprès du roi et du duc d'Orléans de leur impolitesse.

Quelques années plus tard, en 1729, à la naissance du Dauphin, les mêmes marguilliers, réunis à quelques bourgeois, voulurent encore se présenter chez le roi pour le complimenter. Mais le gouverneur de Versailles, *Blouin*, se rappelant ce qui lui était arrivé le jour de l'entrée de Louis XV, se souciait peu de recommencer pareille scène. Il éluda leur demande sous différents prétextes et se sauva à la campagne. Les marguilliers, un peu déconcertés, ne se considérèrent pas cependant comme battus. Ils allèrent trouver *Barjac*, valet de chambre du cardinal de Fleury, premier ministre, qui parla pour eux à son maître et obtint que le cardinal les présentât le lendemain au roi. En conséquence, le dimanche 11 septembre, les huit bourgeois formant la députation, en habits noirs et manteaux, dans cet humble costume du tiers-état, alors si méprisé, et qui, dans ce même lieu, soixante ans plus tard, devait se présenter en maître, se réunirent dans le grand salon en avant de la chapelle. Lorsque le roi passa pour aller à la messe et qu'il fut vis-à-vis des marguilliers, le cardinal l'arrêta pour les lui présenter. Aussitôt le bourgeois *Guyot*, l'orateur de la troupe, s'avance, ouvre la bouche à plusieurs reprises et se retire sans avoir pu articuler une parole. Le roi, après avoir attendu quelques instants le compliment, regarde le cardinal, salue les bourgeois, se retourne et continue sa marche vers la chapelle.

En 1742, la reine Marie Leczinska ayant désiré voir établir dans la paroisse de Notre-Dame une confrérie de la dévotion au Sacré-Cœur de Jésus, l'archevêque de Paris, Guillaume de Vintimille, autorisa l'établissement de cette association, qui reçut l'approbation et des bulles d'indulgences plénières du pape Benoît XIV, et célébra sa première fête, le 1er juin 1742.

La position de l'église Notre-Dame, comme paroisse de la cour, donnait au conseil de fabrique de nombreuses occupations, et l'on voit, en parcourant le registre de ses délibérations, que la charge de marguillier était loin alors d'être une sinécure. Mais de toutes les affaires traitées par ce conseil, aucune ne lui donna plus de tourments que celle de l'établissement de l'horloge.

En 1762, les marguilliers eurent l'idée de faire placer cette horloge, dont l'immense cadran, avec ses ornements de mauvais goût, cache une grande partie de la croisée de la façade. Idée malheureuse et qui leur causa bien des tribulations. Le 15 juillet de cette année, un plan est présenté, les devis arrêtés, et, le 4 août, le sieur Nicolas-Ignace Colette, horloger, est chargé de sa construction. Près d'une année s'écoule, et, le 8 juin 1763, l'horloger Colette prétend que des aiguilles en fer seraient préférables à celles de cuivre dont on était convenu d'abord, parce qu'elles seraient moins lourdes et moins chères. Délibération de la fabrique qui se rend aux observations de Colette. Cependant celui-ci, peu sûr de son affaire, consulte, dans l'intervalle, des horlogers plus expérimentés. Ils lui font observer que les aiguilles de cuivre pourront être allégies autant qu'on le voudra, tandis que celles de fer, pour être solides, seront d'un poids trop considérable, et que d'ailleurs elles auront l'inconvénient d'être sujettes à la rouille. De là, nouvelle proposition de Colette et nouvelle délibération de la fabrique,

Enfin l'horloge est terminée, et quatre experts, horlogers de Paris, se réunissent le 20 février 1764, pour procéder à son estimation. Après en avoir *mûrement* et *gravement* délibéré, les experts concluent *à ce que la fabrique soit tenue de payer à Colette, pour la confection de son horloge, la somme de trente-trois mille deux cent dix-neuf livres, et cinq cent livres pour son entretien chaque année.* Effrayés d'une pareille somme à débourser, les marguilliers désirent un plus ample informé, et remettent à plus tard l'adoption du chiffre posé par les experts, qui reçoivent 924 livres pour leur déplacement. Mais, ce chef-d'œuvre du sieur Colette ne marchait qu'à grand'peine, et dès les premiers mois de son existence on se plaignait de son peu de régularité. La fabrique, se basant alors sur son imperfection reconnue et constatée, et considérant le prix d'estimation comme exorbitant, ne voulut point payer Colette, et en appela au bailliage de Versailles pour juger la contestation. L'arrêt de ce tribunal lui fut en effet favorable et renvoya les parties devant d'autres experts.

Colette ne se tint pas pour battu. Il interjeta appel de ce jugement devant le parlement de Paris, qui rendit, le 9 mars 1765, un arrêt par lequel *le curé et les marguilliers sont condamnés à payer au sieur Colette la somme de trente-trois mille deux cent dix-neuf livres, à laquelle ladite horloge a été estimée par le rapport des experts, ensemble les intérêts de ladite somme, et cinq cents livres d'appointements par année, pendant la vie dudit Colette, pour l'entretien de ladite horloge, à compter du dernier décembre 1763, avec commandement de payer la somme de trente-trois mille deux cent dix-neuf livres en deniers ou quittances, les intérêts qui en sont échus, et la somme de cinq cents livres pour l'année échue le dernier décembre dernier, des appointements à lui adjugés.*

Armé de ce jugement, Colette menaça la fabrique de lui faire supporter d'énormes frais s'il n'était pas exécuté de suite. Les marguilliers étaient fort embarrassés, car les fonds du Trésor étaient loin de pouvoir s'élever à cette somme, et ils craignaient que Colette n'exécutât ses menaces. Dans cette extrémité et pour terminer cette malheureuse affaire, ils furent obligés d'emprunter vingt-quatre mille livres sur les biens de l'église.

Mais la pauvre fabrique n'était pas au bout de ses tribulations ; elle avait bien pour ses 33,219 livres une horloge et son cadran, mais elle n'avait pas de sonnerie, car Colette ne s'était chargé que du mécanisme. On fut donc obligé de passer un nouveau marché avec un fondeur de Paris, le sieur Michel-Philippe Després, qui se chargea de fournir trois timbres de dimensions différentes pour sonner les heures, les demies et les quarts, à raison de 8,000 liv., ce qui, ajouté aux 33,219 livres, formait une somme ronde de 41,219 livres, sans compter les intérêts et l'entretien.

Colette était payé, mais son horloge n'en marchait pas mieux pour cela. Les marguilliers s'en plaignaient d'autant plus vivement qu'ils avaient été ses dupes. Fatigué de la lutte qu'il était obligé de soutenir tous les jours, et probablement satisfait du bénéfice qu'il avait retiré de son œuvre, il abandonna la ville l'année suivante. La fabrique s'empressa de faire constater son absence, et, par arrêt du bailli de Versailles, fut déclarée déchargée de payer les 500 livres qu'elle était forcée de donner annuellement.

On mit, pour le remplacer, un autre horloger de Versailles, nommé Villebar, auquel on n'alloua que 200 livres par an. Les réparations que ce nouvel arrangeur fit encore au mécanisme entraînèrent la pauvre fabrique dans d'autres dépenses. L'horloge n'en allait pas mieux, car Villebar, probablement ennuyé d'y aller tous les jours, envoyait, pour le remplacer, des enfants occupés, la plupart du temps, à tout autre chose qu'à remonter la malencontreuse horloge. Cela était même porté si loin, que la fabrique fut forcée, en 1771, de renvoyer Villebar, et de nommer à sa place le sieur Deshayes qui conserva cet emploi pendant de longues années.

Comme paroisse royale, Notre-Dame avait le privilége de recevoir, dans les fêtes de l'église, le roi et sa famille. Toutes ces cérémonies étaient d'une grande magnificence, mais c'était surtout à l'occasion de la Fête-Dieu que se déployait tout le luxe de la cour.

Ce jour-là, le roi se rendait à la Paroisse, et en revenait dans un carrosse fait exprès pour cette cérémonie. Il était attelé de deux énormes chevaux blancs ne servant que dans cette occasion. Toute la famille royale se mettait dans ce carrosse avec le roi. Les pages du roi avaient le privilége de monter derrière, sur les marches de chaque côté des portières, sur le siége, partout enfin où ils pouvaient tenir. La maison militaire marchait devant et derrière la voiture. Les gardes-du-corps, les cent-suisses et les officiers de la chambre étaient placés comme à la chapelle royale, dans l'église, toute resplendissante de lumières et de fleurs. Le roi, entouré de la famille royale et de toute la cour, suivait à pied la procession, qui prenait la rue Dauphine (rue Hoche) jusqu'au Reposoir (1), traversait ensuite la place d'Armes et la cour du château, et s'arrêtait à la chapelle du château; puis revenait à la paroisse par le même chemin. La route suivie par la procession était décorée des magnifiques tapisseries des Gobelins. Le roi entendait ensuite à la Paroisse la messe, dite par le grand aumônier et chantée par la musique de la chapelle. Dans cette occasion, la quête était toujours faite par douze quêteuses désignées par le roi.

Le 20 septembre 1724, l'abbé de Saint-Albin, bâtard du duc d'Orléans régent, fut ordonné prêtre dans l'église de Notre-Dame. L'évêque de Viviers fit cette ordination en vertu d'une dispense du pape. L'abbé de Saint-Albin devint ensuite évêque de Laon, et, après la mort du Régent, archevêque de Cambrai.

Le 15 août 1722, le roi Louis XV fit sa première communion par les mains du cardinal de Rohan, dans l'église de Notre-Dame.

Plusieurs sacres d'évêques eurent lieu aussi dans cette église. En 1704, l'évêque d'Agen; — en 1743, l'évêque de Clermont; — et en 1838, l'évêque de Dijon.

Le 4 mai 1789, commença dans l'église Notre-Dame la célèbre procession des États-Généraux. Depuis plusieurs

(1) Le reposoir dont nous avons parlé à la rue Hoche, n° 5, après avoir été occupé par les théophilantropes devint l'habitation d'un tapissier, qui y établit un magasin de meubles. Depuis 1804 jusqu'en 1828, il servit encore de reposoir pour la grande procession épiscopale du Saint-Sacrement. Cette même année 1828, cet édifice fut consacré au culte protestant et inauguré le 2 mars, par MM. Marron et Moissard, présidents des deux églises réformée et luthérienne de Paris.

jours, les députés des trois ordres arrivaient à Versailles de tous les points de la France. Le roi reçut les députations le 3, et, quoique l'élection de la capitale ne fût point terminée, on décida que la procession générale du Saint-Sacrement, qui devait précéder l'ouverture des États, aurait lieu le lendemain 4. Dès le matin de ce jour, les députés, en habits de cérémonie, se rendirent dans l'église de Notre-Dame, d'où la procession devait partir pour se rendre à la paroisse Saint-Louis. A dix heures, le roi, revêtu du manteau royal, sortit de ses appartements *entouré des princes de sa famille, tous couverts du manteau des ordres.* Il monta dans sa voiture, dans laquelle se placèrent *Monsieur* à sa gauche, le *comte d'Artois* sur le devant, et aux portières le *duc d'Angoulême*, le *duc de Berry* et le *duc de Bourbon*. La reine, les princesses et les princes du sang venaient ensuite, entourés de tout le cortége des rois de France dans les grandes cérémonies. Après une courte prière à Notre-Dame, la procession commença à se former. Les bannières des deux paroisses ouvraient la marche, celle de Notre-Dame en avant ; puis venaient les Récollets, suivis du clergé des deux paroisses de Versailles. De chaque côté du clergé marchaient les gardes de la prévôté de l'hôtel. Après le clergé s'avançaient sur deux lignes parallèles les députés du tiers-état, vêtus de noir, avec un petit manteau de soie, cravate de mousseline blanche, cheveux flottants, chapeau retroussé des trois côtés, sans ganses ni boutons, portant un cierge à la main, ainsi que tous ceux qui faisaient partie de la procession ; ensuite marchait la noblesse, en noir, le manteau à parements d'or, le chapeau retroussé à la Henri IV, avec plumes blanches ; et enfin, les députés du clergé, séparés en deux par la musique du roi, le bas-clergé en avant et les évêques près du Saint-Sacrement. Au milieu du clergé et en avant du dais se trouvaient les gardes-du-corps, les cent-suisses et la musique vocale du roi. Venait ensuite le dais, porté par les grands-officiers et les gentilshommes d'honneur des princes, frères du roi ; les cordons étaient tenus, ceux de devant par les *ducs d'Angoulême et de Berry*, et ceux de derrière par *Monsieur* et le *comte d'Artois*. Le Saint-Sacrement était porté par l'archevêque de Paris. Le roi marchait immédiatement derrière, ayant à sa droite les princes du sang, les ducs et pairs et les autres seigneurs de sa cour, et à sa gauche la reine, madame Élisabeth, la duchesse d'Orléans et la princesse de Lamballe.

La procession suivit la rue Dauphine, la place d'Armes, la Rampe, la rue Satory, la rue de l'Orangerie et la rue de la Paroisse-Saint-Louis (de la cathédrale). Les rues qu'elle devait traverser étaient ornées de riches tentures et des tapisseries de la couronne. Les gardes-françaises et suisses formaient la haie depuis Notre-Dame jusqu'à Saint-Louis. Un peuple immense, accouru de tous côtés, remplissant les places et les rues de la ville, toutes les croisées garnies de spectateurs, et une belle journée de printemps concoururent à la magnificence de ce spectacle.

Les jeunes princes, que leur âge empêchait de faire partie de la cérémonie, voulurent au moins jouir de son coup-d'œil. Le *dauphin* était à la Grande Écurie, le *duc de Normandie* et *Madame, fille du roi*, aux fenêtres d'une maison de la rue de la Paroisse-Saint-Louis, en face du pavillon Beauregard. La princesse *Louise de Condé* était à la Petite-Écurie.

Après la messe, célébrée par l'archevêque de Paris, et le sermon, prononcé par l'évêque de Nancy, le roi retourna au château dans le même ordre.

La dernière cérémonie de la Fête-Dieu à laquelle assista la cour, eut lieu le 11 juin 1789. Les États-Généraux y furent représentés par députations, douze membres du clergé, douze de la noblesse et vingt-quatre du tiers-état, le président Bailly en tête. Ils observèrent le même ordre qu'à la procession des États-Généraux ; le tiers en avant, la noblesse ensuite et le clergé le plus près du Saint-Sacrement. A la grand'messe de la paroisse, après la procession, le clergé était placé au bas de la stalle du roi, la noblesse en face du clergé, du côté de l'Évangile, et le tiers-état sur des banquettes derrière les chantres, entre le lutrin et la grille du chœur.

Le 4 novembre 1789, les curés et marguilliers de Notre-Dame portèrent à l'hôtel des Monnaies de Paris 551 marcs d'argenterie (1).

Par son décret du 12 juillet 1790, sur la constitution civile du clergé, l'Assemblée Constituante avait établi un évêque par département et avait remis sa nomination à l'assemblée générale des électeurs. Versailles fut désigné pour être le siége de l'évêché du département de Seine-et-Oise. En conséquence, le dimanche 5 décembre 1790, les électeurs se réunirent dans l'église de Notre-Dame, à l'issue de la messe paroissiale, suivant la teneur du décret, à l'effet de procéder à la nomination de l'évêque. Le procureur-général-syndic du département, M. Challan, ouvrit la séance et, après un discours rappelant le but de la réunion, on procéda à l'élection, qui dura deux jours et se termina par la nomination de Jean-Julien Avoine, curé de Gomecourt.

Le nouvel évêque fut proclamé dans l'église de Notre-

---

(1) *Journal de Versailles*, 1789, in-4°, n° 70.

Dame, le 8 du même mois, et, après la messe solennelle célébrée à cet effet, il remercia les électeurs en ces termes :

« Messieurs,

« Le choix que vous avez fait de ma personne, pour devenir l'évêque du département de la Seine et de l'Oise, m'a jeté dans un si grand étonnement que je ne puis trouver d'expressions pour vous témoigner ma vive et profonde reconnaissance. Appelé par vos suffrages au gouvernement d'une des premières églises du royaume, je sens combien sont pénibles et difficiles les fonctions d'un si honorable ministère, et, en l'acceptant avec effroi, je gémis de me trouver si peu de talents pour en remplir les devoirs. Ce que j'ose promettre ici, Messieurs, d'après le sentiment de mon cœur, c'est que je ferai tout pour la religion dont j'ai l'honneur d'être le ministre ; tout pour la patrie dont j'ai le bonheur d'être citoyen ; tout pour l'avantage des fidèles de ce grand diocèse, et particulièrement pour celui des pauvres dont je dois me regarder comme le père ; tout pour le maintien de notre inestimable Constitution, dont je suis obligé d'être plus que jamais un des plus zélés défenseurs. Oui, Messieurs, j'en forme devant vous l'engagement solennel, je ferai tout pour ces objets importants et sacrés ; rien pour moi-même ; et j'adresserai continuellement des vœux au ciel pour la félicité publique, et la conservation des jours précieux du monarque qui nous gouverne. »

De ce moment l'église de Notre-Dame devint la cathédrale du diocèse de Versailles.

Cette nouvelle transformation de Notre-Dame ne devait durer que peu d'années. Vers la fin de 1793, l'on était déjà bien loin des idées de 1790 ; il ne sagissait plus de réformer, d'améliorer le régime qui avait précédé l'Assemblée constituante ; il fallait tout détruire.

La royauté, en périssant, venait d'entraîner dans sa chute la religion.

L'église de Notre-Dame, ainsi que toutes les autres

églises de France, fut fermée au culte catholique; l'évêque constitutionnel chassé de son église, aussi bien que les prêtres qui refusèrent le serment; les autels détruits, les tableaux, vases et ornements emportés dans les magasins, et Notre-Dame érigée en *Temple de la Raison.*

Le Directoire du département vendit toutes les grilles des chapelles et du chœur, les ornements de cuivre, et envoya les cloches à la Monnaie. Il arrêta, par une délibération du 3 frimaire an II-1793, que les tentures de l'église et les soutanes trouvées dans la sacristie, seraient employées *à la fabrication des guêtres des volontaires nationaux.*

Quelques jours après, la *Société populaire de la Vertu sociale des Sans-Culottes* de Versailles, qui avait alors une très-grande influence, ne voulant pas rester en arrière du Directoire du département, adressa au Conseil général de la commune la pétition suivante, que nous transcrivons mot à mot :

« Citoyens,

» Les citoyens de notre Société considérant que tous les ornements qui sont restés dans les églises et qui sont garnis en or, nous sont absolument inutiles et sont cependant d'une grande utilité pour la République, nos concitoyens nous députent vers vous pour nous faire faire *à nous autres Sans-Culottes des Sociétés populaires,* une procession à la Convention nationale, pour lui porter dais, bannières, chappes, chasubles, tuniques et le restant des vases sacrés. Les prêtres qui resteront se serviront, comme à la primitive Eglise, de vases de bois, etc.

» C'est dans l'espoir, Citoyens, que ce sera la dernière des processions, que nous vous proposons de faire celle-ci, qui sera plus utile à la République que celles que faisaient autrefois tous nos ministres du Dieu de paix, ou du moins qui se qualifiaient ainsi, pour mieux attraper le peuple. Mais ce temps est passé. La vraie religion des républicains est de faire à autrui ce que l'on voudrait qu'on vous fît. Ils étaient bien éloignés de le faire si nous en ugeons par les biens qu'ils ont volés à la nation.

» Nous demandons donc :

» 1° Que chaque sans-culotte nommé par les Sociétés populaires en nombre suffisant, soit revêtu d'un ornement, ou porte des vases sacrés, ou bien le dais, ou enfin la bannière, et que la procession se fasse depuis Versailles jusqu'à Paris en chantant des hymnes patriotes et républicaines.

» 2° Qu'une députation des trois corps administratifs accompagne les Sociétés populaires. »

Aussitôt que le Conseil général de la commune eut reçu cette pétition, il s'empressa de la communiquer aux diverses sections de la ville, qui adoptèrent immédiatement *une proposition si honorable et si patriotique.*

La procession eut donc lieu le 9 frimaire, comme elle avait été réglée par la *Société populaire de la Vertu sociale des Sans-Culottes;* elle défila gravement devant la Convention, et eut ce jour-là les honneurs de la séance.

La bannière du Rosaire donnée par Louis XIV à l'église de Notre-Dame, au moment de la fondation de la confrérie par Mme de Maintenon, la seule échappée à cette profanation, est toujours à Notre-Dame.

Comme presque toutes les fêtes révolutionnaires avaient lieu dans le *Temple de la Raison*, on chercha à donner à l'ancienne église, dit le rapporteur de la commission chargée de la décoration du temple, *un caractère digne du culte de la Liberté, autant qu'il est possible aux humains.*

On enleva, en conséquence, l'*Assomption* de Michel Corneille, et l'on mit à la place une grisaille représentant la statue de la Souveraineté, debout, portant sur sa tête une couronne d'étoiles, attribut de l'immortalité, et tenant dans ses mains un cercle et le sceptre antique. Devant elle, était la statue du Peuple, assise, figurée par un adolescent couronné de feuilles de chêne et de laurier, présentant d'une main des épis et de l'autre un niveau. A leurs pieds, était enchaîné le *monstre du Despotisme*, armé d'un poignard brisé et s'efforçant de ressaisir des rouleaux épars sur lesquels on lisait : *Maximes du droit royal, titres de noblesse*, etc. ; un serpent paraissait le seconder. La base de ce tableau était ornée d'une tête d'éléphant, comme symbole de la force.

On fit disparaître l'inscription latine en lettres d'or, annonçant la dédicace de l'église sous l'invocation de la Vierge, et l'on mit à sa place la devise : *Unité, indivisibilité de la République*. Le Père éternel, qui ornait le tympan du fronton, fut remplacé par un œil entouré de rayons. On construisit dans le chœur un plancher élevé au centre duquel fut mis l'*autel de la Patrie*. Les siéges des administrateurs étaient placés en cercle autour de l'autel, de manière que le Président pût parler au peuple, en s'appuyant sur cet autel, où le livre de la Constitution devait rester toujours ouvert. Des gradins, posés dans les arcades, devaient recevoir les défenseurs de la patrie et les corps de musique. Au-dessus se trouvaient diverses inscriptions républicaines et les Droits de l'homme. On avait aussi construit, dans les bras de la croix, deux amphithéâtres pour les instituteurs et les institutrices qui devaient amener leurs élèves à ces fêtes, et pour les vieillards, et enfin, sous le dôme, des banquettes étaient placées pour les autorités, les tribunaux et *les époux*. Le reste du temple était orné de drapeaux tricolores, de trépieds dans lesquels devaient *brûler des parfums*, et d'inscriptions patriotiques.

Les fêtes républicaines devenaient de plus en plus nombreuses, et menaçaient de prendre la plus grande partie du temps des citoyens. Le Gouvernement directorial voulant mettre un terme à cet état de choses, décida, par les lois du 17 thermidor et du 13 fructidor an VI, que les grandes fêtes nationales seules seraient conservées, et que toutes les autres seraient remises aux *décadis,* jours de repos pour la République.

D'après ces lois, un local particulier, destiné à ces cérémonies, devait être choisi dans chaque commune. Les administrations municipales devaient s'y rendre en costume, les jours de *décadi,* pour y donner lecture des lois, des actes de l'autorité, du bulletin des affaires générales de la Républiique, et y célébrer les mariages. Les instituteurs et institutrices d'écoles, soit publiques, soit particulières, devaient y conduire leurs élèves ; et enfin, le jour de la réunion décadaire, des *jeux et exercices gymniques* devaient être établis dans chaque chef-lieu de canton.

Le *Temple de la Raison,* déjà préparé pour les fêtes républicaines, fut choisi pour lieu des réunions décadaires, et décoré du nom nouveau de *Temple décadaire.*

Malgré tout l'appareil imposant que l'on voulait donner à ces assemblées, le respect des spectateurs ne paraît pas avoir été très-grand, car l'on voit, dès les premiers jours de réunion, l'autorité prendre des mesures coërcitives contre ceux qui venaient en troubler la solennité. Le 18 vendémiaire an VII, une garde nombreuse est envoyée pour la police du temple, et l'autorité fait afficher l'arrêté suivant :

« L'administration, considérant qu'il est de son devoir d'user de tous les moyens à sa disposition pour réprimer les malveillants et maintenir, pendant la célébration des fêtes décadaires, le respect et la décence convenables à ces cérémonies ;

» Ouï le commissaire du Directoire exécutif, arrête :

» 1° Les fêtes décadaires commenceront à dix heures du matin.

» 2° Les citoyens qui assisteront à ces fêtes se tiendront découverts et dans le respect et le silence.

» 3° Si un ou plusieurs assistants interrompent le silence, donnent des signes publics d'approbation ou d'improbation, causent ou excitent du tumulte, de quelque manière que ce soit, et si, après l'avertissement qui leur en aura été donné, ils ne rentrent pas dans l'ordre sur-le-champ, ils seront tenus de se retirer. — En cas de refus d'obéir, les réfractaires seront saisis aussitôt et conduits devant l'officier de police judiciaire, pour être punis conformément aux lois.

» 4° Aucun enfant de l'un ou de l'autre sexe, au-dessous de l'âge de douze ans, ne pourra entrer dans l'édifice consacré à la célébration des fêtes décadaires, s'il n'est conduit par ses parents ou toute autre personne capable de le contenir.

» 5° Les instituteurs et les institutrices seront rendus dans le lieu de la réunion, tous les décadis, à dix heures du matin, pour y être placés dans l'endroit qui leur sera destiné.

» 6° Il est expressément défendu de monter sur les chaises ou sur les bancs pendant les cérémonies. Il sera procédé à l'égard des contrevenants conformément à l'article 2. »

Ce n'était pas le seul embarras que les administrations municipales éprouvassent à faire exécuter les prescriptions de la loi sur les fêtes décadaires. Dans une circulaire aux administrations centrales et municipales pour l'interprétation de cette loi, le ministre de l'intérieur, *François de Neufchâteau*, recommande surtout aux maires de profiter de ces réunions pour prononcer devant le peuple des discours de morale. *Deraime*, ancien commissaire général des guerres, alors maire de Versailles, bon et honnête homme, comprenait peu comment il était possible de parler au peuple de morale sans lui parler aussi de Dieu ! Craignant cependant de s'aventurer en allant contre les intentions du Gouvernement, il demande des explications au ministre :

« Des discours de morale, dit-il dans une lettre qu'il lui

adresse, peuvent être sans doute absolument dégagés de toute pensée religieuse. Il me semble cependant qu'en faisant coïncider la recommandation d'en observer les devoirs avec les idées sublimes de l'existence de l'Être suprême, de l'immortalité de l'âme et d'une vie future où la vertu sera récompensée et le vice puni, idées qu'il est facile de baser sur la saine raison, la morale prend un caractère plus auguste, plus propre à inspirer à l'homme de l'élévation, et à le pénétrer du sentiment intime de sa dignité. »

François de Neufchâteau lui répond le 9 brumaire :

« Citoyen, j'ai reçu la lettre par laquelle vous me demandez si les discours moraux que vous vous proposez d'adresser au peuple dans les réunions décadaires peuvent contenir quelques idées religieuses. Je crois avoir à peu près résolu cette question dans une circulaire que j'adressai aux administrations départementales à l'époque de la fête de la fondation de la République. Je leur disais :

« Il vous est aisé de montrer l'édifice républicain reposant sur » la base de toutes les religions, sur la morale la plus pure, la » croyance d'un Dieu juge des bons et des méchants, *la tolérance* » *universelle et la pratique des vertus considérée avec raison comme* » *l'essentiel des cultes et le plus digne hommage à la Divinité*, etc. »

» Je vous invite à lire dans la circulaire même le paragraphe d'où j'ai extrait cette phrase, ainsi que ceux qui le suivent, vous y trouverez des principes conformes à ceux que vous manifestez vous-même dans votre lettre. Oui, Citoyen, *je crois qu'on peut regarder comme généralement admis* le dogme de l'existence d'un Dieu et *même* celui de *l'immortalité de l'âme, et en faire sinon l'unique base, au moins l'appui* de plusieurs maximes essentielles à la morale. Mais il n'en faut pas moins exclure, des discours prononcés devant le peuple, tout ce qui ressemblerait à des éloges, à une préférence donnée à telle ou telle religion, s'interdire tout ce qui rappellerait les rites, les cérémonies d'un culte. — Je n'avais pas besoin sans doute de vous faire cette dernière observation. Des magistrats ne sont pas des prêtres : ils ne doivent être que les organes du gouvernement qui, en protégeant tous le cultes, n'en reconnaît aucun de privilégié; ils n'ont pour mission que de prêcher une morale douce et tolérante, et de recommander l'obéissance aux actes des autorités constituées.

» Salut et fraternité,

» François de Neufchateau. »

On voit par cette remarquable réponse du ministre, que le gouvernement directorial, tout en sentant la nécessité de détruire l'athéisme, ne voulait cependant paraître protéger aucun culte, et hésitait encore à reconnaître l'union intime de la morale et de la religion, qu'une main ferme et puissante devait hautement proclamer quelques années plus tard.

Pendant toutes ces transformations de l'Église, les catholiques du quartier Notre-Dame, sous la conduite de l'abbé *Grandpré*, demandaient l'autorisation d'exercer leur culte dans les parties du temple, autres que celles consacrées aux fêtes républicaines. On leur accorda, à cet effet, toute la portion qui se trouve derrière le chœur, à la condition toutefois que les objets du culte seraient cachés lors des réunions décadaires. Mais l'arrêté du consulat du 7 thermidor an VIII, ayant supprimé pour les citoyens l'obligation d'observer comme jours fériés les décadis, le *Temple décadaire* devint sans objet, l'église fut alors entièrement abandonnée aux catholiques, et ils y exercèrent tranquillement les cérémonies de leur culte. Enfin le Concordat de l'an IX, en venant de reconnaître la religion catholique comme la religion de la grande majorité des Français rétablit en même temps l'exercice de ce culte et sa hiérarchie. L'abbé *Grandpré* qui, depuis le commencement de la Révolution, n'avait pas un instant abandonné ses co-religionnaires de Notre-Dame, et les avait rassemblés dans cette église aussitôt qu'il l'avait pu, fut nommé curé de cette paroisse par le nouvel évêque de Versailles, reconnu par le Concordat, *Louis Charrier de la Roche*. Cette nomination ayant été approuvée par le premier Consul, l'évêque installa en personne le *curé Grandpré*, en présence des autorités administratives et devant un concours immense de peuple, le 8 brumaire an XI (30 octobre 1802).

Depuis qu'elle a été de nouveau rendue à l'exercice du culte, l'église de Notre-Dame a subi des changements dans sa décoration intérieure ; presque toutes le chapelles ont été changées dans leur destination et dans leur ornementation.

Les tableaux de *Coypel*, de *Jouvenet* et de *Bon Boullogne* ont disparu. Dans les deux chapelles des extrémités du transept, on voit, à la place du saint Julien et du saint Louis, deux grandes arcades creuses, au milieu desquelles se trouvent, à droite, le Christ en croix, ayant à ses pieds la Vierge en pleurs et saint Jean, et à gauche, la Vierge tenant l'Enfant-Jésus et montée sur la boule du monde, que soutient un archange au milieu de nuages et de groupes de chérubins. Depuis quelques années, les autels de ces deux chapelles ont été entièrement refaits sur les plans de l'architecte Douchain; ces autels en bois couleur de chêne, à sculptures dorées, sont ornés de chaque côté de deux colonnes d'ordre corinthien, soutenant un fronton aussi en bois de chêne à ornements dorés, encadrant gracieusement les groupes de sculpture. On a aussi placé dans presque toutes les chapelles d'élégants confessionnaux, exécutés sur les dessins du même architecte. La chaire, la même encore que sous Louis XIV, sculptée par *Caffieri*, est peinte en couleur de chêne et les sculptures en sont dorées. La plupart des chapelles des bas-côtés, dépouillées des peintures de maître, sont peu remarquables. Dans la chapelle des fonts, M. Devillers a exécuté, en 1842, un bas relief représentant le baptême de Clovis, par saint Remy.

Dans la première chapelle de gauche, en entrant, est placé le cœur du général Hoche.

La veuve du général Hoche est morte à Paris, le 10 mai 1860, à l'âge de 84 ans. Elle voua à la mémoire du grand général, que la France avait perdu, un culte auquel elle est restée fidèle jusqu'au tombeau. Ce qu'elle avait pu recueillir des restes du général avait été placé, par ses soins, dans un caveau du cimetière de l'Est, à Paris. Madame la comtesse Des Roys, sa fille, pensant que ces précieux restes ne pouvaient être nulle part mieux placés que dans sa ville natale, en fit l'offrande à la ville de Versailles. Cette offrande fut accueillie avec empressement par le maire et le conseil municipal.

La translation, autorisée par le Ministre de l'Intérieur, eut lieu le 28 mai 1860. La caisse contenant les restes du général fut placée provisoirement dans un caveau de l'église de Notre-Dame, et, le 28 juillet 1860, après avoir obtenu les autorisations nécessaires à l'érection d'un monument dans cette église, on procéda à son inauguration. Un service funèbre, auquel assistaient l'administration et le conseil municipal, le petit-fils du général et plusieurs notabilités de la ville, fut célébré en l'honneur du général Hoche et de sa digne compagne, Anne-Adélaïde Dechaux. Les restes du général ont ensuite été transportés, par le clergé, dans la chapelle, et la caisse de zinc les renfermant, scellée derrière la plaque de marbre.

Le monument est dû à M. Paris, architecte de la ville.

Une table de marbre noir, entourée d'une bande de marbre vert de mer, s'encadre dans un chambranle avec couronnement en pierre de Saint-Denis. Le tout repose sur quatre consoles appuyées elles-mêmes sur la retraite qui règne autour de l'édifice.

La table porte l'inscription suivante, gravée en lettres d'or, et relevée à chaque angle par des clous de bronze :

CE MONUMENT A ÉTÉ ÉLEVÉ PAR LA VILLE DE VERSAILLES
POUR RECEVOIR LE COEUR DE
LAZARE HOCHE
GÉNÉRAL EN CHEF DES ARMÉES FRANÇAISES
MORT A 29 ANS PACIFICATEUR DE LA VENDÉE
VAINQUEUR DES ENNEMIS DE LA FRANCE
A LANDAU — WEISSEMBOURG — QUIBERON — NEUWIED
ET POUR CONSERVER LA MÉMOIRE DE ANNE ADELAÏDE DECHAUX
SON ÉPOUSE QUI PENDANT 62 ANS DE VEUVAGE S'EST MONTRÉE DIGNE
GARDIENNE DE CE GRAND NOM CES RESTES PIEUX REMIS PAR
MADAME LA COMTESSE DES ROYS LEUR FILLE.

On voit aussi, dans la deuxième chapelle de gauche en entrant, un cénotaphe érigé par la piété filiale, à la mémoire du comte de Vergennes, ancien ministre et ambassadeur de Louis XVI. Ce monument, exécuté en 1788, par le sculpteur *Blaise*, n'a été placé qu'en 1818 ; il consiste en un sarcophage de marbre portor, surmonté d'un génie qui pleure en tenant un médaillon de marbre blanc, où l'artiste a représenté la figure du ministre. Le tout est exécuté en bas-relief et appuyé contre un obélisque en marbre bleu-turquin, incrusté dans le mur. Une inscription gravée au-dessous, sur un socle de marbre noir, indique que le comte de Vergennes a été inhumé dans le cimetière de cette paroisse. Dans la même chapelle, une plaque de marbre, entourée d'un cadre de bronze, a été placée par la Société d'Horticulture de Seine-et-Oise, à la mémoire du célèbre créateur du jardin Potager de Versailles, *J.-B. de la Quintinie*, inhumé dans le cimetière de cette paroisse.

La chapelle de saint Joseph, au côté gauche du chœur, fut entièrement refaite en 1807, aux frais de madame de Béthune, qui fonda en même temps une messe par mois, pendant dix ans, pour le repos de l'âme de son mari, Joachim-Joseph de Béthune. Voici ce que dit la chronique à l'occasion de cette fondation : M. de Béthune avait eu, dans sa jeunesse, une querelle avec un gentilhomme breton, à la suite de laquelle il avait eu le malheur de le tuer en duel. La femme du gentilhomme se trouvait alors enceinte ; elle se retira dans ses terres et y devint mère d'un fils. Dès qu'il fut en âge de manier une arme, elle le fit s'exercer pendant de longues années au pistolet et à l'épée. Puis, lorsqu'elle jugea le moment arrivé, elle conduisit son fils dans sa chambre, lui montra la chemise ensanglantée de son père, et lui fit jurer de venger sa mort. Un jour que M. de Béthune se trouvait dans sa propriété de Glatigny, un jeune homme demande à lui parler. Après quelques mots d'explication, on les voit se diriger tous deux vers l'extrémité du parc, où l'on trouve, au bout de quelques instants, M. de Béthune, baigné dans son sang et expirant.

Le tableau de *saint Vincent de Paul prêchant*, par Restout, se voit encore dans la chapelle de ce nom. C'est un excellent tableau, dont presque tous les personnages sont des portraits des contemporains du saint. Enfin, outre quelques tableaux dont les auteurs sont inconnus, on voit encore dans cette église, sur les piliers des bas-côtés, douze médaillons de marbre représentant des Apôtres et des Pères de l'Eglise.

Il n'y avait dans les archives de Notre-Dame aucun renseignement sur les auteurs de ces médaillons placés dans l'église, en 1815. M. Soulié, le savant conservateur du Musée historique de Versailles, a bien voulu nous donner, à ce sujet, les intéressants détails qui suivent :

« Les douze médaillons en marbre qui décorent les piliers de l'église Notre-Dame, furent concédés à la Paroisse de Versailles, par le roi Louis XVIII, le 13 octobre 1815, en même temps que les figures de la Sainte-Vierge et de deux Anges en adoration qui se trouvent dans la sacristie de cette église. A l'époque où ces sculptures furent envoyées à Versailles on avait perdu toute trace de leur provenance, et nous n'avons encore trouvé aucun renseignement positif, relativement aux figures de la Vierge et des Anges. Pour les médaillons en marbre, grâce à la *Description de l'Académie royale des Arts, de Peinture et de Sculpture*, par feu M. Guérin, secrétaire perpétuel de ladite Académie, — Paris, 1715, in-12, — on peut reconnaître les sujets et les noms des auteurs de ces médaillons. Ils furent exécutés, de 1657 à 1689, pour l'Académie royale de Peinture et de Sculpture, et décorèrent les salles qu'elle occupait au Louvre, jusqu'en 1792, date de la suppression des Académies. Ces bas-reliefs ne pouvaient être mieux placés que dans une église de Versailles, puisque tous ont été faits par des artistes dont les noms se retrouvent à chaque pas dans les sculptures qui décorent la Cour de Marbre, la Chapelle, l'Orangerie et les jardins de Versailles.

1er *Pilier, à droite en entrant.* — Saint Luc, par Raon, en 1672.
2e *Pilier.* — Saint Barthélemy, par Lecomte, 1676.
3e *Pilier.* — Saint Paul, par Massou, 1665.
4e *Pilier.* — Saint Jacques-le-Mineur, par Clérion, 1689.
5e *Pilier.* — Saint Thomas, par Vigier, 1683.
6e *Pilier.* — La Madeleine, par Lehongre, 1667.
7e *Pilier.* — Saint Jean-Baptiste, par Regnauldin, 1657.
8e *Pilier.* — Saint Jérôme, par Flamen, 1681.
9e *Pilier.* — Saint Marc, par Arcis, 1684.
10e *Pilier.* — Saint Jacques-le-Majeur, par Herrard, 1670.
11e *Pilier.* — Saint Matthieu, par Bourderelle, 1688.
12e *Pilier.* — Saint Pierre, pas Legros, 1666.

« Il nous semble qu'on pourrait proposer à M. le curé de Notre-

Dame de faire inscrire, sur les cadres de ces bas-reliefs, les noms des saints et ceux des artistes; on tirerait ainsi de l'oubli des œuvres d'art qui intéresseront au plus haut degré tous ceux qui habitent ou visitent Versailles. »

Deux causes principales donnaient à l'architecture de l'église de Notre-Dame cet aspect de lourdeur dont nous avons déjà parlé. D'abord, son défaut de hauteur dans les soubassements, que l'on pourrait corriger par l'abaissement du dallage, et ensuite la décoration du maître-autel, dont l'énorme fronton et les colonnes saillantes n'étaient plus en proportion avec l'édifice, interrompaient désagréablement le feston gracieux des arcades, et diminuaient la perspective générale.

Ce dernier défaut a disparu par la construction de la nouvelle chapelle qu'a fait édifier le curé de Notre-Dame, M. l'abbé Pinard.

L'entrée de cette chapelle se trouve à la place de la chapelle de la Communion, qui lui sert de vestibule. Cette entrée est formée par une arcade de la même largeur que celles de l'église.

La chapelle a vingt mètres de diamètre. Elle a un bas-côté un peu moins large, mais de même hauteur que les bas-côtés de l'église, et éclairé par cinq croisées. Ce bas-côté est séparé de la rotonde par huit colonnes. Entre les deux dernières colonnes de face et le bas-côté se trouve l'autel dédié au Sacré-Cœur. Pour l'ornementation de cet autel, on doit se servir de la belle boiserie posée si tristement aujourd'hui derrière le chœur. La coupole est éclairée par huit croisées placées perpendiculairement, et son plafond sera décoré par le tableau qui était un maître-autel, représentant l'Assomption de la Vierge.

On voit que divers matériaux de l'église, si mal disposés aujourd'hui, seront employés avec avantage et serviront à former un agrandissement qui donnera à cet édifice un caractère tout nouveau.

Dans les deux angles de réunion de l'église avec la nouvelle chapelle, sont deux vestibules dont les portes extérieures s'ouvriront dans la cour de cette chapelle, et les intérieures dans chacun des deux renfoncements placés de chaque côté de l'autel actuel de la Communion. Cette disposition aura l'avantage de laisser entrer directement dans l'église de ce côté, et permettra de supprimer la porte peu commode donnant sur la rue Sainte-Geneviève. Cette chapelle, qui a déjà coûté plus de 200,000 francs, n'est pas entièrement terminée. Elle a été édifiée par le curé Pinard, à l'aide des souscriptions des habitants du quartier, et de quêtes. La ville y a contribué pour 50,000 francs, et le ministère des cultes pour 6,500 francs.

La sacristie a été réparée d'une manière très-habile par les soins de M. l'abbé Pinard. On y remarque plusieurs bons tableaux et la statue de la Vierge, en marbre blanc, dont il est question plus haut d'après les renseignements de M. Soulié.

Lors de la construction de Notre-Dame, Louis XIV ne voulut pas qu'il y eût d'inhumations dans la nouvelle église; il ne dérogea à cette loi qu'en faveur du duc du Maine, dont deux enfants en bas âge, le prince et la princesse de Dombes, ont été inhumés sous le chœur, en 1694 et 1698.

Voici la liste des curés de Notre-Dame, depuis sa fondation jusqu'à nos jours : 1686, François Hébert, nommé évêque d'Agen en 1704; — 1704, Claude Huchon; — 1721, Maurice Bailly; — 1730, Jean Jomard; — 1754, Claude-Jean Rance; — 1761, Jean-François Allard; —

1775, Honoré-Nicolas Brocqueville ; — 1785, Aphrodise-André Jacob ; — 1790, Jean-Julien Avoine, d'après la nouvelle Constitution, évêque du département et curé de la paroisse ; — 1801, Jacques Grandpré ; — 1809, Louis-Maurice Rousseau ; — 1834, François-Victor Rivet, nommé en 1838 évêque de Dijon ; — 1838, Louis Pinard ; — 1867, George.

Nos 37, 39, 41. — Autrefois maison de la Mission de Notre-Dame. La maison de la Mission fut construite en 1686, en même temps que l'église Notre-Dame. Les missionnaires-lazaristes, chargés de desservir l'église de la paroisse et la chapelle du Château, y étaient réunis sous la direction d'un supérieur en même temps curé de Notre-Dame. Saint Vincent de Paul avait fondé l'ordre des Missions, et c'était en souvenir de ce saint que Louis XIV voulut confier le soin du service de sa chapelle et de la paroisse de la ville qu'il créait, aux lazaristes. Aussi ceux-ci sentirent la nécessité d'avoir, dès le principe, un homme de mérite qui pût dans l'occasion s'occuper des intérêts de leur ordre. Ils choisirent à cet effet un prêtre, dont le rôle à la cour fut assez important pour nous y arrêter un peu.

L'abbé Hébert, premier curé de Notre-Dame, était très-estimé parmi les lazaristes, et il le méritait. Homme pieux et d'une grande pureté de mœurs, il prêchait l'amour de la vertu autant par sa conduite que par sa parole. Un trait de lui, cité dans les Mémoires de cette époque, fera connaître et la rigidité de ses principes et l'influence dont il sut jouir dès les premières années de son arrivée à Versailles (1).

« On sait que la tragédie d'*Esther* fut représentée à Saint-Cyr dans le commencement de l'année 1689. Le curé Hébert blâmait

(1) *Histoire de madame de Maintenon*, par La Baumelle.

ces représentations recherchées avec empressement par toute la cour. A une assemblée de dames de charité, où madame de Maintenon assistait très-régulièrement, la conversation, avant la réunion du bureau, tomba sur la tragédie d'*Esther*. La flatterie renchérissait sur tous les éloges qu'accordait la vérité. Le curé attendait le moment de parler. Madame de Maintenon rapporta d'un air satisfait les noms de tous les religieux qui avaient été spectateurs, ou qui demandaient à l'être. — Il n'y a plus que vous, Monsieur, dit-elle au curé, qui n'avez pas vu cette pièce; ne vous y verrons-nous pas bientôt? — L'abbé répondit par une profonde révérence. — Je voudrais bien, ajouta-t-elle en le regardant, y aller aujourd'hui en aussi bonne compagnie. — Je vous supplie de m'en dispenser, répartit le curé, et il commença une exhortation sur le but qui les réunissait. Dès que madame de Maintenon fut retirée, mesdames de Chevreuse et de Beauvilliers, qui faisaient partie du bureau, grondèrent le curé de ce refus public. — Vous avez, lui dirent-elles, mortifié madame de Maintenon. Voir *Esther*, est une faveur sollicitée; elle vous y invite, et vous refusez du ton le plus désapprobateur. On n'aura plus la même confiance en vous; on vous croira outré sur la morale; vous serez redouté comme le censeur des évêques; vous perdrez un crédit utile à votre zèle. — Mes raisons, interrompit le curé, ne sont pas de vains scrupules; je vous en rendrai compte, et j'en ferai juge madame de Maintenon elle-même. Si elle me condamne, je me rendrai volontiers.

» Il vit, le soir même, madame de Maintenon, et rappelant la conversation du matin : « Vous connaissez, madame, mon respect pour vous; mais vous savez aussi combien je parle en chaire contre les spectacles. *Esther*, je l'avoue, n'est point comprise dans cette proscription. — Pourquoi donc, interrompit-elle, refusez-vous de l'entendre? — Le peuple, reprit le curé, ne sait pas la différence qu'il y a entre cette tragédie et une autre. J'irai, il croira plutôt à mes actions qu'à mes paroles. La réputation d'un ministre de l'Evangile est trop délicate pour la sacrifier à la complaisance ou à la curiosité. Eh! pensez-vous qu'il soit décent à des prêtres d'assister à des jeux exécutés par de jeunes filles bien faites, aimables, fixées pendant deux heures entières? C'est s'exposer à des tentations. Des courtisans m'ont avoué que leurs passions étaient plus vivement excitées par la vue de ces enfants que par celle des comédiennes. — Mais, du moins, lui dit madame de Maintenon, vous ne condamnez pas ces divertissements si utiles à la jeunesse? — Je crois, répondit-il, qu'ils doivent être proscrits de toute bonne éducation. Votre grand objet, madame, est de porter vos élèves à une grande pureté de mœurs. N'est-ce pas détruire cette pureté que de les exposer sur un théâtre aux regards avides de la cour? C'est leur ôter cette honte modeste qui les retient dans le devoir. Une fille redoutera-t-elle un tête-à-tête avec un homme, après avoir paru hardiment devant plusieurs? Les applaudissements que les spectateurs prodiguent à la beauté, aux talents de ces jeunes personnes, leur inspirent de l'orgueil. Je ne puis, en exerçant un ministère qui combat toutes les passions, me défendre de la vaine gloire de prêcher devant mon souverain; comment des enfants se préserveraient-ils d'une vanité si naturelle? — Cependant, dit madame de Maintenon, ces exercices sont autorisés de tout temps dans les colléges. — On ne peut, répliqua le curé, en rien conclure pour les maisons de filles.

» Les garçons sont destinés à des emplois qui les obligent de parler au public. Un homme de robe, un homme d'église, un homme d'épée ont également besoin de l'exercice de la déclamation. Les filles sont destinées à la retraite, et leur vertu est d'être timides, leur gloire d'être modestes. Je ne parle point du temps qu'emportent les rôles qu'il faut apprendre; des distractions que donne le charme des vers; de l'orgueil de celles qui jouent; de la jalousie de celles qui ne jouent pas; des airs de grandeur qu'on prend au théâtre et qu'on ne quitte pas dans la société; de mille choses contraires à votre établissement. Je ne dis plus qu'un mot: tous les couvents ont les yeux attachés sur Saint-Cyr; partout on suivra l'exemple que Saint-Cyr aura donné. On se lassera des pièces de piété, on en jouera de profanes. On invitera des laïques à ces spectacles. Dans toutes les maisons religieuses, au lieu de former des novices, on formera des comédiennes. — J'entre dans tout cela, dit madame de Maintenon; mais, saint François de Sales est moins rigide que vous, il permet à ses filles de représenter des pièces de dévotion. — Il est vrai, reprit l'abbé Hébert, mais ce grand évêque ne le permet qu'entre elles, rarement, et dans l'intérieur du monastère. A la Visitation, c'est un amusement privé ; à Saint-Cyr, c'est un spectacle public. »

Il fallait certainement que le curé Hébert jouît d'une grande considération auprès de madame de Maintenon pour lui tenir un pareil langage ; aussi appuya-t-il de toute son influence auprès d'elle Fénelon, avec lequel il était très-lié, lorsqu'il s'agit de nommer un précepteur au duc de Bourgogne.

En 1696, à la mort de l'archevêque de Paris, *Harlay*, le public nomma l'archevêque de Cambray au siége de Paris; madame de Maintenon demanda au curé Hébert ce qu'on en disait dans le monde. — «Plusieurs pensent, répondit-il, que si M. de Fénelon n'avait pas été placé depuis peu, le choix tomberait sur lui, et on le désire si fort, qu'on voudrait que cette première grâce du roi ne fût que l'avant-goût d'une plus grande. — Vous savez, interrompit madame de Maintenon, ce qui nous empêche de le proposer ; mais M. de Meaux et M. de Châlons nous restent; auquel des deux vous arrêteriez-vous ? — A celui qui refuserait, répondit le curé, et certainement M. de Châlons n'acceptera pas. »

On offrit, en effet, l'archevêché de Paris à M. de Noailles, évêque de Châlons, qui refusa, et fut nommé (1).

On voit de quelle estime jouissait le curé de Notre-Dame de Versailles ; elle augmenta bientôt à tel point que madame de Maintenon et le cardinal de Noailles, voulant se débarrasser du Père Lachaise, alors confesseur du roi, jetèrent les yeux sur le curé Hébert. Déjà il avait eu plusieurs conférences avec Louis XIV, qui paraissait l'écouter

(1) Ouvrage cité.

avec plaisir, lorsque le Père Lachaise, alarmé de ces conférences, et voulant, par une manœuvre habile, éloigner de la cour un rival si dangereux, proposa au roi de le nommer à l'évêché d'Agen, alors vacant.

Bientôt madame de Maintenon fit sa paix avec le Père Lachaise; on laissa partir le nouvel évêque dans son diocèse, et l'on nomma l'abbé *Huchon* pour le remplacer dans la cure de Notre-Dame de Versailles.

Deux fois en moins de quarante ans, les salles de la Mission furent témoins d'une organisation de secours qui sauva de la disette les malheureux, alors fort nombreux dans Versailles malgré la présence de la cour.

Si nous avons raconté avec impartialité quelques ridicules des premiers bourgeois de notre ville, nous devons dire à leur honneur qu'ils se distinguèrent toujours par un esprit de charité si constamment perpétué dans Versailles, que cette ville passe encore aujourd'hui, avec juste raison, pour l'une des plus charitables de France.

L'hiver de 1709 fut extrêmement rigoureux. De fortes gelées se manifestèrent de bonne heure et se prolongèrent, à différentes reprises, jusqu'au mois de mars. Des pluies abondantes leur succédèrent, et l'on s'aperçut bientôt que les semailles étaient en grande partie détruites. Ces nouvelles jetèrent l'alarme dans les esprits. On donna même l'ordre à tous les fermiers royaux de labourer de nouveau et de semer en orge. La récolte qui suivit ne fut point aussi mauvaise qu'on l'avait redouté; mais les craintes n'en avaient pas moins eu lieu, et, en attendant la récolte, les blés étaient devenus si chers, que le pain se vendait plus de neuf sous la livre, prix auquel il s'était déjà élevé en 1693, et qui était considérable, puisqu'en comparant la différence de valeur de l'argent entre cette époque et la nôtre, cela ferait plus de 2 francs de notre monnaie actuelle.

Le curé *Huchon,* que ses fonctions mettaient à même d'apprécier la nécessité de secourir promptement les pauvres, provoqua une assemblée des principaux habitants, et les réunit dans une des salles de la Mission.

Là, une commission composée de bourgeois et de marguilliers, réunie au curé, au bailli de Versailles et au procureur du roi, décida qu'une taxe serait imposée à chacun des bourgeois et habitants, suivant leurs moyens. Un receveur général fut alors nommé ; des commissaires envoyés dans chaque quartier, sous le nom de quartiniers, pour s'assurer du nombre des pauvres et recevoir l'argent de chaque imposé ; un boulanger choisi, et, dans les derniers jours d'avril, on put commencer la distribution du pain aux malheureux.

Quinze cents pains de cinq livres furent ainsi distribués chaque semaine par les quartiniers, jusqu'à l'époque de la récolte.

On voyait sur le rôle de cette contribution non-seulement les noms des principaux habitants, mais encore ceux de Louis XIV, du Dauphin, du duc de Bourgogne, du duc de Berry, du duc d'Orléans et des principaux seigneurs de la cour, ayant tous des hôtels à Versailles.

L'année 1740 fut encore plus terrible. La récolte fut extrêmement mauvaise, et évaluée, en France, à environ le tiers d'une année ordinaire. On s'empressa de faire des achats dans les pays étrangers ; mais les arrivages ayant été retardés par les mauvais temps des derniers mois de l'année, on fut obligé de prendre les plus sévères mesures pour remédier à la disette qui commençait à se faire sentir.

Le 22 septembre, le parlement de Paris rendit un arrêt

ordonnant aux boulangers de Paris et des autres lieux du ressort de la prévôté, vicomté et présidial du châtelet de Paris, à commencer, du samedi 24 septembre, de ne cuire et n'exposer en vente dans leurs boutiques ou dans les marchés que deux sortes de pain, l'un bis-blanc et l'autre bis, et faisant défense à toutes personnes, de quelque qualité qu'elles fussent, d'acheter, faire cuire ou façonner d'autres pains, à peine de confiscation et de 1,000 livres d'amende. Cet arrêt reçut, dès le 26, son exécution à Versailles, et l'on n'y vit, à partir de ce jour, ni pain mollet, ni pain à café.

Un autre arrêt du parlement, du même jour, défendait de faire de la bière et de l'amidon pendant un an, à peine de 3,000 livres d'amende. Malgré toutes ces précautions le pain continuait à augmenter.

Le manque de subsistances dans les campagnes, encombra Paris et Versailles d'un nombre infini de mendiants et de pauvres du dehors, qui venaient y chercher quelques secours. Bientôt cette population devint considérable et menaça le repos de ces villes. La cour du parlement de Paris se crut alors dans la nécessité de recourir contre elle à des mesures extraordinaires. Par arrêt du 30 décembre 1740, cette cour ordonna que tous les pauvres mendiants, n'étant point en état de gagner leur vie, seraient tenus de se retirer dans la paroisse dont ils étaient natifs, ou dans celle de leur domicile, six semaines au plus tard après la publication de cet arrêt; leur fit défense de vaguer et de demander l'aumône, à peine, tant les hommes que les femmes, d'être enfermés durant huit jours dans les prisons les plus prochaines, et les hommes attachés au carcan sur le procès-verbal des officiers qui les auraient arrêtés ; et, au cas de récidive, des galères pendant trois ans contre les hommes valides et les garçons au-dessus de seize ans ; du fouet et du carcan à différents jours de marché contre les estropiés ; et du fouet contre les femmes qui ne seraient point enceintes, et les garçons au-dessus de douze ans qui seraient en état de faire quelque travail ; fit enfin défense à toutes personnes de leur donner retraite plus d'une nuit, à peine de dix livres d'amende, même de plus grande s'il était nécessaire.

Malgré ce cruel arrêt du parlement, Versailles était encombré de pauvres, dont le plus grand nombre venait de la campagne. Déjà l'on avait été obligé de réduire la ration de pain donnée par les sœurs de charité, et de la remplacer par une ration de riz, lorsque M. Jomard, curé de la paroisse de Notre-Dame, eut l'idée de renouveler l'organisation de secours établie pendant la disette de 1709.

Le projet du curé Jomard fut accueilli avec empressement. Les principaux habitants se réunirent sous sa présidence, dans les bâtiments de la Mission. On divisa chaque paroisse en douze quartiers. Deux notables et un prêtre de la Mission furent chargés de dresser une liste contenant le nom de chacun des habitants qui s'engageaient à contribuer, pour une certaine somme par mois, au soulagement des pauvres. Le roi, les princes, le cardinal de Fleury, figuraient à la tête de cette liste.

Ces pauvres étaient nombreux ; plus de douze cents, pour le quartier Notre-Dame seulement, reçurent ainsi du pain tous les jours pendant tout le temps de la disette.

En 1789, Leclerc de Juigné, archevêque de Paris, logea à la Mission.

Le 20 juin 1789, la salle des Etats-Généraux avait été fermée sous le prétexte apparent de préparatifs pour la séance royale. Cette séance devait avoir lieu le 22. Les députés du clergé se réunirent alors dans une des salles de la Mission, tandis que ceux du Tiers, assemblés dans la salle du Jeu-de-Paume, y prêtaient le fameux serment de ne se séparer qu'après l'établissement de la Constitution. Quelques jours après, l'archevêque de Paris, retournant à son logement de la Mission, fut attaqué dans sa voiture et poursuivi à coups de pierres par des gens du peuple qui l'accusaient de s'opposer à la réunion des trois ordres.

Les bâtiments de la Mission furent abandonnés par les Lazaristes, en 1790, lors de la nomination de l'évêque constitutionnel. Depuis ce moment jusqu'en 1793, époque de la fermeture des églises, ils furent habités par l'évêque. Devenus vacants par le départ de celui-ci, ces bâtiments servirent de lieu de réunion à la troisième section de Versailles.

La ville était alors divisée en treize sections auxquelles le conseil général de la commune soumettait la délibération des affaires importantes.

En 1793, la troisième section rendit plusieurs services à la ville. Le premier, et le plus important sans contredit, fut la conservation des richesses de ses jardins. Le conventionnel Charles Delacroix avait été envoyé à Versailles comme commissaire du Gouvernement. Un jour, se promenant sur la terrasse du château : « Il faut, dit-il, que la charrue passe ici (1). » Quel est le pouvoir, quel qu'il soit, qui n'a pas ses flatteurs? Aussitôt un des ardents *sans-culotte*, placé près de lui, propose d'offrir à la Convention tous les bronzes du Parc, pour faire des canons. On connaît la beauté des groupes fondus par les Keller, et l'on peut juger de la perte irréparable pour les arts qu'eût entraîné l'adop-

(1) Voir *Recherches sur les jardins de Versailles,* par J.-A. Le Roi.

tion d'un pareil projet. La proposition allait grossissant de signatures dans diverses sections. La troisième eut à se prononcer comme les autres. Déjà un des membres de cette section, Delaval, avait écrit un mémoire pour montrer les avantages de conserver dans l'intérêt de l'art, de l'utilité publique et en particulier de Versailles, les richesses artistiques renfermées dans cette ville. Le président, Charbonnier, fit adopter par la section les vues de Delaval. Le 20 floréal an IIe — mai 1793, — on nomma une commission composée de Paul Panckouke, Duval et Delaval. Grâce aux efforts de ces dignes citoyens, et à ceux d'Antoine Richard, dont nous parlerons plus tard, ces projets destructeurs avortèrent, et Versailles put conserver toutes les beautés qu'elle montre encore avec orgueil aux yeux des étrangers.

Quelques mois après, le 15 brumaire an II (5 novembre 1793), la troisième section fut encore appelée à délibérer sur un sujet important, puisqu'il s'agissait du changement de nom de la ville de Versailles.

Dans leur zèle à faire oublier tout ce qui pouvait rappeler *l'ancien régime,* quelques exaltés *Montagnards* d'alors firent disparaître non-seulement les noms aristocratiques et religieux, mais encore des noms fort innocents de rues et même de villes. Déjà quelques communes de notre département avaient suivi cet exemple : ainsi *La Roche-Guyon* s'appelait *La Roche-sur-Seine;* Montfort-l'Amaury, *Montfort-le-Brutus;* Saint-Germain, *Montagne-Bon-Air;* Saint-Cloud, *Pont-la-Montagne.* La *Société populaire de la Vertu-Sociale des Sans-Culottes* de Versailles, indignée que le chef-lieu du département se fût laissé devancer dans une détermination si *éminemment patriotique* par de simples communes, proposa d'urgence au conseil général de la commune de faire voter les treize sections de la ville sur le changement, reconnu nécessaire, du nom de *Versailles* en celui de *Berceau de la Liberté*. Le conseil général s'empressa de soumettre le vœu ou plutôt *l'ordre* de la société populaire de la Vertu-Sociale des Sans-Culottes à la sanction des diverses sections. Douze sections sur treize avaient déjà adopté le changement de nom, lorsque la troisième section fut appelée à se prononcer à son tour. Après des discussions assez longues, la proposition menaçait de passer comme dans les autres sections, lorsqu'un membre, dont le nom n'est malheureusement pas indiqué sur le procès-verbal de cette séance, proposa de conserver le nom de Versailles, et appuya fort adroitement son opinion sur les raisons mêmes dont se servaient ses adversaires pour en demander le changement. Cette proposition adoptée, avec les curieux considérants que nous allons faire connaître, fut portée au conseil général de la commune. Soumise à son tour à l'approbation des autres sections, elle fut adoptée par toutes, et le nom de Versailles fut conservé à la ville.

Voici cette délibération :

EXTRAIT DU PROCÈS-VERBAL DE LA TROISIÈME SECTION DE LA VILLE DE VERSAILLES.

(Séance du 15 brumaire, l'an II de la République une et indivisible.)

« L'assemblée, composée de deux cent cinquante membres, délibérant sur la proposition faite de changer le nom de la ville de *Versailles* et de l'appeler *Berceau de la Liberté* : considérant que le mot *Versailles* n'a aucune analogie ni avec la royauté, ni avec la féodalité ; que la ville ne tient ce nom que de sa position naturelle, et à cause du *versement* auquel les moissons étaient assujetties par le tourbillon des vents occasionnés par les bois qui l'entourent et la dominent de toutes parts ; considérant que la ville de Versailles a contribué particulièrement au *renversement* du trône ; que le mot *Versailles* présente une idée de *versement* qui rappelle le souvenir de la conduite révolutionnaire de la ville ; considérant que, dans toute la République, la ville de Versailles a toujours été distinguée et par son zèle ardent et par ses sacrifices nombreux pour la Révolution ; qu'à différentes époques elle a mérité des Assemblées nationales des mentions honorables ; que naguère la Convention a déclaré, par un décret solennel, que *Versailles a bien mérité de la Patrie* ; considérant enfin que *Versailles* changeant de nom, la *postérité* ignorerait à quelle commune appartiennent ces glorieux titres ; arrête : que la ville conservera son nom de *Versailles*, et que le présent sera porté au conseil général de la commune par les citoyens *Péron* et *Goubron*, que l'assemblée nomme commissaires à cet effet ; comme aussi qu'il sera communiqué aux douze autres sections par la voie du comité central.

» Simon, » Renout,
» *Président*. » *Secrétaire*. »

Les bâtiments de la Mission et le jardin qui longeait une partie de la rue Neuve jusqu'au passage Saint-Jean, furent vendus, pendant la Révolution, comme propriété nationale, et appartiennent aujourd'hui à plusieurs propriétaires,

N° 43. — Maison appartenant, sous Louis XIV, au chirurgien *Dionis*. Dionis (Pierre), était l'un des plus célèbres chirurgiens du XVII° siècle. Il fit le premier les dissections anatomiques et les opérations chirurgicales établies sous Louis XIV au Jardin-des-Plantes de Paris. Il démontra aussi publiquement dans ce jardin la circulation du sang, découverte et publiée par Harvey, en 1628, mais que la Faculté de médecine de Paris ne voulait point admettre. Il fut d'abord chirurgien ordinaire de la reine Marie-Thérèse, et ensuite premier chirurgien de la Dauphine et des enfants de France, et mourut à Paris, le 11 décembre 1718.

Dionis nous a laissé le détail intéressant de la mort rapide de la reine Marie-Thérèse. Le récit qu'il fait de la maladie méconnue de cette infortunée princesse montre, mieux que tout ce que l'on pourrait dire, le danger que faisait souvent courir au malade la séparation complète des études médicales et chirurgicales, telle qu'elle existait autrefois.

Le 20 juillet 1683, Louis XIV et Marie-Thérèse étaient revenus à Versailles après un voyage en Bourgogne, dans lequel ni l'un ni l'autre n'avaient paru éprouver le moindre malaise. La reine prenait grand plaisir à voir jouer les eaux du Parc, et se donnait tous les jours ce divertissement depuis son retour. Rien chez elle n'indiquait l'apparence d'une maladie. La fraîcheur de son teint et l'embonpoint qu'elle avait pris depuis son voyage semblaient au contraire annoncer la plus brillante santé. Le 26, elle ressentit de légers malaises qui se continuèrent le lendemain, et auxquels on fit peu d'attention. Mais, dans la nuit du 27 au 28, les malaises étant devenus plus considérables et la fièvre s'étant développée, les médecins furent appelés et s'aperçurent qu'une tumeur se développait sous l'aisselle, du côté gauche. Une saignée fut immédiatement pratiquée. Le soir, les douleurs augmentèrent, et la fièvre redoubla pendant la nuit suivante. Le 30, l'on eut des inquiétudes sérieuses. D'Aquin, Fagon et Moreau, premiers médecins du roi, de la reine et de la dauphine, se réunirent en consultation. On discuta longuement et savamment sur les remèdes à employer contre cette maladie que l'on ne pouvait définir ; enfin, après beaucoup d'hésitation, on prescrivit une *saignée du pied*.

Dionis, comme chirurgien de la reine, fut chargé de la saignée. Il crut devoir faire quelques observations sur l'emploi de ce remède, qu'il regardait en ce moment comme inopportun, devant affaiblir inutilement la reine, et appela l'attention des médecins sur la tumeur qui s'était accrue et qui lui paraissait la cause de tous les accidents. Mais son opinion n'ayant eu aucune influence sur le triumvirat médical, il se décida, par obéissance à ses supérieurs hiérarchiques, à pratiquer lui-même une opération qu'il considérait comme nuisible.

Peu de temps après la saignée, la reine se trouva dans une grande faiblesse. Son état devenant de plus en plus alarmant, les médecins se réunirent de nouveau et décidèrent de lui donner l'émétique; mais ce remède, sur lequel on avait paru compter, ne produisit aucun effet, et quelques instants après, la reine, en se retournant, expirait dans les bras d'une de ses dames.

Cette mort, si extraordinaire et si rapide, frappa d'effroi toute la cour.

L'autopsie, faite le lendemain, montra combien les médecins avaient eu tort de repousser les observations du chirurgien, car on reconnut alors que cette tumeur de l'aisselle gauche, dont on n'avait pas voulu s'occuper, n'était autre qu'un abcès considérable qui, n'ayant pu trouver une issue au dehors, s'était fait jour dans l'intérieur de la poitrine en traversant la plèvre, et avait en quelque sorte asphyxié cette malheureuse princesse.

N° 49-51. — Sous Louis XIV, maison de Félix (1).

Charles-François-Félix de Tassy était aussi un chirurgien du plus grand mérite. Fils de François-Félix de Tassy, premier chirurgien du roi Louis XIV, destiné par son père

---

(1) 1685, 17 février. Don d'une place à bâtir, entre la maison de Dionis et celle de l'agen, au sieur Félix, premier chirurgien du Roy. — Voir Arch. gén., secrét. d'État, E, 3371.

à le remplacer auprès du monarque, on ne négligea aucun des moyens de le rendre digne d'occuper un emploi aussi important. Exerçant sa profession dans les hôpitaux civils, puis dans ceux des armées, il fut, fort jeune encore, compté parmi les plus habiles chirurgiens de ce temps. Ses confrères le nommèrent chef du collége de Saint-Côme, devenu ensuite l'Académie de chirurgie ; puis il succéda à son père dans la charge de premier chirurgien du roi, en 1676.

En 1686, il pratiqua à Louis XIV la fameuse opération de la fistule à l'anus, appelée alors la *grande opération*. Le roi conserva toujours beaucoup d'amitié pour Félix, qui reçut pour son opération cinquante mille écus et la terre des Moulineaux, estimée à la même somme (1).

N° 53. — Maison ayant appartenu à Fagon, le célèbre médecin de Louis XIV.

Ces trois maisons, à peu près les seules de cette portion de la rue de la Paroisse, dans les premiers temps du séjour de Louis XIV à Versailles, et appartenant à deux chirurgiens et à un médecin de la cour, lui firent probablement donner le nom de *Saint-Côme*, patron des médecins et des chirurgiens.

Un passage connu sous le nom de passage Saint-Jean, s'étend de la maison n° 53 à la rue Neuve.

Toute cette propriété appartenait à un ancien commerçant fort riche, *M. Lafosse*, qui l'a léguée aux bureaux de bienfaisance du quartier Notre-Dame et du quartier Saint-Louis, ainsi que deux autres maisons situées rue des Bons-

---

(1) 1687, 3 août. Brevet de don de 150,000 livres au sieur Félix, premier chirurgien du Roy. En marge on lit : Ce brevet est ici transcript après coup, ayant esté longtemps secret. — Voir Arch. gén., secrét. d'Etat, E, 3373, et *Récit de la grande opération faite au roi Louis XIV*, par J.-A. Le Roi.

Enfants, n° 10 et n° 20, et un capital de 50,000 fr. Voici à quelles conditions :

Chaque année, dans le quartier Notre-Dame et dans le quartier Saint-Louis, deux garçons et deux filles qui seront désignés par les frères de la Doctrine chrétienne et par les sœurs des écoles, comme les plus sages parmi les nécessiteux, recevront pour leur habillement de première communion 30 fr., plus une somme de 250 fr. en un livret sur la caisse d'épargne ; cette somme, principal et intérêts, ne pourra être retirée qu'à la majorité de chaque enfant.

L'année suivante, une somme de 20 fr. sera remise à ceux qui renouvelleront leur première communion.

Le surplus des revenus annuels sera employé, autant de fois qu'il y aura 300 fr. excédant la dépense dont nous venons de parler, à faire une libéralité semblable à autant d'enfants faisant leur première communion, garçons et filles, par nombre égal autant que possible, dans chacun des deux quartiers, et cela d'après un tirage au sort fait par le maire de Versailles, en présence des deux curés de Notre-Dame et de Saint-Louis et des frères et sœurs des écoles.

Chacun des enfants dotés doit porter, le jour de la première communion et le jour du renouvellement, un brassard sur lequel seront brodés ces mots : *Dotation Lafosse*.

On estime que le revenu annuel de ce legs peut s'élever à la somme de 16,000 fr., ce qui permettra de faire chaque année une dotation à 52 enfants. Ainsi, neuf ans après leur première communion, à leur majorité, ces 52 enfants se trouveront possesseurs d'une somme de 350 fr. au moins (1) ! !

(1) Voir, pour plus de détails, un article de M. Jeandel, dans le *Journal de Versailles*, n° 12, 29 décembre 1867.

N° 57. — Ancienne auberge : *à l'Image-Saint-Honoré.*

N° 59. — *Au Grand-Cerf.*

N° 63. — Hôtel dont le propriétaire était Lafontaine, l'un des gros entrepreneurs de maçonnerie sous Louis XIV; elle prit pour enseigne : *à la Grande-Fontaine,* nom qu'elle porte encore aujourd'hui.

N° 65. — *A l'Image-Saint-Louis.* — Il se passa dans cette maison, en 1724, une aventure assez singulière. Madame la princesse de Talmont était une dame fort dévote et très-superstitieuse. Un nommé Merlin, épicier, qui demeurait dans cette maison, voulant sans doute exploiter la princesse, dont il était le fournisseur, et se faire bien venir d'elle, lui fit dire *qu'un esprit* revenait tous les soirs dans sa chambre, et qu'il avait besoin de ses prières pour s'en débarrasser. La princesse désira s'assurer par elle-même de la vérité de ce récit. Elle alla dans la chambre de l'épicier, plaça les meubles dans un certain ordre, et mit en plusieurs endroits des croix et des reliques. Puis, après avoir fermé la serrure, elle en retira la clé qu'elle emporta, et scella de ses armes l'ouverture de la serrure. Le lendemain tout était dérangé dans la chambre. Cette expérience, répétée plusieurs fois, la confirma dans la certitude qu'un *esprit* revenait dans cette chambre. Elle s'adressa alors au curé de la paroisse, et vint plusieurs fois avec lui faire des prières dans la chambre ; elle fit dire des messes, et demanda enfin que des missionnaires y couchassent afin d'exorciser l'*esprit* lorsqu'il paraîtrait. Deux prêtres de la Mission y couchèrent en effet dans la nuit du 21 au 22 octobre ; mais l'*esprit,* bien avisé, n'y parut plus.

Cette affaire fit du bruit. Le comte de Maurepas, alors

ministre d'Etat, demanda quelques renseignements au commissaire de police Narbonne. Celui-ci, peu crédule, avait bien soupçonné quelque supercherie, mais en homme prudent, et sachant à qui il avait affaire, il ne voulait agir que sur des ordres supérieurs. Il rendit compte au ministre de ce que nous venons de raconter, et ajouta :

« Si Monseigneur *m'avait envoyé un ordre* pour éclaircir cette affaire, j'aurais eu la précaution de faire boucher la cheminée en haut et en bas, de faire détendre toute la chambre, visiter et sonder les murs et le plancher; d'arranger ensuite la chambre de la même manière qu'on a dit qu'elle était lorsque le *prétendu esprit* est venu la première fois. Ensuite, j'aurais fait mettre un cadenas à la porte que j'aurais d'ailleurs scellée, et du tout dressé procès-verbal en présence de gens dignes de foi. J'aurais fait garder le dedans et le pourtour de la maison. Avec ces précautions, il aurait été impossible d'être trompé. »

Puis il ajoute avec malice :

« On attribue le repos de cette maison aux actes de dévotion de madame la princesse de Talmont, aux messes qui ont été dites et aux prières qui ont été faites. Vos lumières supérieures vous feront penser sur cette affaire *plus décisivement* que moi, qui ne suis ni crédule ni incrédule. »

Cette maison fut habitée en 1789 par l'abbé Maury, depuis archevêque de Paris, et alors prieur de Lions, député du clergé.

N° 69. — Auberge *au Cadran-Bleu*, en 1734. Vers l'année 1801, un sieur Royer, élève de l'abbé Sicard, fonda dans cette maison une institution pour les sourds-muets. Cette institution eut d'abord d'assez nombreux élèves, et reçut plusieurs fois la visite de l'abbé Sicard et ses encouragements; elle ne put cependant se maintenir, et fut fermée en 1807.

N° 71. — *Aux Deux-Anges.*

N° 73. — *A l'Image-Saint-Joseph.*

N° 75. — *A la Bannière de France :* était n° 125 avant 1859. — Maison où est né Jean-François Ducis. On a cru longtemps que la maison où naquit Ducis était rue de la Geôle. Une plaque de marbre commémorative de sa naissance fut placée sur cette maison, par le propriétaire, et l'administration municipale sanctionna cette croyance en donnant le nom de Ducis à l'ancienne rue de la Geôle. Rien cependant, que des souvenirs confus, ne pouvait donner raison de ce fait, car les registres de l'état civil disent bien qu'il est né dans le quartier Notre-Dame, mais sans indiquer la rue et encore moins la maison. Il existe une preuve certaine que notre poëte versaillais est né rue de la Paroisse, dans cette maison du n° 75 ; c'est l'épitaphe de la tombe de Ducis, dans le cimetière Saint-Louis, indiquant qu'il est *né à Versailles, le 22 août* 1733, *rue de la Paroisse-Notre-Dame, n°* 125 *nouveau.* Il est à remarquer que cette indication de la maison dans laquelle est né Ducis, placée sur sa tombe, l'a été par ses parents, c'est-à-dire par ceux qui savaient mieux que personne le lieu précis de sa naissance. Cette précaution d'indiquer la rue et le numéro de la maison où il est né, cette attention de signaler ce *n°* 125 comme *nouveau*, et non point comme celui existant au moment de sa naissance, tout indique enfin que ceux qui ont fait placer l'épitaphe connaissaient parfaitement cette maison, et qu'ils l'indiquaient à l'avance, dans la prévision même de ce qui est arrivé, pour qu'il ne pût y avoir aucun doute sur son identité. Ainsi Ducis est né dans la maison que nous indiquons, et dont le n° 125 a été changé en n° 75, par suite de la démolition des baraques du marché, qui étaient numérotées.

N° 77. — *A la Tonne-d'Or*.

N°s 81 et 83. — Sur l'emplacement de ces deux maisons se trouvait la Charité, ou l'hospice fondé à Versailles par Louis XIII. Cet hospice resta dans ce lieu, jusqu'au moment où Louis XIV le fit transporter dans la maison appartenant au père de l'abbé de l'Épée, rue de Bourbon, vers 1685. En 1734, le n° 81 portait pour enseigne : *aux Trois-Rois*, et le n° 83, *au Chêne-Percé*.

N° 85. — *Au Soleil-Levant*.

N° 87. — *Au Prince de Galles*.

N° 89. — *Au Roi-François*.

CÔTÉ DROIT.

N°s 2 et 4. — Sous Louis XIV et pendant une grande partie du règne de Louis XV, le terrain sur lequel ces maisons sont construites était occupé par des bâtiments où demeuraient les fontainiers du château. Les maisons actuelles furent élevées sous le règne de Louis XVI.

N°s 6, 8 et 10. — Maisons construites depuis la Révolution de 1789. Sur cet emplacement se trouvait, sous Louis XIV, l'hôtel de Soissons et d'Antin ; sous Louis XV, l'hôtel de Gondrin, puis de Berry, et, sous Louis XVI, les écuries de Monsieur, comte de Provence.

N°s 12 et 14. — La place occupée par ces deux maisons, ainsi que le coin opposé de la rue de la Paroisse, appartenaient à Louchard, l'écuyer de madame de Maintenon.

En 1684, il se fonda à Versailles, sous les auspices du curé Hébert, dont nous avons déjà parlé, une institution toute chrétienne dont les malheureux sont redevables aux dames les plus distinguées de la cour du grand roi. Elles se réunirent et concertèrent entre elles l'établissement d'un bureau de charité pour secourir les pauvres familles de Versailles. A peine cette idée fut-elle éclose que l'exécution la suivit immédiatement. C'était à qui, parmi toutes ces dames, montrerait le plus de zèle pour sa réalisation. On résolut d'établir une taxe payée par semaine. Une trésorière fut nommée et chargée de recevoir les cotisations. Tous les lundis le bureau devait se réunir, et chacune d'elles, sous le nom de dame de charité, avait la mission de parcourir successivement les réduits les plus misérables pour y distribuer les secours et les consolations.

Madame de Maintenon était à la tête de cette œuvre (1). Elle acheta une partie du terrain de Louchard, et y fit construire un bâtiment (n° 14) dans lequel fut placée la *Charité des Pauvres*, comme on l'appelait autrefois. Le soin de voir les malades, de leur préparer le bouillon et les médicaments, fut confié à des sœurs de Saint-Vincent-de-Paul; puis on réunit dans le même local les écoles des filles pauvres, et l'on en chargea les sœurs.

(1) Madame de Maintenon parle ainsi de cette œuvre dans une lettre adressée à l'abbé Gobelin, du 8 mars 1684 : « Le Roi a trouvé bon que les Dames de la Cour établissent une charité à Versailles pour y prendre le même soin des pauvres que dans les paroisses de Paris. Madame la duchesse de Richelieu en est la supérieure ici. Vous n'en aurez pas plus mauvaise idée de notre projet. Nous prétendons pourvoir à toutes sortes de nécessités; nous nous trouvons déjà chargées d'un certain nombre de personnes qui excitent plus notre pitié qu'elles ne se prêtent à nos intentions. Ce sont des estropiés, hors d'état de gagner leur vie. Nous avons aussi de ces innocentes qui courent les rues et qui font commettre bien des péchés, etc. »

Cette institution resta toujours organisée de la même manière jusqu'en 1791. Les congrégations religieuses ayant été alors supprimées, les sœurs abandonnèrent la maison, ainsi que celles formées sur le même modèle dans les autres quartiers de la ville.

Le départ des sœurs fut un grand embarras pour l'administration municipale, car il était bien difficile d'organiser un service qui pût remplacer ces soins directs que la charité des sœurs portait dans le domicile du pauvre. Heureusement pour Versailles, cette ville avait alors à la tête de son administration un homme plein de zèle et de talent, et que ses études spéciales avaient mis à même de résoudre mieux qu'un autre les questions si intéressantes de *l'assistance publique*. Dans un rapport fait au Conseil général de la commune, le 16 mai 1791, le maire, M. Coste, l'une des gloires de la médecine militaire française, tout en regrettant la suppression des sœurs, *de ces femmes qui amenaient avec elles chez les pauvres la douceur, la compassion, cette douce consolation qui est le plus précieux des remèdes, ces soins si touchants et si affectueux, ce dévouement, ces complaisances inaccessibles à tous les dégoûts de la délicatesse mondaine, qui ne peuvent prendre leur source que dans des sentiments au-dessus de la nature, et dans cette piété fervente pour laquelle les sacrifices les plus pénibles deviennent des jouissances plus délicieuses* (1), proposa à l'assemblée un ensemble de mesures fort bien entendues, pour remplacer, autant que possible, les soins des sœurs auprès des malades, et dans l'éducation qu'elles donnaient aux enfants des pauvres. Ces mesures furent adoptées par le Conseil général et formulées dans un arrêté que nous allons faire

(1) Paroles du Rapport.

connaître, afin de montrer comment, à une époque encore très-près de la nôtre, et déjà si ignorée dans la plupart de ses détails, on avait cherché à remplacer dans notre ville des institutions séculaires que l'on a vu rétablir depuis avec bonheur.

« Le conseil général, après avoir ouï le rapport du bureau d'instruction et des commissaires-adjoints, et avoir ouï le procureur de la commune,

» Arrête ce qui suit :

» 1° Il y aura sept maîtresses d'école, savoir : quatre pour le quartier du midi, et trois pour le quartier du nord, y compris, dans chacun, la partie de la paroisse Saint-Symphorien qui y correspond ;

» 2° Le bureau d'instruction fera le choix desdites maîtresses, comme il le trouvera convenable ;

» 3° Les maîtresses seront logées dans les maisons destinées aux petites écoles, excepté celles qui seraient mariées ou celles qui seraient veuves avec des enfants ;

» 4° Chaque maîtresse aura 500 francs d'appointements par an ; celles qui ne seront pas logées, par les motifs exposés dans l'article précédent, auront en outre une gratification de 50 francs ;

» 5° Le bureau d'instruction fera un règlement analogue à celui adopté pour les écoles de garçons (1). Ce bureau aura également l'inspection et la surveillance des écoles de filles ;

» 6° Il y aura une dame économe pour chaque quartier ;

» 7° Elles seront chargées : 1° de l'ordre et de la garde de la maison de charité, et notamment de faire balayer les classes deux fois par jour ; 2° de veiller économiquement au raccommodage, blanchissage et au remplacement du linge ; 3° de la distribution de riz, de farine et de lait pour les enfants ; de vin et de quelques douceurs pour les malades, dont elles tiendront registres sous l'inspection de M. le trésorier de l'aumônerie ; 4° elles tiendront habituellement dans leur cuisine une chaudière d'eau, pour faire laver les pots des pauvres qui viennent chercher du lait ; 5° elles

---

(1) Les Frères des Écoles chrétiennes avaient déjà été supprimés.

tiendront registre des prêts de linge qui seront faits aux pauvres malades ; 6° elles seront tenues d'avoir une servante à leurs frais ;

» 8° Chacune des dames de charité aura 1,200 francs d'appointements, et elles seront logées ;

» 9° Le conseil général reçoit avec reconnaissance l'offre faite par les pharmaciens exerçant en cette ville : tous ceux qui auront obtenu des patentes pour faire la pharmacie à Versailles, pourront fournir les médicaments qui seront prescrits aux pauvres malades, en retirant seulement leurs déboursés, ce qui sera réglé sur le prix de la facture (1). En conséquence, le pauvre, muni de sa formule, se présentera chez le pharmacien de son quartier, ou chez celui auquel il aura plus de confiance, et, à la fin de chaque trimestre, les apothicaires fourniront leurs mémoires, lesquels seront révisés par Messieurs de l'aumônerie et de la société médicale ;

» 10° En conséquence, les remèdes et les ustensiles qui sont dans chacune des maisons de charité seront vendus à l'encan ; les remèdes seront préalablement examinés par la société médicale ;

» 11° Il ne sera plus tenu une cuisine commune pour les pauvres malades ; il sera, par MM. les aumôniers, sur le certificat des médecins et chirurgiens, délivré à la famille du malade une carte avec laquelle elle se présentera chez tel boucher que bon lui semblera ; il en sera de même pour le pain ; quant au vin, il sera tenu en provision dans la maison de charité ;

(1) Les médecins de Versailles s'étaient réunis à cette époque en *société médicale*, et avaient offert à l'administration de donner gratis des soins et des consultations aux pauvres malades ; cette offre avait été acceptée. L'administration avait aussi chargé *cinq chirurgiens*, appointés pour cet objet, de faire la petite chirurgie jusqu'alors exercée par les sœurs. Il ne restait plus qu'à établir le service de la pharmacie qui se faisait aussi dans la maison des sœurs. Dans ces circonstances, les pharmaciens de la ville firent l'offre, constatée ici, *de préparer les médicaments prescrits aux pauvres en retirant seulement leurs déboursés, réglés sur le prix de la facture*. Cette proposition, adoptée par le conseil général, forme le neuvième article de cet arrêté.

» 12° Chaque carte sera faite pour une livre de viande ou pour une livre de pain ; si le malade doit avoir plusieurs livres de viande ou plusieurs livres de pain, il sera donné plusieurs cartes ;

» 13° La soupe pour les prisonniers sera continuée provisoirement ; elle sera faite à l'infirmerie, à compter du 1ᵉʳ juin prochain. »

Cette nouvelle organisation fonctionna jusqu'à l'époque du gouvernement consulaire. On s'empressa alors de confier de nouveau aux sœurs la distribution des secours aux pauvres, et la tenue des écoles.

Le bureau de charité de Notre-Dame est aujourd'hui une institution importante. Des administrateurs, nommés par le maire, sont chargés de surveiller et de régler toutes les dépenses. Un bureau, composé de dames du quartier, présidé par le curé de la paroisse, continue, avec autant de zèle qu'au premier jour de sa fondation, la belle œuvre des dames de la cour de Louis XIV.

Douze sœurs de Saint-Vincent-de-Paul, sous la direction d'une supérieure, sont chargées de tous les secours à distribuer aux pauvres, aux malades, et du soin des écoles. Quatre médecins voient gratuitement les malades pauvres du quartier (1) ; plusieurs sœurs vont les visiter à domicile, et leur distribuent les médicaments, le pain, la viande et le bouillon. Elles font dans la maison les pansements, et y exécutent dans la pharmacie les prescriptions des médecins. Tous les jours on distribue aux pauvres inscrits sur un registre spécial, du pain, du lait, de la viande, du bouillon, du bois et du linge à ceux qui en manquent. Les sœurs sont de plus chargées de surveiller et de donner l'instruction convenable à quarante orphe-

(1) Il vient d'être décidé qu'au bout de dix ans de service, chaque médecin recevrait 500 francs d'honoraires.

lines que la Ville entretient dans la maison. Il y a encore un atelier de lingerie, sous le nom d'*ouvroir*, dans lequel un grand nombre de jeunes filles pauvres trouvent de l'ouvrage, et surtout des exemples et des conseils, véritable richesse pour ces abandonnées. Enfin, on y a établi quatre classes, distribuées suivant les âges, dans lesquelles plus de quatre cents jeunes filles apprennent à lire, à écrire et à compter.

Plusieurs œuvres charitables se réunissent aussi dans cette maison; entre autres, l'œuvre des Jeunes-Économes, composée de jeunes personnes se cotisant tous les mois pour secourir les petits enfants indigents; et l'œuvre des Dames-des-Pauvres-Malades, institution bien digne du cœur de la femme et de la charité chrétienne, qui a poussé un grand nombre de dames à se réunir, et, à l'aide de cotisations faites entre elles, à aller elles-mêmes dans les réduits des pauvres malades, des femmes en couches, leur porter des cartes de pain, de vin, de viande, de bois, de layettes pour les petits enfants, et surtout de ces paroles consolantes que le pauvre entend si peu, et dont la douceur diminue bien souvent l'amertume que son cœur conserve toujours un peu contre le riche. Les bâtiments actuels ont été entièrement reconstruits en 1772. Une inscription placée dans l'intérieur de la maison indique cette date, et ajoute que cette reconstruction est due aux soins du curé de Notre-Dame, Allard, et de la sœur Marguerite Warembourg. Le bureau de charité ayant été transporté rue de la Pompe, cette maison doit être vendue par la ville.

N° 18. — Ancien hôtel du comte de Broglie.

N° 20. — Hôtel de la Vrillière, en 1734.

N° 22. — Sous Louis XIV, hôtel de Ternac.

Nos 24 et 26. — Sous Louis XIV, hôtel de Rieux. En 1789, La Réveillère-Lepeaux et Volney, députés du Tiers, logèrent au n° 26.

N° 28. — Ancienne hôtellerie : *au Comte-de-Toulouse*. — Le restaurant placé aujourd'hui dans cette maison porte encore ce nom.

N° 38. — Auberge : *au Grand-Visir* (1734).

N° 40. — Déjà, sous Louis XIV, il y avait dans cette maison une auberge portant pour enseigne : *au Canon*. Cette enseigne a été religieusement conservée par les différents aubergistes et marchands de vin qui l'ont successivement habitée. Elle a complétement disparu, en 1851, lorsque le nouveau propriétaire eut fait abattre la vieille maison du XVIIe siècle, pour construire à sa place l'élégante habitation que nous y voyons aujourd'hui.

Avant 1684, un long mur fermait les jardins de l'hôtel de Montausier, dont l'entrée était rue de la Pompe et s'étendait de ce côté de la rue de la Paroisse, depuis l'angle de la rue Hoche jusqu'à celui de la rue de la Geôle.

La place occupée aujourd'hui par les maisons formant les nos 42, 44, 46 et 23 de la rue Hoche, servit de chantier pour les ouvriers qui bâtirent Notre-Dame. Après la construction de l'église, en 1686, Louis XIV fit don de ce terrain à l'un de ses premiers valets de chambre, Salvatori de Beauregard. Salvatori y fit construire un hôtel. Par reconnaissance pour le don qui lui avait été fait par le roi, Salvatori avait fait sculpter entre chaque croisée un *Soleil* occupant le milieu d'un écusson paraissant suspendu à un anneau, et au-dessous l'une des lettres de son nom. Ces écussons étant au nombre de neuf, nombre égal aux lettres composant son nom, on pouvait lire ainsi en très-grosses lettres le nom de Salvatori. Dans cette maison habitait, en 1712, Anne-Danican Philidor, fils d'André, dont nous parlons plus loin. Il fut, comme son père, musicien du roi, et publia un livre de pièces pour la flûte à bec, violons et hautbois.

En 1741, un feu considérable éclata dans la boutique d'un boulanger habitant cette maison, et donna lieu à l'établissement, à Versailles, de secours contre les incendies. Jusqu'alors rien n'y était organisé contre ce genre de sinistres. Le commissaire de police Narbonne, dont le zèle ne laissait passer aucune occasion de provoquer l'organisation d'une bonne police dans la ville, profita de cet événement pour adresser au comte de Noailles, gouverneur de Versailles, un mémoire dans lequel il indiquait les moyens qu'il croyait le plus convenable d'établir pour combattre les incendies. Le comte de Noailles, après avoir lu ce mémoire, en conféra avec le bailli de Versailles, et il fut alors résolu d'établir un service régulier de secours. Voici en quoi consistait ce premier établissement : deux pompes à incendie, cinquante seaux de cuir, et les ustensiles nécessaires, crochets de fer, haches, échelles, etc., furent placés rue du Bel-Air, près le Grenier-à-Sel; cinquante seaux, échelles et outils, à la Geôle; cinquante seaux, rue Satory, près les Quatre-Bornes; cinquante seaux dans une maison de la rue Saint-Honoré; deux pompes, cinquante seaux, échelles et outils sous la fontaine du Parc-aux-Cerfs. On exigea de tous les maîtres couvreurs, charpentiers, maçons, paveurs et ramoneurs, de donner les noms et d'indiquer la demeure de leurs meilleurs ouvriers. Ces ouvriers étaient inscrits sur un rôle à part. Lorsqu'un incendie éclatait ils devaient se rendre dans l'un des lieux indiqués pour l'établissement des secours, y prendre les ustensiles convenables et se rendre immédiatement au lieu du sinistre. Après la cessation du feu ils recevaient une indemnité proportionnelle à leurs travaux. Telle fut cette première organisation due à l'initiative de Narbonne, et qui rendit de très-grands services à Versailles pendant de longues années. Sur ce même emplacement n° 42 s'établit, sous la fin du règne de Louis XV, un pâtissier du nom de Geffriard, dont la réputation s'étendait au dehors de la ville, particulièrement pour ses pâtés de foie gras (1).

N° 50. — Sous Louis XIV, hôtel de Siam, nom donné probablement à cette époque en souvenir du séjour à Versailles des ambassadeurs de Siam.

N° 52. — En 1734, hôtellerie : *au Saint-Esprit*.

N° 58. — *A l'Ange-Gabriel*.

N° 62. — *A la Clef-d'Argent*.

N° 76. — Auberge : *au Fort-de-Maëstrick*.

N° 80. — Formait autrefois deux maisons : l'une avait pour enseigne : *au Petit-Paris*, l'autre *à la Ville-de-Maëstrick*.

N° 84. — *A l'Aigle-d'or*.

N° 88. — *A la Fleur-de-Lys*.

N° 92. — *Au Grand-Amiral*.

N° 94. — Maison où naquit, le 6 octobre 1760, madame Marguerite-Victoire Babois. Madame Babois est l'auteur d'Élégies et de diverses Poésies, qui lui font tenir un rang distingué parmi les femmes poëtes. Longtemps nourrie de

(1) *Histoire des Français*, par Legrand-d'Aussy.

la lecture de Racine, son poëte de prédilection, la tendresse maternelle fit éclore son talent. Les sept Élégies sur la mort de sa fille sont empreintes d'une exquise sensibilité, et se font remarquer par une versification élégante et facile. Nièce de Ducis, notre poëte versaillais, elle reçut souvent ses conseils et entretint toujours avec lui une correspondance, que l'on trouve imprimée dans la dernière édition de ses *Élégies et Poésies diverses*. Beaucoup de personnes, à Versailles, se rappellent encore le salon de madame Babois, sous l'Empire ; la grâce et l'aménité qui présidaient aux réceptions, et ces réunions charmantes dans lesquelles la littérature, la science et les arts avaient souvent leurs représentants les plus illustres.

N° 96. — Auberge : *à la Pomme-de-Pin*.

N° 98. — *A l'Image-Saint-Martin*.

N° 104. — *Au Pied-de-Biche*.

N° 106. — *Au Croissant*.

N° 108. — Maison du conventionnel Lecointre.

Le 10 novembre 1790, il se passa, dans la maison de Lecointre, une scène qui faillit établir la guerre civile entre les deux quartiers de la ville.

La garde nationale de Versailles avait été formée pendant le séjour de l'assemblée nationale dans cette ville. Dès son origine on établit deux divisions, l'une pour le quartier Notre-Dame, l'autre pour le quartier Saint-Louis. Chaque division était composée de quatre bataillons. Les gardes nationaux, appelés à nommer leurs chefs, donnèrent le commandement général au comte d'Estaing, et le commandement en second à Berthier le fils, depuis prince de Wagram. Lecointre fut nommé lieutenant-colonel de la première division (Notre-Dame), et Leroy, notaire, lieutenant colonel de la deuxième division (Saint-Louis).

Le comte d'Estaing ayant donné sa démission après le départ du roi, on nomma, pour le remplacer, le général Lafayette, quoiqu'il fût déjà à la tête de la garde nationale parisienne. Immédiatement après la formation de la garde nationale de Versailles, la reine lui fit don de deux drapeaux; les bataillons en avaient en outre chacun un, ce qui portait le nombre de ces drapeaux à cinq par division. Ils furent d'abord provisoirement déposés dans le domicile des deux lieutenants-colonels. Dans une assemblée de la garde nationale, on arrêta que le lieu où ils seraient placés définitivement serait indiqué dans le règlement pour le service de la garde nationale.

Le 5 novembre, ce règlement ayant été adopté, le commandant en second, Berthier, donna l'ordre aux deux divisions de se réunir le 10, sur la place d'Armes, avec leurs drapeaux, afin de les porter à l'Hôtel-de-Ville, lieu choisi par la municipalité pour leur dépôt définitif. Lecointre, que l'on avait vu, dès les premiers jours de la Révolution, se mettre à la tête des exaltés versaillais et jouer un rôle fort actif pendant les journées des 5 et 6 octobre, parut très-mécontent de cette résolution et monta les esprits pour tâcher de la faire échouer. Il parcourut les diverses assemblées de compagnies de sa division occupées alors aux nominations d'officiers. Il les harangua, leur dit que cette décision était une insulte pour la garde nationale; qu'à Paris les drapeaux restaient chez les colonels; que d'ailleurs, à Versailles, il n'y avait pas d'Hôtel-de-Ville, et que l'on devait s'opposer à l'exécution de cet ordre. Le 10 arrivé, la deuxième division se rendit avec ses drapeaux sur la place d'Armes, précédée de la musique du régiment de

Flandres. Loin de suivre cet exemple, la première division ne s'était point réunie, une masse de peuple remplissait la rue de Paris (de la Paroisse), des officiers et des gardes nationaux occupaient la maison de Lecointre, et des soldats armés du régiment de Flandres en gardaient les abords; tout enfin paraissait s'organiser pour une résistance, dans le cas où l'on voudrait enlever les drapeaux de cette division. Le commandant en second fit alors marcher la division du quartier Saint-Louis sur le lieu du rassemblement. Arrivée devant la maison de Lecointre, elle s'arrêta, et Berthier entra en pourparlers avec ce dernier. Lecointre se refusa formellement à exécuter les ordres du commandant. Pendant ce temps, le trouble augmentait dans la rue. Le peuple provoquait la garde nationale par ses cris; des projectiles de toute nature lui étaient lancés, et plusieurs fois on tenta, particulièrement les femmes, de rompre ses rangs et de s'emparer des drapeaux. Des officiers de la garde nationale, des dames, parmi lesquelles se remarquait la femme de Lecointre, étaient au balcon et provoquaient ces attaques par leurs applaudissements et leurs discours. Cette scène durait déjà depuis assez longtemps; Berthier sentant qu'elle ne pouvait se prolonger plus longtemps sans amener quelque conflit, annonça à Lecointre qu'il allait faire retirer sa division, mais qu'il irait le soir même rendre compte de sa désobéissance au général Lafayette. La division du quartier Saint-Louis se retira alors et vint déposer ses drapeaux à la municipalité. On peut juger si dans sa marche elle fut suivie et insultée par toute cette populace qui regardait son départ comme une victoire.

Berthier se rendit le soir même à Paris, chez Lafayette. Lecointre, un peu calmé depuis le départ du commandant, et craignant d'être tourmenté pour cette affaire, se rendit aussi à Paris pour chercher à expliquer sa conduite au commandant général. Ils se rencontrèrent donc tous deux chez Lafayette. Après avoir écouté tous les détails de ce qui s'était passé, et les explications de Lecointre, prétendant toujours que l'enlèvement des drapeaux était une insulte pour la garde nationale et qu'il n'y avait pas à Versailles d'Hôtel-de-Ville, Lafayette répondit : *qu'il obéissait entièrement à la commune de Paris, qu'il en serait de même vis-à-vis de la municipalité de Versailles, que c'était le fondement et la base de la liberté.* Puis il ajouta, en réponse à Lecointre : *Où siégent les officiers municipaux, là est l'Hôtel-de-Ville, serait-ce même sous un arbre.* Il ordonna donc d'exécuter l'arrêté de la municipalité, et de porter les drapeaux à l'Hôtel-de-Ville. Il recommanda seulement beaucoup de prudence dans l'exécution de cet ordre, à cause de la fermentation de la journée. Le lendemain, Berthier fit réunir toute la division du quartier Notre-Dame dans la caserne des gardes du corps, afin de l'éloigner du théâtre de la scène de la veille et de l'isoler de la populace. Il se présenta alors devant elle accompagné de Lecointre, lui fit connaître les ordres du général Lafayette, lui représenta les inconvénients graves d'une plus longue opposition à l'arrêté de la municipalité, et l'engagea à porter immédiatement ses drapeaux à l'Hôtel-de-Ville. Les paroles du commandant furent suivies d'une acclamation unanime et toute la division alla, dans le plus grand ordre et sans la moindre opposition, prendre les drapeaux chez Lecointre et les porter à l'Hôtel-de-Ville. Obligé de céder, Lecointre fit *contre fortune bon cœur*; mais le trait principal de son caractère était l'entêtement ; aussi se dédommagea-t-il de sa contrainte dans les paroles qu'il prononça en remettant les drapeaux aux officiers municipaux :

« J'apporte en vos mains, dit-il, ce dépôt sacré et cher à la garde nationale ; je vous remets les cinq drapeaux de la division que j'ai l'honneur de commander. La fermentation que ce déplacement excite, m'a fait craindre quelque événement fâcheux. La garde nationale, tous les citoyens ont exprimé de la manière la moins douteuse que leurs vœux étaient qu'ils restassent chez moi. Vous en ordonnez autrement, messieurs, j'obéis. Je sacrifie à l'ordre et à la tranquillité le gage le plus précieux de la confiance de mes concitoyens, et pour éviter le trouble je me suis mis à la tête du détachement qui vous amène ces drapeaux. Vous n'ignorez pas, messieurs, qu'ils sont le bien de la garde nationale, que c'est porter atteinte à ses droits que de la priver de disposer de ce qui lui appartient. Elle a confié ses drapeaux à la garde de ses commandants et vous les réclamez. La commune de nos frères de Paris avait élevé les mêmes prétentions, la garde parisienne a fait valoir ses droits, et la commune s'est désistée d'une demande qui, si elle eût eu son effet, eût découragé les chefs et les gardes. J'ai obtenu que les drapeaux vous fussent remis, messieurs, mais je proteste que c'est à mon amour de la paix que vous le devez ; et j'insiste, au nom de la division que je commande, au nom de deux mille cinq cents citoyens que je représente, pour que la municipalité, mieux instruite de ses droits et des nôtres, se rende aux vœux des habitants de Versailles. »

Malgré ce discours provocateur, les drapeaux restèrent à la municipalité, et cette affaire, qui menaçait de porter le trouble dans toute la ville, n'eut pas d'autre suite, grâce à la prudence de l'autorité municipale et de Berthier.

A l'occasion de cette scène, nous ne pouvons résister au désir de faire connaître un curieux procès-verbal, peinture assez pittoresque de ce rassemblement, et de l'anarchie qui régnait parmi toutes les autorités de cette époque.

En arrivant le 10 novembre sur la place d'Armes, Berthier apprit, comme nous l'avons déjà dit, que des soldats du régiment de Flandres étaient devant la maison de Lecointre. Ayant alors aperçu trois officiers de ce régiment, il les pria d'aller voir ce que faisaient là ces soldats. Ces officiers se rendirent à son désir, et c'est le procès-verbal que l'un d'eux, le chevalier de Grammont, dressa de cette visite, que nous allons donner :

« Le 10 novembre, vers les cinq heures de l'après-midi, M. de Mousselard, M. le chevalier d'Annier et moi, tous trois officiers au régiment de Flandres, nous nous promenions sur la grande place, lorsque M. de Mousselard fut appelé par M. Berthier. Il fut lui parler ; lorsqu'il revint à nous, il nous dit qu'il s'était élevé une discussion parmi Messieurs de la milice nationale de Versailles, et que M. Berthier l'avait averti qu'il y avait des soldats du régiment, armés, qui s'y étaient transportés ; qu'il le priait d'aller voir ce que c'était. M. de Mousselard ajouta, en s'adressant à moi : comme votre compagnie est logée dans ce quartier, il se peut que ces hommes en soient ; ainsi faites-moi le plaisir de venir avec moi. Nous y fûmes, et M. d'Annier nous y accompagna. Arrivés sur le lieu de la scène, nous y trouvâmes une quantité considérable de monde, ce qui d'abord nous empêcha d'apercevoir s'il y avait des soldats du régiment. Pour m'en assurer, je tâchai de percer la foule et, suivi de M. le chevalier d'Annier, je pénétrai jusqu'à la porte de la maison de M. Lecointre. Je trouvai effectivement un caporal et sept hommes de la compagnie de Bonneval, disposés de manière à faire croire qu'ils défendaient l'entrée de la maison. Je m'adressai au caporal pour savoir par quel ordre il s'y était transporté avec sa garde. Il me répondit qu'un de Messieurs de la garde nationale était venu le chercher, et qu'il avait cru devoir marcher à sa réquisition. Je lui dis alors qu'il s'était trompé, qu'il était en faute, ne devant jamais marcher qu'à la réquisition de la municipalité et par un ordre de ses chefs ; qu'il eût à rassembler ses gens et à les reconduire sur-le-champ à leur compagnie. Alors je fus entouré par beaucoup de ces Messieurs de la garde nationale et par une foule de peuple. Ces Messieurs me dirent qu'ils me priaient de leur laisser ces hommes, qu'ils en avaient besoin ; que c'étaient eux qui les avaient demandés. Je leur fis la même observation qu'au caporal, et je persistai à vouloir les faire partir. Un de ces Messieurs, croyant me faire changer d'avis, ou du moins engager les soldats à mettre de la lenteur à exécuter mes ordres, me dit qu'on les payerait bien. Comme cette objection ne me fit pas changer de résolution, et que je me disposais toujours à les emmener, il s'éleva un cri presque universel de tous les spectateurs : *Ils ne s'en iront pas, et nous mettrons tous les officiers à la lanterne!* Ce fut dans ce moment que j'aperçus M. Lecointre ; alors je m'adressai à lui et lui demandai si c'était lui qui avait envoyé chercher les soldats ? Il me répondit que non ; que c'était à son insu que cela s'était fait ; mais que puisqu'ils y étaient, il me priait de vouloir les laisser. Je lui répondis que cela n'était pas possible. Comme je crus qu'il devait régner de l'accord entre les chefs d'un même corps, je lui dis que c'était M. Berthier qui nous avait avertis de ce qui se passait. Alors il me dit que puisque c'était l'intention de M. Berthier, il ne s'y opposait plus, parce qu'il était sous ses ordres, et que même ayant lui-même un grade au-dessus de moi, il m'ordonnait de ramener ma troupe sur-le-champ. Je trouvai cette manière de me parler assez plaisante, mais comme ce n'était pas le moment de discuter sur les mots, je me disposais à emmener mes huit hommes, lorsque les cris : *ils ne s'en iront pas; à la lanterne l'officier de Flandres!* recommencèrent de plus belle. Il y avait entre autres un perruquier en habit rouge qui se trouvait près de moi, qui ne cessait de faire résonner à mes oreilles le mot de *lanterne*. Je me tournai de son côté et lui demandai si c'était lui qui me mettrait à la lanterne ? Il me répondit que ce serait lui et les autres. Je le pris alors par la boutonnière et le remis entre les mains de ces Messieurs de la garde nationale qui étaient près de moi, et leur dis: Voilà Monsieur qui veut me mettre à la lanterne. Ils lui demandèrent si c'était vrai, et, sur sa réponse négative, ils le relâchèrent sur-le-champ. Pendant tout ce temps, les soldats avaient été endoctrinés, et mettaient beaucoup de nonchalance à m'obéir. Je me trouvais un peu embarrassé ; j'allai alors prendre les ordres du chef du régiment. M. le marquis de Valfond, à qui je rendis compte de ce qui se passait, me donna un ordre par écrit pour faire rentrer, sans différer, les soldats qui étaient à la porte de M. Lecointre, et lui amener le caporal, pour lui rendre compte de sa conduite. Je revins donc de nouveau, et ce ne fut pas sans peine que je pus pénétrer jusqu'à eux. Muni de mon ordre, je leur signifiai d'avoir à l'exécuter. L'un des soldats me répondit qu'il ne devait s'en aller qu'avec l'officier qui les était venu chercher. Je lui ordonnai de se taire et de marcher, ce qu'il fit. Je traversai donc encore une fois la populace, au milieu des huées et des cris de *lanterne*; mais mes oreilles commençaient à s'y accoutumer. Mais ce qui me surprit, fut de voir le sieur Homayon, couvreur de son métier et sergent dans la garde nationale, m'accoster l'épée à la main. Je lui demandai ce qu'il voulait. C'est moi, me dit-il, qui suis venu chercher les soldats, et je veux les reconduire. Je le remerciai de son bon vouloir, et le priai de ne point se déranger; je lui dis que j'étais très-bon pour les reconduire, et qu'il était inutile qu'il se donnât cette peine. Alors, deux autres de ces Messieurs, craignant apparemment que je n'usasse de violence pour l'engager à se retirer, mirent aussi l'épée à la main et se placèrent à mon autre côté, de manière que je ne ressemblais pas mal à un homme qui a commis quelque délit et que l'on conduit en prison. Arrivés dans la cour de la caserne (1), j'ordonnai donc au caporal de remettre son armement et de venir chez M. le marquis de Valfond, comme l'ordre le portait. Il était entré, en même temps que ces Messieurs, une assez grande foule de peuple pour que la cour fût pleine. Alors ces Messieurs me dirent qu'ils n'entendaient pas qu'aucun de ces gens fussent punis pour ce qui venait de se passer; que c'était eux qui étaient venus les chercher et qu'ils ne voulaient pas qu'ils en éprouvassent le moindre désagrément. Je leur répondis qu'ils n'avaient point d'ordres à donner au régiment de Flandres; que nous ferions là-dessus ce qu'il nous plairait, et que je les priais de me laisser tranquille. Ces Messieurs ne jugèrent pas à propos de m'accorder cette grâce. Ce fut au contraire alors que le sieur Homayon me tint maint mauvais propos; entre autres, pour indisposer contre moi les soldats qui nous écoutaient, il me dit qu'il avait servi tout aussi bien que moi, et que ce n'était pas ainsi que l'on conduisait des soldats; que j'étais fort ridicule, et que sûrement ces manières-là ne me réussiraient guère. Alors je lui demandai si c'était parce qu'il se croyait soutenu par ce

(1) Maison Ripaille, avenue de Paris, aujourd'hui maison d'arrêt.

qui l'entourait, qu'il me parlait d'une manière aussi singulière ; que s'il en était ainsi, c'était fort peu brave ; qu'au contraire, si c'était une affaire qu'il désirait avoir avec moi, j'étais tout prêt. Il me répondit qu'il pouvait bien m'indiquer sa demeure. Dites-la donc, lui répondis-je, si vous n'êtes par un jean-f..... Alors, prenant un air de dignité et remettant son sabre dans le fourreau, il me dit, en rentrant dans la foule et en s'en allant : *Allez, mon ami, je me moque de vous !*

» Chevalier de GRAMMONT. »

Dans un écrit que Lecointre adresse à ses concitoyens, le 15 frimaire, an II, il dit que, le 31 novembre 1791, il donna asile dans sa maison à *Marat, poursuivi par les soldats de Lafayette*, à la suite de l'affaire du Champ-de-Mars.

N° 112. — En 1734, auberge *au Roi-Charlemagne*.

Dans l'énumération de la plupart des maisons de la rue de la Paroisse et des autres rues du quartier Notre-Dame, on a dû être frappé du grand nombre d'auberges et d'hôtelleries que renfermait autrefois Versailles. Le nombre considérable d'étrangers attirés dans la ville par la présence de la cour et par les curiosités de toute espèce accumulées dans la ville, en fut la principale cause. Dès l'année 1724, Narbonne signalait cet état de choses, et proposait à M. de Maurepas de régler le prix des loyers, que l'usage des chambres garnies avait fait monter à un taux excessif.

« A l'égard des chambres garnies de Versailles, écrit-il à M. de Maurepas, outre les hôtelleries, il y a au moins quatre cents personnes qui donnent à loger. Du temps du feu roi, il n'y en avait pas cinquante.

» Voici ce qui a donné lieu à cet accroissement :

» Après la mort du feu roi (Louis XIV), Versailles se trouva presque désert. L'exemption de la taille, la modicité des loyers, et les vivres qui y sont à meilleur marché qu'à Paris, y attirèrent beaucoup de personnes, tant de Paris que de la campagne. Il n'y avait alors environ que deux cents cabarets, et comme on faisait jouer les eaux tous les quinze jours, et que, d'ailleurs, les ambassadeurs qui venaient voir Versailles y attiraient beaucoup de compagnies, les hôteliers et cabaretiers qui donnent à loger, se trouvant garnis de plus de monde qu'ils n'en pouvaient loger, priaient les bourgeois et les habitants de leurs amis de loger le surplus. Ils leur insinuaient même de faire payer le loyer de leurs chambres et lits plus que les cabaretiers mêmes, et, par ce tour artificieux, faisaient croire qu'ils louaient les leurs avec plus de modération ; aussi, la plupart de ceux qui revenaient à Versailles, avaient la précaution de leur écrire, quelques jours avant, de leur garder une ou plusieurs chambres.

» Le roi (Louis XV) étant venu, le 15 juin 1722, faire son séjour à Versailles, nombre de personnes sont venues s'y établir. Les loyers y ont augmenté considérablement, et le prix excessif de ces loyers a engagé la plupart des habitants à donner à loger en chambres garnies pour s'indemniser de leurs loyers ; de manière qu'on voit les officiers du roi, les commis, les bourgeois, même les cordonniers, boulangers, savetiers, laquais, les femmes veuves et jusqu'aux filles, tout donne à loger en chambres garnies. Cela n'a pas peu contribué à faire augmenter les loyers. Les prix excessifs où ils sont portés et les longues absences du roi, causent beaucoup de petites banqueroutes. Il y aurait de l'équité à modérer les loyers de ceux qui ont excédé le prix qui existait du temps du feu roi (1). »

Versailles n'était pour ainsi dire composé que du quartier Notre-Dame, et avait à peine trente mille habitants. On peut juger combien ce nombre d'auberges, d'hôtelleries et de cabarets dut s'accroître avec l'agrandissement de la ville.

(1) De là l'édit de 1725, sur les loyers de Versailles, dont nous avons parlé.

IMPASSE DES ÉCURIES.

Cette impasse s'appela dans l'origine cul-de-sac des Écuries de la Duchesse de Bourgogne, puis cul-de-sac des Écuries de la Reine, nom qui lui fut conservé jusqu'à la Révolution. En 1793, on la nomma impasse de l'Oubli ; enfin, depuis 1806, impasse des Écuries.

Cette impasse est dans la direction du nord au sud. Elle a 40 mètres de longueur, sur 7 mètres 80 centimètres de largeur.

Le n° 1 était, en 1734, l'hôtel de M. Desmarets, grand fauconnier.

MARCHÉ.

L'origine de l'établissement du Marché et l'emplacement qu'il occupe encore aujourd'hui remontent à Louis XIII. Ce roi affectionnait Versailles. Les fréquents séjours qu'il y faisait y avaient attiré un bon nombre d'habitants, et ce bourg était devenu assez considérable. Voulant accroître encore sa prospérité, il donna, au mois de novembre 1634, des lettres-patentes, par lesquelles il y établit un marché franc et trois foires annuelles (1) :

En 1669, Louis XIV, qui avait encore sur Versailles de bien plus vastes projets que son père, confirma, par de nouvelles lettres-patentes, l'établissement fondé par Louis XIII.

La place actuelle fut toujours celle occupée par le marché depuis sa fondation sous Louis XIII ; mais, sous ce roi

(1) Voir *Journal des règnes de Louis XIV et de Louis XV*, par Narbonne, publié par J.-A. Le Roi.

ainsi que pendant tout le règne de Louis XIV, on n'y voyait aucune construction régulière. Quelques baraques placées sans ordre, et selon la commodité des marchands, en occupaient seulement une partie, et comme il n'y avait aucun endroit de pavé, c'était, dit Narbonne, un *cloaque de boue et de vilenies*.

En 1721, Blouin, gouverneur de Versailles, auquel cette ville doit d'assez nombreux établissements, résolut de faire cesser cet état de choses. Il fit d'abord détruire les baraques existantes. Il donna ensuite de nouveaux brevets pour leur reconstruction sur un alignement régulier, et fit paver complétement la place. C'était là sans doute une grande amélioration ; mais comme aucun plan uniforme n'avait été donné aux concessionnaires, chacun avait élevé la sienne à son gré, ce qui donnait à leur ensemble un aspect désagréable. Ce nouveau marché fut achevé en 1724.

L'ensemble de ce marché formait quatre carrés, séparés par les rues de la Paroisse et Duplessis. La façade principale des baraques donnait sur ces deux rues ou sur celles du pourtour. Quatre marchés à destinations spéciales étaient établis dans chacun des carrés. L'un s'appelait carré au *Beurre et à la Marée;* l'autre, carré aux *Veaux et Volailles ;* le troisième, carré aux *Herbes*, et le quatrième, carré du *Poids-à-la-Farine*. Le *Poids-à-la-Farine*, ou, comme on l'appelait dans l'origine, le *Poids-le-Roi*, était un grand bâtiment dans lequel se trouvaient une halle couverte pour les farines, une salle pour la vérification des poids et mesures, dont les *étalons* y étaient conservés, et enfin un logement pour le *placier* du marché. Le *Poids-le-Roi* avait été construit, en 1723, par l'ordre de Blouin.

Le marché resta à peu près tel que nous venons de le décrire jusqu'en 1841. Depuis bien longtemps les diverses administrations municipales de Versailles avaient eu le projet de faire disparaître cet amas d'ignobles baraques dont l'aspect choquait la vue, et dont la présence ne permettait pas d'apporter à l'entretien et à la propreté tous les soins convenables ; mais toutes avaient reculé devant la dépense et surtout devant le déplacement du grand nombre de familles dont le domicile y était établi depuis tant d'années, et qu'une pareille mesure allait léser dans ses intérêts.

Enfin, en 1841, sous l'administration de M. Remilly, la démolition des baraques fut arrêtée ; 100,000 francs furent donnés bénévolement par la Ville, comme indemnité, aux anciens concessionnaires, et les halles furent élevées.

Quatre halles construites sur les plans de M. Le Poittevin, architecte de Versailles, forment aujourd'hui le nouveau marché. Leurs corps de bâtiments, ayant chacun un développement de 84 mètres, suivent la disposition de la place. Si ces quatre bâtiments distincts étaient réunis les uns aux autres, ils représenteraient un carré ; mais ce carré est coupé par les rues Duplessis et de la Paroisse qui s'entrecroisent dans le milieu de la place. Ils sont construits en pierre meulière, très-élevés, et aérés non-seulement par leurs extrémités fermées par des grilles, mais encore par de larges fenêtres latérales, placées les unes en face des autres et munies seulement de persiennes à claire-voie ; une plantation d'arbres garnit l'espace laissé libre au centre des quatre marchés. Les abords sont munis de larges trottoirs, et l'eau y est déversée abondamment par plusieurs fontaines.

Chaque halle a une destination spéciale : 1° les poissons ; 2° les fruits ; 3° les légumes ; 4° la factorerie, où se tient, d'un côté, le marché aux veaux, et de l'autre, sont établies des boutiques de revendeurs. Elles ont coûté 311, 334 fr. 53 centimes.

Lors de la construction de ces halles, on se récriait sur leur dimension qu'on trouvait trop grande; aujourd'hui l'on s'aperçoit qu'elles ne le sont pas encore assez, car les jours de marché les alentours sont encombrés de marchands obligés de se tenir sur la voie publique.

L'étendue de la place entre les halles est de 84 mètres 50 centimètres.

Il serait difficile de montrer un marché plus convenablement placé, mieux aéré, entretenu avec plus de soin. Les règlements qui doivent maintenir l'ordre et la propreté de ces lieux, sont appliqués avec une juste sévérité; et l'on n'y aperçoit jamais dans le cours de la journée ces amas de résidus, véritables foyers de décomposition, dont la présence peut être si nuisible et est toujours si désagréable.

Nous avons déjà fait remarquer la composition singulière de l'ancienne population de Versailles, formée d'une part de grands seigneurs, et de l'autre de petits commerçants, d'ouvriers et de laquais. Cette dernière partie était la plus considérable de la population, et continua toujours à s'accroître jusqu'à la Révolution. Cela explique pourquoi, malgré la présence de la cour et l'intérêt des habitants à la conserver dans son sein, Versailles, avant 1789, fut souvent le siége de tumultes populaires.

La place du Marché, rendez-vous habituel des petits débitants, des ouvriers, et surtout des oisifs et des fainéants, si nombreux alors dans notre ville, fut plus que tout autre endroit le théâtre de ces tumultes.

Déjà, sous Louis XIV, des troubles assez graves, ayant nécessité l'emploi de la force pour les réprimer, avaient eu lieu, en 1693 et en 1703, à propos de la cherté du pain.

Le 2 juillet 1725, un mouvement populaire, déterminé par la même cause, mais plus menaçant que les précédents, fut arrêté à temps, grâce à la prudence du commissaire Narbonne, qui fit apporter rapidement sur le Marché assez de pain pour contenter le peuple et ôter tout prétexte à l'émeute.

L'hiver de 1729 fut extrêmement rigoureux. Les pauvres, très-nombreux, se réunissaient dans les places et particulièrement sur le Marché. Pour soulager un peu leurs souffrances et faire cesser leurs plaintes menaçantes, le gouverneur de Versailles, *Blouin*, en fit occuper un bon nombre à casser la glace des ruisseaux et enlever la neige très-épaisse des rues. Puis il fit établir des feux publics dans divers endroits de la ville ; sur le Marché, dans la place Dauphine, aux Quatre-Bornes, au carrefour du Bel-Air (place Charrost) et dans la grande place du Parc-aux-Cerfs (Marché-Neuf). Ces feux se composaient de dix-sept fagots et d'une demi-corde de gros bois pour chaque. Un suisse gardait chaque feu et empêchait qu'on en pût emporter. On les continua ainsi depuis le commencement de janvier 1729, jusqu'au moment où la température, devenue plus douce, permit de les supprimer.

L'année 1740 fut une des plus malheureuses du règne de Louis XV. Les derniers mois de 1739 avaient été assez doux, quoique pluvieux, lorsque, le 6 janvier, débuta la gelée. Le froid devint tout-à-coup si intense, que, le 10, la Seine se trouva prise et put être traversée en plusieurs endroits. Le froid rigoureux dura constamment jusqu'au 6 de mars, c'est-à-dire pendant soixante jours. Il y eut peu de chaleurs tout le reste de l'année, et il est même remarquable qu'il n'y eut pas un seul mois pendant lequel on ne constatât quelque gelée ; même au mois d'août on trouva à

Versailles, le 4 au matin, de la glace ayant trois lignes d'épaisseur (1).

Une température si extraordinaire devait avoir une influence fâcheuse sur la récolte des céréales, et faisait redouter de grandes calamités. Des prières publiques furent ordonnées sur tous les points de la France, et Versailles, la ville royale, fut la première à en donner l'exemple. Le 20 mai, une procession à laquelle assista le roi, suivi de toute la cour, parcourut les rues de la ville, et l'on vit quelques jours après le clergé de Notre-Dame aller en pèlerinage, accompagné d'une grande foule de peuple, jusqu'à l'église Sainte-Geneviève de Nanterre.

Les mois de juin et de juillet, les plus beaux de l'année, avaient donné quelque espoir, quand les pluies continuelles et le froid peu ordinaire du mois d'août redoublèrent toutes les inquiétudes.

La crainte d'une mauvaise récolte, malheureusement trop vérifiée, fit rapidement augmenter le prix des farines et fut la cause d'un mouvement populaire. Ce mouvement, de courte durée, pouvait avoir pour Versailles des conséquences fâcheuses s'il se fût prolongé.

Louis XIII et Louis XIV, en créant le marché franc de Versailles, y avaient autorisé la vente des farines, et les boulangers de Paris et des environs venaient s'y approvisionner toutes les semaines, d'autant plus volontiers que, par suite des mêmes priviléges, le boisseau, pesant douze livres à Paris, en pesait treize à Versailles. Nous avons dit que le lieu où se faisait la vente des farines portait le nom de Poids-le-Roi-à-la-Farine. Cette vente avait lieu deux fois par semaine, le lundi et le jeudi. En outre, un marché au pain

(1) Ouvrage cité.

se tenait tous les jours dans la partie de la place portant le nom de rue au Pain, et il était extrêmement fréquenté par le peuple.

Depuis le mois de juillet, on obligeait les boulangers de *tenir leurs boutiques et le marché suffisamment garnis de pains depuis le matin jusqu'au soir*. Malgré cette sage précaution, des murmures sur la crainte d'en manquer s'étaient déjà fait entendre à plusieurs reprises dans la multitude.

Depuis quelque temps les boulangers de Paris s'empressaient de faire de grandes acquisitions de farines. Le jeudi, 22 du mois d'août, ils s'étaient rendus en grand nombre, ainsi que ceux des environs de Versailles, au Poids-à-la-Farine, où ils avaient fait de nombreux achats. Le peuple qui se trouvait sur la place du Marché, inquiet de voir ce nombre inaccoutumé d'acheteurs, ces voitures que l'on chargeait continuellement devant lui, pour les mener au dehors, commença à murmurer et à prononcer quelques mots de menace.

La foule, composée en grande partie de femmes, devenait de plus en plus compacte, lorsque vers une heure de l'après-midi, la femme d'un savetier nommé Picard, s'avance hardiment, accompagnée de femmes de la halle. Elle demande qu'on lui donne quelques boisseaux de farine, et, sur l'observation qu'on ne veut vendre qu'au sac et non au boisseau, elle et les femmes qui l'accompagnent se mettent à crier que l'on veut affamer le pauvre peuple, qu'elles ne peuvent avoir de la farine même à prix d'argent et qu'il faut empêcher qu'on ne les fasse mourir de faim ! A ces cris la foule répond que la farine ne sortira pas de Versailles ; qu'il faut imiter Saint-Germain qui s'est déjà opposé à son enlèvement ! Aussitôt, le peuple se précipite sur les voitures, les sacs sont jetés à terre ou rentrés dans le Poids, plusieurs sont ouverts à coups de couteaux, et l'on voit les femmes emporter la farine dans leurs tabliers.

Il n'y avait point alors de corps de garde dans le Marché; la seule garde de police existant à Versailles se composait d'une cinquantaine de Suisses qui séjournaient au Château et portaient le nom de Suisses de la patrouille. Aussi rien ne s'opposa d'abord à cet attroupement.

Dès les premiers actes du désordre le commissaire de police Narbonne, qui avait inutilement tenté de pénétrer jusqu'au Poids-à-la-Farine, courut chez le comte de Noailles pour avoir ses ordres. Le gouverneur de Versailles chassait ce jour même avec le Dauphin, et le commissaire, ne le trouvant pas, se trouva fort embarrassé.

Toutes les troupes de la maison du roi étaient absentes de Versailles à cause du séjour au château de la Meutte. Il ne restait que les Suisses du Château. Narbonne vint trouver leur commandant, le chevalier Foirestier. Cet officier donna l'ordre de suite à tous les hommes sous son commandement de se réunir et de se porter sur le Marché.

Pendant ce temps, le commandant des Suisses, le commissaire Narbonne et le procureur du roi du bailliage, accompagnés de quelques soldats, se rendaient sur le lieu du désordre.

Arrivés à la rue Duplessis, ils la trouvent couverte de peuple ainsi que la place. Ils cherchent d'abord par quelques exhortations à faire comprendre à la foule qu'il est de son propre intérêt que le commerce des farines soit parfaitement libre; que les meuniers n'en apportent en si grande abondance à Versailles qu'à cause de la facilité de les vendre, et que, s'il n'y a pas pour eux sécurité, Versailles se trouvera bientôt privé de tout arrivage et dans une position très-difficile. Mais rien ne peut calmer l'effervescence de ce peuple, et à toutes les raisons il répond toujours *que les boulangers de Paris n'emmèneront pas de farine.*

Le danger devenait de plus en plus pressant car les cris étaient menaçants, et il y avait à craindre des actes encore plus coupables, de cette populace exaspérée.

Il fallait donc se décider promptement. M. de Noyon, lieutenant de la prévôté de l'hôtel, avec le sieur Gantois, son exempt, le commandant Foirestier, le procureur du roi et Narbonne, se réunirent immédiatement dans une des salles du bailliage, sous la présidence de M. Fresson, bailli de Versailles. Là, il fut décidé que l'on aurait recours à la force s'il le fallait, mais qu'il était nécessaire que l'autorité du roi fût respectée et qu'il pouvait y avoir un grand danger, surtout dans une ville comme Versailles, à ce que l'émeute restât la plus forte.

Le commandant Foirestier divisa sa troupe en deux corps : l'un se porta sur le Marché par la rue Duplessis, l'autre par la rue de la Paroisse. Avant d'entrer dans la place, on fit un roulement de tambour sur ces deux points et l'on intima à chacun l'ordre de se retirer ; puis, la troupe s'avançant résolument fit replier toute cette masse de peuple vers les rues de l'Etang et de Paris laissées libres, et put dégager les abords du Poids-à-la-Farine et protéger le chargement des voitures restées à la porte de ce bâtiment.

Tout cela ne se fit pas sans quelque résistance. Des pierres furent lancées sur les soldats et sur les meuniers et boulangers, qui purent enfin sortir du Poids où ils se trouvaient enfermés. Plusieurs furent blessés assez grièvement, mais on parvint cependant, quoique avec peine, à les conduire sous bonne escorte par les rues Duplessis, Saint-Pierre, du Chenil et de l'Aventure jusqu'à la barrière de l'avenue de Paris, où les attendait une brigade de la maréchaussée de Sèvres, sous les ordres du commandant de Guerry, que l'on avait pu faire prévenir et qui les conduisit jusqu'à Paris.

Un grand nombre d'hommes du peuple et surtout de femmes, furent arrêtés dans ce désordre et emmenés à la Geôle. On les transféra plus tard dans les prisons du Châtelet, par suite d'un arrêt du parlement. Cette affaire fut instruite à Paris, où elle fut jugée dans le courant d'octobre.

Comme on craignait le renouvellement de pareilles scènes pour le marché suivant, on plaça, ce jour, dès le grand matin, de forts piquets de Suisses et de gardes-françaises à la porte de l'Orangerie, sur les avenues de Paris et de Saint-Cloud, dans la rue de la Paroisse, et enfin sur le Marché même. Cet appareil effraya les mutins, et tout demeura tranquille.

On établit ensuite, à poste fixe, un corps de garde de Suisses dans le Marché. Mais dans les voyages du roi, les Suisses ne se trouvant plus assez nombreux pour le service, et de nouvelles scènes de désordre pouvant encore avoir lieu, on fit venir une compagnie de vétérans, spécialement chargée de ce service. C'est de ce moment que date la création d'un corps de garde dans le Marché.

On voit que sous les règnes de Louis XIV et de Louis XV le Marché fut témoin de troubles assez graves par suite de la cherté du pain. Sous celui de Louis XVI il éclata pour la même cause une émeute beaucoup plus dangereuse.

Depuis longtemps le blé était fort cher. Louis XVI, à peine monté sur le trône, chercha tous les moyens propres à adoucir les misères du peuple. Turgot était alors contrôleur des finances. Une des mesures proposées au roi, par le ministre, pour remplir ses intentions, fut la liberté du commerce des grains et des farines dans l'intérieur du royaume, établie par un arrêt du conseil, du 13 septembre 1774. Cet arrêt devait être enregistré au parlement, mais il éprouva des difficultés de la part de cette cour. Des discussions s'élevèrent sur son opportunité ; on prétendit que, loin de diminuer le mal, il l'augmentait. Ces discussions, dans lesquelles le gouvernement semblait demander l'avis de tout le monde, les instructions qu'on faisait répandre à ce sujet, échauffèrent les esprits. L'inquiétude commença à s'emparer des fermiers et des propriétaires de grains et de farines ; ces denrées furent plus rares et plus chères. Le peuple devint d'autant plus furieux de la cherté du pain, augmenté de prix au moment où l'on disait s'occuper à le soulager, qu'il avait fondé les plus belles espérances sur le nouveau règne. Les ennemis du ministre réformateur, et ils étaient nombreux, en profitèrent pour chercher à le perdre dans l'esprit du roi, et l'on vit éclater sur un grand nombre de points de la France des émeutes dans lesquelles ils ne restèrent pas toujours étrangers.

Pontoise, Poissy, Saint-Germain avaient déjà eu leur émeute lorsqu'elle éclata à Versailles. Voici comment elle est racontée dans un écrit du temps (1) :

« De Versailles, le 3 mai 1775.

« Depuis les derniers jours d'avril, on avait remarqué qu'il venait plus de paysans que de coutume aux marchés de Paris et de Versailles, et qu'il en venait même de quinze à vingt lieues à la ronde ; que ces gens tenaient des discours capables d'émouvoir les esprits de la populace. Lundi, l'émeute s'est déclarée ici, surtout de la part des femmes, qui, comme l'on sait, sont plus dangereuses que les hommes dans ces sortes de crises. La police de

(1) Anecdotes échappées à l'*Observateur anglais*.

la ville et de la cour faisaient attention à tous les mouvements, mais avec circonspection, et les troupes de la maison du roi restèrent tranquilles à l'ordinaire ; la journée s'est pourtant passée sans accident remarquable. Hier, l'émeute a recommencé plus vivement, et la populace faisait des menaces et tenait des propos qui prouvent qu'elle était soufflée. Le roi, voyant les séditieux s'approcher en assez grand nombre du Château, est sorti sur son balcon et leur a parlé avec autant d'onction que de bonté ; mais à peine l'a-t-on écouté, tant les esprits étaient échauffés. Enfin Sa Majesté est parvenue à les calmer un peu en leur promettant de faire baisser à l'instant le prix du pain ; et, en effet, elle fit ordonner aux boulangers, sous promesse de les dédommager, de donner tout le pain qu'ils avaient à deux sous la livre, ce qui fut exécuté d'abord. Aujourd'hui, faute d'un nouvel ordre, le pain est revenu au premier prix, et le trouble a recommencé ; alors les gardes de la maison du roi ont été répandus par toute la ville et ont crié qu'ils avaient ordre de tirer sur le premier qui remuerait. La populace s'est éclipsée, mais peut-être pour se ranimer au premier moment. Le roi a versé des larmes bien flatteuses pour ses sujets qu'il aime avec une tendresse très-pure, et la reine a témoigné la plus vive douleur ; elle n'a pas mangé hier de tout le jour. Les gens de la cour, suivant l'usage, se sont mis à l'unisson, mais on en a pu remarquer beaucoup qui, intérieurement, n'étaient pas fâchés de l'événement. »

Les émeutiers quittèrent Versailles, mais pour se diriger sur Paris. Là, il y eut de terribles scènes de violences. Les boutiques des boulangers furent pillées et saccagées, les farines prises dans les magasins, et l'émeute ne céda qu'à la force. Beaucoup d'individus furent tués, et deux des émeutiers arrêtés furent pendus. L'un de ceux arrêtés à Versailles fut reconnu pour appartenir à la maison du comte d'Artois. Lors de l'émeute il avait tenu les propos les plus séditieux ; il avait dirigé les mutins vers le Château en leur disant qu'ils y trouveraient des gens ayant grand'- peur. Condamné à être pendu, sa peine fut commuée en prison perpétuelle, à la recommandation du comte d'Artois.

Pendant l'émeute de Versailles, le roi écrivit deux lettres à Turgot. Ces deux lettres de Louis XVI forment le complément du récit de ce mouvement populaire (1).

PREMIÈRE LETTRE DU ROI.

« Mardi 2 mai, à onze heures du matin.

« Je viens de recevoir votre lettre, Monsieur, par M. de Beauvau. Versailles est attaqué, et ce sont les mêmes gens qu'à Saint-Germain. Je vais me concerter avec M. le maréchal Dumuy et M. d'Affry pour ce que nous aurons à faire. Je suis très-content des précautions que vous avez prises pour Paris ; c'était pour là que je craignais le plus. Vous pouvez marquer à M. Berlier que je suis content de sa conduite. Vous ferez bien de faire arrêter les personnes dont vous me parlez ; mais surtout quand on les tiendra, point de précipitation et beaucoup de questions. Je viens de donner des ordres pour ce qu'il y a à faire ici, tant pour les marchés que pour les moulins voisins. »

DEUXIÈME LETTRE.

« Du 2 mai, après-midi.

« Je viens de voir M. Bertier (2), Monsieur : j'ai été content de tous les arrangements qu'il a pris pour l'Oise et la Basse Seine. Il m'a rendu compte de tout ce qui s'était passé à Gonesse, et des encouragements qu'il avait donnés aux laboureurs et aux commerçants de grains, pour ne pas interrompre le commerce. J'ai envoyé ordre à la compagnie de Noailles, à Beauvais, de se concerter avec lui, s'il en avait besoin. Il vient de partir pour Mantes, où il trouvera les chevau-légers et les gendarmes à Meulan, qui ont ordre de se concerter avec lui. Il y aura de plus de l'infante-

---

(1) Ces deux lettres se trouvaient aux archives de l'Intendance de Paris.
(2) Intendant de Paris, mis à mort par la populace de Paris, le 23 juillet 1789.

rie dans ces deux villes. Les Mousquetaires ont ordre de se tenir prêts à Paris, selon que vous en aurez besoin. Les noirs, au faubourg Saint-Antoine, peuvent envoyer des détachements sur la Marne, et les gris, au faubourg Saint-Germain, le long de la Basse-Seine. M. l'intendant m'a dit qu'il ne craignait pas pour la Haute-Seine, ni pour la Marne, par où il ne venait pas de farine. Pourtant nous les garnirons. Le colonel-général se portera à Montereau et à Meulan, et Lorraine à Meaux. Pour ici, nous sommes entièrement tranquilles. L'émeute commençait à être assez vive; les troupes qui y ont été l'ont apaisée, et tout s'est tenu tranquille devant elles. M. de Beauvau a été interroger ces mutins. Ils lui ont répondu qu'ils étaient de Sartrouville, Carrières-Saint-Denis, et d'autres ont dit qu'ils étaient de plus de vingt villages; la quantité disait qu'ils n'avaient pas de pain, qu'ils étaient venus pour en avoir, et montraient du pain d'orge fort mauvais, qu'ils disaient avoir acheté deux sous, et qu'on ne voulait leur donner que de celui-là. La plus grande faute qu'il y ait eue, c'est que le marché n'avait point ouvert. On l'a fait ouvrir, et tout s'est bien passé. On a acheté et vendu, comme si de rien n'était. Ils sont partis ensuite, et les détachements des Gardes-du-Corps ont marché après eux, pour savoir la route qu'ils suivaient. Je ne crois pas que la perte ait été considérable. J'ai fait garder la route de Chartres, celles des Moulins des vallées d'Orsai et de Chevreuse, avec des précautions pour les marchés de Neauphle et de Rambouillet. J'espère que toutes les communications seront libres et que le commerce ira son train. J'ai recommandé à M. l'intendant de tâcher de trouver ceux qui payaient, que je regarde comme la meilleure capture. Je ne sors pas aujourd'hui, non pas de peur, mais pour tranquilliser tout. »

Tel fut le dernier mouvement populaire qui prit naissance dans la place du Marché; et cependant, en 1793, une famine bien autrement grave affligea réellement le peuple de Versailles, réduit plusieurs jours à une ration de deux onces de pain par jour! Mais alors le Marché à la Farine n'y existait plus, et le peuple, par cette raison, n'avait plus de motif pour s'y rassembler.

Pendant de longues années, la place du Marché fut le lieu des exécutions capitales. Aujourd'hui, elles se font au-dehors de la ville, près de la barrière de la rue des Chantiers.

POURTOUR DU MARCHÉ.

Les quatre rues formant le pourtour du Marché, sont les rues Ducis, de la Pourvoirie, des Fripiers et la rue au Pain. Autrefois, ces rues n'étaient point disposées comme elles le sont aujourd'hui. La rue Ducis portait alors le nom de rue de la Geôle; elle prenait à la rue de la Paroisse et se terminait à la rue de l'Étang; celle de la Pourvoirie continuait de la rue de l'Étang à la rue de Paris. La rue des Fripiers commençait à la rue de Paris, et finissait à la rue Duplessis; enfin, la rue au Pain allait de la rue Duplessis à la rue de la Paroisse. Aujourd'hui les mêmes noms ont été conservés, mais on les a donnés aux parties du sud au nord et de l'ouest à l'est, d'un angle du Marché à l'autre angle.

RUE DUCIS.

La rue Ducis s'étend du sud au nord, de la rue des Deux-Portes à la Geôle (*cité des Trois-Passages*). Ellle est formée d'une moitié de l'ancienne rue au Pain, et d'une autre moitié de l'ancienne rue de la Geôle. Elle a 125 mètres 80 centimètres de longueur, sur 12 mètres 75 centimètres de largeur.

N° 3. — *Au Gros Raisin.*

N° 7. *A la Vierge.* Maison où l'on disait être né Ducis,

Nous avons montré que c'était rue de la Paroisse, n° 75.
— Dans cette croyance, où l'on a été longtemps, on avait fait placer une table de marbre pour rappeler le souvenir de sa naissance en ce lieu, et l'administration municipale a donné le nom de notre poète à cette rue.

Aussitôt la construction de cette maison, on plaça, dans une niche, l'image de la Vierge, ce qui la fit surnommer *la maison de la Vierge*. Dans ses diverses réparations, on eut le soin de conserver précieusement cette image, et tous les ans, le jour de l'Assomption, les habitants la décorent de riches habits, et lui font le soir une brillante illumination.

N° 9. — En 1734, *A l'Épée royale*.

N° 13. — *A la Perle*. Maison dans laquelle est né, le 7 octobre 1783, *Louis-Pierre Louvel*, l'assassin du duc de Berry.

N° 15. — *Au Chapeau rouge*. Le restaurant actuel de cette maison porte encore cette enseigne.

N° 17 — *A saint François*.

N° 19. — *A la Madeleine*.

ANCIENNE GEOLE.

Dans l'angle formé par les rues Ducis et de la Pourvoirie se trouve la porte d'entrée de l'ancienne Geôle.

Blouin, alors gouverneur de Versailles, fit élever les bâtiments de la Geôle en 1724, pour y placer le bailliage et les prisons.

La salle des audiences du bailliage fut témoin, en 1743, du premier tirage à la milice de la ville de Versailles.

Le mode de recrutement de l'armée était à cette époque bien différent de ce qu'il est aujourd'hui. Jusqu'au règne de Louis XV, presque tous les enrôlements étaient volontaires. Lorsque les régiments étaient incomplets et que les engagements volontaires ne fournissaient pas assez de soldats, on levait dans chaque paroisse un ou deux hommes pour les compléter. En 1688, Louis XIV fit lever vingt-cinq mille cinquante hommes qu'il partagea en trente régiments; la paroisse fournissait le soldat tout équipé et tout armé; on n'était enrôlé que pour deux ans. Ces troupes furent congédiées à la paix de Riswick. En 1726, Louis XV leva, comme Louis XIV, des régiments de milice. On prit dans les différentes villes et tous les bourgs et villages du royaume, un certain nombre d'hommes désignés par le sort; on les enrégimenta, on leur fit faire la guerre, on les licencia à la paix, mais toujours de manière à pouvoir les rassembler et s'en servir quand on le jugerait convenable. De là date l'établissement des régiments de milice provinciale, toujours rassemblés pendant la guerre.

En 1743, le mauvais succès de la guerre de Bohême et de Bavière ayant fait sentir la nécessité d'augmenter les forces de l'armée, le roi rendit, le 30 du mois d'octobre 1742, une ordonnance pour la levée de trente mille hommes de milice, dans les villes principales et privilégiées du royaume.

Le roi désignait à son gré les villes qui devaient fournir leur contingent. Les habitants de Versailles se trouvaient pour la première fois appelés à tirer à la milice. Ils auraient bien désiré en être exemptés. Ils adressèrent, en conséquence, un placet au roi, dans lequel ils le suppliaient, en considération de ce qu'il était né à Versailles, ainsi que le Dauphin, de les dispenser du service militaire. Mais le roi, malgré toutes les supplications, ne voulut exempter du tirage ni Versailles, ni Fontainebleau, ni Saint-Germain, ni Compiègne.

Narbonne raconte que, par suite de ce refus, les quartiniers de Versailles reçurent ordre de M. Fresson, bailli et subdélégué de l'Intendance de Paris, d'aller dans les maisons des bourgeois, habitants et artisans, et de dresser des listes de tous les garçons en état de servir, depuis l'âge de seize ans jusqu'à quarante. Six cents environ sur quinze cents furent désignés pour le tirage.

C'était un événement considérable pour les habitants de Versailles; et, comme quelques mécontentements s'étaient déjà manifestés dans la population, on prit de grandes précautions pour qu'il n'y eût aucun trouble pendant le tirage.

Le mardi 15 janvier 1743, dès sept heures du matin, plusieurs détachements de soldats des gardes françaises et suisses furent placés dans le Marché et autour de la Geôle; les cours et les portes de cet édifice étaient occupées par la garde invalide, les Suisses de la patrouille et deux brigades de la maréchaussée.

M. Feydeau de Brou, intendant de Paris, M. Fresson, son subdélégué, Petit, greffier de la subdélégation, le chevalier Foirestier, commandant les Suisses de la patrouille, arrivèrent à huit heures du matin dans la chambre de l'audience du bailliage, et le tirage commença. Sur cent billets, quatre-vingt-deux étaient blancs et dix-huit noirs. Cent quatre jeunes gens tombèrent au sort. Cette opération dura jusqu'à six heures du soir, et se termina par un repas que prirent, dans la Geôle même, l'intendant et toutes les personnes employées au tirage.

Le service de la milice tombait en réalité sur les jeunes

gens de la dernière classe du peuple dans les villes, et sur les gens de la campagne, car il existait un si grand nombre d'exemptions qu'il n'y avait guère que ces deux classes qui fussent obligées de tirer. Ainsi, à Versailles, outre les fils des gens de qualité et des gens en place, on exempta les fils des employés de la Maison du roi, les clercs de procureurs, de notaires, de greffiers et jusqu'aux fils des quartiniers, sous le prétexte, dit Narbonne, que leurs pères étaient officiers de la ville et qu'ils avaient travaillé à établir les listes des jeunes gens.

Cette milice versaillaise partit au mois d'avril suivant.

Le 9 septembre 1792, il se passa dans les prisons de la Geôle une scène de massacres semblable à celle de la maison d'arrêt. Nous en parlerons plus tard.

Depuis la Révolution, la Geôle avait été nommée *Maison de Justice* et comprenait les prisons criminelles, le palais de la Cour de justice et le greffe. La salle des audiences du bailliage fut successivement agrandie en l'an II et en l'an X, par les ingénieurs Le Masson et Saint-Cyr, et plus tard exclusivement réservée à la cour d'assises.

L'auteur du charmant ouvrage de la *Physiologie du Goût*, Brillat-Savarin, commissaire du Gouvernement près le tribunal de Versailles, reçut dans cette salle, le 6 frimaire an VIII (27 novembre 1799), le serment exigé des fonctionnaires publics, par l'arrêté du Corps-Législatif du 25 brumaire précédent.

Brillat-Savarin était depuis plusieurs années commissaire du Gouvernement près le tribunal de Versailles, lorsqu'eut lieu la fameuse journée du 18 brumaire. A la suite de cet événement, les esprits étaient restés indécis. Une nouvelle Constitution se préparait, et si quelques-uns de ceux le plus compromis pendant les excès révolutionnaires redoutaient ce qui allait arriver, d'autres, et surtout le parti royaliste, avaient repris les plus grandes espérances. C'était pour faire cesser cet état d'indécision et pour indiquer dans quel esprit allait être faite la Constitution que l'on fit prêter le serment suivant :

« Je jure d'être fidèle à la République une et indivisible, fondée sur l'égalité, la liberté et le système représentatif. »

Brillat-Savarin, chargé de recevoir ce serment, prononça à cette occasion un discours dans lequel il apprécie en quelques mots et avec un grand sens les causes de destruction renfermées dans les diverses Constitutions qui précédèrent celle donnée par le Gouvernement consulaire.

Appelé par le choix du Sénat à la Cour de Cassation, poste honorable qu'il conserva jusqu'à la fin de ses jours, Brillat-Savarin quitta Versailles en 1800. Des loisirs que lui laissaient ses fonctions judiciaires, naquit la *Physiologie du Goût*, ouvrage dont il s'occupait déjà pendant son séjour à Versailles. Plusieurs anecdotes gastronomiques dont les *sujets*, comme on dit en physiologie, habitaient Versailles, ornent quelques-unes de ses *Méditations*, et appartiennent de droit à une histoire de Versailles; nous nous contenterons d'en citer une, parce qu'elle nous semble faire un grand honneur à la faculté digestive du sujet versaillais.

« En 1798, dit Brillat-Savarin, j'étais à Versailles en qualité de commissaire du Directoire, et j'avais des relations assez fréquentes avec le sieur *Laperte*, greffier du tribunal du département; il était grand amateur d'huîtres, et se plaignait de n'en avoir jamais mangé à satiété, ou, comme il le disait, *tout son soûl*. Je résolus de lui procurer cette satisfaction, et à cet effet je l'invitai à dîner avec moi le lendemain.

» Il vint; je lui tins compagnie jusqu'à la troisième douzaine, après quoi je le laissai aller seul. Il alla ainsi jusqu'à la *trente-deuxième*, c'est-à-dire pendant plus d'une heure, car l'ouvreuse n'était pas bien habile.

» Cependant, j'étais dans l'inaction, et comme c'est à table qu'elle est vraiment pénible, j'arrêtai mon convive au moment où il était le plus entrain : Mon cher, lui dis-je, votre destin n'est pas de manger aujourd'hui *votre soûl* d'huîtres, dînons. — Nous dînâmes, et il se comporta avec la vigueur et la tenue d'un homme qui aurait été à jeun. »

Lorsque, en 1844, on eut transporté dans la place des Tribunaux la *Maison de Justice*, on vendit les bâtiments de la Geôle. Le nouveau propriétaire en a fait une maison d'habitation. Malgré cette transformation, cette ancienne prison conserve encore un peu, du moins à l'extérieur, de l'aspect qu'elle avait autrefois.

En construisant les bâtiments de la Geôle, on réserva dès l'origine un passage pour aller du Marché au quai de l'étang de Clagny (aujourd'hui la rue Neuve). Au milieu de ce passage, et derrière la Geôle, on avait établi une halle aux vins ou *étape* (1).

L'étape de Versailles avait été établie en vertu de lettres-patentes du mois de juillet 1677, pour y mettre en dépôt les vins et autres boissons amenés par les marchands forains et autres, à la charge de payer, pour les droits de garde, dix sous par muid et le sou pour livres en sus. Ce droit, année commune, a été de mille six cents à deux mille livres. Les vins déposés sur l'étape ne pouvaient en sortir qu'après une vente, dont le droit de gros se payait à raison du sou pour livre de la vente. Comme les déclarations se trouvaient souvent fausses et qu'il en résultait une infinité

---

(1) Lieu auquel ordinairement s'expose en vente le vin ès-villes, de Σταφις, raisin cuit au soleil, raisin sec. (*Dictionnaire*, de Ménage.)

de difficultés, il fut fait avec les marchands une composition de une livre cinq sous par muid en principal et le sou pour livre en sus. Ce droit pouvait aller, année commune, de trois à quatre mille livres.

Depuis longtemps il n'y a plus à Versailles de halle aux vins, aujourd'hui des magasins de diverses sortes d'état occupent la cour de l'étape.

Les nouveaux propriétaires de la Geôle ont fait faire, de l'autre côté, un passage se rendant du marché dans le passage Saint-Jean, autre passage allant de la maison n° 53 de la rue de la Paroisse à la rue Neuve; de manière que leurs bâtiments se trouvent entourés de trois passages. C'est ce qui leur a fait appeler ce lieu, *Cité des Trois-Passages*, nom qu'ils ont ainsi substitué à l'ancien, pouvant rappeler des souvenirs peu agréables.

RUE DE LA POURVOIRIE.

La rue de la Pourvoirie s'étend de l'ouest à l'est, de la rue Ducis à la rue des Fripiers. En 1793, on lui donna le nom de *rue des Subsistances*.

Cette rue a 136 mètres 90 centimètres de long, sur 13 mètres de large.

N° 3. — Cette maison portait pour enseigne, en 1734, au *Coq Couronné*.

N° 7. — *Au Vert-Galant.*

N° 13. — *A la Grande Pinte.*

N° 15. — *Au Cheval Blanc.* Enseigne qui fut conservée jusqu'à nos jours.

N° 17. — *A la Tête Noire.*

N° 21. — *A l'Image de Saint-Pierre.* Auberge connue, sous ce nom, encore aujourd'hui.

Entre la rue de la Pourvoirie et la rue des Fripiers se trouve la porte d'entrée d'une grande cour dans laquelle sont des hangars et des écuries. C'était autrefois le lieu où l'on déposait les diverses provisions achetées pour la Maison du roi et particulièrement pour celle de la reine, dont les chevaux et les voitures de charge y avaient des écuries et des remises. On l'appelait à cause de cela la *Pourvoirie*, d'où le nom en avait été aussi donné à la rue.

RUE DES FRIPIERS.

La proximité du Marché avait fait réunir dans cette rue, dès l'origine de Versailles, un grand nombre de fripiers, qui en occupaient presque toutes les maisons; de là le nom qui lui fut donné. La rue des Fripiers a de longueur 138 mètres et de largeur 13 mètres. Elle s'étend du sud au nord, de la rue au Pain à la rue de la Pourvoirie.

N° 2. — En 1720. — *Au Mouton Rouge.*

N° 4. — *A la Chasse Royale.*

N° 6. — *A la Barbe d'Or.*

N° 8. — *A l'Écritoire.*

N° 10. — *Au Chariot d'Or.* Enseigne conservée au restaurant qui y existe aujourd'hui.

N° 12. — *A l'Image de Saint-Jérôme.*

N° 14. — *Au Perroquet.*

A la rencontre de la rue des Fripiers et de la rue au Pain,

il existe un passage, peu élégant, allant du Marché à l'avenue de Saint-Cloud ; ce passage est connu sous le nom de *passage Saladin*. La famille Saladin, à laquelle appartenait la maison d'entrée de ce passage du côté du marché, était une famille de négociants en gros dans le commerce de mercerie. Le dernier de ce nom avait épousé une nièce de Ducis.

RUE AU PAIN.

La rue au Pain commence à la rue Ducis et se termine à la rue des Fripiers. Sa direction est de l'ouest à l'est. Elle a 137 mètres 65 centimètres de longueur, sur 13 mètres de largeur.

Le marché au pain, fourni par les boulangers de Versailles et des environs, se tenait tous les jours dans cette rue ; ce qui lui a fait donner le nom de rue au Pain.

N° 4. — En 1734. — *A la Croix-Rouge.*

N° 8. — *Aux Trois-Couronnes.*

N° 14. — *A l'Écu de France.*

N° 16. — *A l'Ours.*

N° 20. — *Au Royal Vert-Galant.*

RUE DES DEUX-PORTES.

Entre la rue au Pain et la rue Ducis se trouve l'une des entrées de la rue des Deux-Portes. Cette rue sert de communication entre la rue de la Pompe et le Marché ; elle a 91 mètres 40 centimètres de long sur 5 mètres de large. Sa direction est du sud au nord. C'est plutôt un passage qu'une rue. Autrefois elle était fermée à ses extrémités par deux portes, d'où lui est venu son nom. Depuis quelques années, la rue des Deux-Portes a été assainie par suite de l'établissement de trottoirs au-dessous desquels se fait avec facilité l'écoulement des eaux. Sous Louis XIV, le terrain sur lequel sont bâties les maisons des deux côtés de la rue, appartenait aux deux frères de la Roche, directeurs de la Ménagerie. En 1789, le frère de Ducis demeurait au n° 17 de cette rue, et y tenait un gros magasin de faïence, ainsi que le dépôt des porcelaines de la manufacture de Sèvres.

A l'extrémité de cette rue, du côté du Marché, vient aboutir l'une des sorties du passage construit sur l'emplacement de l'hôtel de Toulouse, commençant à la rue de la Pompe, et se terminant d'autre part à la rue de la Paroisse, au n° 66.

RUE RICHAUD.

Cette rue est l'une des plus anciennes de Versailles. Depuis son origine, jusqu'en 1793, elle porta le nom de rue de Bourbon; à cette époque on lui donna celui de rue de Clagny. En 1815, elle reprit celui de Bourbon, qu'elle conserva jusqu'en 1848; le nom de rue Richaud lui fut alors donné en souvenir de l'ancien maire de Versailles. La rue Richaud a 91 mètres 40 centimètres de longueur, sur 5 mètres de largeur. Sa direction est de l'ouest à l'est.

Le village de Versailles, avant de fixer les regards de Louis XIII, jouait déjà un certain rôle parmi ceux du Val-de-Gallie, puisqu'il fut choisi pour y former l'établissement d'une maladrerie ou léproserie, destinée à servir d'asile aux malades de la localité, ainsi qu'à ceux des localités voisines. On voit, en effet, dans un procès-verbal de visite de ces sortes d'infirmeries, de l'année 1350, que les villages dont les malades étaient reçus dans la léproserie de Versailles étaient : Châville, Viroflay, Montreuil, Le Chesnay et Rocquencourt. L'évêque de Paris y nommait encore en 1525. Elle fut probablement du nombre assez grand de celles disparues pendant les guerres du seizième et du dix-septième siècle, car lorsque Louis XIII voulut établir une infirmerie pour les pauvres de Versailles et pour les gens de sa suite, il ne restait rien de l'ancienne *léproserie* ou *maladrerie*.

Ce prince fit louer une maison du côté de Clagny pour y mettre les malades. Il fit venir pour les soigner *six sœurs de la Charité*, ordre créé peu de temps avant par saint Vincent-de-Paul, et voulut que les dépenses de cet hôpital fussent acquittées sur la caisse de son domaine. Cette maison reçut le nom de la *Charité*. Nous avons déjà vu que son emplacement se trouvait dans le haut de la rue de la Paroisse.

Par suite de la création du quartier de la Ville-Neuve, la maison de la Charité de Louis XIII se trouva dans une des rues les plus fréquentées de la nouvelle ville, et bientôt resserrée par les constructions qui s'y élevaient de toutes parts. Louis XIV la fit alors transporter dans un endroit plus retiré et beaucoup plus propre à sa destination. Il fit louer un bâtiment avec dépendance, situé entre l'étang de Clagny et la rue de Bourbon, et y plaça l'infirmerie. Cette maison appartenait à François l'Epée, entrepreneur et expert des bâtiments du roi, et père de l'abbé de l'Epée. Enfin, le 21 février 1707, le roi désirant fixer d'une manière positive l'établissement de la *Charité*, M. Louis Blouin, gouverneur de Versailles, stipulant pour le roi en qualité d'intendant des domaines de cette ville, acheta, pour dix-huit mille livres, la maison de François de l'Epée, composée d'un grand bâtiment dans l'enceinte duquel était un petit corps de logis servant à faire les lessives et les petites écoles, avec cour devant et derrière, et un jardin planté d'arbres fruitiers, situé sur la rue de Bourbon (1).

Tel fut le premier établissement de l'Hospice-Civil.

Louis XIV lui accorda une dotation de huit mille livres sur son domaine de Versailles.

A la mort de Louis XIV, la cour ayant quitté Versailles, la dotation de l'Hospice cessa. Les pauvres de la ville ne recevaient plus les secours qu'ils étaient accoutumés à y rencontrer, et des plaintes furent adressées au roi. Louis XV, par lettres-patentes du mois de juin 1720, rétablit alors la dotation faite par le feu roi, sur le domaine de Versailles, et érigea *la maison acquise* par Louis XIV, *et servant à la Charité des malades*, en Hôpital-Royal.

Par les mêmes lettres-patentes, cet établissement devait être dirigé, *pour le spirituel, sous l'autorité de l'archevêque de Paris, par le curé de Versailles*, — et *pour le temporel, sous la direction du gouverneur et des bailli et procureur du roi de Versailles, qui devaient présenter au roi, tous les trois ans, trois bourgeois, pour en être administrateurs.*

Louis XV revint à Versailles, et avec lui sa Maison. On créa alors dans l'Hôpital-Royal une infirmerie particulière, pour y recevoir les gens attachés à son service. La dotation fut portée, en 1756, à la somme de trente-huit mille neuf cents livres.

Le nombre des habitants de Versailles s'accroissait tous les jours, et l'Hôpital recevait un plus grand nombre de

(1) Le plan de cette maison, telle qu'elle était du temps de *l'Epée*, se trouve à la Bibliothèque publique de la ville.

malades. Les dépenses augmentaient aussi par suite de l'agrandissement des bâtiments et par les frais de tous genres qu'entraînait ce surcroît de malades; l'on sentit alors la nécessité d'élever aussi la dotation de cet établissement. En 1776, elle est portée par Louis XVI à soixante-un mille neuf cents livres, et l'année suivante à soixante-onze mille neuf cents livres; en 1781, elle s'élève à quatre-vingt-treize mille livres, et enfin, en 1787, à cent cinquante mille livres sans compter une somme de soixante mille livres une fois donnée, pour la construction des nouveaux bâtiments.

Ces nouveaux bâtiments furent ordonnés en 1779, et commencés, sur les plans et sous la conduite de d'*Arnaudin*, inspecteur des bâtiments du roi; suspendus après le départ du roi, en 1789, ils furent incomplétement repris en 1813, par suite d'un décret de l'empereur, daté du quartier-général de Witepsk, le 31 juillet 1812. Leur forme est celle de la lettre H. Des deux grandes ailes, l'une est à l'orient et l'autre à l'occident; l'aile centrale qui les réunit est à l'exposition du nord et du sud. Ces bâtiments, restés incomplets, ont été achevés sous l'administration de M. Remilly. Les travaux, repris en 1853, furent continués sans interruption jusqu'en 1860, époque où ils ont été terminés.

La somme consacrée par la Ville, à ces travaux, s'est élevée à 736,000 francs.

Avant 1853, il n'existait que l'aile orientale, et celle du milieu, occupée en partie par la Chapelle.

Plusieurs plans généraux, pour l'achèvement de l'Hôpital, se trouvaient dans les archives de la Maison, mais la plupart, conçus dans un temps où les besoins étaient différents, ne pouvaient plus convenir actuellement.

Un nouveau projet présenté par M. Paris, architecte de la ville, fut adopté. Dans ce projet l'entrée a été transportée dans la rue Richaud élargie, et placée dans l'axe de la Chapelle. Une partie complémentaire adoptée par le conseil municipal, et se rapportant au plan d'alignement de la ville, viendra terminer convenablement l'ensemble de ce beau monument. Une vaste place, et une rue de 20 mètres de largeur, débouchant sur celle de la Paroisse, occuperont le devant de l'entrée. En déplaçant la grille actuelle, cette place aura l'avantage de faire disparaître l'irrégularité produite par la direction contraire du bâtiment et de la rue Richaud, et résoudra ainsi, en rétablissant le parallélisme, une difficulté qu'il n'a pas été possible de vaincre.

L'aile occidentale a été achevée, et une galerie transversale est venue la relier à l'aile orientale. Les deux faces de ces ailes regardent l'est et l'ouest, et reçoivent les rayons du soleil levant et couchant. Percées de larges fenêtres en regard, elles se prêtent à une facile aération. Peut-être pourrait-on reprocher à ces ouvertures leur trop grande hauteur, les zônes inférieures de l'atmosphère des salles n'étant pas suffisamment balayées par l'air qu'elles amènent.

La partie centrale de l'édifice, avec sa jolie Chapelle, renferme aussi quelques salles dont les fenêtres, percées en regard les unes des autres, donnent sur le nord et sur le sud, d'un côté regardant sur le boulvard de la Reine, de l'autre sur la cour.

Une vaste cour, plantée de plusieurs rangées de tilleuls, occupe l'espace compris entre la Chapelle, les deux ailes et la galerie transversale de la rue Richaud. Cette cour bien aérée, bien éclairée et à l'abri des vents du nord, de l'est et de l'ouest, sert de promenade ordinaire aux malades pendant les beaux jours.

L'aile placée à l'est est consacrée aux hommes, et celle

de l'ouest, aux femmes. Dans les salles contiguës à la Chapelle sont les vieillards, dans le côté est les hommes, dans le côté ouest les femmes. Dans la galerie transversale sont placées les sœurs, les bureaux et l'administration.

On remarque, comme création nouvelle, une salle pour les femmes en couche, et une pièce spéciale et isolée pour les accouchements. De plus, une partie des combles des deux ailes a été disposée pour y établir, du côté des hommes, les orphelins, du côté des femmes, les orphelines.

En dehors des constructions régulières du bâtiment principal se reliant par une galerie à chacun des étages, on a placé, dans des terrains cultivés autrefois en jardin, les dépendances de l'Hôpital, savoir : — le logement des chirurgiens-internes ; — la fourrière ; — la buanderie ; — le service de surveillance des aliénés ; — celui des filles-publiques malades ; — enfin, les bains ; ce dernier service comprend douze cabinets, dont trois destinés aux douches de vapeur, au traitement hydrothérapique, et aux bains sulfureux.

Aujourd'hui l'Hôpital-Civil contient 500 lits, y compris ceux des salles de réserve pour des cas exceptionnels, et du personnel inférieur d'assistance.

Les lits en fer portent des rideaux blancs, de la plus parfaite propreté, ouverts complétement pendant le jour pour faciliter la circulation de l'air. L'espace régnant entre chaque lit est d'un mètre environ, mais la hauteur des salles ne laisse rien à désirer.

En un mot, l'aspect de cet asile des pauvres malades est tel qu'on n'y recueille qu'une impression favorable ; l'ordre y règne, la propreté y atteint presque l'élégance ; des fleurs ornent tous les appuis sur lesquels il est possible d'en placer ; rien enfin n'a été négligé pour exciter chez les malades une impression très heureuse. Depuis leur établissement à Versailles par Louis XIII, le service a toujours été fait par des sœurs de la Charité ; chacune d'elles possède vers l'extrémité de chaque salle une petite chambre, fermée par un vitrage, de laquelle elle surveille encore ce qui se passe dans la salle confiée à ses soins.

Cet établissement, quoique très-rapproché du centre du quartier Notre-Dame, est néanmoins entouré de peu d'habitations ; placé au milieu d'espaces libres, il reçoit abondamment et sans obstacle l'air et la lumière (1).

La pharmacie est desservie par les sœurs ; elle est grande, belle, parfaitement tenue, ainsi que le laboratoire.

L'eau nécessaire à l'Hospice y est distribuée gratuitement par l'État. Cette eau est de deux natures ; celle de la Seine, en moindre quantité, est réservée pour l'usage interne, à la pharmacie, ainsi qu'à la cuisine, et l'eau blanche est utilisée pour les soins de propreté et la buanderie.

Au rez-de-chaussée, règnent de larges corridors, bien éclairés, disposés pour servir de promenoirs aux malades pendant les mauvais temps.

Si c'était ici le lieu de faire l'histoire médicale de l'Hospice de Versailles, on ne devrait pas être étonné d'y rencontrer des faits du plus haut intérêt pour la science. Placé au lieu même du séjour habituel du roi, les noms des plus savants médecins ont dû s'y montrer tour à tour. C'est ainsi que l'on voit *Fagon*, premier médecin de Louis XIV, *Duchesne*, premier médecin du duc de Bourgogne, *Bourdelot*,

(1) On trouve dans une statistique faite par *Chamousset* avant 1804, qu'il mourait à cette époque, à l'Hôtel-Dieu de Paris, un quart des malades, à l'hôpital de la Charité un huitième, un neuvième dans ceux de Londres, et seulement *un trentième dans celui de Versailles.*

médecin ordinaire du roi, *Boudin*, médecin de la duchesse de Bourgogne, *Félix*, premier chirurgien de Louis XIV, et *Gervais*, premier chirurgien de la reine, assister aux célèbres opérations de la pierre faites par *Frère Jacques*, sur les calculeux réunis exprès à la Charité de Versailles. Plus tard, c'est Félix venant y faire de nombreuses opérations de fistules à l'anus, avant d'entreprendre la *grande opération* qu'il allait pratiquer au roi. Puis c'est *Helvétius*, essayant par l'ordre de Louis XIV l'emploi de l'ipécacuanha sur plus de vingt dyssentériques, et recevant de ce prince une gratification de mille louis d'or pour la réussite de ce moyen. Enfin, c'est *Brunyer, Lieutaud, de Lassone, Sénac, Marignes,* et dans ces derniers temps *Lamayran, Michault, Voisin,* qui par des travaux nombreux entrepris dans cet hôpital et consignés dans un grand nombre d'ouvrages, apportent chacun leur pierre à l'édifice scientifique.

Outre les malades pauvres de Versailles, l'Hospice-Civil reçut, depuis l'année 1789 jusqu'en 1832, les malades militaires. Plusieurs fois la présence des soldats malades détermina un tel encombrement, qu'il fallut la bonne disposition de la maison pour que les épidémies les plus graves ne vinssent pas s'y développer. Elle ne put cependant pas échapper complétement au fléau qui accompagna la première invasion étrangère. C'était en 1814. L'empire se débattait contre l'Europe entière couvrant nos campagnes de ses soldats. Napoléon, dont le génie militaire semblait se retremper dans cette lutte gigantesque, venait de livrer les sanglantes batailles de Brienne et de Champ-Aubert. De nombreux convois de prisonniers et de blessés de toutes les nations étaient dirigés sur Paris. Bientôt Versailles fut lui-même encombré. L'Hôpital devint insuffisant, et des succursales établies dans les principales casernes reçurent les malades français, russes, prussiens et autrichiens que l'on y dirigeait de toutes parts.

Dans les premiers moments de cette subite invasion, la ville de Versailles se montra ce qu'elle a toujours été, pleine de bonté pour toutes les infortunes. Riches et pauvres, tous se réunirent dans un commun sentiment. En un instant l'on vit arriver dans les hôpitaux improvisés à la hâte, des lits, du linge, tout ce qui était nécessaire à leur établissement. Les femmes, comme toujours, se distinguèrent surtout dans ce mouvement de générosité. On en vit un grand nombre, non-seulement apporter des aliments, du linge, de la charpie, mais encore partager les fatigues des sœurs de Charité, et consacrer des journées entières à secourir les malheureux blessés entassés dans les casernes.

Ce mouvement du cœur avait cependant besoin, pour produire des fruits utiles, d'être dirigé par la raison. Le préfet du département de Seine-et-Oise, ainsi que le maire de Versailles, s'occupèrent de régulariser le service des nombreuses succursales de l'Hospice. Une commission, composée de M. Richaud, conseiller de préfecture, cet ancien maire de Versailles déjà si vénéré pour sa belle conduite au milieu du massacre des prisonniers d'Orléans, et de MM. Dodun de Neuvry, Farmain de Sainte-Reine, Truffet, administrateurs de l'Hospice, Texier et Voisin, l'un médecin et l'autre chirurgien en chef du même hôpital, fut chargée de prendre toutes les mesures convenables pour assurer le service, veiller à la salubrité, et diminuer autant que possible les effets contagieux et funestes d'un si grand nombre de malades et de blessés. Cette commission, parvint, à force de persévérance et de fermeté, à surmonter toutes les difficultés d'une position aussi embarrassante et à établir un peu d'ordre dans ce chaos.

Outre l'Hospice-Civil, dont toutes les salles et les couloirs étaient encombrés de blessés, les Écuries de la Reine, le manége des Grandes-Écuries, la caserne d'Artois, celle des Gardes-Françaises, détruite en 1831, l'aile sud des ministres au château, en furent remplis.

Le personnel médical de l'Hospice, composé alors de MM. Texier et Voisin, médecin et chirurgien en chef, Lavédan, Noble et Voisin neveu, adjoints, et de MM. Bassère, Thibault, Carroger, Despagne, Huré, Ancement, Vitry, Pénard, Eugène et Alexandre Haracque, Leroi, Potier, Lemaire, Bonenfant, Remilly et Charvin, élèves, fut distribué dans ces différents hôpitaux et chargé du service médical et chirurgical.

Malgré tout son zèle et sa bonne volonté, ce personnel exigu ne pouvait suffire aux nombreux besoins du service. On sentit la nécessité de faire un appel au dévouement des médecins de la ville, et l'on vit accourir avec empressement, pour partager les peines et les dangers de leurs collègues, MM. Chailly, Maurin, Sambin, Atoch, Boucher, médecins de Versailles, et MM. Auguste Voisin, Briant et Renaud, chirurgiens militaires, momentanément à Versailles.

Il fallait aussi assurer le service de le pharmacie, et, dans cette circonstance, les pharmaciens de Versailles montrèrent le même dévouement que les médecins. Au premier appel qui leur fut fait par la commission, ils se réunirent. M. Leroux, l'un des plus anciens parmi eux, fut placé à leur tête, et MM. Cizos, Desruisseaux, Lebourgeois, Gouet et Ratel le secondèrent dans ce service et distribuèrent gratuitement leurs médicaments aux malades et blessés, sans distinction de pays.

L'ordre ainsi établi, c'était une terrible tâche à remplir que le service de tous ces hôpitaux. Mais le zèle et l'abnégation ne manquèrent point à cette petite troupe d'hommes dévoués. On la vit pendant plus de six mois se multiplier, pour ainsi parler, et suffire à ces nombreuses opérations, à ces visites répétées, à ces pansements commencés le jour et souvent terminés avec lui, à tous ces travaux enfin, si effrayants et souvent si repoussants pour l'homme du monde, mais que le véritable médecin remplit avec ce sentiment de l'homme de bien, qui lui fait considérer sa mission comme un ministère sacré.

A mesure que le théâtre de la guerre se rapprochait de la capitale, l'encombrement des malades augmentait, et, malgré l'établissement de tous ces hôpitaux à Versailles, et l'humanité d'un grand nombre d'habitants chez lesquels beaucoup de ces malheureux furent recueillis, on se vit bientôt obligé de transporter dans les villes voisines une partie de ces infortunés. Rien au monde de si triste que ces évacuations! Lorsqu'elles devaient avoir lieu, charrettes, coucous, voitures de toute espèce étaient mises en réquisition dès la veille. Le matin du départ, on les voyait rangées devant l'un des hôpitaux improvisés, et l'on y empilait, c'est le mot, quatre à cinq cents malheureux conduits, soit à Saint-Germain, soit à Rambouillet, soit à Pontoise, sous la surveillance d'un des médecins que nous venons de nommer.

Cet encombrement fit développer des maladies contagieuses dans les hôpitaux de Versailles, et bientôt le *typhus*, ce compagnon terrible des grandes invasions, ne tarda pas à s'y montrer.

Ce fut lors de l'apparition de ce fléau que les médecins et les courageuses filles de la Charité donnèrent l'exemple du dévouement à l'humanité et de l'abnégation de leur propre vie, si communs aux médecins français.

Leur zèle semblait s'augmenter avec le danger. On les voyait, redoublant d'activité, courir d'un hôpital à un autre, et remplacer sans hésitation ceux que le typhus venait de frapper. C'est ainsi que pendant plusieurs mois ils luttèrent avec courage, jusqu'à ce qu'enfin la paix, ramenant et dissipant cet encombrement de malades, fit peu à peu disparaître la contagion, et leur permit de prendre un peu de repos après un si pénible travail.

Le combat que les médecins de Versailles venaient de soutenir si courageusement contre l'un des plus redoutables fléaux, ne fut pas sans quelques victimes. Parmi les médecins de la ville, MM. Maurin et Sambin manquèrent de succomber ; mais les jeunes gens, ces élèves courageux qui ne quittaient les hôpitaux ni le jour ni la nuit, presque tous atteints du typhus, furent surtout décimés, et deux d'entre eux, MM. Remilly et Renaud, succombèrent.

C'est aussi dans l'hospice que vinrent, en 1815, les nombreux Prussiens blessés dans le brillant fait d'armes du général Excelmans, à Versailles. Ces soldats, quoique étrangers et ennemis, y reçurent les soins les plus empressés de la part des médecins et des sœurs. Plus tard, les Prussiens furent soignés par les médecins de leur nation, et ceux de l'Hospice ne s'occupèrent plus que des malades français. Les filles de Saint-Vincent-de-Paul, toujours empressées à se porter partout où se trouve une douleur à soulager, et voyant des frères dans tous ceux qui souffrent, ne cessèrent point un instant de leur prodiguer ces soins, ces attentions pleines de délicatesse, que les femmes puisent si facilement dans leur cœur, et que ces étrangers étaient d'autant plus heureux de trouver, qu'aucune institution de cette nature n'existait dans leur pays. Ils en furent aussi vivement frappés, et le 21 mars 1816, M. le baron Charles de Martens, commissaire du roi de Prusse, adressa en ces termes leurs remerciements aux Sœurs.

« A Mesdames les Religieuses de l'Hôpital militaire de Versailles.

» Mesdames,

» Les militaires prussiens qui avaient été confiés à vos soins et à votre humanité, n'ont pas laissé ignorer à la commission des hôpitaux militaires prussiens, dont je suis l'organe, combien vous avez été au-delà de ce que vous vous plaisez à nommer vos devoirs, et par combien de motifs vous avez mérité toute leur reconnaissance. En vous faisant connaître, Mesdames, qu'ils en sont pénétrés, veuillez croire aussi que nous la partageons bien vivement, et que je me trouve heureux de saisir l'occasion qui me met à même de vous donner l'assurance du respect avec lequel j'ai l'honneur d'être, etc. »

CÔTÉ DROIT.

N° 2. — En 1730. — Hôtellerie, *au Cœur Royal*.

N° 12. — *A l'Image Saint-Jean*.

RUE NEUVE.

La rue Neuve n'existait pas du temps de Louis XIV ; à sa place se trouvait un quai bordant l'étang de Clagny, et portant le nom de *quai de l'Étang*. L'étang ayant été desséché et comblé, en 1737, l'on fit une rue à la place du quai, et on lui donna à cette occasion le nom de *rue Neuve*.

La rue Neuve va de l'ouest à l'est, de la rue des Réservoirs à la rue Duplessis; elle a 559 mètres 35 centimètres de long, sur 11 mètres 70 centimètres de large.

CÔTÉ GAUCHE.

N° 5. — Maison *Gamain*, bâtie par le frère de celui dont nous avons parlé au boulevard du Roi.

N° 35. — Pavillon construit par Nyert, un des premiers valets de chambre du roi Louis XV.

Les Nyert eurent toujours un très-grand amour pour les arts, et ce joli pavillon en porte encore aujourd'hui la trace. Sa façade sur le jardin et l'intérieur des appartements sont partout ornés de charmants attributs des beaux-arts.

N° 39. — Maison avec passage communiquant au boulevard de la Reine. Ce passage est connu sous le nom de *Passage Baubigny*, du nom de celui qui fit construire la maison.

CÔTÉ DROIT.

N° 2 *bis*. — Maison construite sur une partie de l'emplacement de l'hôtel de La Marche.

N° 14. — Salle d'Asile et École communale.

N° 18. — Entrée du passage Saint-Jean, communiquant à la rue de la Paroisse.

N° 20. — Entrée de l'ancien passage de la Geôle. C'était autrefois l'entrée principale de l'Étape, ou halle aux vins.

RUE PÉTIGNY.

La rue Pétigny forme presque la continuation de la rue Neuve, et a longtemps porté le nom de cette rue; depuis quelques années, on lui a donné celui de Pétigny, du nom de l'un des maires de Versailles. La rue Pétigny se dirige légèrement du nord-ouest au sud-est, de la rue des Réservoirs à la rue Neuve. Elle a 66 mètres 63 centimètres de longueur et 10 mètres 50 centimètres de largeur.

Nos 3 et 5. — Avant la Révolution, c'était l'hôtel du prince de Tingry, Charles-François-Christian de Montmorency-Luxembourg.

BOULEVARD DE LA REINE.

En parlant du boulevard du Roi, nous avons donné la décision royale qui ordonnait la création des deux boulevards. Ce fut en 1775, à l'époque de l'établissement du quartier des Prés. Ce boulevard, comme celui du Roi, a subi bien des changements de nom depuis son origine. Au nom de boulevard de la Reine qu'il reçut d'abord, succéda, en 1793, celui de boulevard de l'Égalité; en 1806, on l'appela boulevard de l'Impératrice; en 1814, il reprit son nom de boulevard de la Reine; en 1848, ce fut le boulevard de la Liberté, et aujourd'hui il s'appelle de nouveau boulevard de la Reine.

Le boulevard de la Reine s'étend de l'ouest à l'est, de la grille des entrées sur la plaine de Trianon à l'avenue de Picardie. Il a 1,840 mètres 38 centimètres de longueur, sur 39 mètres de largeur.

Le boulevard de la Reine n'est pas entièrement sur le quartier Notre-Dame; toute la partie qui dépasse à droite a rue de Provence et à gauche la rue du Parc de Clagny, dépend du quartier Montreuil.

Pendant fort longtemps le boulevard de la Reine commença à la rue de Maurepas. En 1811, on fit disparaître le mur qui fermait cette rue entre les nos 7 et 9. et l'on continua le boulevard jusqu'à la plaine du Trianon.

CÔTÉ GAUCHE.

N° 1. — Maison et jardin appartenant avant la Révolution à madame de Polignac.

Cette maison fut habitée depuis par un horticulteur distingué, M. Féburier. Elle devint plus tard la propriété de madame la marquise de Campigny. Laissée par testament de cette dame à l'évêque de Versailles pour en faire l'asile de prêtres vieux et infirmes, cette destination reçut à peine un commencement d'exécution par suite de la répugnance que ces prêtres éprouvaient à venir s'enfermer dans une maison humide et trop isolée. Mgr Gros, avec l'agrément du Gouvernement, lui donna alors une autre destination. La maison fut abandonnée et on éleva, en 1854, dans une partie du jardin plus rapprochée du boulevard, des bâtiments destinés à recevoir un couvent de Frères-Mineurs-Capucins.

Le couvent et l'église ont été construits d'après les règles de l'Ordre, sous la direction de M. Blondel, architecte du département.

Dès le mois d'octobre 1854, quelques frères vinrent l'habiter, mais au mois d'avril 1855, quand l'église fut entièrement terminée, cette maison prit son véritable aspect de couvent de Capucins.

N° 9. — Le docteur Forestier, médecin du comte d'Artois, fit construire cette maison peu de temps avant la Révolution de 1789. Il y est mort en 1812.

Le 13 février 1811, y est né le maréchal de France, François-Achille Bazaine, qui entra le premier à la tête de nos troupes dans la ville de Mexico, et qui, depuis ce moment, joua un rôle si important dans les affaires du Mexique.

N° 27. — Nous avons dit que lorsque l'on plaça le Garde-Meuble de la couronne dans la rue des Réservoirs, ancienne Préfecture, on construisit en même temps des écuries et des remises pour les chevaux et les voitures du Garde-Meuble; ce bâtiment forme actuellement le n° 27 du boulevard de la Reine.

N° 55. — École des Frères de la Doctrine chrétienne.

Après la Révolution de Juillet, le conseil municipal retira l'allocation faite aux frères de la Doctrine chrétienne, et un instituteur laïque fut installé dans le logement qu'ils occupaient rue Neuve. Ils allaient quitter Versailles ; quelques habitants du quartier Notre-Dame, voyant avec peine s'éloigner des hommes aimés des enfants, et auxquels on n'avait guère à reprocher que la forme de leurs habits, formèrent une association chargée de recueillir les souscriptions des personnes désirant, comme eux, la conservation des frères. Les souscripteurs furent nombreux. Et, peu de temps après, les frères étaient installés dans le local qu'ils habitent encore aujourd'hui. Depuis plusieurs années, le conseil municipal et le ministre de l'instruction publique donnent chacun une allocation qui vient en aide à cette école, fréquentée par un très-grand nombre d'enfants ; c'est grâce à ces allocations, et surtout à la constance des dons des habitants du quartier, qu'elle doit l'état florissant dans lequel elle se trouve depuis plus de vingt ans.

Les bâtiments de cette école ont été agrandis et achetés par la ville.

N° 113. — Maison bâtie en 1783. — Le 5 septembre 1772, le roi Louis XV donna le terrain sur lequel est construite cette maison, à Louis Chaperon, garçon du château de Marly, comme marque de satisfaction de ses services.

N° 127. — Couvent des Dames polonaises de la Visitation.

Le Gouvernement russe regardait la communauté des Visitandines de Vilna comme un obstacle à la propagation du schisme en Lithuanie.

Plusieurs fois des menaces avaient été faites à cette maison et elles avaient toujours été suivies de vexations aussi pénibles qu'injustes. Enfin, en février 1865, ordre fut donné à ces Dames de quitter immédiatement l'empire russe, ou d'accepter la direction d'ecclésiastiques d'orthodoxie douteuse. En quelques jours il fallut s'exécuter et les quarante-sept religieuses, dont plusieurs âgées et infirmes, prirent le chemin de l'exil, n'emportant avec elles que le peu d'argent qu'elles purent recueillir pour leur voyage ; le Gouvernement russe s'étant emparé de tout le reste, meubles et immeubles.

C'est dans un dénuement complet que les Visitandines polonaises arrivèrent en France, où leurs sœurs de Paris leur tendirent une main amie et secourable. Bientôt les autres communautés du même ordre se joignirent à celles de Paris et payèrent ainsi, de grand cœur, l'hospitalité que les religieuses françaises émigrées avaient reçue à Vilna, à une époque malheureuse.

A leur arrivée, la charité publique s'émut de leur infortune. Une souscription fut ouverte en leur faveur, et l'Impératrice leur donna des preuves de sa généreuse sympathie.

Grâce à ces secours, les Dames Visitandines de Vilna ont pu acquérir cette maison, dans laquelle elles ont pris domicile, le 1er septembre 1865. Soutenues, comme exilées, par la protection du Gouvernement, elles s'occupent de l'instruction de jeunes enfants qui doivent reporter leur éducation catholique en Pologne, en attendant que la Providence, exauçant leurs vœux et leurs prières, les rappelle elles-mêmes dans leur chère patrie.

Le boulevard de la Reine était autrefois séparé de l'avenue de Picardie par une grille, accompagnée de deux petits pavillons pour le logement d'un garde et d'un portier. Cette grille servait de barrière de ce côté de la ville. Elle a été détruite il y a quelques années, et reportée devant l'entrée de la chapelle de l'Hospice-Civil.

IMPASSE DE CLAGNY.

Le nom de l'impasse de Clagny est un souvenir de l'ancien château de ce nom. Sa direction est du sud au nord. Beaucoup plus longue dans l'origine, cette impasse fut coupée en deux par l'établissement du chemin de fer de la rive droite. Elle a 46 mètres 80 centimètres de longueur, sur 9 mètres 75 centimètres de largeur.

RUE D'ANGIVILLER.

Le nom de cette rue lui est venu du comte d'Angiviller, directeur des bâtiments du roi au moment où l'on fit ce quartier. Avant la Révolution, la partie *ouest* seule de cette rue portait le nom d'Angiviller, et la partie *est* celui de *Madame*. En 1793, la rue tout entière se nomma rue de *Lycurgue*, et en 1806, rue d'Angiviller. Elle est dirigée de l'ouest à l'est, de la rue de Maurepas à la rue Duplessis, et a 726 mètres 20 centimètres de longueur, sur 11 mètres 70 centimètres de largeur.

RUE BERTHIER.

A l'époque où l'on donna des noms aux rues de ce nouveau quartier, Berthier, le père du maréchal, ingénieur de la guerre, jouait un rôle important à Versailles. On venait de construire sur ses plans les hôtels de la Guerre, de la Marine et des Affaires étrangères, dont il était gouverneur. Il était très-aimé du roi ; aussi ne fut-il pas oublié lorsqu'il s'agit de donner les noms aux rues nouvelles de Versailles. En 1793, elle fut appelée rue des Prés. Elle reprit son nom de Berthier en 1806. La rue Berthier s'étend de l'ouest à l'est, de la rue Maurepas à la rue Duplessis. Elle a 764 mètres 80 centimètres de long, sur 11 mètres 70 centimètres de large.

N° 16. — Maison qu'habita madame Sophie Gay pendant les dernières années de sa vie.

Madame Gay ayant occupé une place importante dans la littérature de notre époque, nous désirions ne pas nous en tenir à la simple indication de sa maison. Malheureusement nous n'avions personnellement aucun renseignement positif sur son séjour à Versailles. Un heureux hasard nous ayant fait tomber entre les mains une lettre d'un de ses amis, nous en extrayons un passage ayant rapport à son séjour, et nous le publions intégralement, afin de n'en altérer ni l'esprit ni la grâce.

« Madame Sophie Gay fut attirée à Versailles par son amitié pour la famille de Gramont. Elle s'installa d'abord près d'elle, avenue de Paris, et la suivit boulevard du Roi. Locataire, puis propriétaire de sa maison rue Berthier, elle a composé à Versailles quelques-uns de ses plus agréables ouvrages, entre autres: *la Duchesse de Châteauroux, le Moqueur amoureux, la Comtesse d'Egmont, Marie-Louise d'Orléans et le Comte de Guiche.*

» Sa maison a été le lieu où se réunissaient toutes les illustrations et toutes les élégances qui étaient fixées à Versailles ou qui le traversaient. C'est là que mademoiselle *Rachel* a essayé le rôle de *Cléopâtre* écrit pour elle par madame *de Girardin*, fille de madame Gay. Madame la comtesse Merlin, H. de Balzac, M. de Foudras, et dans les derniers temps M. Emile Deschamps, rivalisaient d'esprit, de verve et de bonne humeur avec elle. C'était surtout dans les tournois d'une conversation brillante et solide tout à la fois que madame Gay excellait; les réparties les plus inattendues, les comparaisons les plus bouffonnes lui arrivaient naturellement, et ceux qui ne connaissent que ce qu'elle a écrit ne peuvent avoir qu'une idée très-faible de son esprit. Cet esprit avait eu son côté redoutable; longtemps mordante et agressive, Madame Gay s'était attiré beaucoup d'inimitiés que cependant rien ne justifiait. La mort de madame *O'Donnel*, une de ses filles et la plus charmante, celle de M. *Edmond Gay*, son fils, changèrent les habitudes et le caractère de madame Gay; la douleur opéra en elle le changement que n'avait pas produit la perte d'une immense fortune et d'une position éminente. A partir de cette époque, la nature bienveillante de madame Gay se manifesta pleinement; elle n'eut pas moins d'esprit, pas moins d'éclat, mais elle se garda de la malignité qui en tient lieu. Malgré tous ses malheurs, elle conservait de la sérénité et une aimable gaîté;

elle semblait justifier ce mot de Ninon : *La joie de l'esprit en marque la force.*

» Il y eut cependant bien des haines et des amertumes contre elle dans la société. Cette haine se manifesta par des lettres anonymes où on lui adressait des injures et des menaces. Un jour, vers l'époque où madame Gay était le plus assaillie de ces lettres, elle fut abordée à la promenade par Louis-Philippe, qui faisait un séjour à Trianon. Dans la conversation, ce prince lui demanda si elle n'était pas la seule femme de lettres établie à Versailles. — Non vraiment, Sire, lui répondit-elle ; il y a à Versailles beaucoup de femmes de lettres... *anonymes* !

» Elle s'entendait à merveille à organiser des fêtes, des matinées musicales, où elle faisait valoir les talents ignorés d'artistes de mérite qu'elle avait l'art de découvrir. Chez elle, madame Gay avait une grâce incomparable ; au lieu de chercher à briller et à profiter de l'infériorité de son entourage, elle s'effaçait pour mettre les autres en évidence, et savoir leur choisir le jour qui leur était favorable. Elle aimait le monde et méritait d'être aimée. Si elle cherchait à plaire à tous, elle n'avait cependant pas de banalité et réservait ses préférences. A Versailles, la duchesse d'Hijar (1) était pour elle l'objet d'un culte, et elle conserva pour quelques autres personnes un attachement profond et inaltérable, en dépit des rivalités, des révolutions et des années.

» Elle est morte à Paris comme elle a vécu, avec un courage et une fermeté singulière, excitant ses amis à causer autour d'elle, quand la maladie ne lui permettait point de parler elle-même, recevant plus de visites que dans sa bonne santé, parée de dentelles et entourée de fleurs... »

RUE DE LAFAYETTE.

Le général Lafayette venait de prendre glorieusement part à la guerre de l'Indépendance américaine, et commen-

---

(1) Madame la duchesse d'Hijar habita pendant de longues années le n° 4 de la rue de la Paroisse. Elle y est morte fort âgée en 1854.

çait à jouer en France un rôle important, son nom ne fut pas oublié; il fut donné à cette rue. En 1793, elle fut appelée rue de Mably; depuis 1806 elle a repris celui de Lafayette. Elle s'étend de la rue de Maurepas à la rue de Mademoiselle. Sa longueur est de 138 mètres 60 centimètres, et sa largeur de 9 mètres 75 centimètres.

RUE DE BEAUVAU.

Dans les noms donnés à cette époque aux nouvelles rues de Versailles, on n'oublia pas celui du prince de Beauvau, de cet homme de bien, dont la vertu était si fort établie, qu'un journal osait dire, en 1793, en annonçant sa mort arrivée le 21 mai de la même année :

« Malgré son nom et ses dignités, l'ascendant de ses vertus et de ses bienfaits l'a environné de respects jusqu'à la fin de sa carrière. »

Ce qui n'a pas empêché que cette même année on substituât le nom de rue des Belges à celui de Beauvau, qu'on lui rendit en 1806.

La rue de Beauvau va de l'ouest à l'est, de la rue Sainte-Adélaïde à la rue Duplessis. Elle a 320 mètres 45 centimètres de long, sur 9 mètres 75 centimètres de large.

RUE DES MISSIONNAIRES.

On sait qu'avant la Révolution les églises de Versailles et la chapelle du château étaient desservies par les prêtres de la mission de Saint-Lazare, institués par saint Vincent-de-Paul ; c'est pour conserver ce souvenir qu'on donna à cette rue le nom de rue des Missionnaires. Elle est dirigée de l'ouest à l'est; sa longueur est de 569 mètres 13 centimètres, et sa largeur de 9 mètres 75 centimètres.

N° 7. — Cimetière de la paroisse Notre-Dame.

Ce cimetière date de l'année 1777. Nous avons déjà vu qu'avant cette époque il était placé rue Sainte-Geneviève. Louis XVI accorda pour l'établir quatre arpents vingt perches, dépendant des terres de la ferme de Glatigny. Depuis plusieurs années le cimetière a été considérablement augmenté. Sa porte d'entrée est surmontée d'une simple croix de bois; c'est la seule indication de ce dernier asile des morts. Il y a quelques années, on lisait au-dessous de la croix ce verset, tiré de la Bible : « Ayez pitié de moi, vous au moins qui fûtes mes amis. » L'inscription a disparu et n'a point été remplacée. Ce cimetière n'offre rien de remarquable. Les tombes y sont nombreuses. Nous n'y avons pas rencontré de noms d'une grande célébrité, mais en revanche nous y avons lu ceux de beaucoup de gens de bien, dont les vertus modestes n'ont pas peu contribué à entretenir dans notre ville l'esprit de bienfaisance et de charité. Le temple protestant se trouvant dans le quartier Notre-Dame, la plupart des membres des diverses communions protestantes, décédés à Versailles, sont enterrés dans ce cimetière; aussi y remarque-t-on un grand nombre de tombes appartenant à des familles anglaises venues successivement habiter Versailles, depuis 1815.

N° 17. — Maison où est mort Théophile-Sébastien Lavallée. M. Théophile Lavallée, auteur de l'*Histoire des Français*, de la *Maison royale de Saint-Cyr*, de l'*Empire ottoman*, etc., était l'un de nos historiens et de nos littérateurs les plus distingués. Il avait entrepris la publication des œuvres complètes de madame de Maintenon, travail considérable et auquel il se livrait avec ardeur, mais que sa mort, arrivée le 27 août 1867, ne lui a pas permis d'achever.

RUE DES HOTELS.

La rue des Hôtels s'étend de l'ouest à l'est, de la rue des Réservoirs à la place d'Armes, puis le long de cette place elle marche un peu du sud-ouest au nord-est. Elle a 308 mètres 60 centimètres de longueur, et 11 mètres 50 centimètres de largeur dans la partie qui va de la rue des Réservoirs à la place d'Armes. Cette dernière partie s'est appelée rue d'Orléans jusqu'à l'époque de la Révolution ; celle qui longe la place d'Armes s'est d'abord nommée rue des Pavillons et en 1762 rue des Hôtels. En 1793, les deux parties réunies reçurent le nom de rue de la Révolution, et en 1806 celui de rue des Hôtels.

N° 1. — Sous Louis XIV, hôtel de *Monsieur* ; puis ensuite hôtel du duc d'Orléans ; — ce qui fit donner à la rue le nom d'Orléans. Cet hôtel, dont il reste deux pavillons, peut encore donner une idée de la forme qu'avaient à Versailles, sous Louis XIV, les hôtels des grands seigneurs.

N° 1 *bis*. — C'était primitivement, sous Louis XIV, l'hôtel de Turenne ; puis, lorsqu'on fit élever le Château-d'Eau, cet hôtel devint l'habitation de l'architecte des Eaux.

N° 3. — Ancien hôtel de Gramont. Dans cette maison mourut, le 16 mars 1866, le docteur Jean-Louis Pénard, l'un des médecins les plus distingués de la ville.

N° 5. — Hôtel de Villacerf, sous Louis XIV, puis ensuite

hôtel de Châtillon ; aujourd'hui le restaurant qui l'occupe lui a donné le nom d'*Hôtel de France*.

N° 7. — Ancien hôtel de Choiseul ; puis hôtel de Villeroy.

N° 9. — Hôtel de Mademoiselle et de Lafeuillade réunis. Sous Louis XV, cet hôtel fut affecté au logement des premiers architectes du roi, Gabriel père et fils ; jusque dans ces derniers temps on le nommait Pavillon-Gabriel. Il devint ensuite l'habitation des trois intendants des bâtiments, *Mique*, *Hazon* et *Guillaumot*, et fut reconstruit en 1780 par Mique. Depuis l'année 1835, il existe dans cet hôtel une réunion d'habitants notables de la ville, sous le nom de Cercle de l'Union de Versailles.

N° 11. — Hôtel de La Motte-Houdancourt, sous Louis XIV. Sous Louis XV, hôtel Ventadour, et sous Louis XVI, hôtel d'Harcourt.

N° 13. — Très-belle maison bâtie par l'architecte Douchain, sur l'emplacement de l'ancien hôtel d'Aumont.

N° 15. — Ancienne caserne de la Gendarmerie départementale. Sous Louis XIV, c'était l'hôtel de La Vieuville ; sous Louis XV, l'hôtel de Marsan, et sous Louis XVI, l'hôtel des Gardes-de-la-Porte. La gendarmerie départementale qui l'occupait depuis, vient d'être placée rue Jean-Houdon, près de la nouvelle préfecture, dans des bâtiments faisant partie de l'ancien Chenil du Roi.

N° 17. — Maison des voitures publiques du chemin de fer Américain. C'était primitivement l'hôtel de La Rochefoucauld, et plus tard l'hôtel de Conty. Dans les premières années du règne de Louis XVI, on y mit le Garde-Meuble de la couronne, placé avant dans l'hôtel de Flamarens, rue de l'Orangerie. L'hôtel de Conty ayant été jugé trop petit pour les besoins du service, et étant d'ailleurs un peu éloigné du palais, on chercha un autre emplacement. M. Thierry de Ville-d'Avray, alors commissaire-général de la Maison du roi, au département des Meubles de la couronne, offrit un terrain qui lui appartenait, rue des Réservoirs, et qui avait l'avantage de communiquer avec les intérieurs du château, par le couloir établi dans le temps pour venir à l'hôtel de madame de Pompadour, situé à côté. On accepta cette offre ; un hôtel fut élevé, et l'on y transporta le Garde-Meuble en 1783 (1). L'hôtel de Conty devait être vendu ; mais le roi ayant désiré que l'on y plaçât les Cent-Suisses de sa garde, on l'estima cent quatre-vingt-seize mille livres, et cette somme fut remise par le contrôleur-général entre les mains de M. Thierry de Ville-d'Avray, pour couvrir une partie des frais de construction du nouvel hôtel du Garde-Meuble.

Cet hôtel renfermant de très-grandes écuries servit, depuis la Révolution, à plusieurs entreprises de voitures publiques. Pendant les premières années de la Restauration, un homme dont le nom avait longtemps figuré dans les procès-verbaux de la Société des Jacobins, Bonnecarrère établit des voitures sous les noms de Parisiennes et de Gondoles. Transportées dans ce lieu, elles n'ont cessé de faire le service de Paris à Versailles qu'en l'année 1860. — Aujourd'hui cette maison est occupée par les écuries et les bureaux du chemin de fer Américain.

Le système des vois ferrées, dit *chemin de fer Américain*, a été importé en France par M. Loubat.

Le *chemin de fer Américain*, de Paris à Versailles, a fait

---

(1) Voir rue des Réservoirs : Ancienne Préfecture, p. 18.

l'objet de deux décrets comprenant, l'un la partie de Paris à Boulogne et à Sèvres, concédée à M. Loubat, l'autre de Sèvres à Versailles, concédée à M. Tardieu.

Ces lignes ont été construites sous la direction de M. Loubat, par M. Delonchant, ingénieur, chargé précédemment de la construction de chemins de fer.

Les travaux entre Paris et Sèvres étaient déjà terminés, quand parut le décret du 28 avril 1855, concédant à M. Tardieu la ligne de Sèvres à Versailles. Les travaux de cette dernière ligne, commencés aussitôt après le décret, n'ont pu être terminés que dans le cours de l'année 1857, à cause de nombreuses difficultés suscitées à la Compagnie.

Le service a commencé le 10 novembre 1857, et n'a point été interrompu un seul instant depuis cette époque.

La dépense de ce chemin s'est élevée à 30,000 fr. par kilomètre.

AVENUE DE SAINT-CLOUD.

L'avenue de Saint-Cloud est l'une des trois grandes avenues venant aboutir à la place d'Armes, et formant, avec les bâtiments des Écuries, la magnifique décoration placée par Mansart devant les fenêtres du roi. Elle commence la route qui va du palais de Versailles à Saint-Cloud; de là, le nom qu'elle a porté dès l'origine. En 1793, on substitua à à ce nom celui d'avenue de l'Orient. En 1806, elle reprit son ancien nom. L'avenue de Saint-Cloud se dirige légèrement du sud-ouest au nord-est, de la place d'Armes au carrefour de Montreuil. Elle a 1,025 mètres de longueur, sur 78 de largeur. Les quatre belles rangées d'arbres de cette avenue ont été replantées en 1772. C'est là que se tiennent les deux foires de mai et d'octobre.

L'avenue de Saint-Cloud est en partie sur le quartier Notre-Dame et en partie sur celui de Montreuil. Toute la partie s'étendant de la place d'Armes à la rue de Montbauron appartient au quartier Notre-Dame, et toute celle qui va de la même rue au carrefour de Montreuil fait partie de ce dernier quartier.

CÔTÉ GAUCHE.

N° 1. — Sous Louis XIV et sous Louis XV, c'était l'hôtel du duc de Gesvres.

N° 3. — Hôtel de Lenglée, et plus tard du contrôleur-général Desmarets. En 1784, cet hôtel fut acheté, par Louis XVI, 56,329 livres 11 sous, pour l'établissement des écuries du ministre de la Maison du roi.

N° 5. — Hôtel d'Estrées, habité, en 1789, par Charrier de la Roche, prévôt du chapitre noble de Saint-Martin-d'Aunay, depuis évêque de Versailles; député du clergé.

N° 11. — En 1743, maison portant pour enseigne : *au Tambour*.

N°s 13, 15 et 17. — Ancien hôtel de Guise.

N° 21. — Maison *au Pavillon Royal* (1),

Toutes les maisons de ce côté, au-delà de la rue Duplessis, appartenaient à des bourgeois et portaient presque toutes des enseignes.

N° 31. — *Au Mouton rouge*.

N° 35. — *A la Grâce de Dieu*.

(1) Voir, page 203, rue de la Pompe, ce que l'on dit de cette maison.

N° 37. — *Au Nom de Jésus.*

N° 39. — *Au Grand-Turc.*

N° 41. — *A la Belle-Étoile.*

N° 43. — *Au Gaillard-Bois.*

N° 45. — *A la Musette.*

N° 51. — *A l'Hôtel Desmartins.*

N° 53. — *A la Pucelle d'Orléans.*

N° 57. — *A l'Image Saint-Honoré.*

N° 59. — *A l'Image Saint-Martin.*

La portion de l'avenue de Saint-Cloud qui fait partie du quartier de Montreuil, s'étend, du côté gauche, de la rue de l'Abbé-de-l'Épée au carrefour Montreuil, et à droite, de la rue Montbauron au même carrefour.

N° 67. — Maison ayant appartenu à Hyacinthe Richaud, maire de Versailles en 1792, et dans laquelle il est mort, le 22 avril 1827.

N° 71. — Habitation de Boislandry, député du Tiers. Le seul député de Versailles aux États-Généraux.

N° 73. — Lycée impérial.

L'abbé Clément, aumônier du roi de Pologne Stanislas, fonda en Lorraine un couvent de *chanoinesses régulières de Saint-Augustin,* congrégation particulière d'*Ursulines*, sous l'invocation de Notre-Dame, dont l'institution et la règle avaient pour principal objet l'éducation des jeunes filles. La reine Marie Leckzinska, fille de Stanislas, et femme de Louis XV, s'intéressait beaucoup à cette congrégation.

qu'elle avait vue naître. Elle la fit venir d'abord à Compiègne, et allait souvent passer plusieurs jours au milieu de *ses bonnes sœurs*. Plus âgée et souffrante, elle désira les avoir tout-à-fait auprès d'elle, et arrêta la fondation d'un couvent à Versailles pour les y recevoir ; elle était d'ailleurs entretenue dans cette idée par leur fondateur, l'abbé Clément, alors confesseur de *Mesdames,* ses filles. En 1767, Mique, intendant-général des bâtiments, architecte du feu roi Stanislas, présenta à la reine les plans en relief de ce couvent, et il ne restait plus qu'à choisir le terrain sur lequel il serait élevé.

Le château de Clagny, que Louis XIV avait fait construire avec tant de frais pour madame de Montespan, avait perdu une grande partie de son charme depuis le desséchement de l'étang du même nom, et surtout à cause des constructions du quartier de la Ville-Neuve qui commençaient à l'enserrer de toutes parts. Le prince de Dombes et le comte d'Eu, auxquels il revint après la mort du duc du Maine, l'habitèrent rarement et y firent fort peu de réparations. La dauphine Marie-Josèphe en était devenue propriétaire par échange. Sa mort, arrivée en 1767, au moment où la reine s'occupait de la fondation du couvent, permit au roi Louis XV de lui accorder une partie de ce domaine pour sa construction.

Les matériaux du château, démoli pour l'agrandissement de la ville, servirent à l'érection du nouveau couvent. La maison ne fut entièrement achevée qu'en 1772. Les dépenses furent prises sur les fonds patrimoniaux de la reine Marie Leckzinska. A sa mort, arrivée en 1768, les princesses Adélaïde, Sophie et Victoire, ses filles, que leur mère avait chargées de veiller à l'accomplissement de sa volonté, ajoutèrent aux fonds laissés par la reine une partie de leur revenu, et, pendant trois années, 45,000 livres que le roi leur donnait de pension. Louis XV fournit les fonds pour la construction de la chapelle, et constitua un revenu de 40,000 livres en faveur du couvent.

La maison étant tout-à-fait terminée, le roi alla la visiter le 29 septembre 1772. Il fut introduit par le comte de Noailles, gouverneur de Versailles, et reçu dans l'intérieur par mesdames Adélaïde, Victoire et Sophie. Le roi parcourut avec intérêt toute la maison et en témoigna sa satisfaction à l'architecte Mique.

Le lendemain 30, les religieuses prirent possession de leur couvent, et le 4 octobre suivant, lorsqu'elles furent complètement installées, le roi, accompagné de la famille royale, alla entendre le salut dans leur chapelle.

Cet établissement fut définitivement constitué par lettres-patentes du mois de décembre suivant. On voit, dans ces lettres-patentes, que les religieuses *ne devaient exiger que deux cents livres de pension au plus des filles des officiers ordinaires attachés à la personne du roi et à celle des princes et princesses de la famille royale, dont les pères et mères voudraient leur confier l'éducation; qu'elles devaient, au prix d'une rétribution modeste, procurer un asile aux filles et aux femmes attachées au même service, qui, dans un âge avancé, désireraient se retirer chez lesdites religieuses, et enfin, élever et enseigner gratuitement les jeunes filles de tout âge de la ville de Versailles et des environs.*

Les intentions de la fondatrice furent exactement suivies, et cette institution, reçue d'abord assez froidement, ne tarda pas à devenir très-florissante. La Révolution vint mettre un terme à cette prospérité. Un décret du 20 mars 1790 prescrivit l'inventaire à dresser, par les officiers municipaux, de l'état des biens et des personnes des établissements religieux. Cet acte fut accompli en mai 1790 à l'égard des chanoinesses Augustines. Un autre décret du 13 octobre 1790 mit les biens ecclésiastiques à la disposition de la nation. En 1791, les religieuses du couvent eurent ordre de renoncer à faire les classes externes, où elles recevaient environ quatre cents enfants pauvres, qui furent confiées à des institutrices laïques. Enfin, le décret du 4 août 1792 ordonna que les religieux et les religieuses évacueraient leurs maisons et que les biens seraient vendus. Par suite de ce décret, le 1er octobre, les religieuses quittèrent le couvent pour n'y plus rentrer.

En 1793, la chapelle du couvent servit de lieu de réunion à une section de Versailles, dite *des Droits de l'Homme*.

Au mois de mai 1794, le couvent fut transformé en hôpital militaire; cet hôpital n'y resta que quelques mois et fut évacué vers la fin de l'année sur la maison de Saint-Cyr. Pendant plusieurs années, l'ancien couvent resta vide et inoccupé. En l'an VIII (1800), on en fit de nouveau un hôpital pour y recevoir les malades des Invalides logés alors au château. Mais la succursale des Invalides de Versailles ayant été supprimée par un arrêté des consuls, de pluviôse an X (janvier 1802), l'hôpital le fut aussi, et les bâtiments du couvent restèrent de nouveau inhabités.

Enfin un décret, daté du 15 décembre 1806, et signé par l'empereur Napoléon, au camp de Posen, fixa la nouvelle destination du couvent : un lycée impérial y fut établi, et il fut ouvert et inauguré le 1er mai suivant (1807) (1).

---

(1) Voir : *Origines du Collége royal de Versailles*, par M. Théry, et le discours de M. Anquez à la distribution des prix du *Lycée*, en 1855.

Les bâtiments du lycée forment dans leur ensemble un vaste et bel édifice. Une immense avant-cour, ornée de pelouses, de deux allées de tilleuls sur les côtés, et dont la partie centrale vient d'être ornée de trottoirs et de candélabres éclairés au gaz, conduit dans l'intérieur de cet établissement. Dès la grille d'entrée, l'on est frappé de la grâce de la chapelle. Son portail est composé de quatre colonnes cannelées, d'ordre ionique moderne. Le fronton est décoré d'un bas-relief que, dans toutes les descriptions, on regarde comme représentant la Foi, l'Espérance et la Charité, mais que M. Théry pense plutôt personnifier l'Abondance fournissant à la Charité les secours qu'elle doit répandre. Un autre bas-relief, sculpté sous le péristyle, au-dessus de la porte d'entrée, paraît se rapporter à l'établissement de la maison pour l'éducation des filles et l'instruction des enfants. L'intérieur est orné de vingt-six colonnes d'ordre ionique, formant la croix. Une suite de bas-reliefs, représentant l'histoire de la Vierge, décorent les murailles.

Toutes ces sculptures ont été exécutées par Deschamps, sous les yeux de Bocciardi. L'*Assomption* du dôme a été peinte par Briard, et les quatre pendentifs, *saint Jérome*, *saint Chrysostome*, *saint Ambroise* et *saint Augustin*, par Lagrenée le jeune.

Les élèves ont fait placer, il y a quelques années, sur un des côtés de la chapelle, une pierre tumulaire pour rappeler le souvenir de M. l'abbé Quinton, leur aumônier, et, réunis à l'Association des anciens élèves du Lycée, ils en ont fait élever une autre en commémoration de la mort de leurs camarades, tués sous les murs de Sébastopol.

Elle porte cette inscription :

I.

AU GÉNÉRAL LAVARANDE
ET AUX ANCIENS ÉLÈVES
MORTS EN CRIMÉE
L'ASSOCIATION AMICALE
DU LYCÉE DE VERSAILLES
1855.

Cette chapelle a reçu quelques améliorations. — On a élevé un autel en marbre blanc, entouré d'un sanctuaire avec balustrades aussi en marbre et portes en fer. Au fond, une statue de la Vierge d'un très-beau modèle, donnée par le ministre d'État, a été placée dans une niche surmontant l'autel. Un beau lustre, placé sous la coupole, des vitraux à encadrements de couleur, et deux calorifères, complètent ces améliorations, auxquelles il faudra bientôt ajouter l'établissement d'un orgue qui doit y être posé.

Derrière la chapelle et au-delà des deux pavillons destinés à l'habitation du proviseur et du censeur, se trouve l'ancien couvent, dans les galeries duquel circulent les élèves et les professeurs. Trois cours intérieures, assez grandes et gazonnées, divisent entre elles les diverses parties du lycée. Au nord des bâtiments se trouvent trois grandes cours destinées aux récréations pour le grand et le moyen collège. Dans ces cours sont établis des abris pour le mauvais temps; une galerie conduit dans ce cas les élèves de l'intérieur de la maison sous ces abris. C'est dans une de ces cours que sont placés les appareils pour la gymnastique. Malgré la grandeur des anciens bâtiments, le nombre toujours croissant des élèves les rendait insuffisants. L'administration municipale de la ville de Versailles, à laquelle les bâtiments du lycée appartiennent, n'hésita pas à seconder le proviseur pour un si utile établissement. Une nouvelle aile, construite en 1858 par M. Armand Petit, architecte du lycée, fut ajoutée aux bâtiments principaux. Cette aile est attribuée à l'enseignement professionnel spécial.

En 1862, on établit un petit collége communiquant au lycée, mais tout à fait séparé. Établi dans les terrains du potager, il contient une surface de 2,556 mètres en bâtiments, et de 7,965 mètres en cours et jardins.

D'un aspect agréable et distribué avec le plus grand soin sous le rapport hygiénique, le petit collége contient six classes et études, un réfectoire, trois dortoirs, une infirmerie, un vestiaire, une lingerie, un logement de sous-directeur, plusieurs chambres de maîtres, et un préau de trois cents mètres de surface.

Pendant l'hiver, toute la maison est tenue dans une température égale, à l'aide de plusieurs calorifères.

Un joli jardin d'hiver, servant de parloir s'ouvre dans un autre jardin ayant une entrée particulière sur le boulevard de la Reine.

Ce petit collége permet de recevoir un grand nombre de jeunes enfants ; on peut le considérer comme un modèle et il fait le plus grand honneur au talent de l'architecte, M. Armand Petit.

Commencé le 9 juillet 1862, il a été achevé le 31 janvier 1864.

Les dépenses de construction se sont élevées à la somme de 580,000 fr., sur laquelle 200,000 fr. ont été payés par la ville de Versailles.

Des jardins très-étendus, appartenant au lycée ou à d'autres propriétaires, entourent cet établissement, qui n'est dominé d'aucun côté, et plane en partie sur une vaste campagne.

Les salles d'étude sont assez grandes, bien éclairées, chauffées en hiver par des bouches de chaleur ; chacune d'elles a été dotée depuis quelques années de toutes les améliorations désirables, parmi lesquelles on peut citer la création, dans le voisinage, de lieux-d'aisances particuliers, isolés les uns des autres, de manière que chaque salle d'étude possède le sien, et qu'aucun élève ne puisse s'y rencontrer avec un de ses jeunes camarades.

Les dortoirs sont spacieux et élevés, munis de larges fenêtres percées en regard, permettant à l'air et au soleil de s'y répandre. Les lits sont largement espacés ; l'intervalle qui les sépare est au *minimum* de un mètre, il atteint souvent près de deux mètres. Auprès de chaque lit est placé un petit coffre en bois, renfermant les objets nécessaires à l'élève, et pouvant tenir lieu de siége quand le couvercle est abaissé ; un petit tapis de pied complète l'ameublement de chacun. Dans chaque dortoir la surveillance est confiée à un maître d'étude, aidé d'un garçon de service. Pendant la saison froide, ils sont chauffés à l'air chaud, comme tout l'établissement.

Une infirmerie, pour les trois premières divisions, est située dans une partie isolée des anciens bâtiments. Cette infirmerie est desservie par des sœurs.

En résumé, nul établissement du même genre n'est mieux doué sous le rapport de la position, ni mieux dirigé dans ses conditions hygiéniques : vastes dortoirs et salles d'étude accessibles à l'air et au soleil, nombreuses cours et jardins pour les jeux, les promenades et les exercices gymnastiques ; salles de bains, soins de propreté, surveillance sévère et de tous les instants, nourriture saine, eau de bonne qualité, séparation en quartiers et en cours de récréation distinctes, suivant les âges et les intelligences ; tout a été combiné selon les lois les plus sages.

Sous le rapport de l'instruction donnée aux élèves, le

lycée de Versailles jouit d'une réputation méritée ; et depuis l'année 1819, qu'il a été appelé à concourir avec ceux de Paris, il a su, par de brillants succès, montrer qu'il était digne de soutenir la lutte avec ses redoutables adversaires.

Depuis quelques années il s'est formé entre les anciens élèves du lycée une association qui est appelée à rendre de grands services à tous les élèves.

Dès l'année 1835, quelques-uns d'entre eux prirent l'habitude de se réunir tous les ans dans un banquet confraternel. Les dîners se succédaient d'année en année, sans autre but que de revoir d'anciens camarades. Le nombre en augmentait tous les ans. En 1851, l'un d'entre eux, M. Nau-Baupré, proposa de faire tourner cette réunion au profit de tous en créant une *Association amicale*, destinée à venir en aide aux anciens élèves du lycée de Versailles tombés dans le malheur. Cette idée fut acclamée avec enthousiasme; des statuts furent rédigés; l'association fut créée, et en 1854 elle se manifesta régulièrement par l'établissement d'un conseil d'administration et d'une caisse de secours.

Depuis, cette association s'est développée et a pu étendre peu à peu sa sphère d'action. Quoique son but principal fût le soulagement des infortunes imméritées, elle n'entendit pas circonscrire son action dans cette charitable mission, et résolut de mettre au service du lycée lui-même toute l'influence qui devait naître de ses efforts réunis. Elle voulut que deux des meilleurs élèves, représentant le lycée, et le proviseur assistassent à ses réunions, et dès 1856 elle fonda un prix annuel, consistant en une médaille d'or délivrée le jour de la distribution par le président de l'association, à l'élève le plus recommandable par son application, ses succès et sa bonne conduite.

En 1861, elle donna une médaille d'argent à M. Masson, pour avoir rempli pendant trente-quatre ans, au lycée, les fonctions de maître d'études, si modestes en apparence, si importantes en réalité.

Nous avons déjà dit la part que l'association prit à l'érection du monument élevé dans la chapelle aux anciens élèves du lycée morts en Crimée.

Aujourd'hui l'association possède un capital inaliénable et des revenus fixes ; son avenir est assuré. Le premier usage qu'elle ait fait de sa prospérité naissante a été de fonder une demi-bourse en faveur du fils d'un ancien élève du lycée.

« Aussi, ajoute M. Denonvilliers, dans le discours prononcé lors de la distribution des prix de 1867, dont nous avons extrait ce qui précède, on voit comment l'Association est arrivée à tenir ce que promet son titre ; se montrant avec un louable empressement partout où il y a des douleurs à consoler, des vertus à honorer, du travail et de bonnes dispositions à encourager ; prenant l'élève à son début, aidant ses premiers efforts, souriant à ses triomphes d'écolier, le suivant plus tard au milieu des difficultés de la vie, également prête à l'applaudir dans ses succès, à le consoler dans ses défaites, à le soutenir dans ses défaillances, fidèle à sa mémoire jusqu'au delà du tombeau. »

Par un décret impérial du 1er février 1868, cette association a été reconnue établissement d'utilité publique.

N° 85. — Quelques-unes des religieuses Augustines, qui habitaient le couvent avant la Révolution, établirent depuis une maison d'éducation dans le quartier Saint-Louis, laquelle existe encore aujourd'hui sous le nom de couvent du Grand-Champ. Une autre partie des religieuses du même ordre vint aussi fonder un pensionnat de demoiselles dans cette maison de l'avenue de Saint-Cloud.

En 1815, les chevaliers de l'ordre royal et militaire de Saint-Louis et du Mérite-Militaire se réunirent en association paternelle, afin de secourir les membres de ces ordres dénués de fortune. En 1816, ils résolurent de créer à Versailles deux maisons d'éducation pour y recevoir les enfants des membres de l'association. L'une, celle des garçons, fut confiée à d'anciens religieux Bénédictins de la congrégation de Saint-Maur, et les religieuses Augustines de l'avenue de Saint-Cloud furent chargées de celle des demoiselles. L'institution des Demoiselles de Saint-Louis dura jusqu'à la Révolution de 1830. Les religieuses tinrent encore un pensionnat pendant quelque temps, mais bientôt obligées de quitter par le manque d'élèves, elles abandonnèrent cette maison.

Toutes les maisons, depuis le lycée jusqu'à la rue de Provence, ont été bâties à peu près à la même époque que le couvent et sur un terrain faisant partie des dépendances du château de Clagny.

N°s 89, 91. — Avant la Révolution, l'emplacement de ces maisons, ainsi que presque tout le terrain situé par derrière jusqu'à l'avenue de Picardie, étaient occupés par un supplément de la Vénerie du roi, auquel on donnait vulgairement le nom des *Chiens verts*, parce que les gens de l'équipage portaient l'uniforme vert.

En 1734, on établit ce chenil, uniquement destiné à élever les jeunes chiens de la Vénerie. Le personnel se composait d'un piqueur, de trois valets de chiens et d'un boulanger. Le chenil était composé de six petites cours, dans lesquelles il y avait plusieurs chenils pour séparer les jeunes chiens selon leur âge. Outre ces petites cours, il y en avait une fort grande pour servir d'ébat aux chiens au-dessus de six mois, que l'on mettait dans un grand chenil particulier, tenant à cette dernière cour. Il y avait de l'eau dans toutes ces cours. Les chenils y étaient exposés au midi, afin que, pendant l'hiver, les jeunes chiens souffrissent moins du froid, et des arbres avaient été plantés dans toutes les cours afin qu'ils pussent avoir de l'ombre pendant les chaleurs.

A la Révolution, tout le terrain des *Chiens verts* a été vendu comme propriété nationale.

A partir du n° 67, les maisons de ce côté appartiennent au quartier Montreuil.

CÔTÉ DROIT.

Toutes les maisons du côté droit, depuis les Grandes-Écuries jusqu'au n° 16, ont été abattues quand on a fait des grands manéges une caserne pour l'artillerie de la Garde impériale. Nous allons cependant en parler à cause de leur intérêt historique.

Après les Grandes-Écuries se trouvait autrefois l'hôtel du prince de Monaco. En 1754, tout Versailles alla voir dans cet hôtel un automate parlant qui venait de faire l'admiration de Paris. La *Gazette d'Utrecht* raconte ce fait, et ne dit pas si c'était l'un des célèbres automates de Vaucanson. Voici du reste son récit : « Le roi a été curieux de voir l'automate qui est à l'hôtel de Monaco, et de savoir par quel mécanisme on est parvenu à lui faire articuler des mots. Le 15 avril, on le transporta de l'hôtel de Monaco au château. Sa Majesté a fait démonter la machine pour être sûre qu'on ne lui en imposait pas. Elle en a examiné les différentes pièces, et a reconnu que l'auteur, pour imiter le son de la voix, avait fait usage d'une anche de hautbois, qui est mise en usage par un soufflet ; que l'articulation est formée par un cylindre qui fait mouvoir des leviers, et que, pour rendre le son plus analogue à celui de la voix humaine, il s'est servi d'un tonneau vide, placé de manière qu'il correspond avec les deux autres pièces. Pour faire connaître au roi par quelle puissance toute la machine est mise en mouvement, il a montré à Sa Majesté une petite boîte dont il a expliqué l'usage. Elle a paru fort satisfaite d'avoir vu cet ouvrage qui, tout simple qu'il est, ne laisse pas d'être surprenant. Elle a aussi été très-contente de l'explication de tout le mécanisme, et elle a fait donner une gratification à l'auteur. »

Un peu après était la maison de Gilbert, le maître à écrire du duc de Bourgogne, petit-fils de Louis XIV. Gilbert fut l'un des plus habiles calligraphes de son époque. Ses manuscrits sont très-recherchés et les amateurs les payent au poids de l'or. Ce talent s'est conservé dans cette famille jusqu'à M. de Saint-Cyr, petit-neveu de Gilbert, mort dans cette même maison, il y a quelques années, et qui avait été le maître à écrire des enfants de Louis XVI.

A cette maison touchait celle de Jacques *Danican-Philidor*, surnommé le cadet, musicien de la Grande-Écurie du roi.

N° 20. — Ancien hôtel de la vieille poste.

N° 26. — Maison dans laquelle mourut, le 16 mai 1841, madame Boivin.

L'art des accouchements est pratiqué presque partout par des médecins. On conçoit, en effet, que le sentiment de la conservation l'emporte sur l'instinct pudique des femmes, quand on voit le peu d'instruction de beaucoup de sages-femmes, en présence des intérêts si graves et si chers qui leur sont confiés. Mais il en serait tout autrement si elles avaient seulement une partie de la science de la femme célèbre que nous venons de nommer.

Marie-Anne-Victoire Gillain, veuve Boivin, est née à Versailles, quartier Montreuil, le 7 avril 1773. Elle fut élevée par les religieuses du couvent fondé à Versailles par Marie Leczinska (le Lycée). Retirée à Étampes pendant la Révolution, auprès d'une parente, supérieure des hospitalières de cette ville, elle commença à s'y livrer aux études d'anatomie et d'accouchements. Mariée quelques années après et devenue veuve presque aussitôt, madame Boivin chercha à utiliser les connaissances qu'elle avait déjà acquises. Reçue à la Maternité, elle ne tarda pas à s'y lier d'amitié avec une autre femme célèbre dans l'art des accouchements, madame Lachapelle. Ses talents se développèrent rapidement sur ce grand théâtre. Bientôt le ministre Chaptal la chargea de présider à la fondation de l'école d'accouchement. En 1801, elle fut nommée surveillante en chef de l'Hospice de la Maternité, et en 1819, sage-femme surveillante en chef de la maison de santé, place qu'elle conserva pendant de longues années. Le temps que madame Boivin ne passait point auprès de ses malades, elle le consacrait à l'étude. Peu d'hommes ont été plus laborieux et ont fait faire de plus grands progrès à la science des maladies des femmes. On a d'elle de nombreux et importants ouvrages. En 1812, elle publia *le Mémorial de l'Art des Accouchements*, 2 vol. in-8° avec planches; livre classique, *memento* des élèves sages-femmes de la Maternité; — en 1819, — *Mémoire sur les Hémorrhagies internes de l'Utérus;* Mémoire rempli de faits pratiques, couronné par la Société de Médecine de Paris; — en 1825, — *Mémoire sur les Maladies tuberculeuses des Femmes, des Enfants et des premiers produits de la Conception;* — en 1827, — *Nouvelles recherches sur l'origine, la nature et le traitement de la Môle vésiculaire, ou grossesse hydatique;* — en 1828, — *Recherches sur une des causes les plus fréquentes et les moins connues de l'Avortement,* suivies d'un Mémoire sur l'*Intropelvimètre,* ou mensurateur interne du bassin, instrument de son invention qui peut rendre d'éminents services dans des cas où la vie de la femme est souvent compromise; — en 1829, — *Observations et réflexions sur les cas d'absorption du Placenta;* — enfin, en 1833, — *Traité pratique des Maladies de l'Utérus et de ses annexes,* 2 vol. in-8°, avec un magnifique atlas colorié; ouvrage éminent et qui, à lui seul, rendrait illustre dans la science le nom de madame Boivin. Outre ces ouvrages, madame Boivin a traduit plusieurs ouvrages anglais, et a publié dans les journaux de médecine beaucoup d'importantes observations.

Avec de pareils travaux, le nom de madame Boivin devait être connu des savants de tous les pays. En 1814, le roi de Prusse lui fit remettre l'ordre du Mérite-Civil. Peu de temps après, l'Université de Marbourg, sur la proposition du célèbre professeur d'accouchement Bush, lui délivra le diplôme de docteur en médecine. Elle était en outre membre d'un grand nombre de sociétés médicales de la France et de l'étranger.

En 1815, chargée de la direction de l'hôpital de Poissy, elle s'y conduisit admirablement. Les Prussiens venaient d'entrer à Saint-Germain. Le 29 juin, après avoir pansé plus de cent blessés français qui se trouvaient à l'hôpital, elle réunit tous les bateaux qui se trouvaient à Poissy, y fit placer les blessés, les fit diriger sur Rouen, et les sauva ainsi des mains de l'ennemi. Le lendemain 30, les Prussiens entrèrent à Poissy. Dans les premiers moments elle eut à souffrir de leur insolence et de leur brutalité, mais bientôt son nom, connu des généraux, la fit respecter, et les soins qu'elle donna à plus de trois cents de leurs blessés la fit aimer.

Livrée tout entière aux fatigues de son art et de ses travaux scientifiques, on conçoit que madame Boivin se soit peu occupée de la fortune. Après trente-cinq années de service dans les maisons hospitalières, épuisée par l'étude et le travail, elle vint se retirer à Versailles, sa ville natale, n'ayant d'autres ressources pour exister qu'une pension de six cents francs, et un secours annuel de mille francs que lui faisaient les ministres de l'Intérieur et de l'Instruction publique. Répétons ici ce que nous trouvons dans la Notice publiée sur cette femme remarquable par *les Annales de la Chirurgie française et étrangère :*

« Femme de cœur, de vertu et de science, madame Boivin a toujours fui l'éclat de la fortune, avec autant de soin que d'autres mettent à le chercher. Austère pour elle-même, pleine d'indulgence pour les autres, généreuse et dévouée, elle offrait un rare assemblage des plus belles qualités du cœur. Peu communicative, elle n'a mis qu'un petit nombre de personnes en position de savoir ce qu'elle valait comme femme. »

N° 28. — Sous Louis XIV, hôtel du maréchal de Catinat. Plus tard, hôtel de Gamaches.

N° 36. — Hôtel du maréchal de Richelieu.

En 1776, une dame Lesure eut l'idée de réunir chez elle quelques jeunes filles pauvres, et de leur apprendre à faire de la dentelle. M. Brocqueville, curé de Notre-Dame, s'empressa de soutenir, par quelques secours pécuniaires, cette institution naissante. On y ajouta une classe dans laquelle les enfants apprenaient à lire, à écrire et à compter. Bientôt cet établissement devint plus considérable. Alors, sur les instantes sollicitations du duc de Mouchy et de la duchesse de Duras, que le curé Brocqueville avait intéressés à sa réussite, le roi accorda par an une somme de trois mille francs et le chauffage des classes à cette institution, placée dans cet ancien hôtel du duc de Richelieu, sous la dénomination de *Manufacture royale de dentelles et de blondes, établie pour l'instruction des jeunes filles pauvres de Versailles et des environs.* Cet établissement, dans lequel on recevait tous les ans plus de cent jeunes filles, se soutint prospère jusqu'à l'époque de la Révolution; mais en 1791, les dons du roi ayant cessé, et les bénéfices n'étant plus assez considérables, la municipalité de Versailles, qui en avait pris le soin depuis le départ du roi, fut obligée de le supprimer.

N° 38. — Hôtel du duc de Saint-Simon, sous Louis XIV.

Le 18 janvier 1685, Claude de Rouvroy, duc de Saint-Simon, reçut du roi un brevet signé par Louvois, portant donation du terrain sur lequel il fit construire cet hôtel.

A la mort de Claude de Saint-Simon, arrivée en 1693, cet hôtel passa à son fils Louis, duc de Saint-Simon, le spirituel et caustique auteur des Mémoires, puis, par héritage, à la mort du duc, en 1755, à madame de Valentinois-Matignon.

N° 40. — Sous Louis XVI, cette maison portait le nom d'hôtel de Carignan.

Les chevaux du roi étaient alors si nombreux, que les écuries ne suffisaient pas à les contenir ; on en avait placé une partie dans divers hôtels de Versailles; l'hôtel de Carignan en était un.

Les trois maisons qui terminent l'avenue, avant la rue de Montbauron, appartenaient à trois sculpteurs distingués de Louis XIV, dont les œuvres les plus remarquables existent encore aujourd'hui dans le château et le parc de Versailles. Le n° 44, à Mazeline ; le n° 46, à Jouvenet, et le n° 48, à Le Hongre.

N° 52. — Grande maison bâtie, en 1780, d'après les dessins des architectes Lebrun et Duval, sur un emplacement occupé avant cette époque par une infirmerie servant aux pages du roi. En l'an IX (1801), quelques savants professeurs de l'ancienne Université se réunirent sous la direction de M. Bellin-de-Ballu, membre de l'Institut, pour fonder à Versailles une institution établie sur le plan des anciens Colléges. Ils choisirent cette maison pour y placer leur établissement, et lui donnèrent le nom de Gymnase littéraire et des Arts. Cette maison d'éducation ne réussit pas, et le Gymnase fut fermé peu de temps après son ouverture.

En 1816, l'association paternelle des chevaliers de Saint-Louis plaça dans cette maison l'institution de jeunes garçons qu'elle venait de fonder pour les fils des membres de cet ordre militaire. Cette institution, dirigée par d'anciens religieux de la congrégation de Saint-Maur, et placée sous la protection du prince de Condé, comme l'institution des demoiselles l'était sous celle de la duchesse d'Angoulême, cessa d'exister après la Révolution de 1830.

Depuis cette époque on a vu successivement dans cette maison, une manufacture d'horlogerie, qui n'a pas réussi ; et le rétablissement d'une maison d'éducation de jeunes garçons. Aujourd'hui c'est une maison particulière.

Près de cette maison se trouve l'entrée de service des réservoirs de Montbauron.

N° 54. — Versailles se terminait autrefois de ce côté à l'extrémité de l'avenue de Saint-Cloud. Une grille séparait la ville du faubourg de Montreuil. Cette grille fut posée en 1734. On construisit en même temps un logement pour un suisse. C'est à la place où se trouvait le logement du suisse, que l'on voit une maison occupée depuis un grand nombre d'années par une institution de jeunes gens.

Le mardi 21 août 1855, s'élevait à cette place un arc-de-tromphe décoré des drapeaux de la France et de l'Angleterre réunis. Sur le fronton étaient inscrits, du côté de l'avenue de Picardie, les noms : *Victoria* et *prince Albert*; du côté de la ville : *Napoléon* et *Eugénie*. Une grande partie de la population de Versailles s'était portée dans ce lieu pour y jouir d'un spectacle qui ne s'était point encore offert à ses yeux. La reine d'Angleterre Victoria venait, accompagnée de l'empereur des Français, Napoléon III, visiter le palais de Louis XIV.

Sur les onze heures, le cortége, composé de sept ou huit voitures à six chevaux, précédé et suivi d'une escorte de carabiniers, est entré en ville au galop. La voiture de LL. MM. s'est arrêtée quelques instants sous l'arc-de-triomphe, pour entendre les paroles de bienvenue, prononcées par le maire de Versailles, puis le cortége a continué sa marche, pour se rendre au château, au milieu des acclamations de la foule couvrant les deux côtés de l'avenue de Saint-Cloud.

RUE DES VIEUX-COCHES.

Aujourd'hui, les moyens de voyager sont rapides et commodes, et l'on ne sait plus guère ce qu'était un coche. *Un coche*, dit le dictionnaire de l'Académie de 1760, *est une espèce de chariot couvert, dont le corps n'est pas suspendu, et dans lequel on voyage*. Telles étaient les voitures publiques établies dès les premiers temps du séjour de la cour à Versailles, afin d'y faire le service quotidien entre cette ville et Paris. Elles partaient deux fois par jour, et mettaient souvent de quatre à cinq heures pour faire le trajet entre les deux villes. Leur bureau était dans la rue qui nous occupe, de là le nom de *Rue des Coches*, qu'elle reçut dans l'origine. Plus tard, de nouveaux coches s'établirent, mieux organisés et mettant moins de temps pour faire le voyage de Paris. Ces nouveaux coches, dont le siége était dans le quartier Saint-Louis, firent peu à peu abandonner les anciens, qui disparurent enfin complétement. Depuis l'établissement de ces nouvelles voitures, la rue des Coches prit le nom de *Rue des Vieux-Coches*, qu'elle a toujours conservé depuis. Sa direction est légèrement inclinée du sud-ouest au nord-est, de la place Charrost à la rue Montbauron. Sa longueur est de 80 mètres, et sa largeur de 15 mètres 70 centimètres.

CÔTÉ GAUCHE.

N° 5, — Nous avons vu que les Frères de la Doctrine chrétienne du quartier Notre-Dame étaient établis rue Neuve. En 1787, la population de Versailles s'étant considérablement accrue, les Frères ne pouvaient plus recevoir dans leur local, devenu trop petit, tous les enfants qui venaient pour suivre leurs leçons. Ils ouvrirent alors deux classes dans la maison n° 5 de la rue des Vieux-Coches. En 1790, l'école ayant été fermée, une douzaine de comédiens, n'ayant plus d'emplois au théâtre de mademoiselle Montansier, obtinrent la permission d'en construire un petit dans cette salle et d'y jouer la comédie. Ce théâtre, dont le prix d'entrée était de douze et vingt sols, ne dura que fort peu de temps.

— École communale et Asile.

L'École communale de la rue Neuve, abattue par suite des travaux de la nouvelle chapelle de Notre-Dame, a été transportée dans les nouveaux bâtiments construits en 1858 et 1859, sous l'administration de M. Remilly, maire, par M. Paris, architecte de la ville, sur une partie de l'emplacement de l'ancien hôtel de Carignan, dont l'entrée était sur l'avenue de Saint-Cloud.

L'École peut contenir 130 enfants, et l'Asile 150. Placés dans deux bâtiments séparés, l'Asile n'a qu'un rez-de-chaussée, tandis que l'École a de plus un premier étage, destiné à l'habitation de l'instituteur et de la directrice de l'Asile.

Les bâtiments sont exposés au midi. Ventilés avec soin, et d'une grandeur convenable, ils paraissent dans de très-bonnes conditions de salubrité.

Des cours pour les jeux, et un préau couvert ont été ménagés pour les enfants.

Enfin, un lavabo, établi dans l'Asile, permet d'entretenir la propreté des petits enfants.

Ces constructions, sans compter le prix d'acquisition, ont coûté 52,000 francs à la Ville.

N° 15. — Toutes les villes de France avaient, avant la

Révolution, leurs diverses communautés de commerce, arts et métiers. L'une des plus importantes, surtout à Versailles, séjour habituel de la cour, était la communauté des maîtres barbiers-perruquiers-baigneurs-étuvistes, créée dans notre ville, en vertu des édits du roi, de 1738 et 1752. Le siége habituel de cette communauté était rue des Vieux-Coches, n° 15.

CÔTÉ DROIT.

N° 4. — En 1734, *A la Caye*.

RUE DU BEL-AIR.

Dès les premiers temps de la fondation de la ville, toute la partie comprise entre l'avenue de Paris et l'avenue de Saint-Cloud et placée à la base de la butte Montbauron, portait le nom de quartier du Bel-Air. Ce nom resta à la rue la plus considérable de ce quartier, et elle l'a toujours conservé depuis. La rue du Bel-Air se dirige de l'ouest à l'est, de la place Charrost à la rue Montbauron. Elle a 64 mètres 60 centimètres de long, sur 15 mètres 70 centimètres de large.

CÔTÉ GAUCHE.

Entre la maison de la place Charrost faisant face à la rue Saint-Pierre et le n° 1 de la rue du Bel-Air, se trouve un terrain occupé autrefois par le *Grenier-à-sel*.

Par un édit du roi du mois de juillet 1724, un grenier-à-sel fut établi à Versailles. C'est là que se faisait la distribution du sel à tous les marchands de Versailles et de 39 communes des environs qui le vendaient au détail. Dans ce même bâtiment, se tenaient deux fois par semaine, les audiences de la juridiction établie en vertu de cet édit. Ses officiers avaient le titre de *conseillers du roi*. Ils recevaient le serment des employés et *regrattiers* (1) dépendant de leur ressort, et jugeaient définitivement, tant en matière civile que criminelle, tout ce qui concernait le fait des gabelles, sauf appel à la cour des aides.

N° 1 — En 1734. Auberge, *au Porc-Épic*.

N° 5. — *A l'image Sainte-Anne*.

N° 7. — *A la Bonne-Chère*.

N° 11. — *Au Grand-César*.

CÔTÉ DROIT.

N° 2. — Sous Louis XIV, *hôtel de Charrost*. Cet ancien hôtel vient d'être abattu, et une maison élégante a été édifiée à la place.

N° 8. — En 1734, il arriva dans cette maison un événement tragique raconté par Narbonne. Ce récit que nous allons faire connaître, en supprimant toutefois quelques détails un peu trop crus du commissaire de police, donne une idée des habitants de ce quartier à cette époque, et de leurs mœurs :

« Antoine Prieur, garde de la gabelle, âgé d'environ soixante ans, avait épousé la veuve Gilleson. Ils étaient établis cabaretiers, rue du Bel-Air, et tenaient une maison garnie. La femme Prieur avait trois filles de son premier mariage. Cette femme, encore

(1) On appelait ainsi, particulièrement, ceux qui vendaient le sel en détail.

d'un âge à écouter la galanterie, et ses deux filles ainées, très-jolies, attirèrent chez elles plusieurs chevau-légers, dont la profession est d'en conter aux femmes et aux filles qui veulent bien les écouter. Plusieurs d'entre eux y prenaient leurs repas, et quelques-uns même y couchaient.

» Prieur devint jaloux. Soit que sa jalousie fut fondée, soit qu'elle ne fût basée que sur des soupçons sans réalité, toujours est-il que la mésintelligence ne tarda pas à se mettre entre lui et sa femme, et qu'il se retira dans une petite chambre, au troisième étage de la maison qu'il habitait, appartenant au sieur Desmont. Déjà, à plusieurs reprises, il avait trouvé fort blâmable la conduite de sa femme et de ses belles-filles, et avait voulu les empêcher de recevoir chez elles des chevau-légers, ce qui avait occasionné entre eux plusieurs querelles assez vives. Le jour du Vendredi-Saint 1734, Prieur voulut prendre chez lui quelques vêtements, descendit vers quatre heures du matin et vint frapper violemment à la porte de sa femme. Celle-ci ayant reconnu la voix de son mari, tarda longtemps à lui ouvrir. Dans le débat qui s'en suivit, parut tout-à-coup, dans le corridor, un chevau-léger qui mit Prieur à la porte et le força de sortir de sa maison. Le bruit que celui-ci fit alors, mit tout le quartier dans la confidence de sa fâcheuse aventure, et les propos qu'elle provoqua entre les chevau-légers et quelques habitants de la rue, voulant prendre le parti du *mari battu*, ne firent qu'augmenter les querelles du ménage. Enfin, quelque temps après, Prieur voyant qu'il ne pouvait plus vivre avec sa femme, prit le parti de la quitter, et vint prendre un logement dans le quartier du Vieux-Versailles.

» Tout paraissait donc ainsi terminé. Mais, soit destinée, soit faiblesse humaine, le pauvre Prieur, revenant de Paris le soir du dimanche 1er août, eut, pour son malheur, l'idée de passer chez sa femme.

» On avait chanté ce jour même un *Te Deum* pour la prise de *Philisbourg*, dans l'église de Notre-Dame de Versailles, et, suivant les ordres que j'en avais reçus, j'avais recommandé d'allumer, à cette occasion, à huit heures du soir, des feux devant les portes de chaque maison.

» Prieur venait de souper avec sa femme. Il lui fit quelques observations sur ce qu'elle n'avait point allumé de feux comme ses voisins, elle lui répondit quelques mots qui lui déplurent, et les discussions habituelles recommencèrent. Bientôt la dispute s'échauffa ; les filles prirent le parti de leur mère, et l'une d'elles traitant, à l'exemple de sa mère, son beau-père de jaloux et de chien, lui jeta à la tête un pot, qui le blessa assez grièvement.

» Le pauvre homme vint chez moi. Je lui conseillai d'aller d'abord se faire panser et de se retirer ensuite prudemment dans sa chambre. Puis je l'engageai à porter le lendemain un placet à M. le comte de Maurepas et un autre à M. le gouverneur de Versailles, puisqu'il ne voulait pas laisser suivre à cette affaire le cours de la justice ordinaire.

» Au lieu d'écouter ce conseil, Prieur retourna sur ses pas. Il approchait de sa maison, lorsque sa femme, l'apercevant venir, appela un chevau-léger, nommé *Pampelune*, qui soupait alors chez elle, en lui disant : « Voilà le chien qui revient, il faut le tuer ! » *Pampelune* sort, trouve en effet Prieur auprès de la maison et lui porte aussitôt un coup de l'épée qu'il tenait à la main. Prieur chancelle et va tomber un peu plus loin, devant l'hôtel de *la Louveterie*, où il meurt sur-le-champ sans prononcer un seul mot.

» Averti presque aussitôt, je me rendis, accompagné de quatre suisses de la patrouille, au domicile de Prieur. Déjà le corps avait été transporté à la Morgue par les soins de l'exempt de la prévôté de l'hôtel, Pelletier. Lorsque j'arrivai, la femme Prieur et ses trois filles s'étaient sauvées aux Grandes-Écuries du roi, chez une de leurs parentes. Le lendemain elles y furent arrêtées et conduites en prison. Quant au chevau-léger, Pampelune, il disparut et ne put être retrouvé.

» Le procès fut instruit par la prévôté de l'hôtel. Le roi se fit rendre compte de cette scandaleuse affaire, et déclara positivement qu'il n'accorderait aucune grâce au chevau-léger.

» Sans la déclaration du roi, bien des personnes eussent importuné Sa Majesté. Cette femme Prieur est nièce de madame Guyon, qui a nourri madame d'Armagnac, madame de Villars et M. le comte de Noailles. Ces trois enfants, remplis de bonté pour leur mère-nourrice, s'intéressèrent à sa nièce, et comme le recours au roi ne pouvait avoir lieu après sa déclaration, ils ne se cachèrent point pour faire des démarches auprès des officiers de la prévôté de l'hôtel, afin d'obtenir la grâce de la mère et de ses filles.

» Le 18 novembre, le grand-conseil rendit un arrêt par lequel le chevau-léger de la garde du roi fut déclaré atteint et convaincu d'avoir assassiné le sieur Prieur. Pour réparation de quoi, il fut condamné par contumace à avoir la tête tranchée ; à trois cents livres d'amende pour être employées à faire prier Dieu pour l'âme du défunt ; et à cent livres d'amende envers le roi, et ses biens confisqués.

» Quant à la femme Prieur et à ses filles, elles furent acquittées et mises en liberté, ce qui surprit tout le monde !

» Le mardi 22 novembre, à neuf heures du matin, un des valets du bourreau de Paris fit dresser un petit échafaud dans le carrefour du Bel-Air (Charrost), et plaça sur cet échafaud un montant en bois, large de quatre doigts et élevé de deux pieds. Puis le greffier de la prévôté de l'hôtel étant arrivé, l'exécuteur, escorté du greffier, d'un exempt, d'un huissier et de deux gardes de la prévôté, vint y attacher un tableau qui représentait le sieur Pampelune, en chevau-léger de la garde, et le bourreau qui lui tranche la tête, et au-dessus l'arrêt de condamnation.

» Ce tableau resta jusqu'au soir. Les pages du roi allèrent le regarder comme tout le monde, mais il ne vint pas un seul chevau-léger.

» On pense que c'est par considération pour ce corps que Pampelune ne fut condamné qu'à avoir la tête tranchée, car pour tout autre on aurait appliqué le supplice de la roue. »

Après ce récit, Narbonne entre dans quelques considérations morales un peu trop longues pour trouver leur place ici, et termine par cette exclamation :

« Cette condamnation fut généralement approuvée, car tout le monde trouva que c'était trop d'être l'amant de la femme et de tuer le mari ! Fatale destinée des amours illicites ! ! ! »

N° 12. — Sous Louis XIV, hôtel *des Équipages de la*

Louveterie du Dauphin. Cet hôtel communiquait à un autre hôtel placé rue du Chenil, dans lequel on réunit plus tard la louveterie du roi à celle du Dauphin.

N° 14. — En 1734, auberge : *au Mortier d'Or.*

N° 24. — *Au Corps-Royal.*

CARREFOUR CHARROST.

Cette petite place, située entre les rues Saint-Pierre, du Bel-Air et des Vieux-Coches, portait avant la Révolution le nom de carrefour du Bel-Air. En 1793, on l'appela place du Bel-Air, et en 1806, carrefour Charrost. Ce dernier nom lui fut donné à cause de l'hôtel de Charrost qui donnait sur cette place. Ainsi que nous l'avons déjà dit, cet hôtel occupait sous Louis XIV le n° 2 de la rue du Bel-Air. En 1777, le sieur Villecourt, propriétaire du terrain faisant face à la rue Saint-Pierre, aujourd'hui n° 7 de la place, fit bâtir une auberge ayant pour enseigne : *à l'Hôtel-Charrost.* De là vint l'habitude de nommer ce terrain hôtel Charrost. En 1789, cette auberge était devenue une succursale des Écuries du roi. Le carrefour Charrost a 64 mètres de longueur, sur 37 mètres dans sa plus grande largeur.

N° 8. — Maison appartenant sous Louis XIV à *André-Danican-Philidor.* Pendant deux siècles la famille Philidor fut composée de musiciens distingués. Le premier, *Michel-Danican,* était un hautbois d'une habileté jusqu'alors inconnue en France. Venu du Dauphiné à Paris, il se fit entendre devant Louis XIII. Ce prince, charmé de son talent, dit qu'il avait retrouvé un *second Philidor.* Ce Philidor, ou plutôt *Filidori,* de Sienne, était un célèbre hautboïste venu à la cour quelques années auparavant. Depuis ce temps le nom de *Philidor* resta à Danican qui le transmit à sa famille.

Ce *Michel* eut trois fils, *Michel II*, *André* et *Jean*. *André II Danican-Philidor* était fils de *Jean* (1), il fut admis en 1671 dans la musique du roi comme violoniste; — en 1703, il obtint la vétérance et eut le titre de *noteur* et de garde de la musique de la Chapelle et de la chambre du roi.

Dans sa place de garde de la musique du roi, *André Philidor* rendit un très-grand service à l'histoire de la musique. Il copia de sa main une très-nombreuse collection des manuscrits de la musique française. Cette collection, dédiée à Louis XIV, est en partition, avec l'indication des instruments alors en usage. Le Conservatoire de musique de Paris en possède un assez grand nombre; mais une importante partie se trouve dans le riche dépôt musical de la bibliothèque de la ville de Versailles. On peut en juger par l'indication suivante :

1° *Les motets de De Lalande*, surintendant de la musique du roi Louis XIV, 10 volumes in-folio, magnifique exemplaire avec reliure aux armes du roi et dont la copie est un chef-d'œuvre.

2° *Recueil de motets* qui servaient dans les départs du roi de Versailles à Fontainebleau et de Fontainebleau à Versailles, 1 vol. in-folio.

3° *Motet* composé par *Desmarets*, surintendant de la musique du roi d'Espagne, pour Monseigneur, 1 vol. in-4°.

---

(1) Voir, pour la généalogie des Philidor, la curieuse notice faite par M. Thoinan, à qui l'art musical doit déjà de nombreux et intéressants travaux. — V. *France musicale*, n° 51, 22 décembre 1867 et suivants.

4° Cinq volumes in-folio contenant : *Ballet du temps*, dansé par Louis XIV, en 1654. —*Ballet royal d'Alcidiane*, dansé par le roi, en 1658, musique de Lully. — *Ballet de la raillerie*, dansé par le roi, en 1659. — *Ballet de Xercès*, représenté au Louvre, en 1660. — *Ballet de la revente des habits*, en 1661. — *Ballet royal de l'Impatience*, dansé par le roi, en 1661. — *Ballet des Saisons*, dansé par le roi, en 1661.— *Ballet royal d'Ercole Amante*, en 1662. — *Ballet royal des Arts*, dansé par le roi, en 1663, Musique de Lully. — *Les noces de village*, mascarade dansée par le roi à Vincennes, en 1663. — *Le mariage forcé*, dansé par le roi, en 1664, paroles de Molière; — *Les amours déguisés*, dansé par le roi, en 1664. — *Les plaisirs de l'Ile enchantée*, fête donnée à Versailles, en 1664. — *L'impromptu de Versailles*, en 1665.

5° *L'amour médecin*, paroles de Molière, musique de Lully, représenté à Versailles, en 1666. 1 vol. in-folio.

6° *Le Ballet des Muses*, dansé par le roi, en 1666. — Musique de Lully. 1 vol. in-folio.

7° *Cadmus et Hermione*, tragédie-opéra, par Quinault et Lully. 1 vol in-folio.

8° *Alceste*, tragédie-opéra, par Quinault et Lully. 1674. 1 vol. in-folio.

9° *Isis*, tragédie, représentée devant le roi à Saint-Germain, le 5 janvier 1677. 1 vol. in-folio. — Cette partition est d'autant plus curieuse, qu'elle a été corrigée par Lully pour les représentations de la cour, et qu'elle servait au chef d'orchestre de la musique du roi. Cet opéra coûta beaucoup de peine à Lully, et cependant il déplut à la cour dans sa nouveauté. Mme de Montespan crut se reconnaître dans la maîtresse de Jupiter et ne pardonna pas à Quinault ce qu'elle s'imaginait être des satires contre elle-même. Le poète fut un instant disgracié. Plus tard, Louis XIV revint entièrement de cette première impression, et finit par tan aimer cet ouvrage qu'à son occasion il fit rendre le fameux arrêt du Conseil, par lequel il est permis à un *homme de condition de chanter à l'Opéra et d'en retirer des gages, sans déroger.*

10° *Psyché*, tragédie-opéra, paroles de Th. Corneille, musique de Lully, 1678. 1 vol. in-folio.

11° *Ballet de la Jeunesse*, divertissement, par Michel De Lalande, dansé à Versailles, en 1686. 1 vol. in-folio.

12° *Ballet de Villeneuve-Saint-Georges*, 1692. Par Colasse. 1 vol. in-folio.

13° *Les Saisons*, ballet-opéra, par Lully fils et Colasse. 1695, 1 vol. in-folio.

14° *Partition de l'inconnu*, par Gilliers, 1675. 1 vol. in-folio.

En 1724, Louis XV et les jeunes seigneurs de la cour dansèrent ce ballet dans le palais des Tuileries.

15° *Divertissement de Livry*, par Colasse, 1702. 1 vol. in-folio.

16° *Recueil de pièces de basson.* 1 vol. in-4°.

17° *Partition* de plusieurs marches et batteries de tambour tant françaises qu'étrangères, avec les airs de fifres et de hautbois à trois et quatre parties, et plusieurs marches de timbales et de trompettes à cheval, avec les airs du Carrousel de 1685, et les appels et fanfares de trompes pour la chasse. 1705. 1 vol. in-folio.

C'est l'un des plus curieux manuscrits de Philidor. On y trouve des renseignements intéressants sur tout ce qui concernait la musique militaire sous Louis XIV, qu'il serait difficile de rencontrer ailleurs. Le savant M. Kastner les a mis heureusement à profit dans son histoire de la musique militaire. Enfin, pour terminer ce qui a rapport à la belle collection des manuscrits de Philidor, de la bibliothèque de Versailles, nous citerons encore la *Pastorale*, chantée devant le roi à Versailles, le 3 septembre 1697, composée par *Pierre Danican-Philidor*, fils aîné de Jacques, frère d'André, et copiée entièrement de sa main.

Il faut croire que malgré sa position dans la musique du roi, André Philidor ne fut pas toujours dans l'aisance, car dans les papiers de la secrétairerie d'état on trouve une note, en date du 9 janvier 1693, ainsi conçue : « Le roy ayant autorisé par exception la loterie de la maison du nommé Philidor, à Versailles, et cette maison estant écheue à la dame Dufresnoy, dame du lit de la feue reine, — approuve et confirme, dérogeant, sans tirer à conséquence, à l'ordonnance du 14ᵉ mars 1687 (1). »

Le fils de Philidor, *François-André,* s'est rendu célèbre comme auteur d'opéras comiques, et comme l'un des premiers joueurs d'échecs de son époque (2).

RUE DE JOUVENCEL.

Cette rue, longée dans une grande partie de son étendue par les bâtiments de l'ancien Chenil du roi, aujourd'hui la préfecture, a porté jusque dans ces dernières années le nom de rue du Chenil. Le nom de Jouvencel lui a été donné en souvenir de M. de Jouvencel, ancien maire de Versailles.

---

(1) Arch. gén., secrét. d'Etat, F. 3,379.
(2) Des recherches nouvelles nous ont permis de retrouver la maison d'André-Danican-Philidor que nous avions d'abord confondue avec celle de Jacques, son frère. C'est ce qui, dans nos précédentes éditions, nous avait fait placer cette notice à la maison de Jacques, située avenue de Saint-Cloud.

La rue de Jouvencel s'étend de l'ouest à l'est, de la rue Saint-Pierre à la rue Montbauron ; elle a 209 mètres 30 centimètres de long, sur 10 mètres 52 centimètres de large.

CÔTÉ GAUCHE.

N°s 1 et 3. — Ancien bureau des Aides, avant 1789. Maison où se trouve la Bibliothèque populaire.

Aucun homme juste et sensé ne peut plus aujourd'hui se refuser à reconnaître l'utilité ou mieux encore la nécessité de l'instruction pour tous les hommes. Parmi les moyens de s'instruire il n'en est pas de plus agréable et de plus profitable à la fois que celui de la lecture. C'est, convaincu de ces vérités, qu'un certain nombre d'habitants de Versailles, désirant imiter ce qui se faisait déjà dans beaucoup de villes de France, se réunirent pour fonder une Bibliothèque populaire, afin de répandre le goût de la lecture parmi les classes qui, par leurs travaux, ne peuvent profiter des grands dépôts publics. On a réuni dans cette bibliothèque un choix de livres intéressants et utiles. Récits historiques, biographiques, relations de voyages, romans choisis, ouvrages de littérature et de morale, traités de sciences, manuels à l'usage de diverses professions, recueils illustrés.

La condition pour devenir membre de la société est de payer un droit d'admission de un franc, une fois donné, et six francs par an, pour la lecture des livres.

Cette bibliothèque est ouverte aux sociétaires tous les soirs de six heures et demie à huit heures et demie ; et les dimanches et fêtes, pendant le jour, de onze heures à une heure.

N°s 9, 11 et 13. — Hôtel *de la Louveterie du Dauphin*, sous Louis XIV; puis *Louveterie du roi,* lorsque les bâti-- ments occupés par cette dernière au coin de la rue Saint-Pierre furent donnés au bureau des Aides.

N° 19. — Depuis un assez grand nombre d'années on a établi une féculerie et une brasserie dans cette maison.

CÔTÉ DROIT.

N° 2. — Ancien hôtel de Girardin.

Un arrêt du Conseil, de 1766, autorisa à Versailles l'établissement d'un bureau royal de correspondance nationale et étrangère. Ce bureau fut placé dans cet hôtel. C'était à la fois une maison de commission, de banque, d'agence d'affaires et même d'écrivains publics. Ce fut à cette époque un établissement utile dans une ville où la population était sans cesse renouvelée et qui était fréquentée par une foule d'habitants de la province et de solliciteurs. — Plus tard, cet hôtel servit de succursale pour loger les chevaux du roi. En 1804, on y établit une filature de coton qui dura peu de temps. Il y a quelques années on y avait placé le dépôt de réserve des farines pour l'approvisionnement de Versailles. On y voit aujourd'hui un café-brasserie et un bal public.

AVENUE DE PARIS ET VERSAILLES EN GÉNÉRAL EN 1670

PARTIE CENTRALE DE VERSAILLES.

AVENUE DE PARIS.

Quand Louis XIII construisit son petit château, les bois de Versailles s'étendaient jusque sur la place d'Armes. Au milieu de ces bois et en face du château était une avenue lui servant d'entrée. Ce chemin des bois devint, avec la nouvelle ville de Louis XIV, la grande et belle *avenue de Paris*. Avant Louis XIV, le chemin de Paris à Versailles passait par Saint-Cloud et Ville-d'Avray; mais, lorsque ce monarque eut fixé son séjour à Versailles, il voulut que la route de la capitale à son habitation royale fût digne du palais qu'il venait de créer. On vit alors une véritable armée, composée de soldats et d'ouvriers, répandue de Paris à Versailles. Des travaux considérables furent exécutés sur les bords de la Seine. On fit de très-hautes levées de terre dans Paris et le long du village d'Auteuil; des ponts en bois furent jetés sur la Seine, un grand nombre de maisons de Sèvres abattues, la butte de Châville aplanie, et une route large et commode vint enfin aboutir à cette grande avenue de Versailles, magnifique entrée de la demeure du grand roi.

Sous Louis XIV et sous Louis XV, il y avait très-peu d'habitations le long de l'avenue de Paris; on s'était peu occupé des bas-côtés. En 1774, la première année du règne de Louis XVI, on commença à rendre praticables les contre-allées de cette avenue.

L'avenue de Paris s'étend de l'ouest à l'est, de la place d'Armes jusqu'à la rue de la Patte-d'Oie, puis elle marche un peu du sud-ouest au nord-est de cette rue jusqu'à la barrière. Elle a dans cette étendue 2,437 mètres de longueur, sur 93 mètres 60 centimètres de largeur.

Au mois de brumaire an II, *octobre* 1793, les arbres de cette avenue furent abattus, sur l'ordre des représentants du peuple Charles Delacroix et Musset, commissaires dans le département de Seine-et-Oise. L'arrêté qui ordonne leur destruction s'exprime ainsi :

« Convaincus de la nécessité de faire tourner à l'utilité publique tous les monuments de luxe de nos derniers tyrans, de préparer aux communes considérables du département de Seine-et-Oise, et surtout à celle de Paris, des ressources en bois de chauffage dont elles sont menacées de manquer ; à l'artillerie, le charronnage qu'exigent ses besoins ; à la marine, les bois dont elle manque pour bordage, corps de pompes, division d'entre-ponts et autres usages ; arrêtent ce qui suit : — Art. 1er. — Les arbres des avenues de Versailles, etc., seront exploités ainsi qu'il suit, etc... »

L'avenue resta ainsi dépouillée de ses arbres jusqu'en l'an VII (1799), où de nouvelles plantations, ordonnées par l'administration départementale, rendirent à Versailles un de ses plus beaux ornements.

L'avenue de Paris appartient aux trois quartiers de la ville. La partie qui se trouve sur Notre-Dame comprend le côté gauche, depuis la place d'Armes jusqu'à la rue Montbauron.

Le côté droit, jusqu'à la rue Saint-Martin, appartient au quartier Saint-Louis, et le reste au quartier de Montreuil.

La partie de l'avenue de Paris faisant partie du quartier de Montreuil, s'étend, à gauche, ou du côté du Grand-Montreuil, depuis la rue Montbauron jusqu'en dehors de la barrière, à l'angle de la rue des Bois ; et, à droite, ou du côté du Petit-Montreuil, depuis la rue Saint-Martin jusqu'à la ferme de Porchefontaine.

Sur la portion de l'avenue entre les Grandes et les Petites-Écuries, les habitants de Versailles élevèrent, en 1744, un magnifique arc-de-triomphe en l'honneur de Louis XV.

Le roi venait de faire sa première campagne. Au milieu des brillants succès du début, une fièvre grave l'atteignit à Metz, lui fit courir les plus grands dangers, et jeta Paris et la France entière dans une mortelle inquiétude.

« Le courrier qui apporta à Paris la nouvelle de sa convalescence, dit Voltaire, fut embrassé et presque étouffé par le peuple : on baisait son cheval, on le menait en triomphe. Toutes les rues retentissaient d'un cri de joie : *Le roi est guéri.* »

Louis XV était alors *Louis le Bien-Aimé*. Lorsqu'au mois de novembre, il revint de l'armée, Paris le reçut avec des transports de joie, et lui donna des fêtes qui durèrent plusieurs jours. Versailles voulut aussi manifester le bonheur que lui faisait éprouver le retour de son roi. Les habitants allèrent en foule au-devant de Louis XV ; la garde bourgeoise à pied et à cheval se revêtit, pour ce jour, de brillants uniformes ; un feu d'artifice et de nombreuses illuminations montrèrent la joie de chacun ; mais ce qu'il y eut de plus remarquable dans cette manifestation, fut l'arc-de-triomphe, élevé au roi, à l'aide des contributions volontaires et spontanées des habitants de la ville, et dont on peut voir la description détaillée dans la *Gazette de France*, de l'année 1744.

CÔTÉ GAUCHE.

Entrée principale de la nouvelle Préfecture.

Nous avons donné de nombreux détails sur l'ancienne et la nouvelle Préfecture à la rue des Réservoirs et à la place des Tribunaux.

Il nous reste à indiquer ici les noms des préfets qui ont administré le département de Seine-et-Oise depuis la création des préfectures :

MM. Garnier-Germain, ancien administrateur, installé le 2 mars 1800. — Le comte de Montalivet, installé le 31 mars 1804. — Le comte Laumont, installé le 3 mai 1806. — Le comte de Gavre, installé le 7 août 1810. — Le baron Delaître, installé le 13 janvier 1814. — Le comte de Girardin, installé le 17 mai 1815. — Hersant, baron Destouches, installé le 15 février 1816. — Clérel, comte de Tocqueville, installé le 14 juin 1826. — Le baron Capelle, installé le 20 janvier 1828. — Aubernon, installé le 1er août 1830. — Durand (Hippolyte), installé le 28 février 1848. — Arrighi de Padoue, installé le 29 janvier 1849. — Le comte de Saint-Marsault, installé le 11 février 1852. — Boselli, installé le 9 janvier 1866.

N° 1. — Cette maison est la seule sur le quartier Notre-Dame. La poste aux chevaux y a été installée en 1750, et y est toujours restée depuis cette époque jusque dans ces dernières années. L'établissement des chemins de fer l'a fait supprimer.

N° 5. — Quartier de cavalerie.

Tout le terrain longeant l'avenue de Paris, depuis la rue Montbauron jusqu'à l'espace réservé pour le passage des tuyaux apportant l'eau des étangs aux réservoirs de Montbauron, fut accordé par Louis XV à Binet, valet de chambre du Dauphin, parent de madame de Pompadour. En 1751, Binet y fit élever un corps de logis à l'italienne avec balustrades, entouré d'un charmant jardin (1). C'est la partie habitée aujourd'hui par le général commandant la subdivision militaire. Madame Du Barry acheta cette charmante habitation, et, en 1772, elle fit construire par l'architecte Ledoux le grand corps de logis, où l'on remarque à la porte, qui est très-élevée, des refents, dont plusieurs servaient à donner du jour à un escalier dérobé. Cette espèce de palais, que la favorite se faisait ainsi élever à l'entrée de Versailles, et pour ainsi dire sous les yeux du roi, déplaisait extrêmement au Dauphin, depuis Louis XVI. Mais madame Du Barry, aimant à braver le mépris de la famille royale, poussa ses constructions avec plus de vigueur et d'ostentation. Elle affecta de nommer d'avance tous les employés de sa nouvelle maison, et même un aumônier, place qui ne laissa pas d'être fort briguée. La mort de Louis XV vint détruire ses rêves, et sa maison de Versailles resta inhabitée.

Par contrat passé devant Mᵉ Deschênes, notaire à Paris, le 24 octobre 1775, madame Du Barry vendit son hôtel à Monsieur, frère du roi, depuis Louis XVIII, moyennant 224,000 livres. — Depuis ce moment jusqu'à la Révolu-

---

(1) Du 16 novembre 1751. — Brevet de don d'un terrain à la butte Montbauron (3 arpents, 3 quartiers, formant trapèze) en toute propriété à Georges-René Binet, chevalier de Saint-Louis, mestre-de-camp de cavalerie, premier valet de chambre du Dauphin.

Arch. générales, Secret. d'Etat, E. 3437.

tion, ce bâtiment, que Monsieur fit encore agrandir, prit le nom d'Écuries de Monsieur.

Depuis la Révolution, ces bâtiments servent de caserne de cavalerie. De 1814 à 1830, cette caserne fut occupée par les gardes-du-corps de la compagnie de Noailles, ce qui lui a fait conserver le nom de caserne de Noailles.

Elle est formée de plusieurs corps de bâtiments, joints entre eux à angle droit et divisés par trois cours, et peut renfermer deux cent dix hommes de cavalerie et cent soixante-six chevaux. Elle peut encore servir de logement à plusieurs compagnies d'infanterie, et recevoir cinq cents hommes de cette arme.

Le génie militaire l'a fait réparer. Les armes de Monsieur, détruites pendant la Révolution, ont été replacées au-dessus de la grande porte d'entrée.

N°ˢ 7, 7 *bis*, 9. — Maisons bâties depuis quelques années sur une partie du jardin de l'hôtel des Écuries de Monsieur.

Sur la partie de l'avenue de Paris auprès de la rue Champ-la-Garde, se passa, le 23 avril 1817, une cérémonie qui fut à cette époque une grande fête pour la ville de Versailles. Madame, duchesse d'Angoulême, vint y attacher la cravate du drapeau de la garde nationale. Une tribune à l'italienne, dont le dessus était soutenu par quatre colonnes, revêtues de rideaux cramoisis parsemés de fleurs de lis d'or, avait été élevée en cet endroit. Sur le fronton se voyaient les armes de la fille de Louis XVI, et au-dessous on lisait cette devise : *Sine Rege nihil*. Deux grands amphithéâtres, élevés à droite et à gauche de cette tribune, étaient occupés par les autorités de la ville et du département, et par un grand nombre de dames.

Dès le matin, les gardes nationales des communes de l'arrondissement s'étaient réunies à celles de Versailles, et occupaient l'avenue de Paris dans presque toute son étendue ; puis venaient le 2e régiment d'infanterie et le 1er régiment des cuirassiers de la garde royale, et les deux compagnies d'Havré et de Noailles des gardes-du-corps.

A midi, la princesse passa devant le front des troupes dans une calèche découverte, tandis que Monsieur, comte d'Artois, en uniforme de la garde nationale, l'accompagnait à cheval. Elle monta ensuite dans la tribune, et attacha de ses mains la cravate du drapeau de la garde nationale.

Après le défilé des troupes, la princesse et Monsieur allèrent visiter divers établissements de la ville, et se retirèrent au milieu des acclamations de la population accourue pour assister à cette cérémonie.

Après le n° 41 se trouve une petite rue dirigée du sud au nord, longue de 58 mètres et large de 6 mètres 80 centimètres, appelée rue Bon-Conseil.

Le n° 2, le seul de cette rue, donne entrée à une habitation occupant un terrain fort étendu le long de l'avenue de Paris. Avant la Révolution, c'était la maison de madame Élisabeth, sœur du roi Louis XVI.

Cette maison fut bâtie vers 1776, pour madame la princesse de Rohan-Guéménée, gouvernante des enfants de France. Le jardin était tracé avec un goût infini. On apercevait Paris d'un monticule élevé de 8 à 10 mètres, au haut duquel on arrivait par une spirale cachée dans un massif d'arbrisseaux, disposés de moins en moins haut en s'approchant du sommet. Madame de Guéménée aimait beaucoup les fleurs et les jardins, et madame Élisabeth, dont elle acheva l'éducation commencée par mesdames de Marsan et de Mackau, vint souvent se promener dans le charmant jardin de sa gouvernante. Des embarras de fortune forcèrent madame de Guéménée de vendre sa propriété de Versailles (1). Madame Élisabeth, malgré son goût pour la retraite, était la seule princesse de la famille royale qui n'eût point de maison de plaisance. Louis XVI, sachant combien cette habitation était aimée de sa sœur, en fit l'acquisition à son insu, et l'engagea à se rendre à Montreuil avec la reine, qu'il avait mise dans son secret. « Vous êtes chez vous », dit Marie-Antoinette à sa belle-sœur, en entrant dans cette jolie propriété. Madame Élisabeth, extrêmement sensible à cette agréable surprise, manifesta la plus vive reconnaissance pour la bonté du roi.

Rien ne pouvait en effet faire plus de plaisir à cette charmante et infortunée princesse que le don de cette maison, où elle pouvait se livrer sans contrainte à la simplicité de ses goûts. Montreuil devint bientôt son séjour favori. A peine installée, en 1781, le premier et le plus doux usage qu'elle fit de sa nouvelle propriété fut de donner à madame de Mackau une petite maison dépendante de la sienne. Madame de Mackau, l'une de ses anciennes institutrices, était sans fortune; elle accepta avec reconnaissance ce don de son élève, et vint s'établir à Montreuil avec ses deux filles, Mesdames de Bombelles et de Soucy, deux amies de madame Élisabeth, que cette princesse traitait comme ses sœurs (2). Cette princesse passa dans sa maison de Montreuil ses plus heureux jours.

(1) Voir, sur la perte de la fortune de Guéménée, ce que dit la baronne d'Oberkirch dans ses *Mémoires*.

(2) Voir, dans le même ouvrage, ce que dit la baronne d'Oberkirch de mesdames de Mackau et de Soucy.

L'inspecteur des bâtiments du roi, Huvé, y fit pour elle de nombreux embellissements. Les jardins furent agrandis, rendus encore plus pittoresques, et Delille put dire avec vérité :

> Les Grâces en riant dessinèrent Montreuil (1).

La présence de madame Élisabeth était un véritable bonheur pour les habitants de ce faubourg de Versailles. Elle savait pour la plupart leurs noms, leur situation de fortune, le nombre de leurs enfants. Le lait de la petite ferme était destiné aux nourrissons privés de leur mère ; elle en surveillait elle-même la distribution. Les fruits, les légumes de ses jardins étaient partagés entre les plus pauvres habitants. L'un d'eux tombait-il malade, elle lui envoyait un médecin, de l'argent, tout ce dont il pouvait avoir besoin, et se faisait rendre un compte exact de sa maladie ; souvent même elle allait le visiter. Un jour, un de ces habitants de Montreuil, nommé Péchet, travaillant dans le jardin de madame Élisabeth, fut atteint d'un mal subit accompagné de symptômes si terribles, qu'on vit bien que la mort allait le frapper. Elle le fait transporter chez lui, s'y rend aussitôt, et s'agenouille auprès de son lit en mêlant ses prières à celles du curé, qui administrait le mourant : « Madame donne ici un grand exemple », dit le prêtre en parlant à la princesse. « Monsieur, répondit-elle en montrant le lit du mourant, j'en reçois un bien plus grand, et que je n'oublierai jamais. » Et quelque temps après, elle écrivait à madame de Raigecourt, en parlant de cet homme : « Je lui ai vu recevoir le bon Dieu ; je ne crois pas que cela s'efface de longtemps de ma mémoire. Priez pour que j'en profite. »

(1) *Poëme des Jardins.*

La vie intérieure que l'on menait dans la maison de madame Élisabeth était simple, uniforme, telle que la famille la plus unie aurait pu la mener dans un château où elle se serait rassemblée loin de la cour et de la capitale. Il y avait des heures fixes pour le travail, pour la lecture, ou en commun ou chez soi, pour les délassements que l'on prenait. Madame Élisabeth dînait toujours avec ses dames. Le soir, avant de repartir pour Versailles, elle faisait la prière avec elles. Prière, amusement, travail, conversation, tout était mis en communauté (1).

Telle était la vie que menait à Montreuil madame Élisabeth, cette princesse que tous les habitants regardaient comme leur providence.

Une touchante et poétique histoire se rattache à cette maison de Montreuil, si chère à la sœur de Louis XVI, qu'elle en parlait souvent dans ses lettres, lorsque les événements ne lui permirent plus d'y aller :

« Elle avait fait venir de la Suisse plusieurs vaches, et, désirant avoir pour les soigner un jeune pâtre de Fribourg, elle avait chargé madame de Raigecourt, raconte madame de Bombelles, de prier madame Diesbach de lui procurer un bon sujet, dont la fidélité surtout fût à toute épreuve, car elle était avare de son lait, parce que le premier emploi qu'elle en faisait était de le distribuer aux pauvres enfants ; et l'idée que ces infortunés ne manqueraient pas de la nourriture qui leur était propre, lui faisait trouver délicieux le superflu qui restait. Le bon Jacques, c'était le nom du vacher suisse, fidèle observateur des intentions de sa maîtresse, et touché de sa bienfaisance, mettait le plus grand zèle à suivre ses ordres, et me disait souvent : *Ah! madame, quelle bonne Princesse! Non, la Suisse entière ne contient rien d'aussi parfait.* La fidélité et la franchise de ce jeune homme avaient si fort intéressé madame Elisabeth, qu'elle désira savoir par madame

---

(1) *Eloge de madame Elisabeth*, par Ferrand.

Diesbach si le bon Suisse était content près d'elle, s'il ne regrettait pas sa patrie. — Jacques, au milieu de sa nouvelle fortune, nourrissait un regret au fond de son cœur ; ce n'était pas le mal du pays, c'était un sentiment plus tendre encore. Il aimait une jeune fille nommée Marie, et le jour des fiançailles était déjà marqué, quand il fut obligé de quitter la Suisse, pour venir prendre possession de ses nouvelles grandeurs de l'étable de Montreuil. Or, Jacques regrettait Marie, et Marie regrettait Jacques ; elle craignait même que l'absence n'effaçât de son cœur le souvenir de sa promesse. Madame Elisabeth, au lieu d'un heureux qu'elle croyait avoir fait, avait fait deux malheureux. Une fois que la princesse eut appris ces détails par madame Diesbach, femme d'un officier suisse, qu'elle avait chargée d'interroger le mélancolique héros de cette gentille églogue, le mal fut bientôt réparé. On écrivit à Marie de venir épouser Jacques, avec promesse de la nommer laitière de Montreuil. Madame Elisabeth leur fit bâtir une cabane dans son jardin, monta leur petit ménage et les attacha tous deux à son service. Alors Jacques ne soupira plus, et trouva que Marie avait apporté avec elle la Suisse tout entière à Montreuil (1). »

Madame de Travanet composa à cette occasion les paroles et la musique de la romance intitulée : *Pauvre Jacques*. L'air, les paroles et l'anecdote coururent la ville, et l'on s'attendrissait au récit de cette idylle transportée des montagnes de la Suisse dans les jardins de Montreuil. La louange publique n'oublia pas la princesse qui avait fait le bonheur de ces deux enfants de la Suisse (2).

Voici les paroles, aujourd'hui oubliées, de cette romance longtemps à la mode, et dont l'air est toujours resté populaire :

(1) C'est le 26 mai 1789, qu'eut lieu le mariage de Jacques et de Marie. On trouve sur les registres de la paroisse Saint-Symphorien, où ils reçurent la bénédiction nuptiale, que le mari se nommait Jacques Bosson, et la femme Marie-Françoise Magnin, tous deux natifs de Bulle, canton de Fribourg, en Suisse.
(2) *Vie de Marie-Thérèse de France*, par A. Nettement.

> Pauvre Jacques, quand j'étais près de toi,
>   Je ne sentais pas ma misère ;
> Mais à présent que tu vis loin de moi,
>   Je manque de tout sur la terre.
>
> Quant tu venais partager mes travaux
>   Je trouvais ma tâche légère,
> T'en souvient-il ? Tous les jours étaient beaux.
>   Qui me rendra ce temps prospère ?
>
> Quand le soleil brille sur nos guérets,
>   Je ne puis souffrir sa lumière ;
> Et quand je suis à l'ombre des forêts,
>   J'accuse la nature entière.

Jacques et sa femme conservèrent à madame Élisabeth, jusqu'à ses derniers moments, l'attachement le plus touchant, dit madame de Bombelles (1). La femme fut en conséquence mise en prison. Jacques trouva le moyen de fuir et de revenir en France pour tâcher d'arracher sa femme à la mort. Son courage fut couronné de succès ; il obtint son élargissement et la ramena avec lui à Fribourg, où l'un et l'autre ne cessèrent de pleurer leur protectrice.

Madame Élisabeth ne vint plus dans sa maison de Montreuil après les journées des 5 et 6 octobre 1789. Restée inhabitée depuis cette époque, il y fut établi un hôpital militaire, sous le nom d'hôpital Lepelletier, par arrêté du département du 23 mai 1794.

Vendue depuis comme propriété nationale, c'est encore aujourd'hui l'une des plus jolies habitations de Versailles.

Nos 55, 57. — Maison bâtie sur l'emplacement d'une ancienne auberge, dite *l'Image de Saint-Claude*. Cette

---

(1) Note de madame de Bombelles, écrite en 1795.

auberge était autrefois complétement isolée. Lorsque Montreuil fut réuni à Versailles, on traça diverses rues, et celle qui vint aboutir auprès de cette auberge en reçut le nom, et se nomma rue Saint-Claude. C'est là que se trouve la grille de l'octroi de l'avenue de Paris.

Nos 59 et 61. — Propriété faisant partie, avant la Révolution, du jardin de Madame, comtesse de Provence. Ce beau jardin avait plus de sept hectares d'étendue. Madame fit construire, vers 1780, la maison d'habitation dont l'entrée principale était sur la rue de Montreuil. Divers pavillons d'agrément avaient été élevés du côté de l'avenue de Paris. L'un de ces pavillons forme aujourd'hui la partie centrale de la maison d'habitation du côté de cette avenue. C'était le salon de musique. Ce salon a été conservé avec ses décorations. Chacune des colonnes est surmontée successivement des lettres J. L. (Joséphine-Louise) nom de la princesse, et M. (Madame). Un petit salon, appelé salon Bleu, se trouve derrière, et est orné d'amours tenant des guirlandes ; chaque croisée est surmontée d'une grande M. Enfin, au-dessus de la porte d'entrée l'on voit aussi une grande M. entourée d'une couronne de chêne. Ce jardin avait une très-grande renommée, et était un des plus agréables de cette époque.

La plaine où se trouvent aujourd'hui ces habitations fut choisie, en 1722, par le régent pour donner au jeune roi Louis XV, de retour à Versailles, un simulacre de guerre.

Dans les premiers jours de septembre, le régiment du Roi vint camper au-dessus de la ferme de Porchefontaine. Un fort fut rapidement élevé dans la plaine de Montreuil, et l'attaque et la défense s'en firent suivant toutes les règles de l'art. La *Gazette de France* de 1722 donne tous les détails de ce siége et termine ainsi son récit :

« L'attaque et la défense du fort de Montreuil ont donné au roi une idée aussi parfaite qu'il est possible de la manière d'assiéger une place, et cette image d'un siége est devenue pour Sa Majesté un amusement très-instructif, par l'attention avec laquelle le roi a vu toutes les attaques et visité les différents travaux. Tout y a été conduit avec beaucoup d'ordre, et Sa Majesté a paru très-contente de cet exercice de guerre, dans lequel les officiers du régiment du Roi, le sieur De Ressons, brigadier, commandant d'artillerie, le sieur De La Voye, brigadier à la tête du génie, ont donné, chacun dans leur emploi, des preuves de leur capacité et de leur empressement à mériter l'approbation et les grâces de Sa Majesté. Le chevalier de Pezé, mestre-de-camp du régiment du Roi, s'est fort distingué par les soins qu'il s'est donnés pour la conduite de cette attaque, et par la magnificence des tables qu'il a tenues tous les jours, avec autant de délicatesse que de profusion. »

On pense bien qu'un pareil spectacle dut attirer à Versailles un grand nombre de curieux ; aussi Narbonne (1) dit-il que toutes les auberges et tous les cabarets de la ville étaient remplis de Parisiens et de gens des environs, venus pour assister à cette petite guerre. Des amphithéâtres, élevés autour du camp, étaient tous les jours garnis de nombreux spectateurs. La cour y vint aussi chaque jour ; enfin, pendant un mois que dura la construction du fort et sa prise, une foule considérable circulait sans cesse sur la route de Paris à Versailles.

Le commissaire de police Narbonne fut chargé par Blouin, gouverneur de Versailles, de réunir tout le matériel nécessaire aux travaux de terrassements, les pelles,

---

(1) Ouvrage cité.

pioches, brouettes et autres ustensiles ; de pourvoir aux logements des officiers, à Montreuil et dans les villages environnants, ce qui lui occasionna beaucoup de peine et de fatigue ; et il se plaint dans son journal de n'en avoir reçu aucune récompense ; puis il termine en faisant observer que si le lieutenant-colonel commandant du fort fit une fort belle défense, il fit une bien plus belle capitulation, puisqu'il en sortit avec le grand-cordon rouge de l'ordre de Saint-Louis, et une pension de six mille livres.

CÔTÉ DROIT.

La partie de l'avenue de Paris qui appartient au quartier Saint-Louis s'étend, à droite, de la place d'Armes à la rue Saint-Martin.

N° 4. — Hôtel de la Mairie.

Cet hôtel et celui du Grand-Veneur, aujourd'hui Palais-de-Justice, furent élevés sur le même plan, et la même année, 1670. Il appartint d'abord au maréchal de Bellefont, puis ensuite au chevalier de Lorraine. Louis XIV en fit l'acquisition pour 100,000 livres, en 1680, et le donna au duc de Vermandois, le fils qu'il eut de madame de La Vallière. A la mort du duc de Vermandois, arrivée en 1683, il passa par héritage dans les mains de la princesse de Conti, sa sœur de père et de mère.

L'entrée principale était sur l'avenue de Paris. Les cours qui précédaient l'hôtel étaient entourées d'arbres. Un vestibule sans portes donnait entrée dans une antichambre ouverte sur les jardins ; de cette antichambre on entrait, à droite, dans un appartement au bout duquel se trouvait la chapelle ; à gauche étaient la galerie et les cabinets.

Du côté de la cour, il y avait de nombreuses dépendances : de l'autre côté du bâtiment régnait une terrasse, ornée de belles plantations et de statues de marbre. On descendait de cette terrasse dans les jardins par un escalier décoré de groupes de marbre blanc. Rien de plus joli que ces jardins, dans lesquels la princesse de Conti recevait presque tous les jours les plus grands personnages de la cour de Louis XIV. C'est dans un angle de ces jardins qu'elle fit construire les bains dont nous parlerons plus tard.

La princesse de Conti venait souvent dans sa maison de ville, où elle était plus libre que dans les appartements du château. Elle y donna de nombreuses fêtes. Le 27 mai 1691, elle y reçut Louis XIV, qui se promena fort longtemps dans ses jardins. Le soir, il y eut une collation magnifique dont la princesse et le Dauphin firent les honneurs. On y remarquait, parmi les dames, mesdames de Maintenon, de Chevreuse, de Mortemart, de Gramont, la princesse d'Harcourt, mesdemoiselles de Lillebonne et d'Uzès, mesdames de Roucy, d'Urfé, de Dangeau (1).

Le 15 juin 1698, la princesse de Conti maria le marquis de La Vallière, son cousin-germain, avec une fille du duc de Noailles.

« Mme la princesse de Conti, qui l'aimait tant, dit Saint-Simon, parla libéralement dans le contrat, et fit la noce en sa belle maison dans l'avenue de Versailles. Ce fut une espèce de fête, où Monseigneur se trouva. »

Au mois de janvier 1700, la princesse de Conti, voulant faire prendre quelques plaisirs au jeune duc de Bourgogne, fit construire un théâtre dans la galerie de son hôtel. Il y avait de fort jolies décorations. Dangeau rapporte que le théâtre seul lui coûta trois cents pistoles.

(1) Journal de Dangeau, 1691.

Le 9 janvier, on y représenta l'opéra d'*Alceste*, de Lully et Quinault. Les chanteurs étaient : le duc de Bourgogne, — le duc de Chartres, — le comte de Toulouse, — le duc de Montfort, — Biron, — les deux La Vallière, — le comte d'Ayen, — la princesse de Conti, — mesdames de Ville-quier et de Châtillon, — et mademoiselle de Sansey. Comme c'était surtout pour amuser le duc de Bourgogne, et que le plus grand plaisir de ces sortes de représentations consiste dans les répétitions, on les fit nombreuses ; et l'opéra fut représenté deux fois en petit comité.

Le 22 janvier 1702, l'on représenta sur ce petit théâtre la tragédie d'*Electre*, de Longepierre. Cette fois, de véritables acteurs jouèrent cette pièce. « Elle fut jouée à merveille, dit Dangeau, et le vieux Baron joua avec les comédiens, quoiqu'il eût quitté le théâtre depuis longtemps. » Hors le roi, les plus grands personnages de la Cour assistaient à ce spectacle. « Il n'y put guère tenir plus de cent personnes, et toutes les places y étaient marquées, tant pour les dames que pour les courtisans (1). »

Toute la cour ayant quitté Versailles en 1715, après la mort de Louis XIV, la princesse de Conti mit en vente son hôtel de Versailles. Le 7 décembre 1719, M. Bosc, procureur-général de la Cour des Aides, enrichi dans les actions de la banque de Law, l'acheta à la princesse 100,000 livres en billets de banque.

Bosc était un spéculateur, et il n'avait acheté cet hôtel que pour y gagner de l'argent. Il commença par vendre à divers particuliers les dépendances, fort considérables. En y comprenant les bois, plombs, fers et objets d'art qu'il détacha du principal bâtiment : il en retira 250,000 livres

---

(1) Dangeau.

en argent (1). Puis, le 28 décembre 1723, il céda le grand hôtel, avec le jardin principal, à M. le duc de Bourbon, alors premier ministre, qui le paya 100,000 livres, pour le compte du roi revenu à Versailles.

On voit que le procureur-général de la cour des Aides n'avait pas fait là un trop mauvais marché.

Cet hôtel fut affecté au grand-maître de France ou de la Maison du roi. Il fut alors habité par le duc de Bourbon, qui possédait cette grande charge; et Narbonne raconte que jusqu'au moment de la disgrâce du duc, en 1726, l'on n'y vit que fêtes de toute espèce dirigées par sa maîtresse la marquise de Prie (2).

Les princes de Condé firent beaucoup d'embellissements à cet hôtel. Les appartements furent ornés de nombreux tableaux, et la galerie, particulièrement, renferma les vues de tous les châteaux royaux dont le grand-maître avait la direction. Nous indiquerons plus tard ceux de ces tableaux qui existent encore dans l'hôtel de la Mairie.

Dès l'année 1770, le beau jardin du grand-maître fut ouvert au public. Comme il avait une porte sur l'avenue de Sceaux, l'on en profita pour aller plus facilement d'un quartier dans l'autre, et il devint une sorte de passage pour les habitants des deux parties de la ville.

En 1775, le roi ayant ordonné la replantation du parc, les beaux jardins du palais de Versailles, devenus un vaste chantier de bûcherons, furent abandonnés pendant quelques

---

(1) Manuscrit de Narbonne.
(2) 5 janvier 1724. — Brevet de don à M. le duc de Bourbon, comme Grand-Maître de France, et à ses successeurs, de l'hôtel de Conti, avenue de Paris, acquis par le roi en décembre 1723.

Arch. générales, Secret. d'Etat, E. 3410.

années, et celui du grand-maître devint alors la promenade habituelle de la cour et de la ville.

Quoique, dès l'année 1671, Versailles eût reçu le titre de Ville, on n'y avait cependant établi aucune institution municipale. Le roi, comme seigneur, avait délégué son autorité, pour tout ce qui regardait la Ville, à un gouverneur avec un bailliage exerçant la justice et une partie de la police. La Ville prenant toujours une plus grande importance, on augmenta peu à peu la juridiction du bailli, et l'on consulta quelquefois les habitants sur des mesures d'intérêt public ; mais, un véritable corps municipal ne fut accordé à la Ville de Versailles, par Louis XVI, qu'en 1787.

Peu de personnes connaissent actuellement l'organisation de cette première municipalité, et il n'est peut-être pas sans intérêt de la rappeler, aujourd'hui que nos corps municipaux ont subi tant de transformations.

RÈGLEMENT FAIT PAR LE ROI

Pour la formation et la composition de l'assemblée municipale de la ville de Versailles,

DU 18 NOVEMBRE 1787.

DE PAR LE ROI.

Sa Majesté voulant faire participer les habitants de sa ville de Versailles aux avantages dont elle a fait jouir tous ses sujets, par la composition des différentes natures d'Assemblées qu'elle a établies, en exécution de l'édit portant création des Assemblées provinciales, et étant informée que cette ville n'a point de corps municipal, et que, d'un autre côté, les dispositions du règlement du 8 juillet dernier, relatives à la formation des Assemblées municipales dans les différentes villes ou communautés de la province de l'Ile-de-France où il n'en existait point, ne pourraient recevoir leur application, sans quelques modifications à l'égard d'une ville aussi considérable et aussi peuplée que l'est celle de Versailles; Sa Majesté ayant résolu d'y pourvoir, a ordonné et ordonne ce qui suit :

Article premier.

La ville de Versailles sera divisée en huit quartiers, suivant le tableau annexé au présent règlement.

Art. II.

Tous les habitants demeurant dans l'une des trois paroisses de la ville, âgés de vingt-cinq ans, et payant 20 livres au moins d'impositions foncières ou personnelles, auront droit de suffrage pour l'élection de quatre représentants de chacun des huit quartiers. Les pères pourront être substitués par leurs fils, âgés de vingt-cinq ans.

Art. III.

Parmi lesdits habitants ayant droit de suffrage, tous ceux *vivant noblement*, les procureurs, les notaires, les chirurgiens, et ceux des cultivateurs qui payeront plus de 100 livres d'impositions foncières ou personnelles; enfin, les marchands des quatre principaux corps de commerce pourront être élus représentants.

Art. IV.

A l'effet de ladite élection, tous ceux qui auront droit de suffrage se rendront, aux jour et heures qui seront déterminés par le bailli de ladite ville de Versailles, indiqués par affiches pour chaque quartier séparément, à la salle d'audience du Bailliage, où, après qu'ils auront justifié de leurs qualités, ils déposeront dans un coffret, en présence du bailli, du lieutenant ou du procureur de Sa Majesté au Bailliage, un billet fermé contenant les noms des quatre habitants de leur quartier, de la qualité exigée par l'article précédent, par lesquels ils désireront que leur quartier soit représenté.

Art. V.

Le scrutin sera ouvert, à la vue de toute l'Assemblée ; les noms contenus dans tous les billets seront écrits les uns au-dessous des autres, en présence de deux vérificateurs du scrutin, que le président de l'Assemblée aura désignés, par le greffier du Bailliage, qui remplira les fonctions de greffier de l'Assemblée provisoirement, jusqu'à ce qu'il ait été pourvu à la nomination dudit greffier, ainsi qu'il sera prescrit par l'article ci-après.

Art. VI.

A la suite de chaque nom, le greffier tirera une ligne horizontale qui sera tranchée par autant de barres que les sujets vis-à-vis le nom desquels les lignes seront tirées auront réuni de voix, et une semblable liste sera tenue par les deux vérificateurs du scrutin. Les quatre habitants qui auront obtenu le plus grand nombre de suffrages, seront déclarés représentants de leur quartier, et inscrits comme tels dans le procès-verbal de l'Assemblée préliminaire.

Art. VII.

L'on inscrira en outre dans ledit procès-verbal les noms des deux habitants qui auront eu le plus de voix après les quatre premiers, à l'effet de remplacer les représentants, en cas de retraite ou de décès, pendant la durée de leur gestion, et lorsque le procès-verbal aura été clos pour chaque quartier, signé par l'officier du bailliage qui présidera, par ceux des quatre représentants et des deux surnuméraires qui se trouveront présents à l'Assemblée, et enfin par le greffier, les billets de suffrages et le cahier contenant l'état desdits suffrages seront brûlés.

Art. VIII.

Les Assemblées prescrites par l'article IV, pour la nomination desdits représentants, seront indiquées pour cette année, avant le 30 novembre, présent mois. Veut Sa Majesté que les représentants qui auront été nommés cette année, restent en exercice pendant quatre ans, et soient remplacés, en cas de mort ou de démission, par les surnuméraires dont il est fait mention en l'article VII précédent, pour le temps seulement qui restait à courir pour le représentant mort ou retiré. Mais, pour 1792, un des quatre représentants sortira d'exercice par la voie du sort et sera remplacé par un autre représentant élu à cet effet dans la forme prescrite, lequel restera de même en exercice pendant quatre ans. En 1793, un des trois représentants restant de la première nomination, sortira de même par la voie du sort; enfin, tous les remplacements seront faits ainsi, d'année en année, par la voie du sort, et ensuite d'après l'ancienneté. Les Assemblées de quartier, nécessaires pour lesdits remplacements, auront lieu, à compter de 1791, dans les quinze jours du mois d'août.

Art. IX.

Les nominations, ou remplacements de représentants étant ainsi effectués, l'Assemblée générale sera ensuite convoquée par ordre du gouverneur et par billets; elle sera composée du gouverneur-président, du bailli ou lieutenant au Bailliage, du procureur de Sa Majesté audit Bailliage, des curés des trois paroisses, des quatre représentants de chacun des huit quartiers, et du greffier de l'Assemblée. Cette assemblée se tiendra, pour cette année, avant le 31 décembre prochain, et les années suivantes, avant le 15 septembre.

Art. X.

Dans ladite Assemblée, il sera procédé à trois scrutins; le premier sera pour l'élection du syndic du corps municipal, qui sera toujours choisi parmi les représentants, et remplacé, dans son ordre de représentant, par le premier des surnuméraires de son quartier.

Pour le second scrutin, chacun des membres de l'Assemblée déposera dans le coffret un billet fermé contenant les noms des représentants, à qui il donnera sa voix pour être députés, en observant d'en nommer seulement un pour chaque quartier, ce qui composera le nombre de huit députés.

Le troisième scrutin sera pour la nomination du greffier, lequel pourra être choisi, soit parmi les représentants qui n'auraient point été nommés députés, soit parmi les autres habitants. Ses fonctions seront d'inscrire et enregistrer les délibérations de toutes les Assemblées tant générales que particulières ; il n'aura point voix délibérative et pourra être destitué. Les scrutins seront ouverts, les voix comptées, les élus inscrits, comme il est expliqué en l'article VII, après quoi les feuilles qui auront servi pour assurer le nombre des suffrages et les billets de suffrages seront brûlées, comme il est dit audit article.

Art. XI.

S'il arrive que pour les élections mentionnées aux articles précédents, plusieurs sujets aient un nombre égal de voix, le partage sera résolu en faveur de celui qui aura le suffrage du président de l'Assemblée.

Art. XII.

Le syndic et les huit députés formeront le comité municipal, et seront autorisés à faire et dresser les rôles des impositions royales et autres impositions particulières qui seraient autorisées dans ladite ville, pour l'illumination, le nettoyage, l'enlèvement des immondices, et autres dépenses locales. Ils pourront appeler avec eux les représentants non députés de chaque quartier, lorsqu'ils procéderont à la répartition des impositions sur les habitants desdits quartiers, pour les consulter et les entendre, mais lesdits représentants non députés n'auront point voix délibérative.

Art. XIII.

Les projets de rôles seront remis, pour chaque quartier, à son député, lequel en donnera communication à tous les intéressés, sur leur simple réquisition, recevra leurs mémoires et observations écrites, et en fera son rapport au comité municipal, lequel pourra faire aux projets de rôles tels changements qu'il estimera convenables d'après lesdits mémoires et observations.

Art. XIV.

En cas de partage de voix dans ledit comité municipal, l'opinion pour laquelle le syndic aura voté, prévaudra.

Art. XV.

Le comité municipal restera composé des mêmes députés pendant les années 1788, 1789 et 1790, et il se régénérera ensuite en la forme suivante :

Trois députés sortiront en 1791, trois en 1792, deux et le syndic en 1793. Le sort réglera la retraite des députés en 1791 et 1792 ; il aura lieu, en 1791, entre les huit députés ; en 1792, entre les plus anciens ; en 1793, les deux députés anciens restant et le syndic devront être remplacés. Les années suivantes, ce seront toujours les trois plus anciens membres du comité municipal qui se retireront.

Art. XVI.

Le remplacement des syndic et députés s'opérera chaque année, à commencer en 1791, en la forme prescrite par l'article X du présent règlement pour leur élection. Les Assemblées, pour lesdits remplacements, se tiendront avant le 15 septembre, ainsi qu'il a été ordonné par l'article IX, aux jours et heures qui seront indiqués par le gouverneur.

Art. XVII.

Le syndic pourra seul être élu de nouveau, en sorte cependant qu'il ne puisse être prorogé dans lesdites fonctions que pendant neuf ans, et toujours par une nouvelle élection, après trois ans accomplis ; enfin, lorsque sa gestion aura cessé, soit au bout de trois ans, soit au bout de six ou de neuf ans, il ne pourra être choisi de nouveau pour représentant ou pour député, ou enfin pour syndic, qu'il ne se soit écoulé un intervalle de trois ans.

Art. XVIII.

Lorsqu'il sera nécessaire de convoquer extraordinairement l'Assemblée générale des représentants, et elle devra toujours être convoquée lorsqu'il sera question de délibérer sur une dépense nouvelle qui devra être répartie sur les propriétaires et habitants, le comité municipal en référera au gouverneur qui donnera les ordres nécessaires à ce sujet.

Fait à Versailles, le dix-huit novembre mil sept cent quatre-vingt-sept.

Signé, LOUIS.

Et plus bas, le baron DE BRETEUIL.

D'après ce Règlement, Versailles fut divisé en huit quartiers, quatre pour la paroisse Notre-Dame, trois pour la paroisse Saint-Louis, et un pour le Grand et le Petit-Montreuil. Puis, après avoir procédé aux diverses opérations indiquées dans le règlement, la Municipalité Versaillaise fut composée ainsi :

CONSUL MUNICIPAL ET PRÉSIDENT DU COMITÉ.

M. THIERRY, baron DE VILLE-D'AVRAY.

DÉPUTÉS ET REPRÉSENTANTS DE LA VILLE.

Premier quartier.

M. MÉNARD, notaire, rue Dauphine, — député.
MM. Meslin, Bougleux, Cornu, — représentants.

Deuxième quartier.

M. DE BOISLANDRY, négociant, avenue de Saint-Cloud, — député.
MM. Clausse, Chambert fils, Chapuy, — représentants.

Troisième quartier.

M. VIGNON, ingénieur de la marine, rue du Chenil, — député.
MM. Deslandes, Remy, Jeanty, — représentants.

Quatrième quartier.

M. LOUSTAUNAU, conseiller d'état et premier chirurgien du roi, boulevard du Roi, — député.
MM. Thibault, Forestier, le chevalier de Bagneux, — représentants.

Cinquième quartier.

M. Verdier, contrôleur des rentes, avenue de Paris, — député.

MM. Fontaine, Chanteclaire, Marjou, — représentants.

Sixième quartier.

M. Dupont de Beauregard, chirurgien de Monsieur, rue de la Paroisse-Saint-Louis, — député.

MM. Gilbert, Busnel, Calmels, — représentants.

Septième quartier.

M. Lamicy de Jud'hic, — député.

MM. Rolle, Le Beuf, La Malmaison, — représentants.

Huitième quartier.

M. Alain-Gervais, négociant, rue du Grand-Montreuil, — député.

MM. Gravois, Legrand, Augot, — représentants.

GREFFIER MUNICIPAL.

M. Emard, commissaire de police, rue des Réservoirs.

Le 14 avril 1788, le corps municipal fut installé dans l'une des salles du Garde-Meuble (ancienne Préfecture), rue des Réservoirs, par le prince de Poix, gouverneur de Versailles. Ce logement n'était que provisoire, et la municipalité, qui commençait à devenir un corps très-important, ne cessait d'en réclamer un où elle pût être entièrement seule.

Le 23 août 1789, elle demande l'hôtel des Gardes-de-la-Porte (ancienne gendarmerie), devenu libre par suite de la suppression de ce corps; mais, sans résultat.

Le 1er septembre 1789, elle prie le roi de lui accorder l'hôtel du Grand-Maître, que le prince de Condé n'habitait plus depuis longtemps; on ajourne la réponse. Le 14 octobre, on profite du départ du roi, de Versailles, pour renouveler la demande de l'hôtel du Grand-Maître. Le roi désire avoir un plan de la propriété avant de faire connaître sa réponse; puis, nouveau refus.

Les choses en étaient là, lorsqu'un événement inattendu fait enfin accorder à la municipalité cet hôtel si souvent demandé.

On sait combien les farines devinrent rares pendant l'hiver de 1789-1790, et combien le gouvernement fit d'efforts pour approvisionner Paris et Versailles. Dans les commencements de l'hiver, le prix du pain s'était maintenu à un taux assez modéré; mais, depuis le départ du roi, Versailles se trouvant beaucoup moins bien approvisionné, le pain y devint très-cher. Le 7 janvier 1790, un rassemblement considérable se forme dans la rue des Réservoirs. Le peuple assiége l'Assemblée municipale, en demandant à grands cris la diminution du pain. Le président, M. Guillery, se présente à une fenêtre et dit que l'on s'occupe de cette importante question, et que le lendemain, le pain sera mis au plus bas prix possible. Cette réponse évasive est reçue du dehors avec des cris de menace. C'est le jour même que l'on veut la diminution du pain. La garde de l'hôtel du Garde-Meuble était très-faible et pouvait à peine contenir les assaillants. Dans cette situation critique, le président vient alors demander qu'une députation soit désignée, et que la municipalité s'entendra avec elle sur le prix auquel le pain peut être raisonnablement taxé. Au moment où cette députation est introduite, un flot de peuple se précipite dans le Garde-Meuble et s'empare de toutes les issues, pour qu'aucun membre de l'Assemblée ne puisse s'échapper et aller prévenir la force armée. Celui qui porte la parole demande que l'on rende, le jour même, un arrêt taxant le pain à vingt-quatre sous les douze livres. A cette demande impérative, l'Assemblée municipale fait d'abord quelques observations ; elle propose de porter les douze livres à trente-trois sous, puis à trente ; mais, comme la députation annonce que le peuple est résolu à se porter à des extrémités si l'on n'accepte pas le prix qu'il propose, l'Assemblée se voit forcée de l'adopter, et rend immédiatement un arrêté conforme aux désirs du peuple.

Après la satisfaction qu'on venait de lui donner, le rassemblement s'était rapidement dissipé, et l'on n'avait eu aucun malheur à déplorer. Cependant le Garde-Meuble, dans lequel s'assemblait la municipalité, contenait une foule de choses précieuses appartenant à la Couronne, et sujettes à des grands risques, si pareille scène se renouvelait, ce qui n'était alors que trop probable. Aussi, dès le lendemain, 8 janvier, la municipalité reçoit de M. Thierry de Ville-d'Avray, son ancien chef, commissaire-général du Garde-Meuble de la Couronne, une lettre montrant les dangers que pouvait courir le Garde-Meuble dans les cas d'une nouvelle émeute, et la priant de chercher un autre local pour y tenir ses séances.

La municipalité renouvelle aussitôt sa demande de l'hôtel du Grand-Maître, et, le 11 janvier, M. de Saint-Priest lui annonce que le roi lui accorde enfin cet hôtel si désiré, mais seulement pour six mois, au bout desquels il se réserve de prononcer définitivement.

Enfin, le 29 janvier 1790, la municipalité s'installe dans l'hôtel du Grand-Maître, auquel on donne immédiatement le nom d'*Hôtel-de-Ville*.

Nous venons de dire que le premier corps municipal fut élu en 1787. Le chef de l'administration reçut d'abord le titre de syndic. Le roi le changea, le 9 avril 1788, contre celui de consul municipal ; et, le 23 mai 1789, l'arrêt suivant du Conseil-d'État vint de nouveau changer ce titre :

Sur ce qui a été représenté au roi étant en son Conseil, qu'il serait intéressant, pour le bien du service, que Sa Majesté voulût bien accorder à celui qui occupe la première place dans le comité du Conseil municipal de Versailles, le titre de *maire de ladite ville*, au lieu de celui de *consul*; à quoi ayant égard, ouï le rapport, le roi étant en son Conseil, a ordonné et ordonne qu'à compter du jour et date du présent arrêt, celui qui occupe présentement la première place dans le comité de la ville de Versailles, et ceux qui lui succéderont dans ladite place, auront le titre de *maire de ladite ville*, au lieu de celui de *consul*. N'entend néanmoins Sa Majesté que pour raison dudit titre, il soit rien innové, d'ailleurs, à l'ordre actuel du comité municipal de ladite ville, jusqu'à ce qu'il ait été pris un parti général sur les municipalités du royaume.

Fait au Conseil d'Etat du roi, Sa Majesté y étant, à Versailles, le 23 mai 1789.

Signé LAURENT DE VILLEDEUIL.

M. Thierry de Ville-d'Avray donna sa démission de Maire, le 3 août 1789. Il fallait procéder à l'élection d'un nouveau Maire, mais le corps municipal, consulté, décida que l'Assemblée nationale discutant une loi sur le régime général à appliquer aux différentes municipalités du Royaume, il était inutile de procéder à l'élection d'un Maire.

Cette municipalité se trouva ainsi sans chef dans un moment bien grave pour Versailles. Mais, grâce à l'énergie et au patriotisme de ses membres, elle sut diriger avec bonheur les intérêts d'une ville abandonnée de tous ceux qui, jusqu'alors, avaient été chargés de la défendre. Tous les mois, un Président, faisant fonction de Maire, était nommé par l'Assemblée municipale. Ces Présidents, dont pas un ne recula devant les difficultés du moment, furent, dans l'ordre de date : M. Menard, notaire, pour le mois d'août 1789 ; — M. Clausse, procureur, pour le mois de septembre ; — M. Loustaunau, premier chirurgien du roi, pour le mois d'octobre. M. Loustaunau se trouva ainsi à la tête de la municipalité versaillaise dans les terribles journées des 5 et 6 octobre. Forcé, pour son service, de suivre le roi à Paris, il fut remplacé dans la Présidence, le 8 octobre, par M. Rivière de Gray, commis de la marine. — M. Bougleux, négociant, fut Président pour le mois de novembre ; — et M. Guillery, nommé pour le mois de décembre, resta, par le vœu de ses collègues, jusqu'à l'installation de la nouvelle municipalité.

Cette installation se fit le dimanche 7 mars 1790.

Par suite du décret de l'Assemblée nationale du 14 décembre 1789, portant constitution des municipalités, les treize sections de Versailles se réunirent, le 8 février 1790, pour la nomination du Maire. Deux candidats réunirent seuls les suffrages : Coste, médecin des armées, et Laurent Lecointre, depuis conventionnel. Coste fut nommé.

Outre le Maire, la municipalité devait se composer d'officiers municipaux formant le corps municipal, d'un procureur de la commune, chargé de défendre les intérêts de la communauté, d'un substitut du procureur de la commune, d'un secrétaire-greffier et de notables, réunis avec les officiers municipaux dans les affaires importantes, et formant le conseil-général de la commune.

Ces diverses élections eurent lieu, les 9-27 février et 5 mars. Enfin le conseil-général de la commune de Versailles fut ainsi définitivement constitué au 1er décembre :

Maire, M. Coste. — Officiers municipaux, MM. Bougleux, négociant; — Tavernier, négociant; — Girault, directeur de la poste aux lettres; — Chambert, orfèvre; — Verdier, contrôleur des rentes; — Leroy, notaire; — Alain-Gervais, marchand de bois; — Ducro, notaire; — De Malmain, avocat; — Gosset, officier de la Reine; — Gastellier, entrepreneur; — Couturier, commis du Domaine; — Richault, négociant; — Pacou, bourgeois; — Sirot, négociant; — Leroy, bibliothécaire du Roi; — Amaury, propriétaire. — Procureur de la commune : Guillery, homme de loi. — — Substitut : Milon, bourgeois. — Secrétaire-greffier : Desclozeaux, homme de loi. — Notables : Cornu, épicier; — Peigné, négociant; — Leclerc, chevalier de l'ordre du Roi ; — Marie de Boigneville, marchand de soie; — Huard, négociant; — Ris, commis de la guerre; — Lainé, marchand de bois; — Raffeneau de Lille, porte-malle du Roi; — Hanault, bourgeois, — Gourdel, juge du district; — Haracque, négociant; — Gravois, négociant; — Rollet, marchand de fer; — Cuillié, commis des finances; — Etienne, marchand de toiles ; — Fouacier, inspecteur des bâtiments du Roi; — Forestier, médecin; — Chapui, épicier; — Laisné, marchand de draps; — Coqueret, peintre du Roi; — Duclos, chirurgien ; — Duparcq, notaire ; — Lebon, receveur des consignations; — Gaucher, chirurgien; — Flotte, officier du Roi; — Niort, principal commis des finances; — Ménard, notaire; — Clausse, procureur; — Bernard, limonadier; Babois, négociant; — Bluteau, épicier; — Bournizet l'Américain ; — Blaizot, libraire ; — Gouffet, marchand de vins en gros ; — Fradiel, commis de la guerre ; — Jouanne, négociant.

Avant d'aller plus loin, que l'on nous permette quelques mots sur les deux premiers maires de Versailles, Thierry de Ville-d'Avray et Coste.

Marc-Antoine Thierry, né à Versailles, était l'un des quatre premiers valets de chambre du roi. Il était très-aimé de Louis XVI qui lui donna des titres de noblesse, et érigea sa terre de Ville-d'Avray en baronnie. Nommé commissaire-général de la Maison du roi au département des Meubles de la couronne, il fit au roi trois Rapports sur les dépenses du Garde-Meuble, imprimés par ordre de l'Assemblée Constituante. Ces rapports, dont un magnifique exemplaire se trouve à la Bibliothèque de Versailles, attestent l'ordre et l'économie établis par lui dans une administration où jusqu'alors s'étaient introduits les plus grands abus.

On raconte qu'un jour, Louis XVI lui ayant demandé ce qu'il pensait des travaux manuels, dont on sait que ce prince faisait son amusement, Thierry aurait osé lui répondre : «Sire, quand les rois s'occupent des ouvrages du peuple, le peuple s'empare des fonctions des rois. » Le roi aurait alors assez durement repoussé cette observation ; mais, renfermé plus tard au Temple, il s'en serait ressouvenu et se serait écrié : « Thierry ! Thierry ! que ne t'ai-je écouté (1) ! » Thierry resta constamment fidèle à Louis XVI, et il fut accusé, lors du procès du roi, d'avoir servi d'intermédiaire dans une négociation entre ce prince et Vergniaud, Brissot, Guadet et Gensonné. Conduit dans la prison de l'Abbaye, après le 10 août, il fut l'une des victimes des massacres de septembre 1792.

Jean-François Coste était déjà un médecin distingué lorsqu'il fut nommé maire de Versailles. Attaché aux hôpitaux militaires de France, Coste fut nommé médecin en chef de l'armée envoyée aux Etats-Unis sous les ordres de Rochambeau, lorsqu'éclata la guerre d'Amérique. Dans ce poste important, il déploya des talents, une activé, un dévouement qui lui valurent l'estime de Washington, l'amitié de Franklin et les éloges du congrès. Revenu en France, il fut appelé à Versailles comme membre du Conseil de santé des armées, et chargé, aux bureaux de la guerre, de la correspondance avec les officiers de santé militaires. Élu maire

(1) Eckard, *Biographie universelle.*

de Versailles, Coste remplit avec le plus courageux dévouement ces fonctions, alors si périlleuses.

Enfin, après deux années de luttes, pendant lesquelles, grâce à son énergie et à ses connaissances variées, il rendit les plus grands services à la ville, ainsi que l'attestent les procès-verbaux de la municipalité, il quitta une place où il ne pouvait plus faire le bien, ni empêcher le mal. En 1796, nommé médecin en chef de l'hôtel des Invalides, il vécut dans la retraite jusqu'en 1803. Rappelé alors par Napoléon aux fonctions de médecin en chef de la Grande-Armée, il fit avec elle les campagnes d'Austerlitz, d'Iéna et d'Eylau. Déjà fort âgé et accablé de fatigues, Coste obtint de venir se reposer de nouveau parmi ses braves invalides. La Restauration le trouva encore à la tête du service de santé de cet établissement. Le roi Louis XVIII le nomma commandeur de la Légion-d'Honneur et chevalier de Saint-Michel. Il mourut exempt d'infirmités, le 8 novembre 1819, à l'âge de 79 ans.

Coste fut un de nos plus célèbres médecins militaires, non-seulement comme homme de pratique, mais aussi comme homme de science. On a de lui un grand nombre d'ouvrages de médecine, au milieu desquels on doit surtout signaler sa belle traduction des *OEuvres du Docteur Mead*, à laquelle il ajouta un Discours préliminaire et des notes du plus grand intérêt.

Tels sont les deux hommes auxquels fut confiée la direction des deux premières municipalités versaillaises.

Peu de temps après son établissement, la nouvelle municipalité dut prendre l'initiative d'une fête toute versaillaise, qui eut alors un grand retentissement dans notre ville, et dont il reste à peine un vague souvenir aujourd'hui.

La grande fédération du 14 juillet 1790 allait bientôt avoir lieu. Déjà les députations des gardes nationales de tous les points de la France arrivaient à Paris, pour assister, dans le Champ-de-Mars, à cette grande solennité, sur laquelle les gens de bien fondaient de si douces espérances. Le passage continuel de ces députations à travers le département de Seine-et-Oise enthousiasmait les populations. La municipalité de Versailles ne tarda pas à recevoir, d'un grand nombre de gardes nationales, la demande d'une fédération départementale :

Il faut, disaient-elles, que le serment sacré qui doit assurer à jamais la liberté française, garantir à la loi son empire et lier tous les Français par les doux nœuds de l'égalité et de la fraternité, soit prononcé de la manière la plus solennelle (1). Réunissez-vous à Versailles, ajoutaient-elles, c'est une branche de la grande famille ravie du bonheur de se trouver rassemblée, et se flattant de celui que bientôt elle va goûter au milieu de la famille entière.

La municipalité s'empressa de satisfaire à ce vœu. On prit les dispositions les plus rapides pour faire une cérémonie imposante. Un lieu convenable fut choisi et préparé, et des invitations adressées, non-seulement aux gardes nationales de tout le département, mais encore à celles des départements environnants. Enfin, le jour de la fédération versaillaise fut fixé au 11 juillet 1790.

Dès le matin de ce jour, on voyait toutes les gardes nationales du département, arrivées depuis plusieurs jours, se réunir aux troupes de ligne et former avec les nombreuses députations des départements voisins l'*Armée fédérale*.

Au moment de commencer la cérémonie, un intéressant épisode, preuve manifeste de l'union et de l'espérance qui

(1) Demande à la municipalité.

régnaient alors dans tous les cœurs, est venu la retarder.

Tous les corps militaires, même ceux de la Maison du Roi, avaient été invités à cette fête. La municipalité n'avait fait qu'une seule exception pour les gardes-du-corps, restés dans leur hôtel. Elle avait craint que, dans un jour consacré à l'union, les souvenirs d'octobre ne vinssent apporter quelques troubles fâcheux.

Une députation des gardes nationales des neuf districts du département, Montfort, — Saint-Germain, — Étampes, — Gonesse, — Corbeil, — Mantes, — Dourdan, — Pontoise — et Versailles, se présente devant le corps municipal, demande au nom de tous les fédérés qu'aujourd'hui tout soit oublié, et que les gardes-du-corps viennent au milieu d'eux, qu'on les recevra comme des frères, et qu'ils répondent d'eux comme de leurs drapeaux.

La municipalité n'oppose aucune résistance à des instances aussi généreuses, et le conseil général rend à l'instant un arrêté, qui *invite les gardes-du-corps, tant du roi que des princes ses frères, à se réunir à la fête civique.*

On court chercher les gardes, et quelques instants après ils arrivent à la municipalité, encore tout émus des acclamations et des marques de bienveillance et de sympathie qu'ils venaient de recevoir en passant devant le front des fédérés. Le maire leur fait aussitôt prêter le serment civique, et la cérémonie commence.

« La marche s'ouvre, dit le procès-verbal officiel (1); une salve d'artillerie l'annonce. Les drapeaux flottent dans les airs; l'armée fédérative se déploie d'une manière imposante. Les corps administratifs descendent de l'Hôtel-de-Ville; d'abord celui du département, ensuite celui du district, puis les officiers municipaux, accompagnés des notables. Une garde d'honneur les reçoit

---

(1) Registres de la municipalité.

et forme leur cortége. Deux gardes nationaux de chaque district et deux hommes de chaque arme composent cette garde, à la tête de laquelle paraît le drapeau fédératif, précédé de la musique du régiment de Flandres.

» Parmi les administrateurs du département se placent, sur l'invitation du maire, MM. de Beauharnais, de Champeaux, Landrin et Boislandry, députés à l'Assemblée nationale. Un autre député, M. Mathieu de Montmorency, reçoit la même invitation; mais il préfère aller à la tête des députés de la garde nationale de Montfort, dont il est le commandant.

» Viennent ensuite les officiers du bailliage, les ingénieurs-géographes, les pages du roi, ceux des frères de Sa Majesté et ceux de M. de Penthièvre ; M. Delatour, ancien commandant de la garde nationale de Versailles, et M. Berthier, père de celui qui la commande aujourd'hui avec une sagesse et des talents si reconnus, et que les députés fédératifs ont unanimement élu général de cette fédération ; les suisses du roi, en grande tenue.

» Après avoir traversé la ville aux acclamations d'un peuple immense, l'armée fédérative arrive, au bruit de l'artillerie, dans le Champ-de-Mars. Ce nom plus convenable à la fête, avait été donné aujourd'hui à la pièce d'eau des Suisses.

» La partie de ce lieu qui a servi à la cérémonie est l'espace qui se trouve entre le bois et la pièce d'eau. Ce terrain forme un amphithéâtre. A quelque distance de la pièce d'eau, sur une plate-forme à laquelle une foule de citoyens et de citoyennes ont travaillé, s'élevait un autel simplement décoré. Aux quatre angles avaient été plantés des arbres auxquels des trophées militaires étaient suspendus. Plus haut, vers le milieu, sur un piédestal, le buste du roi attirait les regards et les cœurs. Les corps administratifs se sont placés à la partie la plus élevée de l'amphithéâtre. Immédiatement au-dessous d'eux se trouvaient des banquettes pour tous les corps invités.

» Non loin de la pièce d'eau avait été pratiquée une vaste enceinte, dans laquelle les femmes sont entrées. L'armée fédérative s'est développée des deux côtés en forme circulaire.

» Le clergé arrive : une garde d'honneur l'accompagne. Une salve d'artillerie annonce l'instant du sacrifice. La messe commence ; un silence, un recueillement religieux règnent de toutes parts. Tous les cœurs se portent vers le ciel et demandent à l'Être-Suprême de recevoir le serment qu'ils vont faire à la patrie. Le célébrant était l'Évêque d'Autun (Talleyrand), *si digne d'offrir à l'Éternel les vœux d'un peuple libre.*

» Le tableau était majestueux : la charité est venue le rendre touchant. Le pauvre ne devait pas être oublié dans une pareille fête. Douze jeunes citoyennes, vêtues de blanc, ornées d'une écharpe aux trois couleurs de la nation, recueillent, avec zèle et avec grâce, les dons de la bienveillance.

» La messe finie, le maire, accompagné de deux officiers municipaux, du commandant-général et de deux officiers de l'état-major précédés de tous les sapeurs, est descendu près du buste du roi, et il posa sur ce buste une couronne civique. Les acclamations de l'armée fédérative et des spectateurs ont manifesté que cette couronne était décernée par tous les cœurs.

» Ensuite, le maire, avec le même cortége, s'est approché de l'autel; le drapeau fédératif et tous les drapeaux des bataillons l'ont environné, et, au centre de ces drapeaux, il a prononcé un discours relatif à la cérémonie.

» A peine le maire a-t-il cessé de parler, une salve d'artillerie donne le signal du serment. Le maire s'approche du pontife qui avait célébré, et, la main droite posée sur l'autel, il profère à haute voix le serment sacré de la fédération. »

SERMENT.

« Nous jurons de rester à jamais fidèles à la nation, à la loi et au roi ; de maintenir de tout notre pouvoir la Constitution décrétée par l'Assemblée nationale et acceptée par le roi, de protéger, conformément aux lois, la sûreté des personnes et des propriétés, la circulation des grains et des subsistances dans l'intérieur du royaume, la perception des contributions publiques, sous quelque forme qu'elles existent, de demeurer unis à tous les Français par les liens indissolubles de la fraternité. »

« Chacun répète : Je le jure, et tous s'écrient : Vive la Nation, vive la Loi, vive le Roi! et tous répètent : Vive le Roi, vive la Loi, vive la Nation! Toutes les âmes éprouvent les plus douces sensations; les larmes coulent de tous les yeux ; une joie pure, celle du bonheur, se peint sur tous les visages. Les Fédérés se donnent les marques de fraternité les plus sensibles et les mieux senties.

» L'artillerie a annoncé le *Te Deum*, les cœurs se reportent de nouveau vers le ciel, pour lui rendre des actions de grâce.

» Ensuite les Corps invités et les officiers municipaux, accompagnés des notables, sont venus se placer sur deux lignes, près du buste du roi. L'armée fédérative a défilé entre l'autel et le buste, et chaque arme s'est signalée par le redoublement et l'énergie de ses acclamations.

» La marche pour le retour s'ouvre. Elle a un intérêt de plus. Le buste du roi est porté en triomphe. Des applaudissements, des cris de vive la Nation, vive la Loi, vive le Roi, accompagnent le cortége jusqu'à l'Hôtel-de-Ville, où l'on rentre à quatre heures du soir. »

Cette cérémonie frappa vivement les habitants de Versailles. On en fit faire une médaille commémorative distribuée ensuite à chacun des membres de la fédération. Cette médaille, devenue très-rare, ne se rencontre plus guère aujourd'hui que dans les collections de quelques amateurs.

Elle est à la Bibliothèque de la ville.

L'Hôtel du Grand-Maître avait été prêté pour six mois seulement à la municipalité de Versailles, mais les terribles événements qui ne cessèrent de s'accomplir depuis cette époque, empêchèrent de régulariser cette position, et la municipalité resta sans difficulté dans cet hôtel sous la République et sous l'Empire. En 1823, seulement, M. le comte de Pradel, ministre de la Maison du roi, passa avec la ville un bail emphythéotique de quatre-vingt-dix-neuf années, à l'aide duquel l'Hôtel-de-Ville de Versailles resta établi dans les bâtiments du Grand-Maître, moyennant une redevance fixée à 800 fr. par année.

Bien des scènes populaires, souvent terribles, quelquefois grotesques se sont passées dans l'Hôtel-de-Ville de Versailles pendant le cours de nos diverses Révolutions. Il faudrait pour pouvoir les décrire faire l'histoire entière de la Municipalité versaillaise depuis ses premiers temps jusqu'à nos jours, et quelque intérêt qu'offrît un pareil sujet, il nous serait impossible de le traiter ici, l'espace nous manquerait. Un volume entier y suffirait à peine.

Lorsqu'en 1823, l'hôtel du Grand-Maître a été concédé à la ville pour quatre-vingt-dix-neuf années, on y fit des réparations qu'on n'avait pas jusqu'alors osé entreprendre. Du côté de l'avenue de Paris, on plaça une grille d'entrée, avec deux pavillons, pour différents services dépendants de la Mairie. Des hangars pour une fourrière furent élevés en face de l'hôtel, de l'autre côté de la cour. On répara les bâtiments principaux, et on les appropria définitivement aux besoins du service. On éleva, à la même époque, le clocheton qui surmonte la Mairie, et on y plaça une horloge, dont le mécanisme appartenait autrefois au couvent des Récollets. Enfin, du côté des jardins, on exécuta des travaux, dont nous parlerons bientôt.

Aucune réparation importante n'avait été faite depuis cette époque dans l'hôtel de la Mairie. La galerie et les salles du même côté étaient restées à peu près telles qu'elles étaient sous les grands-Maîtres de la Maison du roi, avec les peintures qu'y fit placer le duc de Bourbon en 1724, et leurs belles boiseries. En 1839, le roi Louis-Philippe reprit, pour le Musée historique, quatre grandes vues de Martin, le *Grand-Trianon*, *Meudon*, *Marly* et *Vincennes*. On les remplaça par les portraits de quatre hommes illustres, nés à Versailles, l'*Abbé de l'Épée*, par Coupin de la Couperie ;— *Hoche*, par le baron Gérard ;— *Berthier*, par Verdier, d'après Pajou, — et *Ducis,* par Ducis neveu.

L'administration a fait exécuter, dans cette partie, des réparations et des embellissements de fort bon goût. Des dorures ont reparu et font ressortir l'élégance et le fini des sculptures des boiseries, qui encadrent si bien les peintures des diverses pièces.

Quatre grandes salles occupent cette partie du bâtiment, trois sur la cour et une, la Galerie, sur la terrasse.

La première, en entrant sur la cour, est décorée fort simplement ; elle est destinée à recevoir les diverses commissions qui viennent souvent se réunir à la Mairie.

On y a placé les portraits de deux maires, dont Versailles conserve le souvenir avec vénération, MM. Richaud et de Jouvencel.

La seconde est celle des mariages. L'élégance de cette salle a été augmentée par une heureuse idée.

On a percé dans le fond une porte donnant sur la Galerie, dont les glaces permettent de voir les noms des maires de Versailles, gravés sur des tables de marbre blanc, occupant le mur opposé. Les tableaux de cette salle, sont : *Arion sur un Dauphin*, peint par Noël-Nicolas Coypel, 1724 ; — *Flore et Zéphire*, par Charles Coypel ; — *L'Aurore et Céphale*, F. Lemoine, 1724 ; — *Zéphire et Flore*, par Detroy, 1724 ; — *L'Amour lançant ses traits*, sans signature. — Une répétition de ce tableau se trouve au Grand-Trianon, dans la chambre de la reine d'Angleterre. — *Jupiter en Diane et Calisto*, sans signature.

La troisième est la chambre du Conseil. Six tableaux décorent cette salle : *Acis et Galathée, surpris par Polyphème*, par Detroy, 1724 ; — *Diane et Endymion*, par Restout, 1724 ; — et quatre copies du Corrége, par Stiemart : *L'Éducation de l'Amour par Mercure;* — *Jupiter et Antiope;* — *Jupiter et Danaé;* — *Jupiter et Léda.* — La destinée de l'original de ce dernier tableau est curieuse. Acquis du Corrége par l'empereur Rodolphe, il faisait partie des tableaux que ce monarque avait réunis à Prague. Le comte de Kœnigsmark, après avoir pris la ville en 1648, en enleva les plus beaux, et les fit transporter à Stockholm. Christine, en abdiquant, emporta ses tableaux en Italie, et à sa mort, ils devinrent la propriété de Livio Odescalchi, neveu du pape Innocent XI. Ensuite, ils furent achetés par le duc d'Orléans, régent, et placés dans sa galerie du Palais-Royal. Le fils de ce prince, dont on connaît l'extrême piété, crut devoir faire couper le tableau du Corrége en trois morceaux. Il fit ensuite brûler la tête de la Léda, et donna le tableau, ainsi mutilé, à Coypel, son premier peintre, qui repeignit la tête. A la mort de Coypel, le tableau fut acheté pour le roi de Prusse, et la tête n'ayant pas été trouvée bonne, on en fit refaire une autre par de Lyen, avant de l'envoyer à Berlin. Sous l'empire, le tableau, apporté au Musée-Napoléon, Denon en fit repeindre la tête par Prud'hon. C'est dans cet état qu'il est retourné à Berlin en 1815. La gravure de Ducange, faite en 1744, et la copie de Stiemart, de la Mairie de Versailles, sont donc les renseignements les plus certains qui restent de l'ancienne composition du Corrége (1).

De la salle du Conseil on entre dans la Galerie. Cette élégante Galerie renferme, outre les quatre grands portraits dont nous avons parlé, quatre vues, peintes par Martin, *le château de Chambord,* — *la Machine de Marly,* — *le château de Madrid,* et celui *de Saint-Germain.* On voit, entre les croisées, *Méléagre et Atalante à la chasse,* par Boulogne ; — *Bacchus et Ariane,* par Cazes, 1724 ; —

---

(1) Note de M. Soulié, conservateur du musée de Versailles.

Renaud et Armide, par Defavanne ; — et *Vénus et Adonis partant pour la chasse*, sans signature (1). — Enfin, on a placé au-dessus de la porte du milieu, un médaillon en marbre représentant Louis XIV, et au fond de la Galerie, deux bustes en marbre, de Louis XV et de Louis XVI. Le buste de Louis XVI, fort bien exécuté par Pajou, a été donné à la municipalité de Versailles, par cet infortuné prince, en 1790. Sur des tables de marbre placées entre les croisées, sont gravés les noms des maires, adjoints et conseillers municipaux.

En 1859, l'Hôtel-de-Ville est devenu la propriété de la ville, et l'on se propose d'y faire des embellissements qui le rendront digne d'une ville aussi importante que Versailles.

Les différents maires de Versailles, sont : pour la première municipalité, créée par le roi, en 1787, M. Thierry de Ville-d'Avray, d'abord syndic, puis consul, enfin maire en 1789.

Pour la deuxième, établie par suite du décret de l'Assemblée Constituante, du 14 décembre 1789 : en 1790, M. Coste (Jean) ; — 1792, Richaud (Hyacinthe) ; — 1793, Huvé (Jean-Jacques) ; — 1793, Gravois (Pierre-Charles) ; — 1794, Pétigny (Thomas-Guillaume) ; — 1795, Vallier (Balthazard-Mathurin) ; — 1796, Deraime, (Pierre-Étienne) ; — 1797, Crouvisier ; — 1797, Deraime ; — 1801, Pétigny ; — 25 mars 1813, Gravelle de Fontaine ; — 5 décembre

---

(1) Cette date de 1724, que l'on trouve sur presque tous les tableaux, prouve que tous les embellissements de la Mairie ont été faits par le duc de Bourbon et au moment où l'hôtel de la princesse de Conti devint l'habitation des Grands-Maîtres de la Maison du roi. Ces tableaux sont encore curieux, en ce qu'en cette année 1724, il n'y eut point d'exposition de peinture au Louvre, comme c'était l'usage, et qu'ils constatent l'état de la peinture à cette époque.

1813, le chevalier de Jouvencel ; — 1816, le marquis de La Londe ; — 1830, le baron de Fresquienne ; — 1830, Clausse (Charles-Georges-Louis) ; — 1831, Haussman (Louis) ; — 1837, Rémilly (Ovide) ; — 1848, Lambinet (Jean-François) ; — 1848, Ramin ; — 1849, Vauchelle (André-Jean) ; — 1852, Rémilly ; — 1861, Barthe (Jean-François-Clément) ; — 1863, Ploix (Edme-Pierre).

Nous avons déjà dit que, dès l'année 1770, le jardin de l'hôtel du Grand-Maître devint public, et qu'un passage y fut établi entre les deux quartiers. Ce jardin était dans un grand état de dégradation, et, en 1802, on en abattit les arbres dont la plupart se mouraient de vieillesse. Cet emplacement, resté vague, servit souvent aux fêtes publiques ou aux exercices militaires.

Lorsqu'en 1823, l'administration municipale à la tête de laquelle se trouvait alors le marquis de La Londe, eut passé avec la Liste Civile le bail emphytéotique concédant le Grand-Maître à la ville pour quatre-vingt-dix-neuf ans, on résolut de continuer la rue Royale jusqu'à l'avenue de Paris. Les murs du jardin furent alors abattus, une portion de ce jardin annexée aux Petites-Écuries, et le reste destiné à la nouvelle rue. On construisit les murs actuels de soutènement de la terrasse de la Mairie, et l'on fit l'escalier et la grille d'entrée de ce côté. Jusqu'en 1829, l'avenue de communication entre la rue Royale et l'avenue de Paris n'avait reçu aucun nom. A cette époque eut lieu l'attentat de Louvel sur le duc de Berry.

Le conseil municipal, voulant conserver à Versailles le souvenir du prince né dans cette ville, arrêta qu'une souscription serait ouverte pour lui élever une statue sur la place devant l'Hôtel-de-Ville, *et qu'à compter de ce jour, 7 mars 1820, l'avenue nouvelle passant devant cette place et établissant une communication entre l'avenue de Paris et l'avenue de Sceaux, porterait le nom d'avenue de Berry* (1). Le nom d'avenue de Berry lui fut enlevé après la Révolution de juillet 1830. On lui substitua alors celui *d'avenue de la Mairie*, qu'elle conserve encore aujourd'hui.

N° 6. — Caserne du Recrutement.

On a déjà vu qu'en 1719, M. Bosc ayant acheté l'hôtel de la princesse de Conti, vendit à divers particuliers une partie des dépendances de cet hôtel. En 1732, le roi racheta ces dépendances des sieurs Nicolas Billot et Denis, et fit construire sur cet emplacement un hôtel pour y loger les gendarmes de la garde, de service à Versailles. Ce corps ayant été réformé en 1787, l'hôtel devint vacant. En 1788, M. le prince de Poix, gouverneur de Versailles, y fit faire de nouvelles distributions et en fit une caserne, dans laquelle on logea le corps d'invalides chargés de la garde de police de la ville.

Cette caserne est divisée en deux : la caserne proprement dite, et le pavillon. La caserne est formée par un bâtiment carré, possédant conséquemment une cour centrale : elle peut recevoir 103 hommes. Elle est séparée du pavillon par un mur commun. Dans ce pavillon sont logés les officiers du Recrutement et les bureaux du Génie militaire. Le Génie militaire a fait réparer cette caserne avec beaucoup de goût en lui conservant le caractère de l'époque de sa construction. Par suite de ces réparations, on peut aujourd'hui admirer les jolies sculptures de la porte d'entrée du bâtiment des bureaux du Génie. On a aussi placé sur la porte d'entrée de la caserne, un groupe représentant les attributs du génie militaire, par Pons.

(1) Délibération du Conseil municipal.

Toute la portion de l'avenue de Paris située entre la rue des Chantiers et la rue Saint-Martin portait autrefois le nom de quartier des Sables, à cause d'une sablière exploitée en ce lieu, sous Louis XIV.

N° 14. — Caserne des Menus-Plaisirs.

En 1750, le roi Louis XV fit élever ce bâtiment pour y placer les divers ateliers et les magasins des Menus-Plaisirs. Autrefois, les plaisirs du roi étaient composés des *grands plaisirs*, comprenant les diverses chasses, et des *menus plaisirs*, dans lesquels se trouvaient les différents jeux et exercices du corps : paumes, raquettes, etc., les concerts de la chambre et les spectacles. C'était donc pour loger tout ce qui avait rapport à cette partie des plaisirs du roi, que l'on avait construit le bâtiment de ce nom.

En 1759, le savant abbé Nollet, ayant été nommé maître de physique et d'histoire naturelle des Enfants de France, fit établir dans les salles de l'hôtel des Menus-Plaisirs un très-beau cabinet de physique pour leur instruction. Il y réunit les plus parfaits instruments de cette époque. Le jeune duc de Bourgogne, fils aîné du Dauphin, y alla plusieurs fois, examina avec une grande attention les diverses machines, et répéta lui-même quelques expériences auxquelles il prit beaucoup de plaisir. Ce jeune prince, qui donnait de très-belles espérances, étant mort en 1761, le cabinet de physique de l'abbé Nollet servit, dans les années suivantes, à l'instruction de ses frères, Louis XVI, Louis XVIII et Charles X.

Tout le monde se rappelle que le ministre Calonne, venant de succéder à Necker dans l'administration des finances de la France, voulut établir de nouveaux impôts, et n'osant les faire porter sur la noblesse et le clergé, sans avoir préalablement leur consentement, crut devoir réunir ces deux ordres dans une assemblée appelée *des notables*.

Cette assemblée fut convoquée à Versailles pour le 29 janvier 1787. On présenta au roi différents projets relatifs au lieu où elle se tiendrait. Louis XVI donna la préférence à celui présenté par le duc de Duras, l'un des quatre premiers gentilshommes de sa chambre. Il consistait à prendre l'hôtel des Menus-Plaisirs, où se trouvait un très-grand bâtiment neuf destiné à servir de magasin et susceptible d'être décoré à volonté. M. de la Ferté, commissaire-général de la Maison du roi pour les Menus-Plaisirs, fit faire immédiatement, sur les dessins de Pâris, dessinateur du cabinet du roi, toutes les dispositions nécessaires pour la tenue de l'assemblée et la commodité des séances. Puis, M. Thierry de Ville-d'Avray, commissaire-général du Garde-Meuble de la couronne, fut chargé de l'ameublement de la salle et des dépendances.

Nous reviendrons sur la description de la salle, lorsque nous parlerons de l'assemblée des États-Généraux. Outre la salle, on avait arrangé dans l'hôtel un appartement pour le roi. Cet appartement était composé d'une première pièce pour les pages du roi et des princes, d'une salle des Cent-Suisses, d'une salle des Gardes, d'une pièce dite des Nobles, dans laquelle devaient attendre les personnes de la suite du roi et des princes qui n'avaient pas les entrées de la chambre. Il y avait, après cette pièce, une autre pièce représentant le grand cabinet du roi, dans laquelle on avait placé une table, un fauteuil, et un certain nombre de pliants. Près de ce cabinet, on avait construit un autre petit cabinet, pour l'usage particulier du roi. Du cabinet du roi, on entrait dans la salle de l'assemblée par une espèce de petite galerie.

La salle était placée entre le bâtiment des Menus-Plaisirs et la rue des Chantiers, sur un terrain dont le sol se trouve à la hauteur du premier étage, et en est séparé par un fossé de la profondeur du bâtiment. Pour entrer dans la salle, on avait construit un pont sur ce fossé. C'est sur ce pont que se trouvait la petite galerie communiquant du cabinet du roi dans la salle. L'entrée des notables était sur la rue des Chantiers. On avait élevé sur cette rue une petite salle en planches, en avant de cette entrée, et un corps-de-garde pour les gardes de la Prévôté de l'hôtel.

Le roi avait convoqué les notables, à Versailles, pour le 29 janvier 1787, jour où devait avoir lieu la première séance. Mais la maladie de M. le comte de Vergennes, qui mourut dans la nuit du 12 au 13 février, la fit remettre au 22 février.

Dès le matin de ce jour, les gardes de la Prévôté, les Cent-Suisses et les Gardes-du-Corps s'emparèrent de toutes les issues de l'hôtel des Menus-Plaisirs. Le roi, en manteau, après avoir entendu la messe dans la chapelle, sortit du château, dans ses voitures de cérémonie, escorté des détachements de sa Maison militaire à cheval. Dans la voiture du roi se trouvaient M. le comte d'Artois, le duc d'Orléans, le prince de Condé et le duc de Bourbon.

Le roi fut reçu à son arrivée par le prince de Conti et le duc de Penthièvre ; puis, après s'être reposé quelques instants dans ses appartements, il entra dans la salle, précédé des hérauts d'armes, et entouré de tous les princes de sa famille, tous en manteau.

Les notables, entrés par leur porte particulière, occupaient leurs places. Le roi, après s'être placé sur son trône, Monsieur à sa droite, et le comte d'Artois à sa gauche, et les autres princes un peu plus loin que ses frères, ouvrit cette séance, dans laquelle M. de Calonne exposa ses projets financiers.

La première assemblée des notables fut close par le roi en personne, le 25 mai 1787.

Depuis la réunion de cette assemblée, Louis XVI avait résolu de convoquer les États-Généraux. Pour savoir comment serait faite cette convocation, il voulut consulter les notables, déjà réunis en 1787, et les fit appeler encore à Versailles. Une nouvelle assemblée s'ouvrit donc dans la salle des Menus-Plaisirs, le 6 novembre 1788, et dura jusqu'au 12 décembre de la même année. A cause de la rigueur de la saison, la séance de clôture eut lieu au château même, dans la grande salle des Gardes.

La plus importante des assemblées qui se tint dans la salle des Menus-Plaisirs, celle qui fera passer son nom à la postérité, est l'*Assemblée des États-Généraux* ou *Assemblée nationale constituante*.

L'ouverture des États-Généraux eut lieu le 5 mai 1789. Le cérémonial d'ouverture de la séance, le départ du roi du château, son arrivée aux Menus-Plaisirs, la disposition des troupes, tout fut réglé comme aux assemblées précédentes.

La décoration de la salle était restée la même ; on avait seulement ajouté des gradins et des tribunes, le public n'assistant pas aux autres assemblées. On conçoit quel immense intérêt s'attachait à la première séance de cette grande réunion qui, tenant dans ses mains les destinées de la France, allait faire crouler une à une toutes les institutions sur lesquelles nos pères s'appuyaient depuis tant de siècles. Grimm assistait à cette séance, et il en donne, dans sa correspondance, des détails intéressants qu'on nous saura gré de rapporter ici :

« C'était, sans doute, un assez beau spectacle, écrit-il, que celui

SALLE DES ÉTATS GÉNÉRAUX EN 1789

qu'on vit à Versailles, le mardi 5 mai, et quelque différent qu'il soit de tous ceux dont nous avons l'honneur de vous entretenir habituellement, l'impuissance où nous nous sentons de faire un tableau digne de la majesté du modèle ne nous fera point renoncer au désir de vous en présenter une légère esquisse, sûrs au moins qu'elle aura le mérite de la plus exacte vérité.

» Commençons par donner une idée du local. C'est une grande et belle salle de cent vingt pieds de longueur sur cinquante-sept de largeur, en dedans des colonnes : ces colonnes sont cannelées, d'ordre ionique, sans piédestaux, à la manière grecque; l'entablement est enrichi d'oves, et au-dessus s'élève un plafond percé en ovale dans le milieu. Le jour principal qui vient par cet ovale était adouci par une espèce de tente en taffetas blanc. Dans les deux extrémités de la salle, on a ménagé deux jours pareils, qui suivent la direction de l'entablement et la courbe du plafond. Cette manière d'éclairer la salle y répandait partout une lumière douce et parfaitement égale, qui faisait distinguer jusqu'aux moindres objets, en donnant aux yeux le moins de fatigue possible. Dans les bas-côtés, on avait disposé pour les spectateurs des gradins, et à une certaine hauteur, des travées ornées de balustrades. L'extrémité de la salle, destinée à former l'estrade pour le roi et pour la cour, était surmontée d'un magnifique dais, dont les retroussis étaient attachés aux colonnes. Cette enceinte, élevée de quelques pieds en forme de demi-cercle, était tapissée tout entière de velours violet, semé de fleurs de lys d'or. Au fond, sous un superbe baldaquin, garni de longues franges d'or, était placé le trône. Au côté gauche du trône, un grand fauteuil pour la reine et des tabourets pour les princesses; au côté droit, des pliants pour les princes; au pied du trône, à gauche, une chaise à bras pour le garde-des-sceaux; à droite, un pliant pour le grand chambellan. Au bas de l'estrade était adossé un banc pour les secrétaires-d'État, et devant eux, une grande table couverte d'un tapis de velours violet; à droite et à gauche de cette table, il y avait des banquettes recouvertes de velours violet semé de fleurs de lys d'or. Celles de la droite étaient destinées aux quinze conseillers d'État et aux vingt maîtres des requêtes invités à la séance; celles de la gauche aux gouverneurs et lieutenants-généraux des provinces. Dans la longueur de la salle, à droite, étaient d'autres banquettes pour les députés du clergé ; à gauche, pour ceux de la noblesse, et dans le fond, en face du trône, pour ceux des communes. Tous les planchers de la salle étaient couverts des plus beaux tapis de la Savonnerie.

» Dès le matin, avant neuf heures, il n'y avait plus de gradins, plus de tribunes qui ne fussent occupés. On ne croit pas se tromper beaucoup en estimant que ces places pouvaient contenir plus de deux mille spectateurs. Excepté l'entre-colonne, réservé aux ministres étrangers, tous les bancs de devant avaient été gardés pour les dames, et cette attention ne contribuait pas peu à augmenter la pompe du spectacle, par l'élégance et la richesse de leurs parures.

» C'est dans cette salle qu'entre neuf et dix heures, M. le marquis de Brézé et deux maîtres des cérémonies commencèrent à placer les députations suivant l'ordre de leurs bailliages : chacun des membres fut conduit à sa place par un des officiers des cérémonies ; cet arrangement employa plus de deux heures. En attendant, les conseillers d'État, les gouverneurs, les lieutenants-généraux des provinces, les ministres et secrétaires d'État vinrent prendre aussi leurs places au milieu de l'enceinte du parquet. Lorsque M. Necker parut, il fut vivement applaudi ; M. le duc d'Orléans le fut deux fois, et lorsqu'on le vit arriver avec les députés de Crépi en Valois et lorsqu'il insista pour faire passer devant lui le curé de sa députation. On applaudit aussi d'une manière très-distinguée les députés du Dauphiné. Quelques mains se disposaient à rendre le même hommage à la députation de Provence ; mais elles furent arrêtées par un murmure désapprobateur, dont l'application personnelle ne put échapper à la sagacité de M. le comte de Mirabeau.

» Les nobles étaient en manteau noir relevé d'un parement d'étoffe d'or, la veste analogue au parement, les bas blancs, la cravate de dentelle et le chapeau à plumes blanches retroussé à la Henri IV ; les cardinaux en chape rouge, les archevêques et évêques, placés sur la première banquette du clergé, en rochet, camail, soutane violette et bonnet carré ; les députés du tiers-état en habit noir, manteau court, cravate de mousseline, chapeau retroussé de trois côtés, sans ganses ni bouton. Les ministres d'épée avaient le même habit que les députés de la noblesse, les ministres de robe leur costume ordinaire. M. Necker était le seul acteur de ce grand spectacle qui fût en habit de ville ordinaire, pluie d'or, sur un fond cannelle, avec une riche broderie en paillettes.

» Le roi d'armes avec quatre hérauts revêtus de leurs cottes d'armes, se tinrent debout à l'entrée de la salle pendant toute la cérémonie. Il y avait un garde-du-corps, l'arme au bras, dans chaque tribune et dans chaque entre-colonne.

» Après que tout le monde fut placé, on alla avertir le roi et la reine qui arrivèrent aussitôt précédés et suivis des princes et princesses de leur cortége. Le roi se plaça sur son trône, la reine à sa gauche, les princes et princesses formèrent un demi-cercle autour de Sa Majesté ; les dames de la cour occupaient en grande parure les gradins placés en amphithéâtre, aux deux côtés de l'estrade. Au moment où le roi entra, toute l'assemblée se leva, la salle retentit d'applaudissements, de battements de mains, de cris de *Vive le roi!* marqués par l'effusion de cœur la plus touchante et l'attendrissement le plus respectueux. A cette bruyante explosion succéda le plus profond silence, et ce silence auguste et majestueux dura tant que le roi se tint debout pour donner à la cour le temps de se placer. Le roi, revêtu du grand manteau royal, couvert d'un chapeau à plumes dont la ganse était enrichie de diamants et dont le bouton était *le Pitt*, ne tarda pas à remplir l'attente qui, dans ce moment, tenait tous les regards, tous les esprits en suspens et pour ainsi dire immobiles. Après avoir levé son chapeau et s'être recouvert, il lut avec beaucoup de dignité un discours également sage et paternel ; ce discours fut interrompu à deux ou trois reprises par des acclamations qui semblaient involontaires et dont une émotion tendre et respectueuse faisait oublier l'inconvenance ; l'accent avec lequel Sa Majesté en prononça les dernières phrases prouve qu'elle partageait elle-même le sentiment dont l'expression de ses bontés venait de remplir tous les cœurs. Il me semble que si les mânes de Louis XIV avaient été témoins de ce touchant et magnifique spectacle, cette âme si grande et si fière eût senti dans ce moment qu'il y avait une manière d'être roi dont tout le faste, toute la pompe d'une cour idolâtre ne peut égaler la gloire et le bonheur.

» Sa Majesté termina son discours en annonçant que son garde-des-sceaux allait expliquer plus amplement ses intentions, et qu'elle avait ordonné au directeur-général des finances d'en exposer l'état à l'assemblée. M. le garde-des-sceaux s'étant approché du trône et ayant pris les ordres du roi, revint à sa place et dit à haute voix : « Le roi permet qu'on s'asseye et qu'on se couvre. » Les trois ordres s'assirent et se couvrirent. Le nuage de plumes blanches qui parurent s'élever dans ce moment sur une grande partie de la salle, offrit un coup d'œil assez extraordinaire pour ne pas être oublié.

» Le discours de M. le garde-des-sceaux, qui malheureusement ne put être entendu que du petit nombre des auditeurs placés près de lui, rappelle avec intérêt tous les sacrifices que Sa Majesté a faits et qu'elle est encore disposée à faire pour établir la félicité générale sur la base sacrée de la liberté publique.

» Le rapport de M. le directeur-général des finances a tenu près de trois heures. Il n'en a pu lire lui-même que la première partie; sentant que sa voix ne pouvait plus se faire entendre, il a demandé au roi la permission d'en faire achever la lecture, et c'est M. Broussonnet, secrétaire de la société royale d'Agriculture, qui s'en est acquitté avec un organe très-sonore. Je ne pense pas que jamais discours aussi long, et, par la nature même des objets qui devaient y être traités, aussi ennuyeux, du moins pour une grande partie des auditeurs, ait été cependant écouté avec une attention plus vive et plus soutenue.

» Après la lecture de ce discours, le roi s'est levé et s'est tenu debout pendant quelques minutes; ensuite, Sa Majesté est sortie, suivie et précédée de la cour, de son cortége, aux acclamations de toute l'assemblée. Les cris de *vive la Reine!* se sont mêlés aux cris de *vive le Roi!* et les applaudissements d'une foule immense ont accompagné Leurs Majestés jusqu'au château.

» Il était impossible d'assister à ce grand spectacle, à cette scène sublime, dont les suites vont peut-être décider à jamais du sort de la France, sans éprouver les plus vives émotions de crainte, d'espérance et de respect. Si les détails que nous nous sommes permis de rappeler avec une attention si scrupuleuse n'ont pas tous le même intérêt, on voudra bien nous le pardonner; tout frappe, tout paraît remarquable dans une circonstance où l'âme est vivement émue. »

Pour la réunion des États-Généraux on avait supprimé une partie de l'appartement du roi. Comme on voulait que les trois ordres délibérassent séparément, on avait arrangé la salle des Cent-Suisses pour y recevoir les députés du clergé et celle des gardes pour la noblesse. Quant au tiers-état, on lui avait réservé la grande salle de l'Assemblée.

Les députés du tiers entraient dans leur salle par la porte de la rue des Chantiers. On avait établi sur la rue, ainsi que nous l'avons déjà dit, un vestibule en planches, dans lequel se déposaient les habits, et, auprès de ce vestibule, un corps-de-garde, qui en était séparé par une espèce de petite cour fermée par des planches, du côté de la rue. C'est dans cette petite cour, que, le 20 juin 1789, le matin du jour de la séance du Jeu-de-Paume, le président Bailly s'étant présenté à la porte de l'Assemblée et arrêté par les gardes-françaises placées à l'entrée, put, avec la permission de l'officier de service, rédiger une protestation.

Différentes scènes se passèrent de ce côté le 23 juin, jour de la séance royale. Dès le matin, une garde nombreuse entourait de tous côtés l'hôtel des Menus-Plaisirs. Des barrières fermaient l'avenue de Paris, la rue des Chantiers et la rue Saint-Martin. Des détachements de gardes françaises et suisses, de gardes de la prévôté et de la maréchaussée, empêchaient le public d'approcher. On laissait passer seulement les députés. A dix heures, on ouvre les portes pour les membres du clergé et de la noblesse, mais ceux du tiers sont obligés d'attendre pendant près d'une heure dans la rue des Chantiers, exposés à une pluie battante.

Des murmures s'élèvent de toutes parts; les deux secrétaires vont se plaindre; déjà quelques députés se retirent; M. de Brezé arrive enfin. Le président Bailly lui annonce qu'il se plaindra au roi de son manque d'égards, et les députés entrent deux à deux, dans le plus profond silence.

On connaît cette fameuse séance; les ordres du roi pour la séparation des trois ordres; la résistance des députés du tiers ; la réponse de Mirabeau à M. de Brézé ; l'envahissement de la salle par une armée de soldats et d'ouvriers; le calme avec lequel l'Assemblée continue de délibérer au milieu de ce tumulte ; et enfin la fameuse déclaration d'inviolabilité des députés, proposée par Mirabeau et adoptée par l'assemblée, à la fin de cette mémorable séance. Puis, les députés se retirent par cette porte de la rue des Chantiers, et se rendent immédiatement chez le ministre Necker, qui n'avait point paru à la séance, pour le conjurer de rester au ministère, que, disait-on, il allait quitter.

La porte de la rue des Chantiers resta l'entrée ordinaire des membres de l'Assemblée et du public.

Après le départ du roi pour Paris, l'Assemblée nationale continua ses séances dans la salle des Menus-Plaisirs, jusqu'au jeudi 15 octobre, qu'elle se transporta à Paris.

Le 25 novembre 1790, cette salle fut choisie pour l'installation des juges du district de Versailles. Par suite du décret sur l'organisation judiciaire, en date du 16-24 août 1790, les juges étaient nommés par les colléges électoraux. Les électeurs de Versailles se réunirent pour cette nomination, le 5 octobre 1790, et le 25 novembre on procédait à leur installation :

« La salle où l'Assemblée nationale a tenu ses séances fut choisie pour cette cérémonie, dit le procès-verbal, parce que l'espace trop circonscrit de l'auditoire ordinaire n'aurait pas permis de déployer toute la pompe qui convenait à cette solennité, ni même de satisfaire au texte des décrets qui veut que le serment soit prêté en présence de la commune. Le conseil-général avait compté pour une circonstance heureuse l'avantage d'exercer, sous les yeux et au nom d'un peuple nombreux, le droit d'installer les organes de la nouvelle loi, dans le lieu même où la volonté de *tous* en avait posé les premiers fondements. »

Après une messe solennelle, toutes les autorités se rendirent dans la salle, et là le secrétaire-greffier annonça en ces termes l'objet de la cérémonie :

« De par le Roi :

» Le conseil-général de la commune de Versailles, en vertu du pouvoir qui lui est constitutionnellement attribué par le décret de l'Assemblée nationale concernant l'ordre judiciaire, sanctionné par le roi, et en conséquence de la mission à lui adressée par Sa Majesté, occupe ce tribunal, comme représentant du peuple du district de Versailles, à l'effet de proclamer les gens de loi choisis pour juges, par l'assemblée électorale, recevoir leur serment, les installer et leur prêter, au nom de toutes les communes qui composent le district, le serment qu'exigent les décrets.

» Citoyens, les premiers juges nommés sont MM. Robespierre et Biauzat, députés à l'Assemblée nationale, qui, à raison de cette qualité, ne peuvent être installés qu'après la session de la législature actuelle. Les autres juges sont M. De Plane, M. Lasalle, M. Gourdel, ici présents. »

Les nouveaux juges prêtèrent le serment de fidélité à *la nation*, à *la loi* et *au roi*, puis ils furent installés, et reçurent à leur tour le serment des membres du district de *leur porter et à leurs jugements, le respect et l'obéissance que tout citoyen doit à la loi et à ses organes*. Après tous les discours prononcés par le maire, les juges, le commissaire du roi, etc., l'on revint à la maison commune et la cérémonie fut terminée.

On a déjà vu que Robespierre nommé le premier et qui, pour cette raison, devait remplir les fonctions de président, fut élu quelque temps après accusateur public, à Paris. Il accepta ces nouvelles fonctions et refusa celles que lui avaient conférées les électeurs de Versailles. Il écrivit, à cette occasion, la lettre curieuse que nous avons déjà fait connaître.

La salle de l'Assemblée nationale servit encore à quelques réunions d'électeurs. Le 16 mai 1799 elle fut vendue, comme propriété nationale, à un sieur Dubusc. Pour l'utiliser, il proposa à la municipalité d'en faire une halle aux grains. Cette proposition n'ayant point été agréée, le propriétaire la fit abattre, l'année suivante.

Ainsi disparut un monument auquel se rattachaient de si grands souvenirs.

Le reste de l'hôtel des Menus-Plaisirs a été transformé en caserne de cavalerie.

N° 16. — La première et longtemps la seule brasserie de Versailles. Narbonne raconte qu'en 1740, il fut obligé de dresser un procès-verbal contre le sieur Verdier, propriétaire de cette brasserie. Voici à quelle occasion : L'année 1740 fut une année calamiteuse; la récolte des céréales avait été très-mauvaise et le pain était devenu extrêmement cher. Dans ces circonstances, le Parlement rendit, le 22 septembre, un arrêt qui, outre la défense faite aux boulangers de cuire d'autre pain que du pain bis, fait aussi défense de fabriquer de la bière pendant un an, et aux amidonniers ainsi qu'aux tanneurs d'employer ni orge, ni autres grains, soit pour la fabrication de l'amidon ou pour la préparation des cuirs. Armé de cet arrêt, Narbonne se présenta donc chez Verdier, se fit ouvrir *chambres, greniers et autres lieux de la maison*, [trouva environ 40 *septiers de grains d'orge*, préparés pour faire de la bière, et ordonna au pauvre brasseur de ne point s'en servir, sous peine, *d'après l'arrêt*, de confiscation du grain et des outils et ustensiles de la brasserie, et de 3,000 livres d'amende. Puis, il constitua Verdier garde de ce grain, en l'obligeant de représenter le tout en même état quand il en serait requis, et dressa un procès-verbal, que nous retrouvons encore dans ses Mémoires.

Cette brasserie existe aujourd'hui au même lieu.

N° 20. — Maison d'arrêt.

En 1750, un nommé Ripaille, maître de pension, fit bâtir cette maison dans ce qu'on appelait alors le quartier des Sables. On y logea, en 1789, une partie du régiment de Flandres. Plus tard, on en fit une *maison de réclusion* pour les femmes ; puis, une *prison militaire*.

Depuis longtemps on cherchait un autre emplacement à la *maison d'arrêt*, située rue de la Pompe, dans le bâtiment des Écuries de la Reine. Le gouvernement, auquel appartenait la *maison Ripaille*, la concéda, par bail emphytéotique, au département de Seine-et-Oise. Le conseil-général vota alors des fonds pour la construction d'une nouvelle *maison d'arrêt*, élevée sur l'emplacement de la maison Ripaille, par les soins et sur les dessins des architectes Gouet et Duclos. Commencée en 1822, cette maison put recevoir les détenus, le 13 mai 1823.

Dans cette maison, les prisonniers sont en commun. On a cependant établi des divisions permettant de séparer les prévenus des condamnés. La maison d'arrêt étant trop petite pour le nombre des détenus qui y sont journellement amenés, le conseil-général du département vota la somme nécessaire à son agrandissement. Ces travaux ont été exécutés sous la direction et d'après les plans de M. Blondel, architecte du département. Le service et la surveillance des femmes sont confiés à des *sœurs de Saint-Joseph*, qui juissent d'une grande influence sur les prisonnières.

N° 36. — Maison habitée par madame de Genlis, en 1802. Emigrée depuis 1791, madame de Genlis avait fait faire plusieurs démarches auprès du Directoire pour obtenir sa radiation de la liste. Ces démarches étaient restées sans succès, lorsque, après le 18 brumaire, elle renouvela ses instances et même ses adulations auprès du premier consul, pour rentrer en France. Elle en obtint enfin la permission et vint s'établir à Paris, où elle resta d'abord treize mois :

« Trouvant la vie de Paris trop chère, dit-elle dans ses Mémoires, j'allai m'établir à Versailles, où je louai une petite maison dans l'avenue de Paris. »

Là elle travailla à une nouvelle édition des *Annales de la Vertu* et du *Petit La Bruyère*. Madame de Genlis, dans ses Mémoires, se pose continuellement en héros ou en victime ; elle raconte ainsi son séjour à Versailles :

« J'avais augmenté mon ménage de deux personnes : l'une, ma filleule, âgée de quatorze ans, fille de M. Alyon, qui avait été attaché à l'éducation de Belle-Chasse ; l'autre une jeune Allemande de dix-sept ans, fort jolie, très-spirituelle, dessinant fort agréablement, et faisant, dans sa langue des vers qui annonçaient le plus grand talent. Il y avait de la poésie dans son sang ; sa grand'mère, nommée Karschin, avait eu la plus grande réputation dans ce genre ; son histoire est singulière, la voici : — Elle était gardeuse de moutons en Silésie ; la nature l'avait tellement faite poète que, tout en filant dans sa chaumière et dans les champs, elle faisait de beaux vers ; elle composa une ode à la louange du grand Frédéric, qui vivait encore ; un voyageur rapporta de Silésie à Berlin cette pièce de vers, qui produisit une grande sensation ; le roi voulut en connaître l'auteur, et ne pouvant croire qu'une bergère eût un tel talent, il la fit venir de Silésie. On la lui présenta sous ses habits de paysanne : le roi fut charmé de son esprit; elle fit de jolis vers en sa présence, sur de petits sujets que le roi lui donna; ce prince lui assura une pension; elle s'établit à Berlin et s'y maria. Sa petite fille Helmina avait tout son talent pour la poésie.

» Je fus assez malade à Versailles, et cependant je travaillai toujours : ma situation m'y forçait, et, comme je n'en convenais avec personne, on me faisait sans cesse des remontrances sur *ma déraison,* ce qui m'inspira un jour des vers que je n'ai jamais ni publiés, ni montrés, mais que je retrouve dans un vieux livre manuscrit; les voici :

« Et malade et souffrant, un malheureux auteur,
Languissamment assis à son pupitre,
En gémissant composait une épître
Sur la gaîté, sur le bonheur.
Dans ce moment arrive le docteur
Qui, mécontent de le voir à l'ouvrage,
L'exhorte à devenir plus sage,
Si de ses maux il veut guérir.
— Hélas ! répond l'auteur, en poussant un soupir,
Ce conseil est très-bon, que ne puis-je le suivre !
Je ne travaille pas, ami, pour mon plaisir;
Croyez-moi, ce n'est pas la gloire qui m'enivre;
Qui mieux que moi saurait jouir
Des charmes d'un heureux loisir !
Mais, je suis obligé de me tuer pour vivre. »

Madame de Genlis venait à Versailles par mesure d'économie, mais elle désirait toujours retourner à Paris. Elle dit dans ses Mémoires qu'elle abandonna Versailles parce que son neveu ayant été tué par une baguette de feu d'artifice, dans une fête nationale, elle en éprouva un si violent chagrin, que cette ville devint pour elle un séjour odieux. La vérité est que, sollicitant toujours le gouvernement, elle obtint à cette époque, du premier consul, une pension de 6,000 francs, et un logement à l'Arsenal, avec le droit de prendre dans la bibliothèque de ce nom tous les livres nécessaires à son usage, ce qui dut sans doute la décider, autant que sa douleur, à abandonner le séjour de Versailles.

N° 56. — Sous Louis XIV, maison de Bontemps.

Bontemps était le premier des quatre premiers valets de chambre du roi, et gouverneur de Versailles et de Marly :

« C'était, de tous les valets intérieurs, celui qui avait la plus ancienne et la plus entière confiance du roi pour toutes les choses intimes et personnelles, dit Saint-Simon. C'était l'homme le plus profondément secret, le plus fidèle et le plus attaché au roi qu'il eût su trouver, et, pour tout dire en un mot, qui avait disposé la messe nocturne dans les cabinets du roi, que dit le Père de La Chaise, à Versailles, l'hiver de 1683 à 1684, que Bontemps servit, et où le roi épousa madame de Maintenon, en présence de l'archevêque de Paris, Harlay, Montchevreuil et Louvois.

» Bontemps était rustre et brusque, ajoute-t-il, avec cela respectueux et tout-à-fait à sa place, qui n'était jamais que chez lui ou chez le roi, où il entrait partout, à toutes heures, et toujours par les derrières, et qui n'avait d'esprit que pour servir son maître, à quoi il était tout entier, sans jamais sortir de sa sphère. Outre les fonctions si intimes de ses deux emplois, c'était par lui que passaient tous les ordres et messages secrets, les audiences ignorées qu'il introduisait chez le roi, les lettres cachées au roi et du roi, et tout ce qui était mystère. C'était bien de quoi gâter un homme qui était connu pour être depuis cinquante ans dans cette intimité, et qui avait la cour à ses pieds, à commencer par les enfants du roi et les ministres les plus accrédités, et à continuer par les plus grands seigneurs. — Il ne fit jamais mal à qui que ce soit, et se servit toujours de son crédit pour obliger. Grand nombre de gens, même de personnages, lui durent leur fortune, sur quoi il était d'une modestie à se brouiller, s'ils en avaient parlé jusqu'à lui-même. Il aimait, voulait et procurait les grâces pour le seul plaisir de bien faire, et il se peut dire de lui qu'il fut toute sa vie le père des pauvres, la ressource des affligés et des disgraciés qu'il connaissait le moins, et peut-être le meilleur des humains, avec des mains non-seulement parfaitement nettes, mais un désintéressement entier et une application extrême à tout ce qui était sous sa charge. »

Comme on le voit, Bontemps était très-avant dans la faveur de Louis XIV, et malgré la défense du roi de construire aucune habitation sur l'avenue de Paris, il obtint la faveur d'y faire bâtir une maison, qui, il est vrai, avait peu d'apparence du côté de la ville. Le charme de cette habitation consistait surtout dans son jardin, dessiné avec beaucoup d'art, dans le genre que l'on nomme aujourd'hui à l'anglaise. Il était remarquable par un grand nombre d'arbres alors fort rares, dont on retrouve encore quelques sujets d'une notable dimension. Ce jardin était alors très-considérable, et s'étendait tout le long de la rue de Vergennes, jusqu'à la rue des Chantiers. L'étang de Porchefontaine, desséché depuis, mais qui baignait à cette époque les bords de ce jardin, en augmentait encore les agréments.

Bontemps aimait beaucoup sa maison de Versailles, et y venait fréquemment. A sa mort, arrivée le 17 janvier 1701, elle passa à son fils aîné. Celui-ci l'habita peu, sa place de gouverneur des Tuileries le retenant presque constamment à Paris.

Au commencement de l'année 1715, la santé du roi Louis XIV devenait de plus en plus mauvaise. Attaqué continuellement par la goutte et la gravelle, il sortait peu, et les affreux chagrins de famille qu'il venait d'éprouver rendaient sa vie fort triste. Madame de Maintenon employait tous les moyens et toutes les ressources de son esprit pour le distraire, et y arrivait cependant difficilement. Tout à coup arrive en France un ambassadeur de

Perse. La mauvaise tenue de cet ambassadeur, sa misérable suite et la pauvreté de ses présents, firent douter de la réalité de cette ambassade, et l'on accusa Pontchartrain et madame de Maintenon de l'avoir créée pour amuser le roi. Ce qu'il y a de certain, c'est qu'il n'apporta avec lui ni pouvoir, ni instruction du souverain de la Perse, ni d'aucun de ses ministres, et qu'après son audience de congé et son embarquement au Havre on ne sait plus ce qu'il devint :

« Le roi, dit Saint-Simon, à qui on donna toujours cette ambassade pour véritable, et qui fut presque le seul de sa cour qui le crut de bonne foi, se trouva extrêmement flatté d'une ambassade de Perse sans se l'être attirée par aucun envoi. Il en parla souvent avec complaisance, et voulut que toute la cour fût de la dernière magnificence le jour de l'audience, qui fut le mardi 19 février. Lui-même en donna l'exemple, qui fut suivi avec la plus grande profusion. »

Sur les onze heures, Méhémet-Riza-Bey monta à cheval, après avoir déjeuné dans la maison de Bontemps, où il avait couché ; puis, accompagné du maréchal de Matignon et du baron de Breteuil, introducteurs des ambassadeurs, tous deux à cheval, et précédés de la suite de l'ambassadeur, assez misérablement vêtue, il se dirigea vers le château, et vint mettre pied à terre dans la grande cour, entre deux haies de gardes suisses et de gardes françaises.

L'avenue de Paris, la place d'Armes, les cours du château, les toits fourmillaient de monde ; spectacle fort divertissant pour Louis XIV, qui voyait tout cela de ses fenêtres. L'ambassadeur fut reçu par le roi dans la grande galerie. Des gradins étaient placés des deux côtés, et une foule de dames et d'hommes richement parés les remplissaient dans toute l'étendue. Au fond, adossé au salon qui joint l'appartement de la reine, était placé le trône du roi, magnifiquement orné, et élevé de plusieurs marches :

« Le roi, dit Saint-Simon, avait un habit d'étoffe or et noir, avec l'ordre par-dessus, ainsi que le très-peu de chevaliers qui le portaient ordinairement dessous; son habit était garni des plus beaux diamants de la couronne, il y en avait pour 12,500,000 livres; il ployait sous le poids, et parut fort cassé, maigri, et avoir très-méchant visage. »

Méhémet-Riza-Bey, depuis son arrivée en France, vivait aux dépens du roi. Les ministres voulurent terminer cette comédie avant la mort de Louis XIV, que l'on pressentait prochaine. On annonça son audience de congé, et, le 13 août 1715, il vint à Versailles, où le roi le reçut avec le même cérémonial qu'à sa première audience. Le public était un peu las de l'ambassadeur, et il y eut beaucoup moins de monde qu'au mois de février. Ce fut encore de la maison de Bontemps qu'il partit pour venir au château. Narbonne (1) assistait à cette réception, et il dit qu'aussitôt la cérémonie terminée, Méhémet-Riza-Bey monta de suite à cheval, la pipe à la bouche, et partit pour Paris sans qu'on lui rendît aucun honneur. Puis il ajoute qu'après avoir reçu du roi des présents considérables, il quitta Paris en emmenant la femme d'un cafetier, et alla s'embarquer au Havre.

En 1741, l'ambassadeur turc, Saïd-Méhémet, vint séjourner dans cette même maison. Il en partit le 11 janvier pour faire son entrée à Versailles et être présenté au roi Louis XV. Cette réception magnifique avait attiré à Versailles une foule immense occupant l'avenue de Paris,

---

(1) Ouvrage cité.

depuis la maison de Bontemps jusque dans la cour du château ; et comme il faisait très-froid,

« On alluma des feux, dit Narbonne (1), le long de l'avenue de Paris, des deux côtés, pour réchauffer les soldats qui faisaient la haie, et les spectateurs, en attendant l'heure de la marche. »

Avant la Révolution, cette belle propriété appartenait au comte de Vergennes, ministre des affaires étrangères de Louis XVI.

Après la Révolution de 1848, le président de la République y vint rendre visite à l'ambassadeur d'Angleterre, qui l'habitait à cette époque.

BARRIÈRE DE L'AVENUE DE PARIS.

Depuis son origine, Versailles n'avait aucuns revenus. Cependant, par suite de son agrandissement, les frais d'entretien, de police, etc., nécessitaient de nombreuses dépenses. Pour y subvenir, le roi établit, en 1746, des droits d'entrée. Outre les portes de l'Orangerie, de la butte de Satory et du Dragon, toutes trois entrées du petit parc, on construisit, pour achever de clore la ville, les grilles de Saint-Germain, de Glatigny, du Grand et du Petit-Montreuil ; mais, sur l'avenue de Paris on se contenta d'une simple barrière en bois. Elle était placée un peu après la rue de Noailles. Lors de l'établissement des droits de passe, en l'an IV (1796), cette barrière fut reculée au delà de la rue de Vergennes. En l'an VIII (1800), un octroi ayant été accordé à la municipalité de Versailles, on établit une seconde barrière au-dessus de la chaussée de Porchefon-

(1) Ouvrage cité.

taine ; et, en l'an X (1802), cette dernière fut seule conservée. Depuis, on substitua à la barrière en bois la grille de fer que l'on y voit aujourd'hui, et l'on bâtit les deux pavillons des employés de l'octroi. Les Prussiens entrèrent à Versailles par cette barrière, en 1814.

En parlant de M. de Jouvencel (1), nous avons déjà raconté dans quelles angoisses étaient les habitants de Versailles depuis le 28 mars, jour où les armées étrangères arrivèrent aux portes de Paris.

Toute la matinée du 31, on avait vu rôder autour de la ville des cavaliers isolés appartenant à ces armées ; mais, vers deux heures de l'après-midi, un détachement de cavaliers prussiens se présenta à la barrière de l'avenue de Paris, et au cri de *qui-vive!* poussé par la sentinelle de la garde nationale, l'officier commandant, qui parlait assez bien français, répondit au chef du poste (M. de La Tour Du Pin), qu'ils étaient éclaireurs d'un corps considérable, et il se retira.

A dix heures et demie du soir, un autre détachement de cavalerie étrangère se présenta à la même barrière. Au cri de *qui-vive!* le commandant déclara qu'il formait l'avant-garde d'un corps nombreux de cavalerie et d'infanterie. L'officier du poste (M. de La Palme) l'engagea à envoyer un parlementaire à la Mairie. Le comte de Briesen, colonel de cuirassiers prussiens, se présenta alors et fut conduit par M. de Clédat, capitaine de la garde nationale.

M. de Jouvencel et ses adjoints, presque tous les membres du conseil municipal et M. Dutillet de Villars, capitaine de la garde nationale, se trouvaient en ce moment réunis dans la salle du conseil. Le colonel de Briesen leur

---

(1) Voir page 24.

annonça qu'il venait à Versailles *en ami*, par suite des conventions faites avec la ville de Paris. Il demanda l'entrée de ses troupes, promettant de respecter les propriétés publiques et particulières ; de ne point troubler les malades et blessés dans les hôpitaux et ailleurs ; et il ajouta que ces malades recevraient des sauf-conduits pour retourner chez eux ; que les soldats se contenteraient des vivres et fourrages accordés aux troupes en marche ; que tant qu'il y aurait des casernes pour les loger, ils n'exigeraient pas le logement chez les habitants ; enfin, que la garde des postes, ainsi que les patrouilles, se feraient conjointement par les troupes alliées et la garde nationale.

Ces conditions ayant été acceptées par le maire et le conseil municipal, la capitulation fut immédiatement signée par le colonel de Briesen et par toutes les personnes présentes.

Les troupes étrangères entrèrent aussitôt en ville, et le maire informa les habitants de ce qui venait de se passer par une proclamation affichée dans tous les quartiers, dès le matin du 1^{sr} avril.

A peine les Prussiens furent-ils dans Versailles, qu'ils accablèrent la ville de réquisitions de toutes sortes.

M. de Jouvencel, par mesure de prudence, avait fait apporter à la Mairie les clefs de la manufacture d'armes existant alors à Versailles, et celles du dépôt d'habillements formé au Grand-Commun. Les commandants prussiens exigèrent impérieusement qu'on leur donnât ces clefs et qu'on leur indiquât tous les magasins militaires. Le maire voulant, autant que possible, sauvegarder ce dépôt, offrit aux officiers prussiens de les faire accompagner par des officiers de la garde nationale afin de reconnaître ces magasins ; mais, il les engagea dans leur propre intérêt à ne toucher à rien avant qu'il n'eût reçu à ce sujet des ordres supérieurs. La visite fut faite et les clefs rapportées. Mais, la vue des effets renfermés dans ces magasins leur fit faire mille demandes singulières, et pendant que le maire, résistant toujours, leur faisait les plus justes observations, les soldats tranchaient la question en forçant les portes et pillant tout à leur aise tout ce que contenaient les magasins.

Le lendemain, 2 avril, l'agitation augmenta encore. Les étrangers ne cessèrent de piller les magasins militaires et devinrent de plus en plus exigeants. Les soldats demandaient double ration pour eux et leurs chevaux, et s'emparaient sans façon de tout ce qui était à leur convenance.

Fort heureusement pour la ville, l'administration municipale ne cessa pas un instant de se trouver à son poste dans ce terrible moment. Ayant reçu quelques renseignements sur les usages des troupes allemandes et russes, elle avait fait établir une cuisine dans la caserne de l'avenue de Paris (depuis hôtel des Gardes-du-Corps de Noailles). Des chaudières, des marmites, et tout ce qu'il fallait pour faire cuire leurs vivres y avait été porté. On y plaça plusieurs préposés chargés de distribuer les rations aux soldats, tandis que le concierge de l'hôtel recevait les officiers dans des chambres préparées à cet effet. Grâce à ces sages précautions, on put ainsi jour et nuit satisfaire un grand nombre de ces étrangers et diminuer les charges déjà si lourdes des habitants de la ville.

Le corps du colonel de Briesen quitta Versailles, ce même jour 2 avril, emmenant avec lui un grand nombre de voitures chargées du pillage qu'il venait de faire. Les Prussiens disaient hautement :

« Nous serions bien dupes de ne point emporter ce qu'il nous

Taut! Les Russes, qui nous suivent, seraient moins imbéciles et ne laisseraient rien. »

Dans l'espoir d'emporter un butin plus considérable, ils avaient forcé le maire, avec menaces de mort, de faire de nombreuses réquisitions de voitures de toutes sortes. Mais, les propriétaires craignant, avec raison, de ne revoir ni voitures, ni chevaux, ne se pressèrent nullement d'y répondre. Ils n'eurent ainsi que celles tombées sous leurs mains et qu'ils emmenèrent de force (1).

Telle fut, pendant les deux jours qu'ils restèrent à Versailles, la conduite de ces Prussiens entrés *en amis*. A ces deux journées en succédèrent de plus terribles encore que nous avons déjà racontées (2), et Versailles conservera toujours le souvenir du maire courageux qui sut lui épargner alors les plus grandes calamités.

Ce fut aussi par cette barrière qu'entra dans Versailles, près les journées de juillet 1830, le général Bordesoulle la tête d'une portion de l'armée royale dont, pendant trois jours, le sang avait coulé pour la défense du trône de Charles X, et, le 3 août suivant, *l'armée Parisienne*, chargée d'aller à Rambouillet forcer le vieux roi à prendre la route de l'exil.

On venait d'apprendre à Paris que, la veille, Henri V avait été proclamé roi à Rambouillet, et que la famille royale, entourée d'une force armée assez imposante, ne paraissait pas disposée à quitter ce séjour. A cette nouvelle, le Gouvernement provisoire fit battre le rappel dans Paris, afin de rassembler cinq cents hommes par légion de

(1) Exposé des événements relatifs à l'invasion de la ville de Versailles en 1814, par M. de Jouvencel.
(2) Voir page 24.

la garde nationale, pour marcher sur Rambouillet. Bientôt tout Paris fut sur pied. On ne rencontrait partout que jeunes gens en habit, avec des fusils de toute espèce, et des ouvriers en blouse ou en veste portant des casques ou des chapeaux de gendarmes et armés de piques, de carabines ou du premier objet tombé sous la main. Une foule immense couvrit bientôt la place Louis XV et les Champs-Élysées ; fiacres, omnibus, cabriolets, voitures de toute sorte, furent mis en réquisition pour transporter *cette armée*. Chacun se plaça comme il le put, soit dans l'intérieur, soit sur le siége du cocher, ou sur la voiture. Enfin, vers les deux heures de l'après-midi, cette singulière armée se mit en marche, au milieu des rires bruyants et des clameurs de ces soldats improvisés. A l'avant-garde marchaient le colonel Jacqueminot, George La Fayette et le général Pajol, chargé du commandement en chef.

C'est ainsi que *l'armée Parisienne* arriva à la barrière de l'avenue de Paris et traversa Versailles. Il est impossible de se figurer un spectacle plus curieux et plus original que celui de cette file de voitures passant sans interruption pendant la moitié de la journée et presque toute la nuit ; les cris, les chants, les rires de ces hommes de toutes les classes entassés pêle-mêle dans ces voitures ; leurs singuliers costumes, et surtout les bizarres objets dont un grand nombre étaient armés.

On sait l'effet que produisit cette démonstration. Charles X quitta immédiatement Rambouillet, et le lendemain *l'armée Parisienne* traversa de nouveau Versailles pour retourner à Paris. Seulement au milieu du cortége de la veille, on apercevait des voitures dorées aux armes royales, attelées de huit chevaux, menées par les cochers de la cour, et dans lesquelles s'étaient entassés une foule d'hommes du peuple, laissant sortir par les portières leurs piques et leurs baïonnettes, et une autre voiture que surmontait un petit drapeau tricolore sur lequel était écrit en lettres noires : *diamants de la couronne*. C'étaient là les trophées de Rambouillet.

Un peu en dehors de la barrière se trouve la ferme de Porchefontaine.

D'apres *une conjecture* de l'abbé Lebeuf (Histoire du diocèse de Paris, vii, 342), le nom de Porchefontaine ne serait pas antérieur au quatorzième siècle. Vers l'an 1350, cette terre jusqu'alors sans désignation et située sur la paroisse de Montreuil, aurait été acquise par Etienne Porcher, sergent d'armes du roi Jean et son pourvoyeur de vins ; cet officier lui aurait donné, en y bâtissant, le nom qu'il portait et celui des sources qui en faisaient la beauté, d'ou : *Porcher-fontaine*. Plus tard, ayant été anobli par Charles V, la première année de son règne, c'est-à-dire en 1363, Etienne Porcher aurait fait don de cette terre au roi qui l'aurait ensuite donnée à Pierre de Craon.

L'abbé Lebeuf s'appuie, pour émettre cette conjecture, sur un in-4° imprimé à Paris en 1550 et qui a pour titre : *Descente généalogique d'Étienne Porcher*, mais il a été induit en erreur, au moins en ce qui concerne le don fait par Charles V à Pierre de Craon de la terre de Porchefontaine. Les registres manuscrits des Célestins de Paris, dont l'abbé Lebeuf n'a pas eu connaissance et qui sont aujourd'hui conservés aux Archives de l'Empire, vont nous servir à compléter et à rectifier le savant historien du diocèse de Paris, en ce qui concerne Porchefontaine.

Avant d'être possédée par Pierre de Craon, la terre de Porchefontaine appartint, pendant le quatorzième siècle, d'abord à Jean de la Marche, écuyer, puis, par partage, à ses enfants : Guillaume, Henri, Robert et Jean de la Marche, et à Hugues Aubert, son gendre. Elle passa ensuite à Jean Prévost, « vendeur de poisson de mer ès-halles de Paris, et après la mort d'icelui advint au roy, notre sire, » lequel la donna : moitié au cardinal Jean de Dormans, évêque de Beauvais, et moitié à Philippe-des-Essars, seigneur de Thieux. Ce dernier ayant acquis de Jean de Dormans la partie du domaine de Porchefontaine qui avait été donnée au cardinal par Charles V, en était seul propriétaire, lorsque, le 11 septembre 1370, il vendit à Sicart Raoul, « espicier et bourgeois de Paris, » le manoir de Porchefontaine.

En admettant qu'Etienne Porcher ait donné en 1364 la terre de Porchefontaine à Charles V, est-il présumable que de 1364 à 1370, c'est-à-dire pendant l'espace de six ans seulement, cette terre ait été possédée par quatre propriétaires différents : 1° Jean de la Marche ; 2° ses enfants ; 3° Jean Prévost ; 4° Philippe des Essars ?

Quoi qu'il en soit, le 22 avril 1373, Pierre de Bournazel, secrétaire et conseiller du roi, acheta de Sicart Raoul, le « manoir de Porchefontaine. Le seigneur de Bournazel que Froissart appelle un « chevalier sage et bien enlagagé » fut chargé en 1379 par Charles V d'une mission auprès de Robert, roi d'Écosse. Il étendit et conserva jusqu'à sa mort le domaine de Porchefontaine qui, entre ses mains, avait pris une grande importance, car il est désigné sous le nom de « chastel et forteresse de Porchefontaine » dans l'acte de vente faite le 2 janvier 1386 par les exécuteurs testamentaires de Pierre de Bournazel à Simon de Cramault, évêque de Poitiers. C'est en 1389, le 21 septembre, que Pierre de Craon devint possesseur des « chastel et forteresse de Porchefontaine, » non par don du roi (qui était alors Charles VI et non Charles V), mais en l'achetant de Simon de Cramault.

Trois ans plus tard, le 14 juin 1392, Pierre de Craon ayant voulu faire assassiner le connétable de Clisson fut banni et ses biens confisqués pour le roi. La *chronique de Charles VI* rapporte que « le roi fit raser les maisons que Pierre de Craon possédait à Paris... et fit démolir également son magnifique château de Porchefontaine qui était à douze milles de la capitale (*pulcherrima domus fortis, quæ* porticus fons *vocabatur, a Parisiis duodecim millibus distans, ruinam similem hassa fuit*), et en donna les revenus au duc d'Orléans. » L'année suivante, le roi et le duc d'Orléans firent don aux Célestins de Paris de 300 livres parisis de rente à prélever sur le domaine de Porchefontaine et ses dépendances; mais à la suite d'une prisée et estimation faite sur les lieux par ordre de la Chambre des Comptes, « la dite prisée ne montant pas à si grande somme que les dites 300 livres parisis, » le roi décida, par lettres données au mois de décembre 1395, que les Célestins prendraient et tiendraient perpétuellement les terres et possessions de Porchefontaine « pour les dites 300 livres de rente. »

En effet, la prisée et information faite en 1394 à Porchefontaine par les commissaires de la Chambre des Comptes, constate l'état d'abandon et de misère dans lequel était plongée alors cette partie des environs de Paris. A l'hôtel de Porchefontaine, les habitants de Montreuil appelés en témoignage, « disent qu'ils y ont vu belle forteresse, laquelle, puis trois ans en ça, a été démolie et abattue, tellement que n'y est demeuré que un petit d'habitation pour un fermier, avec un peu d'étables et un colombier, qui de présent est en nulle ou petite valeur... et ne trouverait-on qui y voulist demeurer ou le prendre. » Les 80 arpents de terre « qui ne furent labourés puis vingt-cinq ans en ça, » peuvent produire un minot de grains par arpent et rendraient 100 sous parisis de rente. Le revenu de 20 arpents de prés et jardins est estimé 14 livres 10 sous 6 deniers. Les 180 arpents de bois ne peuvent rapporter que 16 livres parisis parce qu'ils sont « des coustumes des habitans de Versailles que on dit estre telles que iceux habitans peuvent aller ès-dits bois, toutes fois qu'il leur plaist, prendre et couper d'icelui pour leur usage, excepté chêne. » Les cinq étangs de Porchefontaine, savoir : le grand étang, le petit étang qui joint le grand, l'étang de la fontaine, et les deux autres appelés les étangs des jardins, sont remplis d'herbes, ne tiennent plus l'eau et demanderaient de grands frais de réparations pour « trouver et quérir les conduites d'eau ; » leur revenu est estimé à 16 livres, 8 sous, 6 deniers.

Les Célestins devenus possesseurs de Porchefontaine et des terres et bois qui en dépendaient, eurent souvent maille à partir avec les habitants de Versailles qui, comme on vient de le voir, prétendaient avoir le droit d'y couper le bois à leur usage et d'y mener paître leurs bestiaux. Les registres des Célestins, dans lesquels nous avons puisé tous les détails qui précèdent, rapportent à la date du 10 juillet 1414 une sentence du prévôt de Châteaufort « contre aucuns des habitans de Versailles, » pour le dommage que leur bétail avait fait en leurs bois, et stipulant que « iceux habitans n'ont droit, cause, raison ne action de aller, venir, couper bois, ne faire pasturer leurs bestiaux, vaches, ne pourceaux en iceux bois. » Le 3 mai 1482, nouvelle sentence contre les habitans de Versailles dont « la grosse proie bestiale, assavoir 89 bêtes aumailles (bœufs et vaches) et 40 chèvres avaient été trouvées broutant, pâturant et viandant ès-dits bois (1). »

En 1557, les troupes calvinistes du prince de Condé, voulant empêcher qu'il ne vînt des provisions à Paris par la route de Versailles, se présentèrent devant le château de Porchefontaine, dont toute la force consistait dans les étangs et les lieux aquatiques dont il était entouré. Le château était alors gardé par un seul valet. Les soldats protestants l'intimidèrent si fort qu'il leur ouvrit la porte. Ils y entrèrent aussitôt et y placèrent une garnison de trente arquebusiers à cheval.

Les Célestins obtinrent du roi, en 1581, la haute justice de ce lieu et d'autres terres situées au *Val-de-Gallie*. Sous la fin du règne de Louis XV, le roi fit, par échange l'acquisition de la seigneurie de Porchefontaine.

En 1740, le peuple de Versailles qui, malgré la défense des Célestins, n'avait probablement jamais cessé d'aller marauder dans les bois de Porchefontaine, les abattit en partie et les pilla.

Par suite du froid intense survenu pendant les premiers jours de janvier 1740, tous les travaux furent suspendus et le peuple se trouva réduit à une extrême misère. On fit des feux publics dans la plupart des places et dans un grand nombre des rues de Paris. A Versailles, on en établit dans la place du Marché, dans la place Dauphine, au carrefour du Bel-Air, aux Quatre-Bornes et dans la place du Marché du Parc-aux-Cerfs. Les glaces encombraient les alentours du château et les rues de la ville. Le roi donna l'ordre de les faire casser par les pauvres ouvriers. Malgré

(1) Cette intéressante note est due aux recherches de notre savant ami M. Eud. Soulié, conservateur du musée de Versailles, et nous a été communiquée par lui.

toutes ces précautions, la misère était toujours grande parmi le peuple de Versailles. Bientôt on commença à murmurer, et l'on ne tarda pas de passer des murmures aux voies de fait.

Le domaine de Porchefontaine contenait plus de 1,200 arpents de bois. Le désordre s'établit dans ces bois. Des habitants du village de Montreuil étaient allés y faire quelques fagots, au commencement de février. De pauvres gens de Versailles les imitèrent et se réunirent à eux. Il n'en fallut pas davantage pour que tous les ouvriers sans ouvrage, tout ce menu peuple qui pullulait dans Versailles, tous ces valets de grands seigneurs dont les maîtres se trouvaient en ce moment à Marly avec le roi, voyant ces pauvres gens chargés de bois, rentrer dans Versailles sans être aucunement inquiétés, ne voulussent en faire autant. Tout le peuple s'y porta. Des bandes de deux à trois cents hommes et femmes se dirigeaient à tous moments sur Porchefontaine. Bientôt ce fut un véritable pillage, on ne se contenta plus de faire des fagots, tout tomba sous la hache des destructeurs, depuis le plus petit arbre jusqu'aux chênes les plus vieux et les plus robustes.

Ce mouvement commença le 6 février, et l'on estima que ce jour il pouvait y avoir quatre à cinq mille personnes dans ces bois. Aucune répression n'ayant été opposée, les curieux vinrent se mêler aux travailleurs, et les jours suivants la foule était si considérable qu'il devint presque impossible de passer sur l'avenue de Paris.

Le bruit se répandit dans la masse que le roi, informé de ce désordre, voulait qu'on ne s'y opposât point, et qu'il devait même venir de Marly, avec toute la cour, pour assister à ce spectacle. On racontait encore qu'un père Célestin était venu, le premier jour ; que, loin de s'opposer aux travailleurs, il leur avait permis d'abattre le bois et leur disait : *Courage, mes amis, travaillez bien!* Ces propos, ainsi que beaucoup d'autres du même genre répandus à dessein, joints à l'impunité de ces actes coupables, firent croire à tout ce peuple qu'il pouvait continuer sans crainte. On établit un certain ordre au milieu de ce tumulte. Des chefs furent nommés ; on dirigea le travail ; et bientôt ces bois furent mis en véritable coupe réglée.

Ce n'était point assez pour beaucoup de ceux qui avaient pris part à ce mouvement d'abattre les bois et d'en emporter une faible portion pour se chauffer, il fallait en tirer un parti lucratif, et, pour cela, parvenir à les vendre. Au milieu de ces actes de destruction populaire, il se rencontre toujours quelqu'un pour en tirer profit, surtout dans une population composée comme l'était celle de Versailles à cette époque. Aussi les chefs du désordre trouvèrent-ils facilement aide et appui parmi bon nombre de bourgeois de la ville et d'habitants des villages environnants. Des voitures leur furent données pour enlever le bois, et l'on en vit plusieurs entrer dans Versailles, attelées de cinq et six chevaux. Mais, si quelques bourgeois protégeaient ainsi, par intérêt, les perturbateurs, le plus grand nombre voyait avec effroi ce qui se passait et surtout l'impunité qui l'accompagnait. Ils pensaient avec juste raison que ce peuple ne s'arrêterait point en si beau chemin, et qu'après l'attaque contre les bois, pourrait bien venir celle contre les habitants mêmes de la ville. Leur prévision ne tarda pas à se réaliser.

Ce tumulte durait déjà depuis quatre jours, lorsque, le 10 février, il arriva à son comble. Une partie de la populace se porta sur le marché au pain et chez quelques boulangers, pour avoir du pain à bas prix, tandis qu'une autre partie forçait, avec des menaces, un grand nombre d'habitants à recevoir chez eux le bois volé et à leur en payer le prix.

Expliquons comment il se fait que dans le séjour royal même, dans un lieu où il semblait devoir se trouver tant de moyens de répression, un pareil mouvement populaire ait pu durer autant de temps.

Porchefontaine appartenait, comme on l'a vu, aux Célestins de Paris et était en dehors de la juridiction du bailliage de Versailles. Le bailli de Versailles n'avait donc aucun droit à exercer sur le terrain où se passait le désordre, et il aurait pu tout au plus publier une défense d'y aller. Malheureusement la cour était en ce moment à Marly, ainsi que le maréchal de Noailles, gouverneur de Versailles, et pas un des officiers du bailliage ou de la prévôté de l'hôtel n'était assez sûr de l'étendue de son pouvoir pour oser se compromettre, en prenant une détermination qui pouvait être blâmée. Cependant, comme le mouvement prenait une extension que l'on n'avait pas d'abord prévue, on sentit la nécessité d'agir. Le procureur du roi du bailliage fit prévenir le maréchal de Noailles, le 9 février. Le 10 au matin, le maréchal vint à Versailles, s'assura par lui-même de l'état des choses et retourna à Marly le même jour en rendre compte au roi. L'ordre fut aussitôt donné à M. de Champigny, officier supérieur des gardes-françaises, de réunir cette garde et la garde-suisse et de marcher immédiatement sur le lieu du rassemblement.

Il était près de huit heures du soir, lorsque M. de Champigny reçut cet ordre. Il réunit sa troupe dans la cour du château et marcha tambour battant sur le bois des Célestins. Ce bois est aussitôt cerné par la troupe. Le peuple ne s'attendait point à cette attaque, et travaillait encore malgré la nuit. Il fait d'abord quelque résistance ; mais les soldats, avançant toujours, le refoulent dans tous les sens et le forcent à fuir dans toutes les directions. Dans ce désordre, plusieurs individus sont blessés, et un enfant est tué par la chute d'un arbre.

Une centaine de soldats aux gardes et de Suisses sont placés par M. de Champigny dans la ferme de Porchefontaine, et le reste de la troupe bivouaque dans le bois.

En même temps que le commandant des troupes de Versailles les faisait marcher sur le lieu du rassemblement, le bailli recevait l'ordre du maréchal de Noailles de défendre à tout habitant de la ville d'aller dans les bois de Porchefontaine. Le lendemain, jeudi 11, cet ordre est publié au son du tambour dans tous les quartiers, par l'huissier Péni, et, dès le matin, le commandant des Suisses du château fait occuper les barrières de l'avenue de Paris, de l'avenue de Saint-Cloud et du chemin de Sceaux, par où l'on entrait dans la ville le bois volé, afin de pouvoir arrêter tous ceux qui auraient pu chercher à en introduire. Toutes ces mesures, exécutées rapidement, mirent fin au désordre et amenèrent l'arrestation d'un grand nombre de perturbateurs.

Le vendredi 12, les commissaires de police firent, en vertu d'un ordre du roi, des visites domiciliaires chez tous les habitants pour retrouver les détenteurs du bois. De fortes patrouilles de gardes françaises et suisses circulaient dans les rues, afin de protéger ces visites contre le peuple qui paraissait avoir quelque velléité de s'y opposer.

Ces visites, dont les hôtels des seigneurs furent seuls exempts, produisirent dans Versailles un singulier résultat.

Les commissaires allaient de maisons en maisons, les visitant de haut en bas pour voir si l'on n'y cachait pas de bois. Les recherches étaient, par conséquent, assez longues, et il ne pouvait s'en faire beaucoup dans un jour. Bon nombre d'habitants, soit qu'ils eussent pris eux-mêmes le bois, soit qu'ils l'eussent acheté, redoutant les peines qui les menaçaient, employaient toutes sortes de ruses pour s'en débarrasser.

Le moyen le plus simple et le plus profitable en même temps était de le brûler. Aussi faisait-on, jour et nuit, du feu chez presque tous les habitants, même les plus pauvres, à tel point qu'un assez grand nombre d'incendies se manifestèrent dans diverses parties de Versailles, et que l'on redouta pour la ville quelque nouveau malheur. Mais, ce moyen ne pouvait faire disparaître que le menu bois, et encore ne fallait-il pas en avoir une très-grande quantité. Dans la nuit du second jour des perquisitions, bon nombre d'individus, craignant d'être compromis, le jetèrent dans les rues. La crainte devint même si grande qu'on jetait jusqu'aux plus petites branches, et, le dimanche matin, il y en avait un tel encombrement, que les voitures ne pouvaient plus passer dans plusieurs rues de la ville.

Le commissaire de police Narbonne raconte dans son journal que son autorité fut méconnue par les pages du roi, et qu'ils roulèrent dans l'intérieur des Grandes-Écuries un gros tronc de chêne déposé sur l'avenue de Saint-Cloud, à côté de la porte de ce bâtiment. Près de six cents troncs de chênes, environ mille baliveaux, et du petit bois coupé évalué à environ vingt-quatre cordes, furent ainsi ramassés dans les rues.

Mais, ce n'était là qu'une partie de ce qui avait été pris ; car, outre le bois brûlé, une grande quantité avait été emportée dans les villages circonvoisins, et l'on évalue à environ cent arpents la partie des bois de Porchefontaine que le peuple avait détruite.

Tout le bois retrouvé fut ensuite remis aux officiers de la maîtrise des eaux et forêts de Saint-Germain, auxquels il appartenait par suite d'arrangements avec les Célestins.

Ainsi se termina ce mouvement populaire.

Il existait autrefois, entre la ferme de Porchefontaine et la rue de la Patte-d'Oie, le long des terrains bordant l'avenue de Paris de ce côté, un très-grand étang, desséché peu de temps avant la Révolution. Auprès de la ferme de Porchefontaine se trouve une source d'*eau minérale*. Elle formait anciennement une fontaine placée vis-à-vis la porte de la ferme. On avait remarqué depuis longtemps que l'eau de cette fontaine avait une certaine âpreté, qui ne l'empêchait pas d'être employée pour les hommes et pour les animaux.

Dans l'analyse qu'en fit, vers 1740, le docteur Bouillac, médecin des enfants de France, il trouva ces eaux très-analogues à celles de Passy. Il en ordonna l'usage aux trois princesses, filles aînées de Louis XV, comme ayant, en les prenant sur les lieux, le mérite important des promenades matinales, auxiliaire si puissant des eaux minérales. Au retour des campagnes du roi en 1748, elles eurent une nouvelle vogue à la cour. Le docteur Coulom les conseilla toute sa vie, et fut plus ou moins écouté. On vit encore les buveurs d'eau s'y rassembler vers 1765, et, pour la dernière fois, en 1785 et 1786.

C'est une source ferrugineuse. Elle fut analysée, il y a quelques années, par M. Fremy père, et plus récemment par M. le docteur Chatin, pharmacien en chef de l'hôpital Beaujon.

Cette source, que l'on croyait perdue, par suite de grands travaux de terrassement opérés dans ce lieu, a été retrouvée en 1846 par M. Chatin, contre le talus du fossé qui traverse le jardin de la ferme.

Elle contient, d'après cet habile chimiste, huit centigrammes par litre de carbonate de protoxyde de fer. Quant au cuivre et à l'arsénic, qu'il assure devoir s'y trouver, il n'en a pas constaté la présence, n'ayant pu se procurer une quantité suffisante des boues de cette source. Comme la source ferrugineuse de Trianon, dont il a fait aussi l'analyse, elle contient de la matière organique, sous l'influence de laquelle elle se charge d'acide carbonique et de protoxyde de fer (1).

Il est regrettable qu'une source, pouvant offrir d'importants avantages thérapeutiques, soit entièrement délaissée, comme elle l'est aujourd'hui.

Vers 1861, une association qui prenait le nom de Société internationale des Courses, établit sur ce terrain un champ de courses dont elle espérait tirer un grand profit. Deux ans après, cette Société avait cessé d'exister.

Ce champ a été depuis exploité comme essai, et le sera peut-être définitivement, par la société du *Sporting-Club*.

Quoique ce lieu soit excellent comme champ de courses, son éloignement de Paris, les difficultés de ses abords lui nuiront toujours et pourront empêcher l'établissement de nouvelles sociétés pour l'exploiter.

Le propriétaire actuel de Porchefontaine, dont nous avons déjà cité le nom, à l'occasion du quartier de Clagny, M. Rémont, se propose, dans le cas de non-réussite de ce

---

(1) Voir, pour les analyses chimiques de cette source et de celle de Trianon, l'ouvrage des *Eaux de Versailles*, par J.-A. Le Roi, page 297.

qui existe aujourd'hui, de former sur ce vaste terrain un nouveau quartier. Ce quartier, dont son auteur a déjà tracé le plan, serait formé de cinq rues ou avenues ouvrant des voies de communication qui manquent de ce côté. Quatre-vingt à quatre-vingt-dix terrains pourraient servir à la culture de pépinières ou de marais, et sept sources d'une eau excellente viendraient vivifier ces terrains. Consacré surtout à l'horticulture, ce quartier augmenterait considérablement cette principale industrie de la ville, et Versailles, entouré de tous côtés de nombreuses pépinières, deviendrait ainsi le centre de l'horticulture du département et l'une des plus importantes villes de France pour ce genre d'industrie.

FIN DU TOME PREMIER.

TABLE ALPHABÉTIQUE

DES

RUES, IMPASSES, PLACES, AVENUES ET BOULEVARDS

DE VERSAILLES

CONTENUS DANS LE PREMIER VOLUME

	Pages.
Abbé-de-l'Épée (rue de l').	185
Angiviller (rue d').	327
Angoulême (rue d').	186
Basse (rue)	154
Bazaine (rue).	10
Beauvau (rue de)	330
Bel-Air (rue du).	358
Berthier (rue)	327
Bons-Enfants (rue des).	88
Charrost (carrefour)	363
Clagny (impasse de)	326
Débarcadère (impasse du)	161
Deux-Portes (rue des).	307
Ducis (rue)	298
Duplessis (rue)	154
Duplessis (impasse)	158
Écuries (impasse des).	284
Ermitage (rue de l').	82
Frippiers (rue des).	306

I.

TABLE ALPHABÉTIQUE DES RUES, ETC.

Pages.

Glacières (impasse des) 85
Gouvernement (rue du) 190

Hoche (rue) 92
Hoche (place) 105
Hospice (impasse de l') 159
Hôtels (rue des) 332

Impératrice (rue de l'). 10

Jardins (impasse des). 161
Jean-Houdon (rue) 182
Jouvencel (rue de) 367

Labruyère (rue) 9
La Fayette (rue de) 329

Madame (rue de). 153
Mademoiselle (rue de). 186
Magenta (rue). 10
Marché Notre-Dame (place du) 284
Marly (rue de) 147
Maurepas (rue de) 78
Missionnaires (rue des) 330
Montbauron (rue) 182
Montebello (rue de). 10
Mouchy (rue de). 185

Neuve (rue) 320

Pain (rue du). 307
Parc-de-Clagny (rue du) 9
Paris (avenue de) 371
Paroisse (rue de la) 207
Pétigny (rue). 322
Petite Place 138
Pompe (rue de la) 190

TABLE ALPHABÉTIQUE DES RUES, ETC.

Pages.

Pourvoirie (rue de la). 305

Reine (boulevard de la) 322
Rémilly (rue de). 9
Réservoirs (rue des) 15
Richaud (rue) 308
Roi (boulevard du). 39

Saint-Cloud (avenue de). 335
Saint-Georges (rue). 9
Saint-Lazare (rue) 137
Saint-Pierre (rue) 161
Sainte-Adélaïde (rue). 187
Sainte-Anne (rue). 152
Sainte-Geneviève (rue) 124
Sainte-Sophie (rue). 188
Sainte-Victoire (rue). 187
Savoir (rue de) 88
Solférino (rue de). 9

Tribunaux (place des). 166

Vieux-Coches (rue des) 356
Ville-Neuve-l'Étang (rue). 9

TABLE DES MATIÈRES

CONTENUES DANS LE PREMIER VOLUME

Préface. x
Introduction ix
Coup d'œil sur Versailles. 1
Quartier Notre-Dame. 15
Partie centrale (Avenue de Paris) 371
Table alphabétique des rues, places, etc. . . . 453

PARIS. — IMP. ADRIEN LE CLERE, RUE CASSETTE, 29.

www.ingramcontent.com/pod-product-compliance
Lightning Source LLC
Chambersburg PA
CBHW052338230426
43664CB00041B/2133